Antropologia dos Sentidos

Dados Internacionais de Catalogação na Publicação (CIP)
(Câmara Brasileira do Livro, SP, Brasil)

Le Breton, David, 1953-
Antropologia dos sentidos / David Le Breton ; tradução de Francisco Morás. – Petrópolis, RJ : Vozes, 2016.

Título original : La saveur du monde : une anthropologie des sens
Bibliografia.

4ª reimpressão, 2024.

ISBN 978-85-326-5184-6

1. Antropologia física 2. Sentidos e sensações
I. Título.

15-10427   CDD-306.4

Índices para catálogo sistemático:
1. Antropologia dos sentidos : Sociologia 306.4.

DAVID LE BRETON

Antropologia dos Sentidos

Tradução de
Francisco Morás

EDITORA VOZES

Petrópolis

© Éditions Métailié, Paris, 2006.

Tradução do original em francês intitulado *La Saveur du Monde –
Une anthropologie des sens*

Direitos de publicação em língua portuguesa – Brasil:
2016, Editora Vozes Ltda.
Rua Frei Luís, 100
25689-900 Petrópolis, RJ
www.vozes.com.br
Brasil

Todos os direitos reservados. Nenhuma parte desta obra poderá ser
reproduzida ou transmitida por qualquer forma e/ou quaisquer meios
(eletrônico ou mecânico, incluindo fotocópia e gravação) ou arquivada em
qualquer sistema ou banco de dados sem permissão escrita da editora.

CONSELHO EDITORIAL

Diretor
Volney J. Berkenbrock

Editores
Aline dos Santos Carneiro
Edrian Josué Pasini
Marilac Loraine Oleniki
Welder Lancieri Marchini

Conselheiros
Elói Dionísio Piva
Francisco Morás
Gilberto Gonçalves Garcia
Ludovico Garmus
Teobaldo Heidemann

Secretário executivo
Leonardo A.R.T. dos Santos

PRODUÇÃO EDITORIAL

Aline L.R. de Barros
Jailson Scota
Marcelo Telles
Mirela de Oliveira
Natália França
Otaviano Cunha
Priscilla A.F. Alves
Rafael de Oliveira
Samuel Rezende
Vanessa Luz
Verônica M. Guedes

Editoração: Fernando Sergio Olivetti da Rocha
Diagramação: Alex M. da Silva
Capa: Renan Rivero

ISBN 978-85-326-5184-6 (Brasil)
ISBN 2-86424-564-7 (França)

Este livro foi composto e impresso pela Editora Vozes Ltda.

Para Armand Touati, que conheceu o sabor de viver e pensar o mundo, e que hoje partiu sozinho para explorar este outro sabor do qual Boris Vian fala em um texto famoso, mas que desta vez não poderá compartilhá-lo com seus amigos. Em reconhecimento de uma amizade indelével.

E para Hnina, já que, ao sabor do mundo, convém um rosto.

Quando, no momento de deixar a igreja, ajoelhei-me diante do altar, senti de repente, ao me erguer, evolar-se dos espinheiros-alvares um aroma agridoce de amêndoas, e então reparei, sobre as flores, umas pequenas manchas douradas, sob as quais imaginei que esse odor devia estar guardado, como, debaixo das partes requeimadas, o gosto de uma frangipana ou, sob suas sardas, o gosto das faces da Srta. Vinteuil.

PROUST. *Du côté de chez Swann.*

SUMÁRIO

Introdução, 11
Antropologia dos sentidos, 11
1 Uma antropologia dos sentidos, 21
Não há senão os sentidos e o sentido • Os sentidos como pensamento do mundo • Linguagem e percepções sensoriais • Educação dos sentidos • Disparidades sensoriais • A hegemonia ocidental da visão • Sinestesia • O limite dos sentidos
2 Do ver ao saber, 67
A luz do mundo • A cobiça dos olhares • A visão é também aprendizagem • Visões do mundo • Limite dos sentidos ou visão do mundo • Percepções das cores • Noite • Clarividência
3 Ouvir, ouvir-se: da harmonia ao mal-entendido, 129
Audições do mundo • Sonoridades do mundo • Infância como imersão sonora • O barulho rompe a harmonia • O outro e sua balbúrdia • Conjuração barulhenta do silêncio • A barulheira deliberada como apelo à ordem do sentido • O som como limiar: o exemplo dos sinos • O som como instância de transição e limiar • Criações do mundo • Poder dos sons • Surdez ou substituição do visual
4 A existência como uma história de pele: o tato ou o sentido do contato, 203

À flor da pele • A pele • Concretude das coisas • A mão • O apalpar • Infância do tato • As carências do tato • Tato do cego • A temperatura dos acontecimentos

5 O toque do outro, 257

Do sentido do contato nas relações com outrem • Abraços • As prevenções do tocar • Tocar o outro em suspenso • Ambiguidade do tocar • Cuidar

6 Cheirar e cheirar-se, 289

A difamação ocidental do olfato • O odor como atmosfera moral • Relatividade da apreciação dos odores • Os odores da existência • Aprendizagem do universo odorante • Memória olfativa • Osmologias, cosmologias • Odor de si • Odores do erotismo • A olfação é uma moral intuitiva • Odor de santidade • Odor do outro • O cenário racista do odor do outro • A bromidrose fétida da raça alemã segundo Bérillon • Odores de doença • Os dois gumes do odor • Desodorizar para civilizar

7 O alimento é um objeto sensorial total, 377

O alimento como constelação sensorial • A cerimônia do chá

8 Do paladar na boca ao prazer de viver: uma gustação do mundo, 393

O sentido dos sabores • A declinação cultural dos sabores • A formação do sabor • O sabor cultural • Gulodice e puritanismo • Visão ou gustação do mundo • A gustação do mundo como caracterologia • O sabor de viver • Sabor e saciedade • Modernidade • Saborear a presença dos outros • Saborear o outro

9 A culinária da repugnância, 467

O horror do outro • Remédios estercorários • A carne humana, remédio universal • A antropologia de penúria alimentar • O gosto do cachorro • Desconfiança diante da carne • Repugnância como moral • O corpo como fator de repugnância • A atração da repugnância

Abertura, 511

Referências, 513

Introdução

Adoro que o saber faça viver, cultive; adoro
fazer dele cama e mesa, que ajude a comer
e a beber, a caminhar lentamente, a amar, a
morrer, a renascer às vezes; adoro dormir entre
seus lençóis: que ele não me seja exterior.

SERRES, M. *Les cinq sens.*

Antropologia dos sentidos

Para o homem não existem alternativas senão experimentar o mundo, ser atravessado e transformado permanentemente por ele. O mundo é a emanação de um corpo que o penetra. Um vai e vem instaura-se entre sensação das coisas e sensação de si. Antes do pensamento, há os sentidos. Dizer com Descartes: "*Penso, logo existo*", é omitir a imersão sensorial do homem no âmago do mundo. "*Sinto, logo sou*", é outra maneira de admitir que a condição humana não é toda espiritual, mas à primeira vista corporal. A antropologia dos sentidos implica deixar-se imergir no mundo, estar dentro, não diante, e sem desistir de uma sensualidade que vem alimentar a escrita e a análise. O corpo é profusão do sensível. Ele é incluído no movimento das coisas e se mistura a elas com todos os seus sentidos. Entre a carne do homem e a carne do mundo, nenhuma ruptura, mas uma continuidade sensorial sempre presente. O indivíduo só toma consciência de si através do sentir, ele experimenta a sua existência pelas ressonâncias sensoriais e perceptivas que não cessam de atravessá-lo.

A incisão sumária da sensação quebra a rotina da consciência de si. Os sentidos são uma matéria produtora de sentido. Sobre o fundo inesgotável de um mundo que não cessa de escoar-se, eles criam concreções que o tornam inteligível. Detemo-nos numa sensação que faz mais sentido que as outras e que abre os arcanos da recordação ou do presente, mas uma infinidade de estimulações nos atravessa a todo instante deslizando na indiferença. Um som, um sabor, uma visão, uma paisagem, um perfume, um contato corporal desdobram o sentimento da presença e ativam uma consciência de si um pouco adormecida ao longo do dia, a não ser quando incessantemente atentos aos dados do entorno. O mundo em que nos movemos existe através da carne que vai ao seu encontro.

A percepção não é coincidência com as coisas, mas interpretação. Todo homem caminha num universo sensorial ligado àquilo que sua história pessoal fez de sua educação. Percorrendo a mesma floresta, indivíduos diferentes não são sensíveis aos mesmos dados. Existe a floresta do coletor de *champignons*, do passeante, do fugitivo; a floresta do índio, do caçador, do guarda-florestal ou do caçador ilegal, a dos apaixonados, dos extraviados, dos ornitólogos; a floresta igualmente dos animais ou da árvore, a do dia e a da noite. Mil florestas na mesma, mil verdades de um mesmo mistério que se esquiva e que jamais se dá senão em fragmentos. Não existe a verdade da floresta, mas uma infinidade de percepções a seu respeito segundo os ângulos de aproximação, de expectativas, de pertenças sociais e culturais.

O antropólogo é um explorador destas diferentes camadas de realidade que se entrelaçam. Ele também finalmente propõe sua interpretação da floresta, mas busca alargar seu olhar, seus sentidos, para compreender esta multiforme folhada de reais. Diferentemente dos outros, ele não desconhece o "meio-dizer" ("*le midire*"), mas seu trabalho consiste na agrimensura destas diferentes sedimentações. Ele sabe, lembrando-se de André Breton, que o mundo é uma "floresta de indícios" onde se dissimula um real cuja busca o alimenta. O pesquisador é o homem do labirinto em busca de um improvável centro. A experiência sensível tem a ver primeiramente com as significações com as quais o mundo é vivido, já que este último não se dá outramente. A partir do instante em que os homens consideram as coisas como reais, elas são reais em suas consequências, dizia W. Thomas.

Nossas percepções sensoriais, entrelaçadas às significações, traçam os limites flutuantes do entorno em que vivemos, elas dizem sua abrangência e seu sabor. O mundo do homem é um mundo da carne, uma construção nascida de sua sensorialidade passada ao crivo de sua condição social e cultural, de sua história pessoal, de sua atenção ao seu meio. Erigido entre céu e terra, cepa identitária, o corpo é o filtro pelo qual o homem se apropria da substância do mundo e a faz sua por intermédio dos sistemas simbólicos que partilha com os membros de sua comunidade (LE BRETON, 1990, 2004). O corpo é a condição humana do mundo, este lugar onde o fluxo incessante das coisas se detém em significações precisas ou em ambiências, metamorfoseia-se em imagens, em sons, em odores, em texturas, em cores, em paisagens etc. O homem participa do vínculo social não só por sua sagacidade e suas palavras, por seus empreendimentos, mas também por uma série de gestos, de mímicas que concorrem à comunicação, pela imersão no seio dos incontáveis rituais que escandem a cotidianidade. Todas as ações que formam a trama da existência, mesmo as mais imperceptíveis, engajam a interface do corpo. O corpo não é um artefato alojando um homem devendo levar sua existência apesar deste obstáculo. Ao contrário, sempre em relação de estreitamento com o mundo, ele lhe desenha o caminho e torna hospitaleira sua acolhida. "Assim, o que nós descobrimos ao superar os prejulgamentos do mundo objetivo não é um mundo interior tenebroso" (MERLEAU-PONTY, 1945: 71). É um mundo de significações e de valores, um mundo de conivência e de comunicação entre os homens reais e seu meio. Cada sociedade desenha assim uma "organização sensorial" própria (ONG, 1971: 11). Face à infinidade das sensações possíveis a todo instante, uma sociedade define maneiras particulares de estabelecer seleções colocando entre ela e o mundo a peneiração de significações, de valores, propiciando para cada indivíduo orientações existenciais no mundo, e assim comunicar-se com seu entorno. O que não significa que as diferenças não distingam os indivíduos entre si, mesmo no interior de um grupo social de igual estatuto. As significações vinculadas às percepções são impregnadas de subjetividade: julgar um café adocicado demais ou um banho um tanto quanto frio, por exemplo, suscita às vezes um debate mostrando que as sensibilidades de uns e outros não são exatamente homologáveis sem nuanças, mesmo quando a cultura é compartilhada pelos atores.

A antropologia dos sentidos repousa sobre a ideia de que as percepções sensoriais não dependem somente de uma fisiologia, mas em primeiro lugar de uma orientação cultural deixando uma margem à sensibilidade individual. As percepções sensoriais formam um prisma de significações sobre o mundo, mas elas são modeladas pela educação e utilizadas segundo a história pessoal. Numa mesma comunidade elas variam de um indivíduo ao outro, mas basicamente se acordam sobre o essencial. Para além das significações pessoais inseridas numa pertença social emergem significações mais abrangentes, lógicas de humanidade (dos antropólogos) que reúnem homens de sociedades diferentes em sua sensibilidade no mundo. A antropologia dos sentidos é uma das inúmeras vias da antropologia, ela evoca as relações que os homens das múltiplas sociedades entretêm com o fato de ver, de sentir, de tocar, de ouvir ou de saborear[1]. Mesmo se o mapa não é o território onde vivem os homens, ele informa sobre eles, lembra as linhas de força e constrói um espelho deformado que incita o leitor a ver melhor o que o afasta e o aproxima do outro, e assim de ziguezague em ziguezague lhe ensina a conhecer-se melhor.

O mundo não é o cenário onde se desenrolam suas ações, mas seu meio de evidência, e estamos imersos num meio ambiente que nada mais é senão o que percebemos. As percepções sensoriais são em primeiro lugar a projeção de significações sobre o mundo. Elas são sempre uma pesagem, uma operação delimitando as fronteiras, um pensamento em ato sobre o fluxo sensorial ininterrupto que banha o homem. Os sentidos não são "janelas" sobre o mundo, "espelhos" oferecidos ao registro das coisas em total indiferença com as culturas ou com as sensibilidades; eles são filtros que só retêm em sua peneira o que o indivíduo aprendeu a colocar nela, ou o que ele justamente busca identificar mobilizando seus recursos. As coisas não existem em si, elas são sempre investidas de um olhar, de um valor que as torna dignas de ser percebidas. A configuração e o limite do desdobramento dos sentidos pertencem ao traçado da simbólica social.

Experimentar o mundo não é estar com ele numa relação errada ou certa, é percebê-lo com seu estilo próprio no interior de

---

1. Mesmo que concordemos com a única existência de cinco sentidos, algumas sociedades humanas podem defender um número maior ou menor de sentidos. "Não há outros sentidos senão os cinco já estudados", diz Aristóteles (1989: 1) uma vez por todas na tradição ocidental. Outros sentidos, sem dúvida, são identificáveis, geralmente vinculados ao tato: a pressão, a temperatura (o calor, o frio), a dor, a kinestesia, a propriocepção que nos ensina sobre a posição e os movimentos do corpo no espaço, ela propicia um sentimento de si que favorece o equilíbrio e, portanto, um uso propício do espaço para o indivíduo, uns e outros vinculados ao tato, nas nossas sociedades, mas que possuem sua especificidade.

uma experiência cultural. "A coisa não pode jamais ser separada de alguém que a percebe, ela não pode jamais ser efetivamente em si porque suas articulações são as mesmas da nossa existência e que ela se apresenta debaixo de um olhar ou no limite de uma exploração sensorial que a investiu de humanidade. Em certa medida, toda percepção é uma comunicação ou uma comunhão, a retomada ou a conclusão por nós de uma intenção desconhecida ou, inversamente, a realização fora de nossas potencialidades perceptivas e como um acoplamento de nosso corpo com as coisas" (MERLEAU-PONTY, 1945: 370). As atividades perceptivas a todo instante decodificam o mundo circunstante e o transformam em um tecido familiar, coerente, mesmo se ele impressiona às vezes por contatos mais inesperados. O homem vê, ouve, sente, saboreia, toca, experimenta a temperatura ambiente, percebe o murmúrio interior de seu corpo, e assim faz do mundo uma medida de sua experiência, o torna comunicável aos outros, imersos como ele no centro do mesmo sistema de referências sociais e culturais.

O uso corrente da noção de *visão do mundo* para designar um sistema de representação (ainda uma metáfora visual) ou um sistema simbólico próprio a uma sociedade traduz a hegemonia da visão em nossas sociedades ocidentais, sua valorização, que faz com que não haja mundo senão para ser visto. "Essencialmente, escreve W. Ong, quando o homem tecnológico moderno pensa no universo físico, ele pensa em qualquer coisa suscetível de ser visualizada, ou em termos de medidas ou de mapas visuais. O universo é para nós alguma coisa da qual podemos essencialmente montar uma imagem" (ONG, 1969: 636). A visão exerce uma ascendência sobre os outros sentidos em nossas sociedades, ela é a primeira referência. Mas outras sociedades, antes de "visão" do mundo falariam de "gustação", de "tatilidade", de "audição" ou de "olfação" do mundo para prestar contas de sua maneira de pensar ou de sentir sua relação com os outros e com o meio ambiente. Uma cultura determina um campo de possibilidades do visível e do invisível, do tátil e do intocável, do olfativo e do inodoro, do sabor e da sensaboria, do límpido e do nebuloso etc. Ela desenha um universo sensorial particular, os mundos sensíveis não se recortando mais porque são igualmente mundos de significações e de valores. Cada sociedade elabora assim um "modelo sensorial" (CLASSEN, 1997) particularizado, com certeza, pelas pertenças de classe, de grupo, de geração, de sexo, e principalmente pela história pessoal de cada indivíduo, por sua sensibilidade particular. Vir ao mundo é adquirir um estilo de visão, de tato, de audição, de paladar, de olfato próprio à sua comunidade de pertença. Os homens habitam universos sensoriais diferentes.

A tradição cristã conserva igualmente a doutrina dos sentidos espirituais formulada por Orígenes (RAHNER, 1932), retomada por Gregório de Nissa, evocada por Santo Agostinho e desenvolvida por São Boaventura. Os sentidos espirituais são associados à alma, eles se inscrevem na metafísica aberta por uma fé profunda, levando a perceber com os órgãos espirituais a marca da presença de Deus da qual a sensorialidade profana não saberia prestar contas. Os sentidos espirituais não habitam permanentemente o fiel, eles às vezes intervêm através de intuições fulgurantes que dão acesso a uma realidade sobrenatural marcada pela presença de Deus. Eles formam um sentir da alma próprio a penetrar universos sem comum medida com a dimensão corporal dos outros sentidos. Uma visão para contemplar os objetos supracorporais, como é manifestamente o caso para os querubins ou os serafins; um ouvido capaz de distinguir vozes que não ressoam no ar; um paladar para saborear "o pão vivo descido do céu a fim de dar a vida ao mundo" (Jo 6,33); assim como um olfato que percebe as realidades que levaram Paulo a dizer-se "um bom odor de Cristo"

(2Cor 2,15); um tato que possuía João quando nos diz que apalpou com as próprias mãos o Verbo divino. Salomão sabia já "que há em nós duas espécies de sentidos: um mortal, corruptível, humano; outro imortal, espiritual, divino" (RAHNER, 1932: 115).

Inúmeros trabalhos tentaram aproximar de maneira precisa e sistemática esta profusão sensorial a fim de ver como as sociedades lhe dão um sentido particular: Howes (1991, 2003, 2005), Classen (1993a, 1993b, 1998, 2005), Classen; Howes e Sinnott (1994), Ong (1997), Stoller (1989, 1997), ou historiadores como Corbin (1982, 1988, 1991, 1994), Dias (2004), Gutton (2000), Illich (2004) etc. A lista das pesquisas, ou daquelas consagradas a um aspecto particular da relação sensível com o mundo seria interminável. D. Howes indica uma direção: "A antropologia dos sentidos busca antes de tudo determinar como a estruturação da experiência sensorial varia de uma cultura à outra segundo a significação e a importância relativa vinculada a cada um dos sentidos. Ela também busca retraçar a influência destas variações sobre as formas de organização social, as concepções do eu e do cosmos, sobre a regulação das emoções, e sobre outros domínios de expressão corporal" (HOWES, 1991: 4).

O antropólogo desconstrói a evidência social de seus próprios sentidos e se abre a outras culturas sensoriais, a outras maneiras de sentir o mundo. A experiência do etnólogo ou do viajante é geralmente a do despovoamento de seus sentidos, ele é confrontado com sabores inesperados, com odores, músicas, ritmos, sons, contatos e usos do olhar que sacodem suas antigas rotinas e lhe ensinam a sentir outramente sua relação com o mundo e com os outros. Os valores atribuídos aos sentidos não são os de sua sociedade: "A África assaltou em primeiro lugar os meus sentidos", diz P. Stoller, que evoca a necessidade deste descentramento sensorial para aceder à realidade viva das maneiras de viver dos Songhay: "O paladar, o olfato, a audição e a visão entraram num quadro nigeriano. Agora deixo as visões, os sons, os odores e os paladares do Níger penetrar-me. Esta lei fundamental de uma epistemologia humilde me ensinou que, para os Songhay, o paladar, o olfato e a audição são frequentemente bem mais importantes que a visão, sentido privilegiado do Oeste" (STOLLER, 1989: 5).

A experiência antropológica é uma maneira de desapegar-se das familiaridades perceptivas para recapturar outras modalidades de abordagem e sentir a multidão dos mundos que se escoram no mundo. Só então ela é um desvio para aprender a ver, que dá forma ao "invu" (MARION, 1992: 51) que esperava o momento de vir à luz. Ela inventa de modo inédito o saborear, o ouvir, o tocar, o sentir. Ela quebra as rotinas de pensamento sobre o mundo, ela convoca ao despojamento dos antigos esquemas de inteligibilidade a fim de abrir a um alargamento do olhar. Ela é um convite à considerável abrangência dos sentidos e do sentido, já que o sentir não funciona sem a intervenção das significações. Ela lembra a largueza do mundo e que toda socialização é restrição da sensorialidade possível. A antropologia estilhaça e arremessa para longe o ordinário das coisas. "Aquele que decide apenas saber terá ganho, claro, a unidade da síntese e a evidência da simples razão; mas ele perderá o real do objeto, no fechamento simbólico do discurso que reinventa o objeto à sua própria imagem, ou, antes, à sua própria representação. Aquele, ao contrário, que deseja ver ou antes olhar perderá a unidade de um mundo fechado para se encontrar na abertura inconfortável de um universo doravante flutuante, exposto a todos os ventos do sentido" (DIDI-HUBERMAN, 1990: 172).

Eu esbocei este trabalho há tempos atrás, na *Anthropologie du corps et modernité* (1990), sugerindo a importância de uma antropologia dos sentidos e analisando particularmente a preponderância ocidental da visão. Carreguei comigo este livro todo esse tempo, trabalhando nele sem descanso, mas de maneira tranquila, com o sentimento de ter diante de mim um oceano a transpor. Reuni materiais, entrevistas, observações, leituras, viagens, escrevendo a todo instante algumas linhas ou páginas. Às vezes, ao longo de um ano inteiro, nos interstícios do trabalho que fazia para outra obra, ensaiava explorar de maneira sistemática um sentido, depois outro. Às vezes publicava um artigo específico acerca das modalidades culturais de um ou outro sentido.

Escrever acerca de uma antropologia suscita efetivamente a questão da escrita: Qual intriga seguir do começo ao fim? Como fazer a triagem dentre a infinidade de dados que dão corpo a tal intenção sem confundir o leitor na profusão e no acúmulo de informações? Às vezes trabalhava semanas a fio, ou até meses, sobre os aspectos sociais das percepções sensoriais, mas que, finalmente, acabei não incluindo nesta obra por falta de coerência com o todo. Frequentemente vinha-me a sensação de que o essencial do trabalho era podar, de dolorosamente ter que eliminar muitos caminhos para manter um rumo, uma coerência, de escrita e raciocínio. Por essa razão, quando penso em todo esse caminho, vem-me à mente a sensação de ter passado décadas redigindo esta obra, superando um a um os retoques para, finalmente, autorizar-me a remetê-la a Anne-Marie Métailié, que a aguardava desde o início da década de 1990. Devo-lhe novamente um reconhecimento profundo por conceber seu ofício como um acompanhamento do trabalho dos autores através notadamente da confiança que lhes dispensa. Sem ela talvez eu nem me tivesse lançado num projeto tão ambicioso. Novamente, minha dívida é igualmente considerável para com Hnina, que leu e releu os diferentes capítulos da obra.

1 UMA ANTROPOLOGIA DOS SENTIDOS

Todo conhecimento move-se em nós pelos sentidos: eles são os nossos mestres [...]. A ciência começa por eles e resolve-se neles. Em última análise, não saberíamos mais do que uma pedra se não soubéssemos que existe seu odor, luz, sabor, medição, e maleabilidade, dureza, aspereza, cor, polimento, largura, profundidade [...]. Se alguém me pressionar a contradizer os sentidos, agarrando-me pela garganta, mesmo assim não me faria recuar um passo sequer. Os sentidos são princípio e fim do humano conhecimento.

MONTAIGNE. *Apologie de Raimond Sebond.*

Não há senão os sentidos e o sentido

O mundo perceptivo dos esquimós, no âmago do ambiente singular do Grande Norte, difere largamente daquele dos ocidentais. A visão, notadamente, assume uma tonalidade própria. Para um olhar não habituado, a paisagem oferecida pela brancura parece infinitamente monótona, sem perspectiva possível, sem contornos para fixar o olhar e situá-lo, sobretudo por ocasião do período invernal. Se o vento desperta ou se a neve cai, a confusão do espaço aumenta, não oferecendo senão uma visibilidade pífia. Para E. Carpenter, os Aiviliks mal conseguem demarcar seu caminho ou reconhecer onde se encontram; no entanto, nosso autor afirma jamais ter ouvido algum deles falar de espaço em termos de visualidade. Eles se deslocam sem se perder mesmo lá aonde a visibilidade é reduzida ao nada. Carpenter relata uma série dessas experiências. Um dia de intenso nevoeiro, por exemplo, "eles ouviam as ondas do mar e os alaridos dos pássaros fazendo seus ninhos sobre os promontórios; eles sentiam a beira-mar e as ondas; eles sentiam o vento e os borrifos sobre o rosto; eles liam às suas costas as estruturas criadas pelos movimentos do vento e os odores. A perda da visão não era absolutamente uma deficiência. Quando usavam seus olhos, era com uma acuidade espantosa. Mas não se sentiam perdidos sem eles" (CARPENTER, 1973: 36).

Os Aiviliks recorrem a uma sensorialidade múltipla ao longo de seus deslocamentos, mas jamais se sentem perdidos não obstante as transformações às vezes repentinas das condições atmosféricas. O barulho, os odores, a direção e a força do vento lhes fornecem informações preciosas. Eles decidem seu caminho através de inúmeros elementos de orientação. "Essas referências não são constituídas de objetos ou de lugares concretos, mas de relações; relações entre, por exemplo, os contornos da paisagem, a qualidade da neve e do vento, a salinidade do ar, o tamanho das rachaduras do gelo. Posso aclarar melhor esta ideia com uma ilustração. Certa feita eu acompanhava dois caçadores que seguiam uma pista que eu não conseguia enxergá-la, mesmo que me aproximasse para tentar discerni-la. Eles não precisavam ajoelhar-se para vê-la, mas em pé a examinavam a distância" (p. 21). Para eles uma pista é feita de odores difusos, deixa-se cheirar, tatear, sentir, ela demanda a atenção aos sinais discretos que não engajam somente a visão.

Os Aiviliks dispõem de um vocabulário de uma dezena de termos para designar os diversos sopros do vento ou a contextura da neve. E eles desenvolvem um vocabulário amplo em matéria de audição e de olfação. A visão é para eles um sentido secundário em termos de orientação. "Um homem de Anaktuvuk Pass, a quem perguntei o que faria se defrontado com um lugar novo, respondeu-me: 'Eu ouço'. É tudo. Ele entendia dizer-me: 'Eu ouço' o que o lugar me diz. Eu o percorro, todos os meus sentidos à espreita, para avaliá-lo, bem antes de pronunciar uma palavra" (LOPEZ, 1987: 344). Na cosmologia dos Aiviliks, o mundo foi criado pelo som. Lá onde um ocidental diria: "Vejamos o que nós entendemos", eles diriam: "Ouçamos o que nós vemos" (CARPENTER, 1973: 33). Seu conceito de espaço é movente e diferente da geografia fechada e visual dos ocidentais; ela se presta às mudanças radicais trazidas pelas estações e pelo comprimento da noite ou do dia, pelos longos períodos de neve ou de gelo, tornando caduca toda referência visual. O conhecimento do espaço é sinestésico, ele mistura a todo instante a totalidade da sensorialidade. Na tradição dos Inuits os animais e os homens falavam a mesma língua, e os caçadores de outrora, antes do surgimento das armas de fogo, deviam testemunhar uma paciência infinita ao se aproximarem dos animais, bem como saber identificar seus traços sonoros para aproximar-se deles sem ruído. Uma "conversação" sutil entabulava-se entre caçador e presa, numa trama simbólica vinculando um ao outro.

Outras comunidades do Grande Norte situam o som no centro de suas cosmogonias, recorrendo à evocação de uma audição do mundo antes que a uma visão do mundo. Os Saami, por exemplo, possuem a tradição do *joik* (BEACH, 1988), uma descrição cantada da Terra e de seus habitantes. São evocações dos animais, dos pássaros, do vento ou da paisagem. Mas não são apenas cantos, são celebrações do vínculo estreito unindo os homens e o mundo sob todas as formas. O *joik* não é de forma alguma uma palavra enclausurada na repetição das origens, mas um ambiente aberto onde novas formas emergem segundo as circunstâncias, e são arremedadas através de um punhado de termos ou por simples sons. Na cosmogonia dos Saami, o mundo não se dá só pela visão, mas também pelos sons.

Os sentidos como pensamento do mundo

A condição humana é corporal. O mundo só se dá sob a forma do sensível. Não há nada no espírito que em primeiro lugar não se tenha hospedado nos sentidos. "Meu corpo é a mesma carne do mundo", diz Merleau-Ponty (1964: 153). As percepções sensoriais arremessam fisicamente o homem no mundo, e do mesmo modo no âmago de um mundo de significações; elas não o limitam, o suscitam. Em um trecho de *Aurora*, Nietzsche imagina que "alguns órgãos poderiam ser transformados de tal forma que perceberiam sistemas solares inteiros, contraídos e fechados sobre si mesmos, como uma célula única, e, para os seres inversamente adaptados, uma única célula do corpo humano poderia apresentar-se como um sistema solar, com seu movimento, sua estrutura, sua harmonia". Mais adiante ele observa que o homem mantém com seu corpo uma relação comparável à da aranha com sua teia. "Meu olho, escreve ele, quer seja penetrante ou fraco, não enxerga para além de um determinado espaço, e neste espaço vivo e ajo, esta linha do horizonte é meu mais próximo destino, grande ou pequeno, ao qual não posso fugir. Ao redor de cada ser estende-se assim um círculo concêntrico que tem um centro que lhe é próprio. Em igual medida o ouvido nos encerra num pequeno espaço. O mesmo vale para o tato. Segundo estes horizontes onde nossos sentidos nos enclausuram como entre muros de uma prisão, nós nomeamos isto próximo e aquilo distante, isto grande e aquilo pequeno, isto duro e aquilo mole"[1]. Nietzsche descreve o enclausuramento do homem

---

1. NIETZSCHE, F. *Aurore*. Paris: Gallimard, 1970, p. 128-129.

no centro dos limites de seu corpo e sua dependência ao seu respeito em matéria de conhecimento.

Mas, simultaneamente, a carne é caminho de abertura ao mundo. Testando-se, o indivíduo testa o acontecimento do mundo. Sentir é ao mesmo tempo desdobrar-se como sujeito e acolher a profusão do exterior. Mas a complexão física é apenas um dos elementos do funcionamento dos sentidos. O primeiro limite é menos a carne em si mesma do que aquilo que a cultura faz dela. Não é tanto o corpo que se interpõe entre o homem e o mundo quanto um universo simbólico. A biologia desaparece ante o que a cultura lhe empresta de aptidão. Se o corpo e os sentidos são os mediadores de nossa relação com o mundo, eles não o são senão através do simbólico que os atravessa.

Os limites do corpo, como aqueles do universo do homem, são aqueles fornecidos pelos sistemas simbólicos dos quais ele é tributário. Como a língua, o corpo é uma medida do mundo, uma rede lançada sobre as inúmeras estimulações que assaltam o indivíduo ao longo de sua vida cotidiana, das quais só retém em suas malhas as que lhe parecem mais significantes. A todo instante através de seu corpo, o indivíduo interpreta seu entorno e age sobre ele em função das orientações interiorizadas pela educação ou pelo hábito. A sensação é imediatamente imergida na percepção. Entre a sensação e a percepção, existe a faculdade de conhecimento lembrando que o homem não é um organismo biológico, mas uma criatura do sentido. Ver, escutar, saborear, tocar ou sentir o mundo é permanentemente pensá-lo através do prisma de um órgão sensorial e torná-lo comunicável. A vigilância ou a atenção nem sempre é evidente. Mesmo se o indivíduo só dispõe de uma ínfima lucidez, ele não cessa de selecionar dentre a profusão de estimulações que o atravessam.

25

Frente ao mundo, o homem não é jamais um olho, um ouvido, uma mão, uma boca ou um nariz, mas um olhar, uma escuta, um tato, uma gustação ou uma olfação, ou seja, uma atividade. A todo instante, ele institui o mundo sensorial em que se banha em um mundo de sentidos cujo ambiente é o pré-texto. A percepção não é a impressão de um objeto sobre um órgão sensorial passivo, mas uma atividade de conhecimento diluída na evidência ou fruto de uma reflexão. Não é o real que os homens percebem, mas imediatamente um mundo de significações.

A existência individual recorre à negligência de uma profusão de dados sensoriais a fim de tornar a vida menos penosa. A dimensão do sentido evita o caos. As percepções são justamente consequência da triagem feita sobre o escoamento sensorial sem fim que banha o homem. Elas deslizam por sobre as coisas familiares sem despertar a atenção enquanto não destroem a situação, elas se absorvem na evidência mesma se o indivíduo às vezes sente dificuldade de nomeá-las com precisão, mas ele sabe que outros estão à altura de discorrer sobre elas. Podemos até dar-nos por satisfeitos ao ver um "pássaro" ou uma "árvore", mas um amante poderia identificar o melharuco e a estação dos amores, ou um álamo. A categorização é mais ou menos flexível. Ela envolve mais ou menos as coisas e os acontecimentos com os quais o indivíduo dá-se por satisfeito se ele não envida um esforço de compreensão suplementar.

O abrandamento do simbólico e o acesso a uma sorte de nudez das coisas são assim o feito de uma atitude mental induzida por uma mediação direta ou por uma flutuação da vigilância. "Jamais vivo totalmente nos espaços antropológicos, sempre estou preso por minhas raízes a um espaço natural e inumano. Enquanto atravesso a *Place de la Concorde* e me acredito inteiramente tomado por Paris, posso fixar meus olhos numa pedra dos muros das *Tui-*

leries, a *Concorde* então desaparece, e não resta senão esta pedra sem história; posso ainda divagar meu olhar sobre esta superfície granulada e amarelada, e então a pedra desaparece, e o que sobra é um jogo de luz sobre uma superfície indefinida" (MERLEAU--PONTY, 1945: 339). Mas a desrealização das percepções arrasta o mundo à sua ruína.

Só aquilo que faz sentido, de maneira ínfima ou essencial, penetra o campo da consciência, suscitando assim um instante de atenção. Às vezes, em contrapartida, o simbólico não sutura suficientemente o real, o inominado surge, do visível, do audível, impossíveis de definir, e que incitam a tentar compreender. Se as modalidades da atenção são muitas vezes abrandadas, a experiência mostra que o homem, por uma busca meticulosa, às vezes reencontra os sons, os odores, os tatos ou as imagens que o atravessaram um instante sem que ele se tivesse detido neles. O mundo se oferece assim em concreções repentinas e inumeráveis. O homem habita corporalmente o espaço e o tempo de sua vida, e muito frequentemente ele o esquece para o pior ou para o melhor (LE BRETON, 1990). Mas não há justamente existência senão sensível, visto que estamos no mundo pelo corpo e que o pensamento não é jamais um puro espírito. A percepção é um acontecimento do sentido lá onde a sensação é uma ambiência esquecida, mas fundadora, despercebida pelo homem a não ser que ela se trejeite em percepção, isto é, em significação. Ela é, pois, o acesso ao conhecimento, à palavra. Nem que seja para dizer seu embaraço diante de um som misterioso ou de um sabor indefinível.

Existe uma conceptibilidade do corpo, assim como há um enraizamento carnal do pensamento. Todo dualismo se apaga diante desta constatação fundada na experiência corrente. O corpo é "projeto sobre o mundo", escreve Merleau-Ponty, que observa que o movimento já é conhecimento, sem prática. A percepção, a intenção e o gesto emaranham-se nas ações ordinárias numa espécie de evidência que não deve fazer esquecer a educação que está em suas origens e a familiaridade que os rege. "Meu corpo, escreve nosso autor, é a textura comum de todos os objetos e ele é, ao menos em relação ao mundo percebido, o instrumento geral de minha 'compreensão'" (MERLEAU-PONTY, 1945: 272). O corpo não é uma matéria passiva, sujeita ao controle da vontade, por seus mecanismos próprios; ele é de imediato uma inteligência do mundo, uma teoria viva aplicada ao seu meio ambiente. Este conhecimento sensível inscreve o corpo na continuidade das intenções do indivíduo confrontado com o mundo que o circunda; ele orienta seus movimentos ou suas ações sem impor a necessidade de uma longa reflexão prévia. De fato, na vida cotidiana, as enésimas percepções que esmaltam a duração da jornada se fazem sem a mediação aprofundada do *cogito*, elas se encadeiam naturalmente na evidência da relação com o mundo. Em seu ambiente ordinário, o indivíduo raramente está em situação de ruptura ou de incerteza, ele desliza sem congestionamento nos meandros sensíveis de seu entorno familiar.

Se as percepções sensoriais fazem sentido, cobrem o mundo de referências familiares, é porque elas se alinham às categorias de raciocínio próprias à forma com a qual o indivíduo singular se adéqua ao que ele aprendeu de seus pares, de suas competências particulares como cozinheiro, pintor, perfumista, tecelão etc. Ou de suas viagens, de suas relações, daquilo que suas curiosidades lhe ensinaram. Toda derrogação às modalidades costumeiras desta decifração sensível suscita indiferença ou um "dar de ombros", ou implica a estupefação e a tentativa de reassumi-la no cotidiano ao encontrar uma semelhança com outra coisa ou ao efetuar uma busca própria a identificá-la: um odor ou um som, por exemplo, cujas singularidades atraíram a atenção.

Não percebemos formas, eflúvios indiferentes, mas imediatamente dados afetados de um sentido. A percepção é uma possessão simbólica do mundo, uma decifração que coloca o homem em posição de compreensão em seu confronto. O sentido não está contido nas coisas como um tesouro escondido, ele se instaura na relação do homem com elas e no debate travado com os outros por sua definição, na complacência ou não do mundo a alinhar-se nestas categorias. Sentir o mundo é outra maneira de pensá-lo, de transformá-lo de sensível em inteligível. O mundo sensível é a tradução em termos sociais, culturais e pessoais de uma realidade outramente inacessível senão por este subterfúgio de uma percepção sensorial do homem inscrito em uma trama social. Ele se oferece ao homem como uma inesgotável virtualidade de significações e de sabores.

Linguagem e percepções sensoriais

Assim como a língua, o corpo é um provedor constante de significações. Frente a uma mesma realidade, indivíduos e corpos impregnados de culturas e histórias diferentes não provam as mesmas sensações e não decifram os mesmos dados: todos são sensíveis às informações que reconhecem e que reenviam ao seu sistema de referência própria. Suas percepções sensoriais e suas visões do mundo são tributárias dos simbolismos adquiridos. Semelhantemente à língua, o corpo projeta um filtro sobre o ambiente, ele encarna um sistema semiológico. A percepção não é a realidade, mas a maneira de senti-la.

Para decifrar os dados que o cercam, o indivíduo dispõe de uma escala sensorial inconstante em qualidade e em intensidade onde se inscrevem as percepções. Se ele pretende partilhar este ressentido com os outros, deve retornar à mediação da linguagem ou recorrer a mímicas ou gestos muito conotados. Uma dialética sutil se exerce entre a língua e as percepções. O papel da linguagem na elaboração das segundas é provavelmente decisivo. O termo cristaliza a percepção, ele a interpela. A linguagem não é uma etiqueta a apor sobre uma miríade de dados exteriores e bem objetiváveis. Isso significaria habilitar o dualismo entre o espírito de um lado e a matéria de outro. Ao inverso, as coisas só se tornam reais por sua entrada no registro da linguagem. É por isso que, de um canto ao outro do mundo, os homens não veem, não sentem, não saboreiam, não ouvem, não tocam as mesmas coisas da mesma maneira, assim como não provam as mesmas emoções.

A linguagem não está em posição dual ante o real que descreve: a palavra alimenta o mundo de suas induções, ela embrulha-se a ele sem que se possa estabelecer uma fronteira estanque entre um e outra. Entre o mundo e a língua se estende para cada sociedade uma trama sem costura que leva os homens a viver em um universo sensorial e semiológico diferentes, e, portanto, a habitar universos com traços e fronteiras nitidamente dessemelhantes, embora não se deixem de comunicar. Perceber na brancura da neve uma infinidade de nuanças implica o uso de um repertório quase igual de termos para designá-las ou autorizar a comparação sem intermináveis perífrases ou metáforas. Se o indivíduo só dispõe do termo "neve", sem dúvida ele não terá a impressão de que sua experiência da neve é infinitamente maior do que ele imagina. Mas, para captar as nuanças, fazem-se necessárias as palavras para construir-lhes a evidência, do contrário elas restam invisíveis, aquém da linguagem e do percebido. Isso não ocorre com o esquimó, já que seu vocabulário para designar a neve é muito amplo segundo as qualidades que a caracterizam. Da mesma forma, para o citadino, nada se assemelha mais a um carneiro que outro carneiro, mas o pastor é capaz de reconhecer cada um de seus animais, e através desse reconhecimento nomeá-los. O termo capta a percepção em seu prisma significante e lhe oferece um meio de se formular.

Mas, se as percepções sensoriais estão em vínculo estreito com a língua, elas a superam igualmente pela dificuldade de traduzir em palavras um ressentido: o gosto de um licor, o prazer de uma carícia, um odor, uma sensação dolorosa exigem muitas vezes, por exemplo, o recurso às metáforas, às comparações. Elas obrigam o indivíduo a um esforço de imaginação, a entrar criativamente em uma linguagem que sofre para traduzir a fineza do ressentido. Resta um invólucro irredutível à língua em cada sensação provada. Se o sistema perceptivo é estreitamente ligado à linguagem, ele não lhe é completamente subordinado.

Educação dos sentidos

Ao nascer, a criança percebe o mundo como um caos sensorial, um universo em que se misturam as qualidades, as intensidades e os dados[2]. O bebê oscila entre a carência e a repleção sem a consciência precisa daquilo que se move nele e ao seu redor. Ele é imerso no âmago de um universo inapreensível de sensações internas (frio, calor, fome, sede...), de odores (os da sua mãe principalmente), de sons (palavras, ruídos que o cercam), de formas visuais vagas etc. Ao longo das semanas e dos meses este magma se ordena em um universo compreensível. Uma maneira particular de ser carregada, de ser interpelada, de ser tocada, de sentir os mesmos odores, de ver os mesmos rostos, de ouvir as vozes ou os ruídos dos sons de seu entorno levam a criança a um mundo de significações. O sensorial torna-se um universo de sentido onde a

---

2. Sobre a socialização das emoções e das percepções sensoriais junto às crianças "selvagens", cf. Classen, 1991; Le Breton, 2004.

criança constrói suas referências, ultrapassa-se a si mesma, abre-se a uma presença sensível do mundo. O tato sem dúvida é o primeiro na ordem da aparição dos sentidos, já sob a forma fetal pelos ritmos de deslocamento, pelos movimentos. Depois, no corpo a corpo com a mãe ou com a babá, a criança toma consciência de seus limites, de quem ela é. A audição já está presente *in utero*, a criança ouve a voz de sua mãe, as músicas que ela ouve, filtradas através da placenta. As impressões táteis ou auditivas são as mais antigas, a visão intervém mais tardiamente.

A experiência sensorial e perceptiva do mundo se instaura na relação recíproca entre o sujeito e seu meio ambiente humano e ecológico. A educação, a identificação com as pessoas mais próximas, os jogos de linguagem que nomeiam os sabores, as cores, os sons etc. aperfeiçoam a sensibilidade da criança e instauram sua aptidão de intercambiar seus ressentidos com seu entorno, fazendo-se compreender, relativamente, pelos membros de sua comunidade. A experiência perceptiva de um grupo se modula através dos intercâmbios com os outros e através da singularidade de uma relação com o acontecido. Discussões ou aprendizagens específicas modificam ou afinam percepções jamais eternamente estanques, mas sempre abertas às experiências dos indivíduos e ligadas a uma relação presente no mundo. Na origem de toda existência humana, o outro é a condição do sentido, isto é, o fundamento do vínculo social. Um mundo sem outrem é um mundo sem vínculo, fadado ao não sentido.

O conhecimento sensível alarga-se sem cessar pela experiência acumulada ou pela aprendizagem. Alguns trabalhos mostram a modelação cultural dos sentidos. H. Becker, por exemplo, descreve a experiência sensorial de um jovem americano que passa a fazer uso da maconha. Ao "deixar-se levar" docilmente, pouco a pouco este aprendiz faz com que suas percepções reajam segundo as expectativas de seu grupo de acolhida, e a experimentar assim a sensação gratificante de, aos poucos, conformar-se com o que convém experimentar para pertencer, de pleno direito, a este grupo de fumantes. O jovem que pela primeira vez se aventura nesta experiência começa efetivamente por "nada" experimentar, a não ser uma leve indisposição. A função dos iniciados que acompanham suas experiências inicialmente desajeitas é ensiná-lo a reconhecer determinadas sensações como apropriadas ao fato de estar "ligadaço", isto é, de usufruir dos efeitos da droga em total conformidade com tal experiência. Ao experimentá-la, o noviço aprende a identificar estas sensações fugazes, associando-as ao prazer. Os iniciados fartam-no de exemplos e conselhos, mostram-lhe como reter a fumaça, como provar de suas virtudes, retificando assim suas atitudes. Ele mesmo passa a observar seus comparsas, tentando identificar-se com eles, para fisicamente provar a verdadeira sensação desta experiência. Assim, uma espécie de bricolagem se opera junto ao noviço entre o que os outros lhe dizem e o que ele pensa. Se os efeitos físicos suscitados pelo uso da maconha são desagradáveis nas primeiras tentativas, com o passar do tempo eles se transformam em sensações desejadas, buscadas, sobretudo pelo prazer que oferecem. "As sensações produzidas pela maconha não são automaticamente nem necessariamente agradáveis, constata H. Becker. Como para as ostras ou para o Martini Dry, o gosto destas sensações é socialmente adquirido. O maconheiro sente vertigens e comichões no coro cabeludo; ele sente sede; ele perde o sentido do tempo e das distâncias. Tudo isso é agradável? Há dúvidas! Para continuar usufruindo da maconha, urge-lhe optar pela afirmativa" (BECKER, 1985).

Este tipo de modelação cultural mistura as intenções do indivíduo e suas ambivalências com as intenções dos companheiros que buscam influenciá-lo. O homem não saberia efetivamente definir-se unicamente através de sua vontade, o jogo do inconsciente rouba-lhe uma parte de sua soberania e confunde a via da influência imediata dos outros. Muitas experiências sensíveis estão ao alcance de um noviço desejoso de iniciar-se neste jogo. É possível ensinar-lhe a identificar vinhos, a degustá-los, a descrever uma miríade de sensações a este respeito, ou ensiná-lo a impressionar-se por nunca ter-se detido em tais sensações. Pouco a pouco a educação faz irromper o múltiplo do que outrora parecia unívoco e simples. Um aprendiz descobre o universo infinitamente variado do perfume, assim como um jovem cozinheiro pouco a pouco se apercebe que o paladar dos alimentos depende de uma série de detalhes na composição do prato ou em seu cozimento.

Disparidades sensoriais

Em uma aldeia costeira do Peru, um xamã realiza um ritual terapêutico em favor de um paciente cuja alma é perturbada por espíritos hostis. A clarividência e a eficácia terapêutica do *curandero* são reforçadas por um poderoso alucinógeno, o *cactus San Pedro*, que contém mescalina. A planta lhe abre as portas da percepção, possibilitando-lhe "ver" para além das aparências ordinárias. Sharon descreve seus efeitos começando pelo leve entorpecimento que invade seu consumidor, para em seguida falar de "uma grande visão, de um esclarecimento de todas as faculdades do indivíduo, do surgimento de uma espécie de desapego, de uma força atingindo e integrando todos os sentidos: a visão, a audição, o olfato, o tato, o paladar, incluindo o sexto sentido, o telepático, que permite propulsar-se no tempo, no espaço, na matéria [...]". O San Pedro desenvolve o poder da percepção de forma que, se alguém deseja ver algum objeto longínquo, um instrumento de poder ou uma fonte de doença, ele não somente pode vê-los claramente, mas agir sobre eles" (SHARON, 1974: 114). As "visões" do xamã testemunham uma grande aprendizagem junto aos mais velhos, nas diferentes regiões do Peru. Através de seus contatos passados, o xamã se inicia no controle dos efeitos da planta e, sobretudo, interioriza o código de decifração das imagens que, neste caso, o perpassam, outorgando-lhe assim uma percepção desimpedida das coisas mais desprezíveis da vida ordinária ou do mundo dos espíritos. Deslocar-se sem entraves neste universo invisível, no entanto, requer apossar--se de suas chaves, a fim estar à altura de enfrentar-se com animais ferozes, espíritos malignos e bruxos.

Graças a este "amuleto" divino, o San Pedro, que purifica e amplia suas capacidades de percepção até a clarividência, o xamã dispõe das armas e da pugnacidade necessárias para assumir a penosa sequência de desafios que o esperam ao longo de sua ação terapêutica. A cerimônia testemunha uma luta sem trégua do *curandero* contra adversários temíveis, mas o próprio enfrentamento obedece a figuras codificadas. Num determinado momento da cura, o xamã dá um pulo na direção de sua mesa (sobre a qual se encontra uma série de objetos de poder) e apanha um facão com o qual luta vigorosamente contra adversários invisíveis ao olhar profano.

Estando na aldeia em razão de suas pesquisas sobre plantas alucinógenas, e pretendendo entrar na intimidade da postura do feiticeiro, D. Sharon, um etnólogo americano, assiste a uma dessas cerimônias. Para mergulhar-se mais nesta "viagem", ele mesmo se submete a uma infusão de San Pedro, seguindo o exemplo dos pacientes do *curandero*. Entretanto, ao longo da cura, lúcido, desapontado por não ter tido nenhuma das visões esperadas, o etnólogo observa a luta ritual do *curandero* contra os espíritos às origens da doença dos pacientes. Enquanto observa um homem sozinho agitando-se no vazio e imitando um combate selvagem, inversamente ele se dá conta de que os outros pacientes participam intensamente da ação, manifestando fortes emoções segundo as diferentes fases da batalha engajada. "Todos aparentemente viam uma espécie de monstro agarrando-os pelos cabelos e tentando arrastá-los. Os comentários dos participantes e seu evidente terror me convenceram suficientemente de que todos, menos eu, tinham simultaneamente a mesma percepção" (1974: 119).

O observador estrangeiro permanece frio, nenhuma visão particular o estimula, não obstante seu desejo de experimentá-la. Ele não "vê" o monstro que o *curandero* enfrenta sob o olhar aterrorizado da assistência. Ele exclui-se da emoção que aglutina o grupo, continua insensível à efervescência coletiva. Embevecido de representações de outras fontes, o pesquisador americano não consegue abrir seus sentidos às imagens ainda sem ancoragem cultural para ele. Sem dúvida, ao longo de sua iniciação, ele poderá apropriar-se delas, mas, por ora, revela-se ainda demasiadamente noviço. Inversamente, as visões que atravessam os outros participantes, para eles visões do real, se enraízam numa jazida de imagens culturais. Eles, por experiência das próprias curas, aprenderam a dar uma forma e uma significação precisa a algumas sensações provocadas pelo uso desta planta denominada San Pedro. Os gestos do xamã vêm grafar-se nelas e acompanham estas visões cuja convergência é reforçada pelo grupo. Para desfrutar dos efeitos da droga, para anexar-lhe imagens precisas e coerentes com os episódios da cerimônia, era indispensável que os participantes tivessem aprendido a decifrar suas sensações referindo-as a um sistema simbólico particular. É desse código que D. Sharon deseja justamente apropriar-se ao longo de sua iniciação.

O xamã se nutre do fervor suscitado por seu engajamento, ele é sustentado pela emoção coletiva da qual é o artesão. Mas esse clima afetivo que solda a comunidade não é uma natureza, não é provocado por um processo fisiológico inerente às propriedades químicas da droga. A emoção não é primeira, mas segunda; ela é um processo simbólico, isto é, uma aprendizagem fazendo corpo, conduzindo os membros da comunidade a identificar os atos do xamã e a reconhecer o detalhe das peripécias de sua luta contra os espíritos.

O escritor grego Nikos Kazantzaki, ainda criança, vive com seu pai em Megalo Kastro, na Grécia. O Príncipe Georges acaba de tomar posse da ilha em nome da Grécia. O júbilo ganhou os habitantes. O homem leva seu filho ao cemitério e se detém diante de uma tumba. "Meu pai tirou seu lenço da cabeça e prostrou-se com a face por terra; ele arranhou o solo com suas unhas, fez um pequeno buraco em forma de funil, pôs sua boca nele e gritou três vezes: Pai, ele veio! Pai, ele veio! Pai, ele veio! Sua voz era um *crescendo*. Ele berrava. Então tirou de seu bolso um pequeno frasco de vinho, derramou-o gota por gota no buraco, e esperava que a primeira sumisse para despejar a seguinte, até que a terra se saciasse de todo o frasco. Em seguida pôs-se de pé num salto, fez o sinal da cruz e fitou-me. Seus olhos cintilavam. – Você ouviu?, perguntou-me, com a voz cheia de rouquidão. – Você ouviu? Eu não disse nada, pois não tinha ouvido nada. – Você não ouviu?, disse meu pai encolerizado. Seus ossos estalaram"[3].

Em 1976, no vilarejo de Mehanna, no Níger, P. Stoller acompanha um curandeiro Songhay que toma conta de um homem, vítima de um sortilégio e muito doente, sofrendo de náuseas e de diarreias, bastante debilitado. Um feiticeiro, identificado com uma figura conhecida na cultura songhay, apossou-se de seu duplo e lentamente o consome. Suas forças vitais se esvaem. A tarefa é encontrar o duplo para evitar a morte do possuído. O curandeiro prepara então um remédio, aplicando-o sobre os lugares de contato entre o corpo e o mundo: os ouvidos, a boca e o nariz. Tomando Stoller pela mão,

---

3. KAZANTZAKI, N. *Lettre au Gréco*. Paris: Presses-Pocket, 1961, p. 105.

os dois partem em busca do duplo nas imediações do vilarejo. O curandeiro escala uma duna aonde se depara com um monte de milho-miúdo. Ele o examina com cuidado e exclama repentinamente: "Wo wo wo wo", batendo levemente com a palma da mão em sua boca. E volta-se para o etnólogo, perguntando: "Você ouviu? – Ouviu o quê?, respondi, calando-me em seguida. – Você sentiu? – Sentiu o quê?, perguntei. – Você viu? – Do que você está falando?, perguntei-lhe". O curandeiro fica desapontado por seu companheiro não ter visto nada, não ter ouvido nada, não ter sentido nada. Voltando-se para ele, lhe disse: "Você olha, mas nada vê. Você toca, mas nada sente. Você ouve, mas nada escuta. Sem a visão ou o tato, muito se pode aprender! Você, no entanto, precisa ouvir, do contrário não saberá grande coisa sobre nós" (STOLLER, 1989: 115).

Nota-se que, através destes exemplos emprestados de situações e culturas bem diferentes, o mundo e o homem se entrelaçam graças a um sistema de sinais que regula a comunicação. Os sentidos não são somente uma interiorização do mundo no homem, eles são uma irrigação de sentidos, isto é, um ordenamento particular organizando uma multidão de dados. Um canto de pássaro ou um sabor são identificados ou suscitam dúvida, ou são até mesmo percebidos como não dependendo ainda de um conhecimento, e então busca-se guardá-los a fim de reencontrá-los ocasionalmente em outras circunstâncias.

A penetração significante do mundo dos sons autoriza o afinador de piano a regular seu instrumento baseando-se na audição de nuanças ínfimas entre as notas, inacessíveis ao profano, sua identificação repousando sobre uma educação e um conhecimento particularmente requintados. Esta aprendizagem cria a diferença aí aonde o homem comum não percebe senão um *continuum* dificilmente suscetível de distinção. A educação de uma modalidade sensorial consiste em tornar discreto aquilo que parece contínuo aos que não dispõem das chaves de compressão de seu sentido, para declinar o que à primeira vista parecia assemelhar-se em diferenças inumeráveis. Esta virtuosidade aparente provoca a admiração do profano, mas ela é fruto de uma educação duplicada por uma sensibilidade particular que aumenta sua fineza. Assim o jovem Mozart ouve um dia na Capela Sistina um trecho polifônico cuja partitura é ciosamente guardada pelo maestro, mas Mozart o refaz de memória poucas horas depois. Os usos culturais dos sentidos desenham um repertório infinito de um lugar e de uma época à outra. Enquanto o animal já dispõe de um equipamento sensorial praticamente acabado em seu nascimento, fixado pelas orientações genéticas próprias à sua espécie, a pertença cultural e a personalidade dão ao homem um leque de regimes sensoriais sem igual.

A hegemonia ocidental da visão

O ser humano vive de sensorialidades diferentes segundo seu lugar de existência, sua educação, sua história de vida. Sua pertença cultural e social marca sua relação sensível com o mundo. Toda cultura implica uma certa confusão dos sentidos, uma maneira matizada de sentir o mundo pelo estilo pessoal de cada indivíduo. De longa data nossas sociedades ocidentais valorizam a audição e a visão, mas às vezes dando-lhes um valor diferente e dotando pouco a pouco a visão de uma superioridade que vai se impondo no mundo contemporâneo.

As tradições judaico-cristãs conferem à audição uma eminência que marcará os séculos da história ocidental, sem não obstante denegrir a visão, que permanece num mesmo nível de valor (CHALIER, 1995). No judaísmo, a oração cotidiana *Chema Israel* traduz esta busca que acompanha toda a existência, já que o desejo de todo judeu piedoso é morrer pronunciando estas palavras uma última vez. "Ouve, Israel: Yahvé, nosso Deus, é o único Yahvé. Amarás Yahvé, teu Deus, com todo o coração, com toda a alma, com todas as forças. E trarás no teu coração todas estas palavras que hoje te ordeno. Tu as repetirás muitas vezes a teus filhos, e delas falarás quando estiveres sentado em casa ou andando pelos caminhos, quando te deitares ou te levantares" (Dt 6,4-9).

A educação consiste, ela também, em uma escuta: "Quando um sábio do Talmud quer atrair a atenção para uma reflexão, ou ainda, quando pretende sublinhar uma dificuldade, ele diz: "Ouça isso" (*chema mina*), e quando o discípulo não entendeu, ele responde: "Não ouvi" (CHARLIER, 1995: 11). Até a luz não passa de um simples meio de atingir uma realidade que se dirige em primeiro lugar ao ouvido atento do homem. A criação do mundo é um ato da palavra, e a existência judaica uma audição da palavra revelada. Deus fala, e sua palavra não deixa de ser vivificante para os que lhe dão crédito. Ele convoca os elementos e os seres à existência. Ele delega ao homem o privilégio de nomear os animais. Dar ouvidos é uma necessidade da fé e do diálogo com Deus. O som é sempre um caminho da interioridade, já que introduz um ensinamento vindo de fora e exterioriza os estados mentais experimentados. "Ouçam" através dos profetas, diz Deus. Ao longo de toda a Bíblia se encadeiam narrativas edificantes, recomendações, injunções, louvores, preces, uma palavra fazendo seu caminho de Deus ao homem. Salomão, pedindo a sabedoria, ouve seu ouvido abrir-se. O Novo Testamento acentua ainda a Palavra de Deus como ensinamento, emprestando-lhe a voz de Jesus, cujos feitos e gestos, desde os menores, são "retranscritos" pelos discípulos. *Fides ex auditu*, "a fé procede da audição", diz Paulo (Rm 10,17). No caminho de Damasco, ouvindo a Palavra de Deus, Paulo é lançado por terra, e perde a visão. A metáfora toca seu próprio ser, e a partir de então nunca mais viu o mundo da mesma forma.

Assim, de imediato, a visão é essencial. Criando a luz, Deus a entroniza como outra relação privilegiada com o mundo. "Ele a guarda como a pupila dos olhos", diz o Deuteronômio (32,10).

Várias palavras inaugurais de Deus dirigidas a Abraão solicitam a visão: "Levanta os olhos e, do lugar onde estás, contempla o norte e o sul, o oriente e o ocidente. Toda esta terra que vês a darei a ti e à tua descendência para sempre" (Gn 13,14-15). Abrir os olhos é nascer para o mundo. Em hebraico, pupila é *îshon*: pequeno homem. Platão faz da visão o sentido nobre por excelência. Em *Timé* (Timeu), ele escreve notadamente que "a visão foi criada para ser, para nosso proveito, a causa da utilidade por excelência; com efeito, dos discursos que estamos em vias de sustentar sobre o universo, nenhum deles poderia ter sido feito se não tivéssemos visto nem os astros, nem o sol, nem o céu. Mas, no estado atual das coisas, é a visão do dia, da noite, dos meses e do retorno regular dos anos, é o espetáculo dos equinócios e dos solstícios que levou à invenção do número, que forneceu o conhecimento do tempo, e que permitiu empreender pesquisas sobre a natureza do universo. De lá obtivemos a prática da filosofia, o benefício mais importante para sempre oferecido e acordado à raça mortal, um benefício que procede dos deuses" (PLATON, 1996: 146).

Na *República*, o desarraigamento do filósofo da sensorialidade ordinária e sua ascensão ao "mundo das ideias" se fazem sob a égide do visual, e não da audição. O filósofo "vê e contempla" o sol. A visão é mais propícia que a audição na tradução da eternidade da verdade. A audição é demasiadamente arraigada à duração para ter validade, ao passo que a visão metaforiza a contemplação, o tempo suspenso. Também para Aristóteles, mais próximo ao sensível da vida cotidiana, a visão é o sentido privilegiado: "Todos os homens, por natureza, desejam conhecer. Sinal disso é o prazer que nos proporcionam os nossos sentidos; pois, ainda que não levemos em conta a sua utilidade, são estimados por si mesmos; e, acima de todos os outros, o sentido da visão. Com efeito, não só com o intento de agir, mas até quando nos propomos a não fazer nada, pode-se dizer que preferimos ver a tudo mais. O motivo disso é que, entre todos os sentidos, a visão nos traz mais conhecimentos do que todos os outros sentidos e nos leva a conhecer maior número de diferenças entre as coisas" (ARISTOTE, 1986: 2). O privilégio da visão prossegue seu caminho ao longo dos séculos, mas esse privilégio atinge mais aos clérigos do que aos homens ou as mulheres comuns, imersos num mundo rural em que a audição (e o ouvir dizer) é essencial.

Para o século XVI, os historiadores L. Febvre (1968) e R. Mandrou (1974) desenham uma cartografia da cultura sensorial da época de Rabelais. Estes homens da Renascença entretêm uma relação estreita com o mundo, embebem-se na totalidade de seus sentidos sem privilegiar o olhar. "Nós somos seres enclausurados, diz L. Febvre, eles eram como árvores nos descampados. Eram homens próximos da terra, da vida rural. Homens que em suas próprias vilas encontravam o campo, seus animais, suas plantas, seus odores e seus ruídos. Homens de peito aberto ao vento, vendo sim, mas principalmente sentindo, ouvindo, apalpando, aspirando a natureza através de todos os seus sentidos" (1968: 394). Para Mandrou ou Febvre, a visão não é desvinculada dos outros sentidos como um eixo privilegiado da relação com o mundo. Ela é secundária. A audição é primeira. São os auditivos. Sobretudo em razão do estatuto da Palavra de Deus, autoridade suprema a ser ouvida. A música exerce uma função social importante. No *Le tiers livre* (O terceiro livro), Rabelais descreve uma tempestade com termos fortes e sugestivos, brincando com sua sonoridade, embora não exista neles nenhuma atribuição de cor, constata Febvre.

42

R. Mandrou, aluno de L. Febvre, constata por sua vez que os escritores do século não evocam os personagens tais como se oferecem ao olhar, mas através das falas e anedotas que lhes são atribuídas, dos rumores que sobre eles circulam. A poesia e a literatura atestam abundantemente aspectos salientes dos sons, dos odores, dos sabores, do contato e da visão. "O sabor, o tato, o olho, o ouvido e o nariz / sem os quais o nosso corpo seria um corpo de mármore", escreve Ronsard. Nenhuma exclusividade privilegia a visão. A beleza não é ainda o lugar de uma contemplação privilegiando só o olhar, mas uma celebração sensorial onde o olfato e a audição assistem de camarote. Assim é em Ronsard: "Sinto em minha boca frequentemente / murmurar o suspiro de seu vento. [...] Ressoprando a alma que pende / Dos lábios onde ela te espera / boca de amomo repleta / Que me engendra de teu hálito / Um prado de flores em cada parte / Onde teu farejante odor se esparsa". Febvre e Mandrou multiplicam os exemplos de uma sensorialidade tornada bastante estrangeira ao homem contemporâneo. Paracelso pede à medicina sua submissão aos rigores da observação, mas são as metáforas olfativas ou acústicas que sua pena sublinha, e recomenda ao médico "discernir o odor do objeto estudado" (1968: 398).

Febvre ou Mandrou cedem sem dúvida a um julgamento de valor apontando um atraso da visão no século XVI sem dar-se conta das singularidades de sua operacionalidade na vida cotidiana e fazendo do olhar moderno o padrão das visões do mundo. L. Febvre opera sem sabê-lo um etnocentrismo, desconhecendo as modalidades e as significações particulares do olhar do século XVI, e concedendo legitimidade somente a um olhar se impregnando pouco a pouco de valores científicos e racionais mais tardios. Existem múltiplos usos dos sentidos e das configurações sensoriais segundo as sociedades. "Ora, a cultura europeia não esperou o século XVII para acordar um lugar central ao olhar, escreve C. Havelange;

lá reside, sem dúvida alguma, uma das constantes da civilização ocidental. A difusão do impresso a partir do século XVI, as descobertas óticas no início do século XVII, ou ainda o advento dos procedimentos modernos da observação científica, por exemplo, induzem e indicam ao mesmo tempo, bem antes que uma simples valorização do olhar, uma transformação das maneiras de ver e de pensar o olhar" (HAVELANGE, 1998: 11).

Por longo tempo o modelo visual dos tempos modernos é o mesmo posto em funcionamento no *quattrocento* através da perspectiva, uma maneira de captar o real por um dispositivo de simulação que parece duplicá-lo. Esta reflete o espaço em três dimensões do real sobre uma superfície em duas dimensões que exige um modelo geométrico. A tela é percebida como uma janela sobre o mundo ou como um espelho plano. O quadro em perspectiva não reproduz a imagem retiniana suscitada pelo objeto, ela é uma instituição do espaço e não da visão (EDGERTON, 1991). A imagem é de fato uma encenação. O objeto é traduzido em termos geométricos. A racionalidade cartesiana agrega-lhe mais tarde sua legitimidade, já que para Descartes as imagens retinianas se encontram necessariamente no espírito. Esta racionalidade adapta-se plenamente à ideia de uma "natureza" da visão iniciada por Brunelleschi e teorizada por Alberti. Lógica do olhar mais que do espreitar, já que suspende o tempo e desencarna os homens (BRYSON, 1983). Um sujeito soberano debruça-se sobre a janela e congela o mundo segundo seu ponto de vista. "Sobre o teatro do mundo (a cenografia exerce seu papel na invenção), o homem rouba a Deus sua primazia [...]. Incontestavelmente esta subjetivação do olhar tem igualmente seu preço: a redução do real ao percebido" (DEBRAY, 1992: 324). Suspensão também do desejo e do encontro, acrescenta M. Jay, num desenho finalizado do olhar que coloca a distância a nudez da mulher ou do homem, coisificando-a. "Urge aguardar os nus provocadores das obras *Déjeuner sur l'herbe* e *Olympia* (Almoço sobre a relva e Olímpia)[4] de Manet para que o olhar do espectador se cruze enfim com o do sujeito" (JAY, 1993).

A perspectiva abre o futuro e o espaço, ela é uma apropriação do mundo sob os auspícios da soberania visual. "Em latim clássico, *perspicuus* é o que se oferece sem obstáculo ao olhar. *Perspicere* marca o fato de olhar com atenção, um olhar através de" (ILLICH, 2004: 221). A perspectiva é uma visão em transparência no espaço, uma linha de fuga que abre à visibilidade. Ela separa o sujeito e o objeto, transformando o primeiro em personagem onisciente e o segundo em uma forma inerte e eterna. A perspectiva não é absolutamente um feito da natureza que aguardou pacientemente a inteligência de um sábio para ser atualizada, ela é uma forma simbólica, uma maneira de ver que faz sentido num determinado momento da história de uma sociedade (PANOFSKY, 1975).

Desde a Antiguidade, para as sociedades europeias, a transmissão da cultura e das maneiras de estar juntos foi obra da palavra. Da recepção dos textos sagrados à das tradições, o mundo era regido pela oralidade. Toda busca solicita uma palavra, e não um escrito. E, para o mundo europeu, a autoridade de Aristóteles ou de Galeano, por exemplo, é decisiva. Menos por seus escritos do que pela tradição oral que os carrega. Ambrósio de Milão o diz: "Tudo o que retemos por verdadeiro, nós o cremos seja pela visão, seja pela audição". E acrescenta: "Frequentemente o olhar é enganador; o ouvido serve de caução" (ONG, 1971: 55). Ao longo do primeiro milênio, *lectio* significa em princípio *lectio divina*, um *lector* empresta por um instante sua voz a Deus, dirigindo-a

---

4. Na tradução deste livro, as obras citadas pelo autor em itálico simplesmente as transcreveremos como tal e, para facilitar a compreensão do leitor, ofereceremos sua tradução (livre) entre parênteses. Outros textos que surgirem entre colchetes são igualmente acréscimos do tradutor, com o mesmo objetivo.

a seus companheiros. A *lectio* implica a escuta. Um livro é o mais frequentemente lido em alta voz para um auditório atento, que lê mentalmente por si mesmo. Agostinho lembra-se de seu encontro com Ambrósio, o bispo de Milão: entrando em seu recinto, ele se admira ao vê-lo mergulhado numa leitura muda. "Seus olhos, quando lia, divagavam pelas páginas e o coração penetrava-lhes o sentido, enquanto sua voz e língua repousavam"[5]. O texto possui então um estatuto de oralidade, a leitura implica a voz e um eventual auditório.

As novas técnicas de paginação do século XII arrancam do ouvido sua antiga hegemonia na meditação sobre os textos sagrados e a confere ao olho. O "livro escrito para a audição" apaga-se diante do "texto que se dirige ao olho" (ILLICH, 2004: 161). Em 1126, o mestre do *Stadium Augustinien de Paris*, Hugues de Saint-Victor, escreve: "Existem três formas de leitura: com meus ouvidos, com os teus, e na contemplação silenciosa". A terceira maneira de proceder começa a tornar-se corrente, a leitura silenciosa operada pelo olhar (ILLICH, 2004: 164-165). Ela perde seu rosto e sua voz e entra na interioridade sob a égide do olho. A leitura é uma conquista da visão, ela redistribui a balança sensorial. A partir de então foi necessário aprender a ler em silêncio, e não mais em alta voz como outrora.

Com a invenção da tipografia, a difusão do livro provoca uma conversão dos sentidos, destronando a audição de suas antigas prerrogativas. Para M. McLuhan ou W. Ong, as sociedades ocidentais entram então na era do ver, justamente aí aonde os povos sem escrita conheciam um universo sensorial nitidamente menos hierarquizado. Entretanto, a tipografia não atinge senão uma ín-

---

5. AUGUSTIN. *Les confessions*. Paris: Livre de Poche, 1947, p. 137. Cf. *Confissões*. Petrópolis: Vozes, 2011, p. 119 [Vozes de Bolso].

fima parcela da população letrada. O "ouvir dizer" continua uma referência. Mas, por volta da segunda metade do século XV, a difusão das primeiras obras impressas em diferentes cidades europeias confere à escrita, isto é, ao visual, uma autoridade que outrora pertencia à audição. Em 1543, por exemplo, o *De humani fabrica*, de Vésale, obra fundadora das pesquisas sobre a anatomia humana, é composta de inúmeras estampas. A geografia, que amplia seus conhecimentos na esteira dos navegadores, apoia-se em mapas sempre mais precisos à medida das explorações. Além disso, a visão assume culturalmente em medicina um valor crescente. A observação meticulosa dos cadáveres através de sua dissecação alimenta um novo saber anatômico que não é mais fundado na repetição de uma palavra consagrada (LE BRETON, 1993). Na Renascença, o olho é celebrado como janela da alma. "O olho, através do qual a beleza do universo é revelada à nossa contemplação, é de tamanha excelência que qualquer um que se resignasse à sua perda privar-se-ia de conhecer todas as obras da natureza cuja visão faz a alma permanecer satisfeita na prisão do corpo: quem as perde abandona esta alma à obscura prisão onde esmorece toda esperança de rever o sol, luz do universo"[6].

Esta transformação da importância da visão, sua extensão social crescente, bem como o refluxo dos outros sentidos como o olfato, o tato e, em parte, a audição, não traduz somente a transformação da relação com o visível através da preocupação da observação, mas

---

6. VINCI, L. *Traité de peinture*. Paris: Delagrave, 1940, p. 19. "Porque o olho é a janela da alma, esta tem sempre medo de perdê-lo, de sorte que, estando em presença de uma coisa imprevista e que assusta, o homem não leva a mão ao seu coração, fonte da vida, nem à cabeça, habitáculo do senhor dos sentidos, nem à orelha, nem ao nariz, nem à boca, mas ao sentido ameaçado; ele fecha os olhos, serrando fortemente as pálpebras, frequentemente desviando-as para o outro lado; não se sentindo suficientemente seguro, ele apoia uma mão sobre a outra, fazendo a vanguarda contra aquilo que o inquieta" (p. 88).

reflete igualmente a transformação do estatuto do sujeito nas sociedades onde o individualismo está prestes a emergir. O interesse pelo retrato emerge lentamente a partir do *Quattrocento*. Ele alimenta uma preocupação de assemelhar-se e de celebrar as figuras notáveis, que contrastam nitidamente com seus pares dos séculos anteriores, sendo estes fadados à indistinção e à única pertença à história santa ou eclesial. Na segunda edição de sua obra *Vite dei più eccelenti pittori, scultori e architettori* (1568) (Vidas dos mais notáveis pintores, escultores e arquitetos), Vasari abre uma a uma suas biografias com um retrato, preferencialmente um autorretrato. E em seu prefácio ele explica sua preocupação em relação à exatidão das gravuras com os traços dos homens reais. A individualidade do homem, no sentido moderno do termo, emerge lentamente. A semelhança do retrato com o modelo é contemporânea a uma metamorfose do olhar e à ascensão progressiva do individualismo ainda balbuciante à época. Os retratistas se preocupam em captar a singularidade dos homens ou das mulheres que eles pintam, e esta vontade implica desenhar-lhes um rosto que os transformem em indivíduos tributários de um nome e de uma história únicos (LE BRETON, 2003: 32). O "nós outros", particularmente nos meios sociais privilegiados, torna-se lentamente num "mim, eu". A visão, tornando-se desde então mais um sentido da distância, assume assim mais importância, em detrimento dos sentidos da proximidade como o odor, o tato ou a audição. O distanciamento progressivo do outro através do novo estatuto do sujeito como indivíduo igualmente transforma o estatuto dos sentidos.

Portanto, é difícil falar de um "atraso da visão" para os contemporâneos de Rabelais sem expor-se a um julgamento arbitrário. Atraso sim, mas em relação a qual parâmetro de medida? Quer se trate da tipografia, da perspectiva, da pesquisa anatômica, médica e ótica, "os olhos conduzem tudo", diz Rabelais, na obra *Le tiers livre* (O terceiro livro). Na *Dioptrique* (Dióptrica) Descartes sobrepôs a autoridade da visão aos outros sentidos: "A inteira orientação de nossa vida depende de nossos sentidos, dentre os quais a visão é o mais universal e o mais nobre. Não existe qualquer dúvida de que as invenções que servem para aumentar sua potência não sejam as mais úteis que se possa imaginar". O microscópio e o telescópio o comprovam ao alargar infinitamente o registro do visual e ao conferir à visão uma soberania que ao longo do tempo se alastra ainda mais com a fotografia, com os raios X e com a imaginária médica, prolongando-se igualmente no cinema, na televisão, no monitor informático etc. Para Kant, "o sentido da visão, embora não sendo mais importante que o da audição, ele é o mais nobre, já que, dentre os sentidos, é o que mais se distancia do tato, que por sua vez representa a condição mais limitada das percepções" (KANT, 1993: 90). Em sua obra *Esthétique* (Estética), Hegel descarta o tato, o olfato ou o paladar por serem inaptos a fundar uma obra de arte. Esta, existindo do lado do espiritual, da contemplação, afasta-se dos sentidos mais animalescos do homem para focar antes sobre a visão e a audição.

Valorizada no plano filosófico, sempre mais centrada nas atividades sociais e intelectuais, a visão conhece uma expansão crescente. No século XIX, sua primazia sobre os outros sentidos em termos de civilização e de conhecimento é um lugar-comum da antropologia física da época, assim como da filosofia ou das outras ciências. A medicina, por exemplo, para além da clínica da qual sabemos o quanto ela confere uma legitimidade fundamental ao visível através da operação dos corpos e do exame comparado das patologias, vangloria-se pelo fato de alargar cada vez mais as fronteiras do império do ver. No verbete "Observação" do *Dictionnaire Usuel des Sciences Médicales*, Dechambre parece empolgar-se: "Adeus ao diagnóstico preciso sobre as doenças da laringe sem o laringoscópio; adeus ao diagnóstico das doenças pectorais sem o estetoscópio, às doenças do útero sem o espéculo, às variações das vibrações arteriais sem o esfigmógrafo, às variações de temperatura do corpo sem o termômetro" (apud DIAS, 2004: 170). Esta ampliação das capacidades sensoriais do médico é principalmente visual, mesmo que algumas dessas capacidades possam ser mais auditivas (estetoscópio). O microscópio revoluciona a pesquisa ao tornar o infinitamente pequeno acessível ao olho. No final do século XIX os raios X penetram o anteparo da pele, e ao longo do século XX a imaginária médica cercará todos os recônditos do corpo para torná-los acessíveis à visão.

Um estudo sempre mais refinado do visível do corpo culmina ao longo do tempo nas técnicas contemporâneas da imaginária médica. Pouco a pouco a medicina abandona o uso antigo da olfação das emanações do doente ou o sabor de sua urina. A averiguação da pulsação perde sua importância. A elaboração do diagnóstico doravante funda-se no visual, num esquecimento relativo dos outros sentidos. Mas não é um olhar qualquer que a tecnologia aprimora. Trata-se de um olhar padronizado, racionalizado, calibrado por uma busca de indícios através de uma "visão do mundo" bastante precisa. "A visão aí não basta, mas sem ela nenhuma técnica é possível [...]. A visão do homem engaja a técnica [...]. Toda técnica funda-se na visualização e implica a visualização" (ELLUL, 1981: 15). O domínio do mundo implicando a técnica solicita um domínio prévio do mundo pelo olhar.

A transcendência da visão sobre os outros sentidos não impregna somente a técnica, mas igualmente as relações sociais. Já no início do século XX, G. Simmel observa que "de longe os meios de comunicação modernos oferecem ao único sentido da visão a maior parte de todas as relações sensoriais de homem a homem, e isso em proporção sempre crescente, fato que deve transformar de um extremo ao outro a base das percepções sociológicas gerais" (SIMMEL, 1981: 230). A cidade é uma arrumação do visual e uma proliferação do visível. O olhar nela é um sentido hegemônico para todo deslocamento. A penetração do olho não cessou de acentuar-se. O estatuto atual da imagem o revela. Até os idos de 1960, lembra J. Ellul, a imagem era a simples ilustração de um texto, o discurso a suplantava, a imagem vindo a servi-lo (1981: 130). Mas já nos anos de 1960 germina a ideia de que "uma imagem vale por mil palavras". "A era da informação encarna-se no olhar", diz I. Illich (2004: 169). Vemos menos o mundo aos nossos pés do que as incontáveis imagens que o mostram através de monitores de toda estirpe: televisão, cinema, computadores ou fotocópias. As sociedades ocidentais reduzem o mundo às imagens, e fazem das mídias o principal vetor da vida cotidiana. "Aí aonde o mundo real se transforma em meras imagens, estas se transformam em seres reais, e em motivações eficazes de um comportamento hipnótico. O espetáculo, como tendência em fazer ver por diferentes mediações especializadas o mundo que não é mais diretamente apreensível, encontra normalmente na visão o sentido humano privilegiado, outrora pertencente ao tato; o sentido mais abstrato, e mais mistificável, corresponde à abstração generalizada da sociedade atual" (DEBORD, 1992: 9). As imagens transcendem o real e suscitam a temível questão do original. Mas se o real não é mais senão imagem, esta acaba se transformando ela mesma em original, mesmo incessantemente manipulada por objetivos interesseiros. Manipulação das imagens, dos ângulos de visão ou de enfoque, das legendas que as acompanham ou das múltiplas técnicas, que finalmente acabam desaguando num produto final.

As imagens não passam de versões do real, mas doravante a crença em sua verdade intrínseca é tamanha que as guerras ou os acontecimentos políticos se fazem a golpes de imagens orientando uma opinião pública fácil de enganar, embora os subterfúgios das imagens não iludam totalmente. O *scanning* e o *zapping* são os dois usos do olhar no mundo das imagens. Estas duas operações já eram inerentes ao olhar, hoje são procedimentos indispensáveis para não atolar-se da sufocação do ver. O espetáculo que permanentemente nos circunda e orienta nosso olhar nos envisca na fascinação da mercadoria. "Para não ficar cego [...], para libertar-se da enlameada tirania do visível, diz J.L. Marion, é necessário implorar – ir lavar-se na piscina de Siloé, na piscina do enviado, que foi enviado para tal – a devolução da visão do visível" (MARION, 1991: 64). Só o visível outorga a legitimidade de existir em nossas sociedades, um visível revisto e corrigido sob a forma do *look*, da imagem de si. As imagens se remetem umas às outras, fazendo a economia do mundo e reenviando-o a sua obsolescência. A cópia antecede o original, que só tem o valor por ela outorgado. "Doravante é o mapa que precede o território", diz Jean Baudrillard (1981: 10), precessão dos simulacros. O real é uma produção de imagens, "ele não é senão operacional. De fato, não é mais o real, visto que nenhum imaginário já não o envolve mais. É um hiper-real, um produto de síntese irradiando modelos combinatórios num hiperespaço sem atmosfera" (p. 11). A cópia é o álibi da origem.

As técnicas de segurança por câmeras entram nos detalhes da imagem exposta e, graças a uma série de dispositivos tecnológicos que permitem aproximar ou distanciar o ângulo de visão, elas proporcionam uma visão superlativa que supera o simples olhar. Doravante estas câmaras não se limitam às "tomadas via satélite", gerais, mas diuturnamente se fazem presentes em aeroportos, em pontos estratégicos das cidades, em lojas, em estações de metrô, em cruzamentos viários, em locais de serviço, em bancos etc. Os próprios celulares disponibilizam câmeras fotográficas, webcams, capazes de filmar a cotidianidade. "Nossa sociedade não é mais a do espetáculo, mas a da vigilância, afirma M. Foucault [...]. Não estamos mais nem nas arquibancadas nem no palco, mas no interior da própria panóptica" (1975: 218-219). O espetáculo e a vigilância não parecem contraditórios, como Foucault parece sugeri-lo nesta reflexão, datando dos anos de 1970; no mundo contemporâneo, particularmente, ambos conjugam seus efeitos produzindo uma permanente observação, um formidável deslocamento do privado ao público. Nossas sociedades conhecem uma hipertrofia do olhar. O privilégio acordado à visão em detrimento dos outros sentidos induz às vezes a uma interpretação errônea da cultura dos outros, ou a desvia de suas intenções primeiras. Assim, as pinturas de areia dos índios Navajos, que reenviam essencialmente aos elementos do tato e ao movimento do mundo, são percebidas pelos ocidentais como um universo imobilizado e visual. Elas suscitam um interesse por sua beleza formal e são colecionadas ou fotografadas por esse motivo. Entretanto, para os Navajos, estas pinturas são destinadas a ser transportadas sobre os corpos dos pacientes e não eternizadas na contemplação. Elas são efêmeras e, sobretudo, destinadas à tatilidade, instrumentos de comunicação entre o mundo e os homens (HOWES & CLASSEN, 1991: 264-265). Uma terapêutica multissensorial é assim rebaixada ao único registro do ver.

Na tradição Navajo, de fato, um doente é alguém que perdeu a harmonia do mundo, o *hozho*, cuja tradução implica simultaneamente saúde e beleza. O doente desviou-se do caminho da ordem e da beleza que condiciona a vida dos Navajos. A cura é a reconquista de um lugar feliz no universo, um pôr-se de acordo com o mundo, um reencontro com a harmonia, com o *hozho*. O doente deve reencontrar a paz interior. Quando uma pessoa perde seu lugar no universo, e se sente desorientada ou fisicamente mal, ela solicita então um diagnosticador que indique a cerimônia necessária ao seu restabelecimento. Uma via é então escolhida segundo a natureza das perturbações: sofrimentos pessoais, conflitos familiares ou de grupos etc. Aliás, algumas perturbações se resumem a afecções orgânicas: membros quebrados, paralisias, visão ou audição defeituosa etc. Cada uma tem seu próprio clínico, e este geralmente não conhece senão a própria especialidade, já que sua execução exige uma intensa memorização: melopeias, orações, pinturas etc.

A cerimônia transcorre num *hogan*, numa cabana constituída de paus roliços de madeira. Ela se dá em presença de pessoas próximas ao doente que, imitando-o, sentam-se diretamente sobre o chão batido da cabana. Tal cerimônia pode estender-se por vários dias, podendo chegar a nove. Antes de sua abertura, porém, o curandeiro consagra os diversos ambientes da celebração, aplicando neles, sobretudo nas vigas de sustentação da cabana, algumas pitadas de pólen de milho: branco para um homem, amarelo para uma mulher. Vários intervalos de tempo compassam o desenrolar de uma cerimônia: a purificação, por exemplo, consiste em aplicar ramalhetes de ervas ou plumas sobre as diferentes partes do corpo do paciente; administram-lhe infusões, induzindo-o a copiosos vômitos, bem como banhos de vapor realizados numa choupana próxima ao *hogan*. Passada esta fase, aplicam-se unguentos no doente, e ele é submetido à inalação de uma fumaça proveniente de ervas sapecadas numa lareira. Melopeias são então entoadas pelo curandeiro e por seus assistentes. O objetivo é purificar o corpo de suas máculas e prepará-lo para o renascimento. Lava-se então o corpo, e o doente passa a ser massageado pela "bengala da súplica", priorizando as zonas deficientes de seu corpo. Em seguida o doente é envolto em ramas de *yucca*. Os cantos sagrados visam a atrair os deuses. *Hataali*, cantor, é o nome que os Navajos dão aos seus curandeiros tradicionais. Os cantos que eles conhecem, sempre associados a uma trilha, escondem um poder, não se pretendendo um comentário sobre a situação celebrada; eles mesmos, concebidos como poder, transformam-se em acontecimento, dando um impacto maior à própria cerimônia. Pendurados em bastonetes de junco e selados com pólen, presentes são oferecidos aos deuses.

Em seguida vem o momento da restauração da saúde, ou a intervenção das pinturas de areia (às vezes usa-se farinha de milho, carvão ou pétalas de flores sobre uma pele de gamo (DANDNER, 1996: 88)), feitas pelo curandeiro e por seus assistentes, utilizando-se de um pó vegetal previamente colorido. Estas pinturas procedem da cosmologia Navajo. Elas apresentam cenas coloridas figurando uma série de personagens, segundo o ritmo quaternário do mundo dos Navajos: as quatro orientações cardeais; os quatro tempos do dia; as quatro cores: branco, azul, ocre, negro; as quatro montanhas sagradas que delimitam o território; as quatro plantas sagradas: milho, feijão, girassol e tabaco. Cada objeto tem seu lugar numa cosmologia em que tudo é religado. Estas pinturas são feitas sobre um tapete de areia branca espalhada no chão do *hogan*.

"O todo é belo, deleita o olhar, e é exatamente o objetivo primeiro desta pintura: seduzir, atrair estes seres ainda distantes, seduzi-los o bastante para que sintam o desejo de aproximar-se do povo da Terra, do mundo dos homens, de 'descer' no recinto do *hogan*. Mais do que qualquer ser, eles são sensíveis à fineza, à elegância, à coloração desta obra, já que foram eles mesmos que a iniciaram" (CROSSMAN & BAROU, 2005: 176).

Antes do alvorecer, desvestido da cintura para cima, o doente dirige-se ao centro da pintura. O curandeiro mergulha então suas mãos numa tigela contendo uma loção feita à base de plantas medicinais. Estas não são necessariamente diferentes das ervas medicinais tradicionais. A diferença reside no fato de elas serem colhidas com precauções particulares, por exemplo, com orações interiores do coletor. Assim sendo, de simples plantas medicinais passam a ser alavancas simbólicas que movem a ação do homem sobre o mundo. O curandeiro pousa então suas mãos sobre as figuras desenhadas com o pó colorido na areia, aguarda seus traços se colarem às suas mãos, aplicando-as em seguida sobre a pele do doente. Ele transfere o poder da pintura para o ser do doente. A partir de então cabe ao doente assumir-se e reintegrar-se ao sereno caminho de sua trajetória rumo à harmonia, ao *hozho*. Estas pinturas efêmeras, e os personagens que aí se movem, são os locais de contato com os deuses. Se estes últimos estão satisfeitos com as pinturas, eles assumem a forma dos assistentes do homem-curandeiro revestidos de sua máscara específica. Cada cerimônia requer uma dezena de pinturas. Estas são fadadas a desaparecer, destinadas a curar um doente, restituindo-lhe o prazer de viver e a beleza do mundo. Elas não devem permanecer no chão do *hogan* após o ocaso do sol. J. Faris escreve a este respeito que a cerimônia "consiste em recorrer a réplicas minuciosas – cópias – desta ordem e desta beleza sob forma de cantos, de orações, de pinturas na areia, sem jamais abandonar um espírito de profunda piedade. O menor erro, a menor falta de rigor compromete a cura [...]. É incorreto afirmar que as pinturas de areia são 'destruídas' no ocaso da jornada que viu sua realização. Elas são aplicadas e consumidas, sua beleza e sua ordem sendo absorvidas pelos corpos e pelas almas dos que buscam a cura"[7]. Em seguida o doente fica isolado por quatro dias, com a areia das pinturas espalhada em seus mocassins. Ele medita a fim de reencontrar seu lugar na harmonia do cosmo.

A beleza dos desenhos suscitou junto aos observadores o desejo de conservá-los e expô-los, desconhecendo a trama simbólica dos

---

7. FARIS, J. "La santé navajo aux mains de l'Occident", apud Crossman, B. (1996). Também me apoiei em diferentes textos que compõem este volume, dentre os quais os de S. Crossman e J.-P. Barou. Cf. tb. sobre esta cerimônia: Newcomb (1992), Sandner (1996), Crossman e Barou (2005).

ritos de cura e oscilando unicamente na direção do olhar das pinturas destinadas primeiramente à tatilidade, mas igualmente animadas pelos cantos sagrados que acompanham a cerimônia. Em 1995, os curandeiros tradicionais Navajos se insurgem contra estas pretensões que desfiguram seu saber. Eles visitam os museus americanos de sua região, reivindicam a retirada das pinturas de cura das salas de exposição e sua restituição aos povos Navajos, bem como a devolução dos estojos dos antigos curandeiros. Os Navajos não suportavam mais ver suas pinturas "enfeitando" as paredes dos museus.

Em tempos distintos, no entanto, dois curandeiros de renome, Hosteen Klah, no início do século XX, e, mais tarde, Fred Stevens, transformaram estas pinturas efêmeras em objetos de tapeçaria, fazendo este edifício ético pender na direção de um motivo estético. Franc J. Newcomb, uma americana cujo marido negociante instalara-se na reserva, acabou se apaixonando por estes motivos, reproduzindo-os, desta feita, primeiramente em sacos de papel-embalagem e subsequentemente em desenhos de aquarela, numa espécie de lembrança das cerimônias. F. Stevens descobriu uma técnica de fixação, fazendo com que as pinturas aderissem a um suporte, ou seja, viraram adesivos. Esta decisão, datada do ano de 1946, era motivada pela necessidade de preservar a memória dos ritos de cura Navajo, já que, por falta de aprendizes, temia-se por seu desaparecimento.

Mas os feitos de Hosteen Klah ou de Fred Stevens já não eram mais, de fato, pinturas de cerimônias. Estas não podiam ser feitas sem razão, isto é, sem a presença de um doente, visto que a força por elas gerada cairia no vazio. Por erros ínfimos, por transformações de cores, por deslocamentos de objetos ou de personagens seu poder era deliberadamente neutralizado. Dessa forma elas não tinham outro sentido senão o da composição estética. Os deuses, portanto, não podiam enganar-se, já que tais representações não passavam de uma simples tentativa de educar os olhares profanos. Nenhuma dessas pinturas era benta com o pólen, como ordenava o costume nos ritos de cura. A neutralização de sua força simbólica era o preço a ser pago por sua entrada no mundo da pura contemplação que, aos olhos dos Navajos, definitivamente não tinha mais o mesmo sentido. De alguma maneira estas obras eram falsas, embora sua beleza maravilhasse os americanos. Formidável mal-entendido que opõe uma visão ocidental do mundo a uma determinada sensorialidade do mundo Navajo. E acompanhado deste outro mal-entendido: o de fazer entrar no imutável uma arte provisória com valor de remédio visando a devolver um doente ao mundo. Entretanto, toda museografia é confrontada com aquilo que, na maioria das vezes, depende da força de um objeto, jamais unicamente redutível à sua aparência ou exclusivamente à visão. Por seu dispositivo mesmo, ela é redução à visão através das "férias forçadas" oferecidas à sua dimensão simbólica, necessariamente vivificante e inscrita numa experiência comum.

Sinestesia

Na vida corrente não se adicionam percepções numa espécie de síntese permanente, mas vive-se uma experiência sensível do mundo. A todo instante a existência reclama a unidade dos sentidos. As percepções sensoriais impregnam o indivíduo em toda evidência: ele não se surpreende ao sentir o vento em seu rosto enquanto à sua volta vê as árvores balançando; ele olha de longe o rio no qual se banha em dias calorentos, ressentindo seu frescor na pele; ele cheira o odor das flores enquanto se espraia na relva; ele ouve ao longe o sino de uma igreja anunciando o meio-dia... Os sentidos trabalham conjuntamente a fim de tornar o mundo coerente e habitável. Não são eles que decifram o mundo, mas o indivíduo, através de sua sensibilidade e de sua educação. As percepções sensoriais o colocam no mundo, mas ele é seu mestre de obra. Não são seus olhos que enxergam, nem seus ouvidos que escutam, nem suas mãos que tocam; ele está todo inteiro em sua presença no mundo, e os sentidos se misturam a todo instante ao seu sentimento de existir.

Não é possível isolar os sentidos para examiná-los um após outro senão através de uma operação de desmantelamento do sabor do mundo. Os sentidos estão sempre presentes em sua totalidade. Em sua *Lettre sur les sourds et les muets à l'usage de ceux qui entendent et qui parlent* (Carta sobre os surdos e mudos para o uso dos que ouvem e falam), Diderot inventa uma fábula a este respeito: "Seria, a meu ver, uma sociedade engraçada, aquela composta por cinco pessoas na qual todas somente disporiam de um sentido; não há nenhuma dúvida de que aquela sociedade lá compor-se-ia de insensatos; e vos deixo pensar com qual fundamento [...]. De mais a mais, há uma observação singular a ser feita sobre esta sociedade de cinco pessoas em que cada uma não gozaria senão de um sentido; é que pela aptidão que elas teriam de abstrair, todas poderiam ser geômetras, entender-se maravilhosamente bem e colocar-se de acordo somente em geometria" (DIDEROT, 1984: 237). O mundo não se oferece senão através da conjugação dos sentidos; isolar um ou outro sentido significa de fato fazer geometria, e não falar da vida corrente. As percepções não são uma soma de informações identificáveis aos órgãos dos sentidos rigidamente fechados em suas fronteiras. Não existe aparelho olfativo, visual, auditivo, tátil ou gustativo prodigando separadamente seus dados, mas uma convergência entre os sentidos, um emaranhamento solicitando sua ação comum.

A carne é uma trama sensorial sempre em ressonância. As estimulações se misturam e se correspondem, elas ricocheteiam umas nas outras em uma cadeia interminável. O tátil e o visual, por exemplo, aliam-se na determinação dos objetos. O gustativo não é concebível sem o visual, sem o olfativo, sem o tátil, e inclusive, às vezes, sem o audível. A unidade perceptiva do mundo se cristaliza no corpo em sua inteireza. "A forma dos objetos não é seu contorno geométrico: ela tem uma certa relação com sua natureza própria e fala a todos os nossos sentidos ao mesmo tempo que à visão. A forma de um vinco num tecido de linho ou de algodão nos faz ver a maleabilidade ou a rigidez da fibra, se é tecido de inverno ou de verão [...]. Vemos o peso de um bloco fundido afundando-se na areia movediça, a fluidez da água, a viscosidade de um xarope [...]. Vemos a rigidez e a fragilidade de um copo, e, quando ele se quebra, seu som cristalino é carregado pelo copo visível [...]. Vemos a elasticidade do aço, a ductilidade do aço derretido" (MERLEAU-PONTY, 1945: 265-266). Mesmo quando o olhar se furta, os gritos da criança que se afasta da casa sempre a tornam visível. Marleau-Ponty subordina o conjunto da sensorialidade à visão. Outros instalam esse conjunto sob o reino da tatilidade. A pele é efetivamente o território sensível que reúne em seu entorno o conjunto dos órgãos sensoriais sobre o fundo de uma tatilidade que frequentemente nos foi apresentada como a nascente de todos os outros sentidos: a visão seria então um tatear do olho, o gosto uma maneira dos sabores tatearem as papilas, os odores um contato olfativo e o som um tatear do ouvido. A pele é um ligante, um pano de fundo que congrega a unidade do indivíduo.

Nossas experiências sensoriais são os afluentes que deságuam neste mesmo rio, nesta sensibilidade de um indivíduo singular jamais em repouso, sempre solicitado pela incandescência do mundo circundante. Se a distância sentimos um odor madressilva cuja planta pode ser vislumbrada, se vibramos com uma música comovente, isso se deve ao fato do corpo não ser uma sucessão de indícios sensoriais bem delimitados, mas em razão de uma sinergia onde tudo se mistura. "Cézanne, escreve ainda Merleau-Ponty, afirmava que um quadro contém nele mesmo até o odor da paisagem. Ele pretendia dizer que a disposição da cor sobre o objeto inanimado [...] simboliza por si mesma todas as respostas que ela daria à interrogação dos outros sentidos, que um objeto inanimado não teria esta cor se ele não tivesse esta forma, estas propriedades táteis, esta sonoridade, este odor..." (1945: 368). O corpo não é um objeto dentre outros na indiferença das coisas, ele é o agente tornando o mundo possível através da educação de um homem inconcebível sem a carne que forma sua existência. Ele é engajado no funcionamento de cada sentido. O olho não é uma simples projeção visual, nem o ouvido um mero receptor acústico. Os sentidos se corrigem, se revezam, se misturam, eles reenviam a uma memória, a uma experiência que envolve o homem em sua inteireza, visando a dar consistência ao mundo. Aristóteles evoca assim um *sensus communis* operando uma espécie de síntese das informações fornecidas pelos outros sentidos. E a "percepção sinestésica é a regra", afirma Merleau-Ponty (1945: 265). A percepção não se resume numa soma de dados, mas numa percepção global do mundo que, a todo instante, convoca a totalidade dos sentidos.

O limite dos sentidos

As percepções são difusas, efêmeras, incertas, e às vezes falsas, elas oferecem uma orientação relativa das coisas aí aonde um saber mais metódico exige um rigor em detrimento dos tremores de sentido com os quais o mundo está habituado. A ciência não é o conhecimento do objeto que eu toco, vejo, cheiro, degusto ou ouço; ela é puritana, ela recusa o corpo e olha as coisas com frieza e com espírito de geometria. Obviamente, o conhecimento sensível carece de universalidade e de rigor, mas ele se presta humildemente à cotidianidade da vida e à degustação do mundo. Ele lhe é indispensável. Ele não é conhecimento de laboratório, mas aberto. No entanto, na experiência ordinária, as percepções sensoriais não são as únicas matrizes da relação com o mundo. O raciocínio, não aquele do cientista, mas o da experiência, permanentemente corrige as ilusões, que existem mais nos escritos dos filósofos visando a estigmatizar o sensível do que na vida cotidiana dos homens. Aliás, a razão não é o instrumento maior de verdade, ela não é infalível. O ajustamento ao mundo implica desde então fazer a parte da percepção e do raciocínio.

Existir é permanentemente afinar seus sentidos, desmenti-los às vezes, a fim de aproximar-se ao máximo da realidade ambígua do mundo. O trabalho dos sentidos na vida ordinária implica sempre um trabalho do sentido. "Os olhos e os ouvidos dos homens só são falsos testemunhas quando a alma dos homens não sabe ouvir sua linguagem", já o dizia Heráclito. Demócrito opõe "o conhecimento obscuro dos sentidos" ao "luminoso", oriundo do raciocínio. Platão inaugura uma longa tradição de desprezo dos sentidos e do corpo, pálidos anteparos diante da essência das coisas. Em *Fédon* ele diz: "A alma raciocina mais perfeitamente quando não vem perturbá-la nem a audição, nem a visão, nem a dor, nem algum prazer, mas quando, ao contrário, ela se concentra maximamente nela mesma e delicadamente envia o corpo a passear". O conhecimento sensível é flutuante, ele jamais permanece o mesmo; já a alma, ao inverso, "se lança nas profundezas, na direção do que é puro e que sempre é, e que é imortal e sempre semelhante a si"[8]. Através dos olhos da alma e do pensamento o homem penetra os

---

8. PLATON. *Phédon*. Paris: Garnier-Flammarion, 1991, p. 215 e 242.

arcanos do sensível, ele descarta as tinturas que condenam a realidade do mundo, e acede a uma inteligência purificada do sensível.

Aristóteles opõe-se a Platão e, denunciando o caráter abstrato deste processo ao encontro dos sentidos, escreve: "Devemos sustentar que tudo aquilo que aparece não é verdadeiro. Em primeiro lugar, admitindo que a sensação não nos engana, ao menos sobre seu objeto próprio, não podemos identificar a imagem e a sensação. Em seguida, temos todo o direito de nos surpreender com dificuldades como: As grandezas e as cores seriam realmente tais como aparecem de longe, ou tais como aparecem de perto? Seriam elas realmente como aparecem aos doentes, ou como aparecem aos homens sadios? O peso é o que parece pesado aos fracos ou aos fortes? A verdade é o que vemos em estado de sono ou quando estamos despertos? Sobre todos estes pontos efetivamente, é claro que nossos adversários não acreditam no que dizem. Não há ninguém, absolutamente, que sonhando estar uma noite em Atenas, mas estando de fato na Líbia, ponha-se a caminho rumo ao Odeon" (ARISTOTE, 1991: 228). Aristóteles faz troça de Platão e de seus antagonismos estigmatizando o corpo e os sentidos. Ele lembra com justeza que as informações dadas pelos sentidos dependem das circunstâncias e que elas não encerram nenhuma verdade imutável. A condenação dos sentidos, portanto, é um absurdo, uma abstração, sublinha Aristóteles com certa malícia, que não impede os sentidos de sobreviver ao cotidiano sem maiores preocupações.

Só confiamos nestes sentidos após termos pesado as informações. Se eu vejo um caniço quebrado após mergulhar parte dele na água, necessariamente não o considero como tal, e se o sol me parece próximo, nem por isso busco estender a mão para apanhá-lo. Descartes é cético em relação ao conhecimento sensível, ele não o considera à altura da razão científica. Desta forma ele inicia sua

Méditation troisième (Meditação terceira): "Eu fecharia agora os olhos, taparia os meus ouvidos, desviaria todos os meus sentidos, até apagaria de meu pensamento todas as imagens das coisas corporais, ou pelo menos, já que apenas isso se pode fazer, e reputaria estas imagens como vãs e falsas". A parábola do pedaço de cera lembra a impermanência das coisas. Na vida corrente a cera assume muitos rostos sem perturbar os que dela se servem, ela possui uma sucessão de verdades segundo as circunstâncias. Ela não é mais de fato o mesmo objeto para os sentidos. Só o entendimento, conclui Descartes, ensina a verdade da cera[9]. Ele recusa o testemunho dos sentidos que a distância fazem ver torres arredondadas, quando de perto são efetivamente quadradas. Mesmo os denominados "sentidos interiores" enganam, diz Descartes, na *Méditation sixième* (Meditação sexta), assumindo, desastradamente, o exemplo da dor no membro amputado, sentida por pessoas que perderam um braço ou uma perna. Erro de imaginação, sustenta nosso autor, que chega a concluir não estar certo "de sentir dor em qualquer um de meus membros, mesmo que eu sinta dor nele". Ignorando a realidade da dor do membro fantasma, Descartes chega a duvidar das dores que ele mesmo sente, como se efetivamente o corpo estivesse perpetuamente enganado, mesmo que ele imponha sua presença embaraçosa à alma.

Outra fonte de erro, a partilha ambígua das sensações da vida real e daquelas advindas dos sonhos, que não obstante dão à pessoa em estado de sono a convicção de ser bem reais. "Pois, a natureza, parecendo levar-me a muitas coisas das quais a razão me desviava, eu não acreditava dever confiar-me muito nos ensinamentos dessa natureza", conclui nosso autor. Descartes confere ao conhecimento

---

9. DESCARTES. *Méditations métaphysiques.* Paris: PUF, 1970, p. 45 [apres. por F. Khodoss].

sensível um estatuto subalterno ao entendimento, embora o conceba necessário à existência em razão de sua utilidade prática e, não obstante tudo, à fonte da ciência, mesmo se em seguida é posto à prova. "E como poderia negar que estas mãos e este corpo sejam realmente meus? A não ser comparando-me a estes insensatos cujo cérebro é tão perturbado e ofuscado pelos negros vapores da bílis, que afirmam constantemente serem reis, quando na verdade são muito pobres; que estão vestidos de ouro e púrpura, quando de fato estão completamente nus, ou se imaginam ser cântaros, ou ter um corpo de vidro. Como assim? Eles não passam de loucos, e eu não seria menos extravagante se me regrasse por seus exemplos" (p. 27-28). Dessa forma Descartes distingue dois regimes diferentes da sensorialidade que não se juntam: "Mas, no entanto, é necessário prestar atenção à diferença que existe entre as ações da vida e a busca da verdade, que tantas vezes inculquei; pois, quando se trata da condução da vida, seria completamente ridículo não reportar-se aos sentidos" (p. 227). A união do corpo e da alma impõe a mediação dos sentidos para aceder ao real e conclama a alma à correção. Somente dela provém toda certeza.

Se Descartes diz seu desprezo dos sentidos pela elaboração de um saber científico digno desse nome, ele esquece outra dimensão do conhecimento sensível, aquele que alimenta o trabalho dos artesãos ou dos artistas de todo gênero. Nietzsche resume o raciocínio que culmina na desqualificação dos sentidos: "Os sentidos nos enganam, a razão corrige seus erros; portanto, concluiu-se que a razão é a via que leva ao permanente; as ideias menos concretas devem ser as mais próximas do 'mundo real'. Grande parte das catástrofes procede dos sentidos – eles são enganadores, impostores, destruidores"[10].

---

10. NIETZSCHE, F. *La volonté de puissance*. T. 2. Paris: Gallimard, 1947, p. 10.

De fato as percepções sensoriais não são nem verdadeiras nem falsas, elas nos liberam o mundo com seus meios próprios e deixam o indivíduo retificar segundo seus conhecimentos. Elas desenham uma orientação sensível, um mapa que não é efetivamente o território, salvo para quem aceita ser permanente e redondamente enganado. Em princípio cada qual sabe a que agarrar-se nas situações de ambiguidade e agir consequentemente, deslocando-se para ver mais claramente, aproximando-se para aguçar o ouvido face a um grito quase inaudível, ou retirando do riacho o caniço que parecia quebrado, mas que de fato não o era.

2 Do ver ao saber

> *Enquanto estou à minha janela nesta tarde*
> *de verão, buzardos movem-se em círculos*
> *próximos ao meu arroteamento; a fanfarra*
> *dos pombos selvagens, voando de dois em*
> *três, de parte a parte de meu campo de visão,*
> *ou inclinando-se de asas agitadas sobre os*
> *ramos dos pinos do norte atrás de minha casa,*
> *empresta uma voz ao ar; uma águia-pescadora*
> *ondeia a superfície límpida do lago trazendo à*
> *tona um peixe; um vison desliza-se para fora*
> *do pântano, diante de minha porta, apanhando*
> *uma rã perto da margem; o gladíolo enverga*
> *seus ramos sob o peso dos "tagareleiros" que,*
> *aqui e acolá, fazem acrobacias.*
>
> THOREAU, H.D. *Walden ou la vie dans les bois.*

A luz do mundo

Estamos imersos na profusão sem limite do ver. A visão é o sentido mais constantemente solicitado em nossa relação com o mundo. Basta abrir os olhos. As relações com os outros, os deslocamentos, a organização da vida individual e social, todas as atividades implicam a visão como uma instância maior, fazendo do cego uma anomalia e um objeto de angústia (infra). Em nossas sociedades a cegueira é assemelhada a uma catástrofe, à pior das enfermidades. Para uma representação comum, ontem e hoje, tratando-se do cego, "toda sua atividade e mesmo seu pensamento, organizados ao redor de impressões visuais, fogem-lhe simultaneamente, todas as suas faculdades envoltas em trevas lhe parecem tolhidas e imobilizadas; ele tem sobretudo a impressão de que o cego resta sufocado pelo fardo que o acabrunha, que as próprias fontes da personalidade são nele aprisionadas" (VILLEY, 1914: 3). Perder a visão é como perder o uso da vida, é viver à sua margem. Assim, de bom grado evoca-se o mundo "obscuro", "monótono" e "triste" do cego, bem como seu "aprisionamento", sua "vulnerabilidade" às circunstâncias, sua "incapacidade" de viver sem uma mão amiga. Na falta de ver, a humanidade inteira do cego lhe é correntemente negada. Outrora P. Henri sublinhou, para uma série de línguas, o caráter pejorativo do termo *cego*, ou seus derivados metafóricos. A cegueira é um fechamento a toda lucidez, levando o indivíduo à sua perdição. A capacidade de discernimento lhe faz falta. Ver é compreender, pesar os acontecimentos. Usar viseiras ou "tapar os olhos" é testemunhar a cegueira diante das circunstâncias. "Em todas as línguas [...], *cego* denota um indivíduo cujo julgamento é turvo, carente de luz, de razão [...], que lhe impede a reflexão, a averiguação; cego é alguém que age sem discernimento, sem prudência; inconsciente, ignorante; pretexto, enganoso" (HENRI, 1958: 11).

Compreende-se perfeitamente por que o cego é uma pessoa estigmatizada e aflitiva. Seus olhos são opacos, sem luz, seu rosto frequentemente inerte, seus gestos inapropriados, sua lentidão um contraste com os fluxos urbanos ou com os ritmos ordinários. Os prejulgamentos em grande medida se aplicam a um mundo julgado das "trevas", da "noite" etc. O cego destoa dos demais. Na vida corrente, a existência é "principal e essencialmente visual; não se faria um mundo com perfumes ou sons", escreve Merleay-Ponty (1964b: 115). Obviamente, para os cegos o mundo se urde num universo de odores, de sons ou contatos com as coisas, mas para quem usufrui do sentido da visão a abertura ao mundo opera-se primeiramente pelos olhos, sem imaginar outras aberturas.

O ver é inesgotável, já que as maneiras de olhar o objeto são infinitas, mesmo se na vida cotidiana uma percepção mais funcional baste para guiar os deslocamentos ou fundamentar as ações. As perspectivas juntam-se às variações de luz para espessar as múltiplas camadas de significações. Sem dúvida a visão é o mais econômico dos sentidos; ela desdobra o mundo em profundidade aí aonde seus pares precisam avizinhar-se de seus objetos. Ela cobre toda distância, e a distância busca suas percepções. Diferentemente do ouvido, preso ao som, o olho é ativo, móvel, seletivo. Explorador da paisagem visual, ele se desdobra à vontade para buscar um detalhe longínquo ou para instantaneamente fixar-se nas imediações. A visão projeta o homem no mundo, mas ela é apenas o sentido da superfície. Só se vê as coisas que se mostram, do contrário faz-se necessário inventar maneiras de contorná-las, de aproximar-se ou afastar-se delas para colocá-las enfim sob um ângulo favorável. O que foge à visão frequentemente é o visível diferido. O nevoeiro se eleva ou o dia desponta, um deslocamento qualquer modifica o ângulo de visão e uma nova perspectiva surge. A acuidade do olhar tem limites. Nem tudo se oferece ao olhar, o infinitesimal ou o longínquo se subtrai, a não ser que instrumentos apropriados intervenham. Às vezes as coisas são demasiadamente longínquas ou próximas demais, vagas, imprecisas, cambiantes. A visão é um sentido ingênuo, já que aprisionada às aparências, contrariamente ao olfato ou à audição que desalojam o real das tinturas que o dissimulam.

Platão recusa a imagem como uma falsidade ocultando a essência do real. O homem só percebe sombras que assume por realidade, ele permanece prisioneiro de um simulacro. É necessário ver para além de um mundo que não é o da visão costumeira, mas o de um universo de ideias. O olho vê as coisas ao pé da letra, sem distanciamento. As metáforas evocam muitas vezes sua cegueira. Ele compra gato por lebre, percebe o cisco no olho do outro sem dar-se conta da trave que encobre o seu. A visão transforma o mundo em imagens e, por conseguinte, facilmente em miragens. Entretanto, a visão partilha com o tato o privilégio de avaliar a realidade das coisas. Ver é o caminho necessário do reconhecimento. Um vocabulário visual ordena as modalidades do pensamento em diversas línguas europeias. Ver é crer, como no-lo dizem as formulações ordinárias: "É preciso ver para crer"; "Só acreditarei vendo" etc. "Ah, meu ouvido ouviu falar de ti, diz Jó, mas agora meu próprio olho viu". A visão é associada ao conhecimento. "Ver" é sinônimo de "compreender". Ver "com os próprios olhos" é um argumento sem apelação. O que "salta aos olhos", o que é "evidente" não se discute. Na vida corrente, uma coisa deve em primeiro lugar ser acessível à visão para ser percebida como verdadeira. "Tomar conhecimento, diz Sartre, é comer com os olhos." Ver procede do latim *videre*, oriundo do indo-europeu *veda*, que significa "sei", de onde derivam termos como evidência (que é visível), providência (prever segundo as inclinações de Deus). *Teoria* é contemplação, uma razão desvinculada do sensível, mesmo se do sensível ela sorva seu primeiro impulso. Especular vem de *speculari*: ver. Várias metáforas visuais qualificam o pensamento, notadamente através do recurso à noção de clareza, luz, perspectiva, ponto de vista, visão das coisas, visão do espírito, intuição, reflexão, contemplação, representação etc. A ignorância, ao inverso, demanda metáforas traduzindo o desaparecimento da visão: obscuridade, cegueira, noite, nevoeiro, nebulosidade etc.

"A origem comum atribuída ao grego *tuphlos* (cego), ao alemão *dauf* e ao inglês *deaf* (surdo), ao inglês *dumb* (mudo), ao alemão *dumpf* (mudo, estúpido) é impressionante, observa P. Henri. Parece que tudo se passou como se as enfermidades sensoriais, tendo sido concebidas como obscurecendo o conhecimento, perturbando o espírito, mascarando a realidade externa, levou a confundi-las e a designá-las por termos que traduzem fatos materiais: fechado, obscuro, enevoado [...]. Como se fosse impossível, sem a visão, tirar partido das estimulações auditivas, olfativas, gustativas, táteis, organizar as percepções, representar-se uma cadeira simplesmente aflorando seu encosto, associar um alimento ao gosto sem vê-lo etc." (HENRI, 1958: 38). Se as trevas são o contraste, a luz é a aspiração de muitos cegos que recusam sua cegueira "e buscam realizar seu 'novo nascimento' colocando-a sob a égide do acesso a uma luz ao menos espiritual" (p. 253).

A visão não é a projeção de uma sorte de clarão visual vindo a varrer o mundo com seu feixe, tampouco ela se delineia num traçado único, a menos que uma atenção particular intervenha e difusamente a faça abraçar a cada instante uma multidão de elementos. Frequentemente ela retira do cortejo visual uma cena insólita, um rosto familiar, um sinal que lembra uma tarefa a executar, uma cor que impressiona o olhar. Na vida cotidiana o mundo visual se desenrola como um fio ininterrupto, numa espécie de indiferença tranquila. A não ser que algum traço de singularidade demande mais atenção. O visual é o mundo que se doa despreocupadamente, sem alteridade suficiente para suscitar o olhar. É uma espécie de atividade do olvido, uma economia sensorial que libera a consciência de uma vigilância que a longo prazo pode tornar-se insuportável. Rotina inscrevendo-se nas coisas conhecidas e imediatamente decifradas, ou efetivamente indiferentes, não provocando qualquer atenção!

Os olhos deslizam sobre o familiar sem a ele apegar-se. Uma olhadela: eis o emprego dos olhos que melhor corresponde a esse regime visual. Efêmera, indiferente, superficial, a olhadela borboleteia em busca de um objeto ao qual agarrar-se. Inversamente, o olhar é suspeição sobre um acontecimento. Ele inclui a duração no tempo e a vontade de compreender. Ele explora os detalhes, opõe-se ao visual por sua atenção mais constante, mais embasada, em sua breve penetração. O olhar se fixa nos dados. Ele desprende situações do pano de fundo visual que rega a cotidianidade. Ele é *poiesis*, confrontação com o sentido, tentativa de ver melhor, de compreender, após uma surpresa, um espanto, uma beleza, uma singularidade qualquer que demanda uma atenção. O olhar é uma alteração da experiência sensível, uma maneira de colocar-se sob sua vigilância, de apossar-se do visual, extraindo-o de seu incessante desfilar. Ele toca a distância com seus próprios instrumentos: os olhos.

O olhar de proximidade faz-se às vezes quase tátil, háptico diria Riegl. Ele entra na espessura das coisas, numa espécie de palpação dos olhos. Toque não da mão, mas do olho, ele busca antes o contato, exercendo uma espécie de carícia. O olho ótico preserva a distância, faz do objeto um espetáculo e saltita de um lugar ao outro habitando seu objeto. Duas modalidades possíveis do olhar! Toca-se com os olhos, semelhantemente aos cegos que enxergam com as mãos. Para J. Brosse, por exemplo, a contemplação de uma estátua num museu se alimenta em primeiro lugar de uma tatilidade da visão que gira ao redor dela, que a toca, que a afasta simbolicamente da distância moral imposta pela interdição de tocá-la com as mãos. "Dito outramente: não se desfruta dela senão enquanto nosso olhar, em razão da presença do vigia, dos avisos e costumes, substitui o tato e exerce sua função" (1965: 121). Retorno às fontes sem dúvida para uma obra nascida das mãos de um artista que a modelou talhando-a, moldando-a, dando forma à matéria. Mas esse olhar que toca as coisas é corrente em sua vontade de sentir à flor da pele um objeto de interrogação ou de cobiça. A relação amorosa conhece esse olhar maravilhado que já é uma carícia. Goethe narra assim suas noites junto a uma jovem mulher: "O amor ao longo das noites me impõe outros trabalhos: beneficiar-me-ia em ser apenas semi-instruído nisso, mas duplamente feliz? E não seria instruir-me acompanhar os contornos dos quadris? Nesse caso só compreendo os mármores; reflito e comparo. Com os olhos apalpo os relevos, com a mão vejo os contornos"[1].

A visão requer os outros sentidos, sobretudo o tato, para exercer sua plenitude. Um olhar privado de seu recurso é uma existência paralisada. A visão é sempre uma palpação pelo olhar, uma avaliação do possível, ela recorre ao movimento, particularmente o tato. Ela persegue a exploração tátil conduzida pela mão ou pelos dedos, mas aí aonde os olhos se limitam à superfície das coisas a mão revira os objetos, vai ao seu encontro, os dispõe favoravelmente. "É necessário habituarmo-nos a pensar que todo visível é talhado no tangível, todo ser tátil prometido de alguma forma à visibilidade, e que há usurpação, encavalgamento, não somente entre o tocar e o tocante, mas também entre o tangível e o visível neles incrustados" (MERLEAU-PONTY, 1964: 177). Tocar e ver se alimentam mutuamente na percepção do espaço (HATWELL, 1988). "As mãos querem ver, os olhos querem acariciar", escreve Goethe. O olho é mais leve que a mão, ele dispõe de uma latitude mais ampla na exploração do espaço e acede de imediato a um conjunto que a mão só apreende lenta e sucessivamente. Sem as mãos a visão é mutilada, bem como sem os olhos as mãos são fadadas ao tateio. Ver é apreender o real com todos os sentidos. "A visão sempre nos oferece mais do que podemos segurar com a mão, e o tato permanece aprendizagem da mediação e do intervalo daquilo que nos separa das coisas que nos cercam" (BRUN, 1986: 157). A mão busca preencher as falhas do olhar, ela tenta colmatar a separação.

---

1. GOETHE. *Élégies romaines*. Paris: Aubier-Montaigne, 1955, p. 35.

A visão é uma condição da ação, ela prodigaliza a penhora de um mundo coerente, formado de objetos distintos em diferentes pontos do espaço. Ver é mover-se na trama do cotidiano com uma segurança suficiente, fazer de cara uma triagem entre o possível e o inacessível. "Meu movimento não é uma decisão do espírito, um fazer absoluto, que decretaria, do fundo da retração subjetiva, alguma mudança de lugar milagrosamente executada na extensão. Ele é a sequência natural e a maturação de uma visão" (MERLEAU--PONTY, 1964a: 18). O homem é um computador visual, um centro permanente do mundo. Repentinamente cego ou na noite, se não sabe ler a obscuridade com uma sensorialidade mais larga, o homem é mergulhado num abismo de significação e reduzido à impotência. Todas as familiaridades de sua relação com o mundo se esquivam. E torna-se doravante dependente dos sentidos dos quais outrora pouco aprendeu a se servir como o tato, a audição ou o olfato. Mas a visão é limitada, a distância dissipa os objetos, ela exige a luz.

Na vida ordinária a visão garante a perenidade do entorno, ou, ao menos, sua imobilidade aparente. Para conhecer a fugacidade do instante urge estancar a contemplação do rio e mergulhar nele, misturar-se à sua corrente e ouvir, degustar, apalpar, sentir. Para o homem contemporâneo o olho age a distância. À primeira vista ele não está em relação estreita com o mundo. Olhar a distância é manter-se ao abrigo, é não sentir-se implicado. A tradição filosófica ocidental faz da visão um sentido da distância, esquecendo que por muito tempo as sociedades europeias medievais e renascentes não concebiam nenhuma separação entre o homem e o mundo, ver já era um compromisso. O olhar é frequentemente, em termos culturais, um poder suscetível de reduzir o mundo à sua mercê, ele tem uma força de impacto benéfica ou maléfica. A crença no mau--olhado, por exemplo, é largamente compartilhada por inúmeras

74

culturas. Em muitas sociedades, e nossas tradições ocidentais não são isentas, o olhar mantém o mundo sob sua mira, ele petrifica para garantir o controle. Poder ambíguo, ele entrega simbolicamente aquele que é seu objeto, mesmo se o ignora. Ele é uma tomada de poder, já que cumula a distância e captura, ele é imaterial e mesmo assim age, já que põe a descoberto. Tateia-se com o olhar, eles apalpam os objetos sobre os quais se pousam. Ter os olhos pousados sobre alguém é uma maneira de fisgá-lo para não deixá-lo escapar. Mas também podemos maravilhar os olhos de alguém, agradar à primeira vista, embevecer os olhares etc. O *voyeur* dá-se por satisfeito só pelo olhar, farta-se com olhar, mesmo que o outro o ignore. A distância é abolida, já que ele vê. "Devorar com os olhos" não é só uma metáfora. Algumas crenças a assumem ao pé da letra. Ver é uma porta aberta sobre o desejo, uma espécie de raio fulminante sobre o corpo do outro, segundo a antiga teoria da visão, um ato que não deixa incólume nem o sujeito nem o objeto do desejo.

A cobiça dos olhares

Se Freud concebe o tato essencial à sexualidade, mesmo assim ele não deixa de reproduzir sua hierarquia pessoal (e cultural) dos sentidos, privilegiando a visão no contato amoroso. "É a impressão visual que mais frequentemente desperta a libido [...]. O olho, zona erógena mais afastada do objeto sexual, exerce uma função particularmente importante nas condições em que se realizará a conquista deste objeto, transmitindo a qualidade especial da excitação que nos dá o sentimento da beleza" (FREUD, 1961: 42 e 115).

O amor cega, diz o adágio popular, frisando que o amante não tem olhos senão para a amada. O desejo embevece a visão ornamentando-a de qualidades para as quais os outros são pouco sensíveis. "Censuramos o desejo de deformar e reformular, a fim de melhor desejar. O amante, neste caso Dom Juan, se enganaria a si mesmo, e seu confidente, Sganarelle, veria claro: urgiria voltar à Terra, ver as coisas de frente e não assumir o próprio desejo por realidade; em suma, urgiria sair da redução erótica. Mas com qual direito Sganarelle pretende ver melhor do que Dom Juan aquilo que ele mesmo não teria nem percebido, nem visto, se o amante, Dom Juan, já não o tivesse indicado? Com qual direito ousa ele, em sã consciência, objetar o amante, ao passo que ele não pode, por definição, compartilhar com ele nem a visão nem a iniciativa?" (MARION, 2003: 131). Os olhos do profano jamais são os do amante.

Para nossas sociedades, a beleza, particularmente ao se tratar da mulher, é uma virtude cardeal, ela impõe critérios de sedução muitas vezes ligados a um momento da ambiência social. Ela se fecha tiranicamente sobre si mesma segundo uma definição restritiva. Um provérbio árabe formula, com toda inocência, uma tendência de fundo que vale igualmente para a construção social do feminino e do masculino em nossas sociedades: "A beleza do homem está em sua inteligência; a inteligência da mulher está em sua beleza" (CHEBEL, 1995: 110). A mulher é corpo, e vale o que vale seu corpo no comércio da sedução, aí aonde o homem vale por sua única qualidade de homem, não importando sua idade (LE BRETON, 1990). Os critérios de beleza são certamente cambiantes segundo as épocas (VIGARELLO, 2005), ou de acordo com as culturas, mas eles subordinam a mulher em relação ao homem. A beleza é, sobretudo, o feito da visão.

Mostre-me tua face, pois ela é bela, diz o amante à Sulamita (cf. Ct 1,15). "Como és bela, minha bem-amada, como és bela! Teus olhos são donzelos / por detrás de teu véu / teus cabelos um rebanho de ovelhas / ondulando nas encostas do Monte Galaad [...]. Teus dois seios, duas crias de corça, gêmeas de uma gazela pastando entre os lírios." A bem-amada não deixa por menos:

"Meu bem-amado é brisa fresca e escarlate / sobressai-se entre dez mil: sua cabeça é dourada, e de ouro puro / seus cachos palmeiras esvoaçantes / negros da cor do corvo". A mulher, sobretudo nas sociedades ocidentais, é destinada à beleza, a critérios rígidos de sedução, justamente aí aonde o homem é principalmente o ser que compara e julga, e que geralmente de bom grado, expeditivamente, avalia sua qualidade sexual segundo sua aparência ou sua juventude, jamais sentindo-se culturalmente implicado na hipótese de ver-se sob o peso do olhar feminino dizendo-lhe a qualidade de sua virilidade. "A mulher, escreve Baudelaire, está em seu direito, e cumpre inclusive uma espécie de dever aplicando-se em parecer mágica e sobrenatural; urge-lhe encantar e exalar charme; ídolo, ela deve dourar-se para ser adorada. Ela deve, pois, valer-se dos meios de todas as artes para elevar-se acima da natureza"[2]. Baudelaire não fala dos homens, tema destituído de qualquer sentido, já que somente a mulher depende do registro da avaliação visual em termos de beleza ou de ardileza. O homem jamais é feio ou ardil, quando dispõe de uma autoridade.

Pousar os olhos sobre o outro nunca é um acontecimento anódino; o olhar efetivamente provoca, apropria-se de alguma coisa, para o melhor ou para o pior. Ele é imaterial sem dúvida, mas age simbolicamente. Em determinadas condições, ele encerra um temível poder de metamorfose. Ele não é sem incidência física para aquele que se vê repentinamente cativo de um olhar insistindo que o modifique fisicamente: a respiração se acelera, o coração bate mais rápido, a pressão arterial se eleva, a tensão física aumenta. Mergulha-se nos olhos da pessoa amada como se ela fosse o mar, outra dimensão do olhar.

---

2. BAUDELAIRE. "Éloge du maquillage'. *Oeuvres complètes*. T. II. Paris: Gallimard, p. 717 [La Pléiade].

O olhar é um contato, ele toca o outro, e a taticidade que o reveste está longe de passar despercebida no imaginário social. A linguagem corrente o atesta sobejamente: damos carinho, cobiçamos com os olhos, fuzilamos com eles, exploramos com o olhar, forçamos o olhar do outro; há o olhar penetrante, agudo, cortante, que transpassa, cravado no mesmo lugar, que paralisa, que assusta etc. Muitas expressões traduzem a tensão do face a face que expõe a nudez mútua dos rostos: olhar-se com hostilidade, de atravessado, de soslaio, de canto etc., assim como os amantes se olham amorosamente, com um interesse apaixonado, cobiçando-se etc. Um olhar pode ser duro, aguçado, pesado, meloso, doce, pegajoso, cruel etc.

Longa seria a enumeração dos qualificativos, dando ao olhar uma tatilidade, fazendo dele, segundo as circunstâncias, uma arma ou uma carícia que visa o homem no mais íntimo e no mais vulnerável dele mesmo (LE BRETON, 2004). Às vezes, "desde o primeiro olhar" (segundo as palavras do mito) um encontro amoroso ou amigável "cria liga". O imperativo da "inatenção polida" não pôde conter a emoção, o rito tolerou um suplemento. A conotação sexual do olhar ocorreu sem encontrar obstáculo. Olhos nos olhos, o encanto venceu. Um reconhecimento mútuo efetivou-se. A abertura do rosto ao olhar já sinalizou, sob uma forma metonímica, o encontro vindouro (ROUSSET, 1981). O olhar leva em consideração o rosto do parceiro e o confirma assim simbolicamente em sua identidade. Na relação com o outro o olhar é fortemente investido como experiência emocional. Ele é percebido como um sinal de reconhecimento de si, ele suscita junto ao locutor o sentimento de ser estimado e lhe dá a medida do interesse de sua palavra sobre o auditório. Mesmo na ausência de qualquer proposição, o essencial é dito sem equívoco. Instante precioso de encontro pela graça de um olhar sob outra dimensão da realidade, e sem outra incidência sobre esta última. Mas a emoção não é menor se seus dois corpos se tivessem misturado.

Os olhos tocam aquilo que eles percebem e se comprometem com o mundo. Numa passagem de seu *Diário*, C. Juliet diz igualmente a força simbólica do olhar. Juliet está sentado no terraço de um café em face de uma jovem mulher. "Ela tinha a cabeça abaixada e meus olhos a convidavam. Ela então ergueu os seus e literalmente se empalou sobre meu olhar. Permanecemos assim ao longo de dez a quinze longos segundos, nos entregando, nos explorando, nos misturando um ao outro. Em seguida ela recobrou o fôlego, a tensão diminuiu, e ergueu os olhos. Não houve nenhuma palavra, mas penso nunca ter-me comunicado tão intimamente com alguém, nem penetrado assim completamente uma mulher, como naquele instante. Depois, não ousamos mais nos olhar, e senti que ela estava transtornada, e ambos sentíamo-nos como se tivéssemos feito amor"[3]. Um olhar trocado não deixa nada incólume, às vezes chega a transtornar a existência.

O tema platônico do reconhecimento encontra na ressonância mútua dos rostos sua zona de fascinação. O momento em que o mistério faz erupção confunde passado e futuro, ele retrocede no tempo e já desenha o porvir. "Ele conta suas melancolias a um colega, de como em seu céu poético brilhava um rosto de mulher, tão claramente que, vendo-a pela primeira vez, a reconheceu", escreve Flaubert, comentando o amor de Frédéric por Mme. Arnoux[4]. O primeiro encontro entre o jovem Rousseau e Mme. de Warrens testemunha a mesma iluminação que abre o outro a um contato que foge ao sentido, a menos que se acione a metáfora dos olhos que alcançam seu objetivo. Carne de si e carne do outro se confundem

---

3. JULIET, C. *Journal (1957-1964)*. Paris: Hachette, 1978, p. 259.

4. FLAUBERT, G. *L'Éducation sentimentale*. Paris: Folio, p. 295.

então sob os auspícios do rosto que traça um caminho de sensualidade radiosa. O jovem Rousseau caminha de Goufignon à Annecy para encontrar-se com Mme. de Warrens, levando consigo uma carta de recomendação de M. de Pontverre. Um deslumbramento o aguarda, do qual, posteriormente, na segunda meditação, diz que "este primeiro momento decidiu definitivamente minha vida e por um encadeamento inevitável traçou meu destino para o resto dos dias". Rousseau tudo ignora ainda sobre a mulher da qual espera proteção, ele a imagina antes idosa e abeatada. Ela se prepara para entrar na igreja *des Cordeliers* quando ele a vê, e de repente ela volta-se para ele, alertada pela voz intimidada do jovem rapaz. "Que divina visão!, escreve Rousseau... Vejo um rosto afeiçoado de graças, de belos olhos cheios de doçura, uma tez deslumbrante, o contorno de uma garganta fascinante... Que os que negam a simpatia das almas expliquem, se puderem, como, desde o primeiro encontro, da primeira palavra, do primeiro olhar, Mme. de Warrens me inspira não só a mais viva afeição, mas uma confiança perfeita que jamais se desmentiu"[5].

O olhar pousado sobre o outro nunca é indiferente. Ele às vezes é encontro, emoção partilhada, fruição inconfessada, ele comporta a ameaça do transbordamento. Nada surpreendente neste sentido que a Igreja tenha combatido os olhares "concupiscentes" ou imaginados como tais. Ver já é dar-se para além da medida, e ser visto confere sobre si uma panorâmica da qual o outro pode tirar proveito. Assim, por exemplo, a vida das religiosas é adstrita à "modéstia do olhar", elas são submetidas à necessidade de abaixar humildemente os olhos em todas as circunstâncias[6] a fim de evitar os maus pensamentos

---

5. ROUSSEAU, J.-J. *Les confessions*. Paris: Livre de Poche, p. 73 e 78.

6. ARNOLD, O. *Le corps et l'âme* – La vie des religieuses au XIXe siècle. Paris: Le Seuil, 1984, p. 88.

ou o contato fatal com a ambivalência do mundo. Ritualização de uma submissão em que o homem pode olhá-la ao bel-prazer sem prejuízo. O olhar é concupiscente, é iniciação ao desandar do desejo, e convém estrangulá-lo em sua origem. "Ele dificilmente se contenta com a constatação das aparências, diz J. Starobinski; pertence à sua própria natureza o exigir sempre mais [...]. Uma veleidade mágica, jamais plenamente eficaz, jamais desencorajada, acompanha cada uma de nossas olhadelas: apreender, desnudar, petrificar, penetrar, fascinar" (STAROBINSKI, 1961: 12-13)[7].

O olhar pode levar ao pecado. Um simples afloramento do desejo, mesmo restringindo-se à intimidade, já é uma mácula para a alma. Agostinho é explícito: "Se vossos olhares pousam sobre alguém, eles não devem fixar-se sobre ninguém, pois, quando encontrais as pessoas, não podeis vos impedir de vê-las ou de serem vistos por elas. Os maus desejos não nascem somente do toque, mas igualmente dos olhares e dos movimentos do coração. Não creiais serdes castos de coração quando vossos olhos não o são. O olho que perdeu o pudor anuncia um coração que não é mais o mesmo. E quando, não obstante o silêncio, corações impudicos se falam e usufruem do ardor mútuo, por mais que o corpo permaneça puro, a alma já perdeu sua castidade"[8]. Aos olhos da Igreja, o olhar jamais é unicamente contemplação, distância, ele é comprometimento com o mundo. Para a alma, o desejo imaginado é um desejo realizado que a macula. Não existe inocência do olhar. O Evangelho o diz sem equívoco: "Todo aquele que lançar um olhar de cobiça sobre uma mulher, já cometeu adultério em seu coração" (Mt 5,28).

---

7. Já abordei este tema na obra *Les passions ordinaires* (2004). Não voltarei a ele aqui. Cf. igualmente Paris (1965), Deonna (1965) e principalmente Havelange (2001).

8. "Règle de Saint Augustin". *Règles des moines*. Paris: Seuil, 1982, p. 43.

Ao contrário, em outro tempo, o filme pornográfico convida a tudo ver; em imagem ampliada ele faz do espectador um *voyeur*, olhos alucinados, colados aos órgãos genitais dos atores, exceto para a ejaculação do homem, único licor corporal a ter uma dignidade, já que "todo líquido saindo do sexo da mulher é considerado sujo. As imagens amplificadas da penetração devem ser 'limpas'. O menor dos traços é imediatamente eliminado por um lenço higiênico umedecido. A operação de filmagem de uma atriz pornô é acompanhada por um *kit* de segurança anti-infecção: gel esterilizante, lenços higiênicos, álcool de pera, esponjas vaginais" (OVIDIE, apud MARZANO, 2003: 191). Procedimentos inimagináveis com os humores que saem do homem.

A dignidade social das substâncias corporais femininas e masculinas manifestamente não é a mesma. Daí a importância dos *cum shots* nos filmes pornográficos, a ejaculação visual fora do corpo da mulher num contexto em que o prazer desta última é, portanto, sem interesse ao olhar da *performance* e da amostragem do esperma que equivale à demonstração da virilidade e da verdade de uma fruição masculina absorvida no autismo. Indiferença da mulher tornada puro pretexto de uma exposição do poder masculino.

A pornografia é centrada no orgasmo masculino, dado que ele é visível, explosivo, triunfante, incontestável, resultado lógico da *performance*. Ela pertence ao império do ver, nada mais. Não mais somente satisfazer eroticamente o olhar, mas mergulhá-lo nos orifícios da mulher o mais profundamente possível em busca da verdade do desejo. Exposição da mulher sob todos os seus ângulos íntimos como lugar de acolhida da *performance* maquinal do homem. "A possibilidade de 'tudo mostrar' e de 'tudo ver', que funda a pornografia, opõe-se ao pudor que ajuda a desenhar os contornos de um espaço interior e transforma o corpo numa espécie de invólucro protetor do psiquismo, do fato que ele pode criar uma barreira ao que vem do exterior. O 'mostrar' e o 'ver' vão ao encontro do 'querer ver' e do 'querer ser visto', que contribuem ao sentimento de unidade e reforçam a identidade do sujeito" (MARZANO, 2003: 203).

O discurso feminista contesta o privilégio masculino da visão e afirma que a fruição da mulher é mais abrangente. Desde o instante em que "o olhar domina, o corpo perde sua carne". Ele é percebido principalmente do exterior. E o sexual torna-se mais uma questão de órgãos bem circunscritos e separáveis do lugar onde eles se reúnem em uma totalidade viva. O sexo masculino torna-se *o* sexo, por ser visível, porque a ereção é espetacular [...]. As mulheres guardam estratificações sensíveis mais arcaicas, recalcadas, censuradas e desvalorizadas pelo império do olhar. E para elas o tato muitas vezes é mais comovente do que o olhar" (IRIGARAY, 1979: 50).

A visão é também aprendizagem

As figuras que nos cercam são visivelmente ordenadas em esquemas de reconhecimento segundo a acuidade do olhar e o grau de atenção. Aristóteles já o havia notado: "A percepção enquanto faculdade se aplica à espécie e não simplesmente a qualquer coisa". O indivíduo reconhece o esquema "árvore", e isso é suficiente às suas preocupações, mas, se necessário, ele identifica uma árvore específica: uma cerejeira, um carvalho, ou mais precisamente ainda a do seu próprio jardim. A apreensão visual facilita assim a vida corrente. Um princípio de economia se impõe efetivamente para não sermos submergidos pelas informações, afogados no visível. Um reconhecimento sumário dos dados do meio ambiente é suficiente para nele nos movermos sem prejuízo. A maioria contenta-se com isso, mas, para outros, o mesmo espaço é fonte de inesgotáveis saberes. É o caso do jardineiro, capaz de sustentar um discurso sobre cada planta encontrada em seu caminho. Os homens não fazem a mesma agrimensão do mundo visual, tampouco vivem no mesmo mundo real. Os sentidos devem criar sentido para orientar a relação com o mundo. Urge aprender a ver. Ao nascer, a criança não discerne a significação das formas indeterminadas, coloridas e moventes, que se agitam ao seu redor; ela lentamente aprende a discriminá-las, a começar pelo rosto de sua mãe, integrando esquemas de percepção primeiramente singulares e generalizando-os posteriormente. Para reconhecer ela deve antes conhecer. Nos primeiros meses sua visão é menos apurada que a audição, ela não tem nem sentido nem uso. Pouco a pouco ela vai se tornando um elemento matricial de sua educação, de sua relação com os outros e com o mundo. A criança adquire assim as chaves da interpretação visual de seu entorno. Ver não é uma filmagem, mas uma aprendizagem. Este requinte permite que a criança se mova discernindo os contornos dos objetos, seu tamanho, sua distância, seu lugar, seu impacto sobre ela, nomear as cores, identificar outros objetos ao seu redor e evitar os obstáculos. Ela agarra, brinca, corre, senta-se etc. A visão passa a ser uma orientação essencial. Ela implica a palavra dos adultos para precisá-la, bem como o sentido do tocar, profundamente ligado à experiência da visão. Urge-lhe adquirir os códigos do ver para desemaranhar o mundo em toda a sua evidência.

Um estudo clássico de Shérif ilustra a influência dos outros neste campo. A experiência testada no estudo consiste em observar de um lugar obscuro um ponto luminoso que todos acreditam estar se movendo. Nenhum quadro de referência permite avaliar a posição deste ponto no espaço, mas a medição de seu deslocamento varia enormemente entre os observadores. Primeiramente cada indivíduo entra sozinho num recinto escuro e, através de uma fórmula matemática, busca estabelecer o deslocamento do ponto luminoso. Em seguida estas pessoas se reúnem para discutir sobre suas percepções. Dispostas isoladamente e observando o mesmo ponto elas tendem a aproximar seus resultados, criando sem conhecimento de causa uma norma social. Se o dispositivo experimental é afastado do cotidiano, ele mostra, por um trajeto sinuoso, a maneira como se exerce a moldagem social das percepções. Ver não é um ato passivo, nascido da projeção do mundo na retina, mas um registro do olhar. Uma aprendizagem impõe-se ao mais elementar. Tal é o ensinamento da famosa questão levantada, em julho de 1688, após sua leitura do *Essai philosophique concernant l'entendement humain* (Ensaio filosófico relativo ao entendimento humano) de J. Locke, pelo agrimensor irlandês W. Molyneux, remetida à sagacidade dos filósofos de seu tempo, e que deu pano pra muita manga. Um cego de nascença, tendo aprendido a diferenciar pelo tato uma esfera de um cubo de igual tamanho, seria ele capaz de diferenciá-los se a visão lhe fosse restituída aos vinte anos de idade? Uma resposta positiva à questão repousa sobre a ideia de uma transferência de conhecimentos de uma modalidade sensorial à outra: o que se conhece pelo tato o seria de imediato pela visão. Molyneux duvida dessa conclusão, e postula que a transferência do saber tátil ao da visão requer uma experiência. A figura que se toca e a que se vê não são as mesmas. Locke concorda com Molyneux e pensa que o cego de nascença carece, em sua infância, de uma educação simultaneamente visual e tátil, e assim seu julgamento é afetado. Para Berkeley, igualmente, o cego de nascença que recobrou a visão somente acede a um uso satisfatório de seus olhos ao termo de uma aprendizagem.

Em 1728, uma operação do cirurgião Cheselden devolve a visão a um adolescente de treze anos, acometido de uma deficiência congênita, embora sem autorizar-lhe seu uso imediato, em razão de seu fracasso na diferenciação de contrastes e cores, e por suas evidentes dificuldades de orientar-se no espaço. "[Ele], há tempos, não diferenciava nem grandezas, nem distâncias, nem situações, nem mesmo figuras, sublinha Diderot. Um objeto medindo uma polegada, colocado proximamente ao seu olho, impedindo-lhe a visão de uma casa distante, parecia-lhe do mesmo tamanho de tal casa. Ele tinha todos os objetos sobre seus olhos, e lhes pareciam colados a este órgão, como os objetos do tato o são à pele" (DIDEROT, 1984: 191). Ele teve que esperar dois meses para domesticar o sentido da representação de um objeto. Até lá, aos seus olhos, as imagens eram simples superfícies dotadas de variações de cores.

Após um longo período sequestrado, enfurnado no breu de uma caverna, tendo desenvolvido, aliás, uma "boa visão da noite", Kaspar Hauser, ao ser libertado, sente-se incomodado com a luz do dia e com a imensidão do mundo que o cerca. Ele sente dificuldades de readquirir o sentido da perspectiva e da distância das coisas. Um belo dia, o jurista A. von Feuerbarch, que apaixonou-se pelo adolescente, pede-lhe para dar uma expiada através da janela de sua casa, mas Kaspar, inclinando sua cabeça para fora, repentinamente sente uma crise de angústia e balbucia um dos raros termos que à época ele conhecia: "Horrível, horrível..." Alguns anos depois, em 1831, Kaspar readquiriu a maioria dos códigos culturais que lhe tinham sido suprimidos. E quando o mesmo jurista lhe pede para refazer a experiência da janela, Kaspar lhe explica: "Sim, o que eu vi naquela ocasião foi terrível demais, pois, ao expiar pela janela, tive a sensação de que estavam colocando sobre os meus olhos uma tela sobre a qual um pintor, de mau gosto, misturava e enlameava o conteúdo de seus diferentes pincéis, cobertos de cor branca, azul, verde, amarela e vermelha. À ocasião, diferentemente de agora, eu não reunia condições de diferenciar estes elementos. Era-me então sofrível olhar e, além disso, aquilo criava em mim ansiedade e mal-estar, como se estivessem fechando a janela com a tal tela matizada para impedir-me de olhar para fora" (SINGH & ZINGG, 1980: 314). Von Feuerbach, por própria conta, faz o vínculo com o cego de Cheselden, que esbarra contra um real colado a seus olhos.

Diderot, testemunha ocular de uma operação de catarata realizada por Daviel num ferreiro cujos olhos se deterioraram em razão do exercício de sua profissão, observa como, mesmo após um uso perfeito da visão, não é tão simples reapropriar-se dela após decênios usá-la: "Ao longo dos vinte e cinco anos que ele havia deixado de ver, ele adquiriu tamanho costume de recorrer ao tato, que foi necessário maltratá-lo para que ele pudesse servir-se do outro sentido que lhe havia sido restituído; Daniel lhe dizia, estapeando-o: você quer ver, pirralho! Ele ziguezagueava, se movia; tudo o que nós fazemos de olhos abertos, ele o fazia com os seus fechados" (p. 214).

Diderot conclui com justeza que "é à experiência que devemos a noção de existência continuada dos objetos; que é pelo tato que adquirimos a noção de distância; que é necessário talvez que o olho aprenda a ver, como a língua a falar; que não é surpresa que a assistência de um sentido seja necessária ao outro [...]. É somente a experiência que nos ensina a comparar as sensações com aquilo que as ocasionam" (p. 190). O fato de reencontrar a visão, para o cego de nascença, longe de acrescentar uma dimensão suplementar à existência, introduz um sismo sensorial e identitário. O cego imaginava que o mundo ia doar-se a ele em toda inocência, mas descobre uma realidade de infinitas complexidades cujos códigos ele sofre em adquirir, tentando simultaneamente esquecer sua dívida para com o tato e a audição.

A visão implica atravessar as espessuras sucessivas que colocam em cena o ver. O olhar demanda uma tomada em perspectiva do real, a consideração da profundidade para desemaranhar o relevo e o recorte das coisas, de suas cores, de seus nomes, de seus aspectos cambiantes segundo a distância de onde as vemos, os jogos de sombra e de luz, as ilusões engendradas pelas circunstâncias. O cego de nascença que se abre à faculdade de ver ainda não dispõe de seu uso. Ele se perde num emaranhado de formas e cores dispostas sobre um mesmo plano colado aos olhos. Penosamente atolado no âmago de coisas incoerentes, de cores misturadas, imerso num caos visual, ele discerne figuras, fronteiras, tonalidades coloridas, mas falta-lhe a dimensão do sentido para mover-se com compreensão neste labirinto. Seus olhos estão aptos a ver, mas não possuem ainda as chaves do visível. Para distinguir um triângulo de um quadrado, ele deve contar os cantos. Da mesma forma, ele sofre para compreender a significação de uma tela ou de uma fotografia. A representação do objeto em duas dimensões causa-lhe uma dificuldade de leitura.

Os antigos cegos que se reconciliam com a visão despendem dolorosos esforços não somente para aprender a servir-se de seus olhos, mas também para olhar. Eles atravessam um período de dúvida, de desesperança, de depressão, às vezes terminando tragicamente. Alguns dos cegos descritos por Von Senden (1960) se sentem aliviados ao retornar à cegueira e não mais precisar debater-se assim contra o visível. Enquanto não integrou ainda os códigos, o novo vidente continua cego às significações do visual, ele recuperou a visão, mas não seu uso. Alguns cegos de nascença não suportam o custo psicológico de uma aprendizagem, transtornando sua relação anterior com o mundo. "Os cegos operados demasiadamente tarde de uma catarata congênita raramente aprendem a bem servir-se da visão que lhes foi devolvida, e permanecem às vezes em seus comportamentos e em seus sentimentos mais cegos dos que, por um processo inverso, acederam tardiamente à cegueira completa" (HENRI, 1958: 436).

Para adquirir sua eficácia, o olhar do antigo cego deve parar de servir-se de uma mão substituta e desdobrar-se segundo sua especificidade própria. Mas aí aonde uma criança entra na visão sem qualquer esforço particular, sem saber que aprende e alarga assim sua soberania sobre o mundo, o cego de nascença que se inicia no ver avança passo a passo numa nova dimensão do real que exige sua sagacidade de observação. Apropriando-se, com o tempo, através de um esforço de aprendizagem que os outros tiveram com toda evidência no processo de crescimento ordinário, ele descobre que a visão é primeiramente uma questão de educação. O novo vidente, como um recém-nascido, aprende a discernir os objetos, seu tamanho, sua distância, sua profundidade, suas cores etc. Ele sofre para reconhecer um rosto ou um objeto, se primeiramente não os analisou com as mãos. Por longo tempo ainda o tato continua sendo o sentido primordial de sua apropriação do mundo.

Às vezes a domesticação simbólica da visão lhe permanece inacessível, ele continua vivendo num mundo acinzentado, sem relevo, desinteressante, congestionado de detalhes inúteis e preocupantes. É o que testemunha a experiência de S.B., cuja história suscitou a atenção de vários comentaristas (GREEN, 1993; ERHENZWIG, 1974; LAVALLÉE, 1999; SACKS, 1996). Este homem radiante, artesão renomado, tornou-se cego aos dez meses, mas nunca perdeu a esperança de recuperar a visão. Um transplante de córnea torna-se enfim possível aos cinquenta e dois anos de idade. Operado com sucesso, o homem passa algumas semanas eufórico antes de decepcionar-se de vez. Se outrora ele vivia em contato direto com o universo tátil e sonoro, agora se sente à margem do mundo visual, incapaz de captar-lhe os códigos. Sua cegueira precoce nunca lhe deu a oportunidade de construir os esquemas visuais que, posteriormente, os pudesse reencontrar. A tatilidade continua a mediação primeira de sua relação com o mundo. Antes de nomear um objeto, ele deve tocá-lo. E, em seguida, não mais tocá-lo para vê-lo. Seus olhos não assumem sua autonomia, servem-lhe antes para verificar a experiência tátil, única a dar-lhe a coerência do mundo. Pior ainda, muitos objetos se lhe tornam enigmáticos. Ele não reconhece as pessoas pelo rosto, mas por sua voz. Seus traços ou os de sua mulher o desagradam. No lar que o abriga, ele prefere viver a noite. Frequentemente se acomoda diante de um espelho, de costas para os amigos. Maneira de implorar o infinito do ver numa captura que o torna enfim pensável. S.B. se desembaraça pouco a pouco do caos visual, da grisalha, da profusão de detalhes que dificultam seu compreender. Mas o sentido não funciona sem o valor que o vivifica. S.B. chega tarde demais, ele fracassa em mobilizar seus recursos e em revestir o visual de um interesse pessoal. Reencontrando-se com a visão, ele congestionou-se de um sentido supranumerário. Este acréscimo é uma amputação paradoxal em razão dos esforços implicados, e também pela decepção ao descobrir um mundo que não corresponde mais ao mundo por ele imaginado. Ele vem a falecer alguns anos mais tarde, acometido de uma "profunda depressão" (EHRENZWEIG, 1974: 49)[9]. A visão não se produz naturalmente, ela é uma conquista aos que não tiveram a ocasião de confrontar-se com ela.

---

9. O. Sacks (1996) descreve a história dolorosa de um homem que ficou cego em sua primeira infância, e que recobra a visão aos cinquenta anos, após uma operação de catarata. Ao despertar ele vê um nevoeiro e uma voz frequentemente se elevando de um caos de formas, a de seu cirurgião perguntando-lhe como ele se sente. Ele somente compreende que esta desordem de luz e sombra é o rosto do cirurgião. Longe de entrar alegremente no mundo visual, Virgil acha "desconcertante" e "assustador" ter que deslocar-se sem o auxílio de suas mãos. Ele sofre para captar o sentido da profundidade e da distância, e não cessa de esbarrar contra os objetos ou sentir-se terrificado por eles. Cinco semanas após a operação, ele se sente nitidamente mais limitado do que antes da recuperação da visão. Após uma depressão e a deterioração de sua saúde, ele retorna satisfeito à sua cegueira.

Na vida ordinária, aí aonde um objeto é vago, em razão de sua distância ou de sua forma, ou das más condições de visibilidade, o indivíduo se desloca ou faz uma projeção de sentido mais ou menos ajustada. Estes ajustes são frequentemente reveladores de seus pensamentos momentâneos, ou de conteúdos inconscientes. Figuras informes tornam-se eventualmente figuras familiares. O Teste de Rorschach é usado em psiquiatria como um ímã de fantasmas. As tarefas, não significando nada de preciso, são oferecidas ao imaginário do paciente. Suas respostas indicam suas preocupações, seus desejos, suas angústias, e dão ao terapeuta uma matéria a ser trabalhada com o paciente. Mesmo se elas não significam nada em si mesmas, o indivíduo as dota de significações próprias à sua singularidade. Em seus *Carnets* (Carnês ou Agendas), Leonardo da Vinci havia pressentido seu sentido; ele anota: "Se olhares determinados muros imbricados de manchas e feitos de pedras misturadas, e se tiveres que inventar qualquer paisagem pitoresca, tu poderás ver sobre este muro a semelhança entre os diversos países, com suas montanhas, seus rios, seus rochedos, suas árvores, suas formações vegetais, seus grandes vales, suas colinas de variados aspectos; poderás ver aí batalhas e movimentos cristalinos de figuras, rostos estranhos, costumes e mil outras coisas que converterás nas devidas condições"[10].

Esta disposição de completar as formas ou de torná-las inteligíveis, Gombrich a transforma numa das matrizes da ilusão da arte, mas igualmente da vida corrente. Uma visão sincrética evidencia uma espécie de atmosfera da cena observada. Uma situação ou um objeto é percebido segundo um esquema global. Sua significação não é ainda definida, e não verá a luz senão ulteriormente, após um exame mais atento. Uma expectativa de sen-

---

10. VINCI, L. *Les Carnets*. Paris: Gallimard, 1940, p. 74 [Tel].

tido é criada. Ehrenzweig fala a este respeito de *scanning* inconsciente suscetível de captar estruturas abertas de sentido, aí aonde o pensamento claro requer antes noções precisas e fechadas. A varredura do olhar suspende as situações e lhes confere de imediato uma compreensão requintada através de uma postura mais atenta (EHRENZWEIG, 1974: 76). A significação vem sempre depois, como na linguagem, mesmo se ela é em seguida retificada, eventualmente por diversas vezes, à medida que uma situação raramente encerra uma significação unívoca.

A expectativa é criadora de sentido, ela preenche eventualmente as insuficiências segundo os esquemas convencionais de representação da realidade. Gombrich faz referência aos anos de guerra em que seu ofício, em Londres, consistia em ouvir as emissões radiofônicas alemãs para resumi-las. Mas as condições técnicas tornavam algumas delas pouco audíveis, não obstante seu valor estratégico. "Assim, logo se tornou uma arte, quase uma competição esportiva, o interpretar aquelas poucas baforadas de invocações sonoras que constituíam de fato tudo o que havíamos podido captar das gravações. Foi só então que pudemos compreender a que ponto aquilo que ouvimos é influenciado por nossos conhecimentos e por aquilo que escutamos. Para ouvir o que se dizia, nos foi necessário ouvir o que podia ser dito" (GOMBRICH, 1996: 171). Permanentemente, para (ouvir ou) ver o mundo, o indivíduo cola novamente os pedaços de visuais que lhe faltam segundo sua probabilidade de aparição e o que ele espera ver. Este tipo de atenção favorece o reconhecimento de uma paisagem ou de um amigo que caminha ao longe sem que seja possível ainda discernir os detalhes necessários a uma identificação mais precisa.

A visão sincrética evidencia um estilo de presença, ela não é vazia de detalhes, integra incontáveis pontos de vista, já que ela não seleciona e permanece disponível a todos os indícios. "O jogador experimentado, dotado de um misterioso senso das cartas, pode vislumbrar, em uma fração de segundo, todas as distribuições pertinentes como se as tivesse simultaneamente sob seu olhar" (EHRENZWEIG, 1974: 73). Ele capta uma estrutura de conjunto, ou, antes, uma atmosfera significante. A caricatura é uma forma de olhar sincrético que desvencilha uma *Gestalt* do sujeito representado, uma espécie de correspondência mais semelhante ainda que um retrato ordinário. As telas de Picasso, de Klee, de Matisse são frequentemente portadoras desta visão de conjunto de um rosto ou de um objeto. A varredura se interrompe se o indivíduo se concentra provisoriamente num dado. Uma visão analítica decompõe então o conjunto, fragmenta seu objeto para passo a passo apropriar-se dele. O indivíduo olha elementos que de imediato fazem sentido aos seus olhos, abandonando o restante dos dados visuais. Na globalidade da cena, o olhar analítico vai de um indício ao outro. A tarefa de dar sentido é banal, por exemplo, à visão de uma tela naturalista onde é percebida sem dilema uma paisagem rural ou o rosto de uma mulher. Acede-se por convenção à representação tridimensional aí aonde não se vê senão uma superfície plana e colorida.

"A visão nada mais é senão um determinado uso do olhar", diz Merleau-Ponty (1945: 258). O olho é sem inocência, ele chega às coisas com uma história, uma cultura, um inconsciente. Ele pertence a um sujeito. Enraizado no corpo e nos outros sentidos, ele não reflete o mundo, o constrói por suas representações. Ele serve-se de formas portadoras de sentido: das nuvens que precedem a tempestade, das pessoas que passam, dos restos de uma refeição, da geada de uma manhã gelada sobre uma vidraça, de mil acontecimentos que transcorrem às suas imediações. Um jogo de significações não cessa de permutar-se entre o percebido e a pessoa que percebe. "Nada é pura e simplesmente nu. Os mitos do olho inocente e do dado absoluto são cúmplices incorrigíveis" (GOODMAN, 1990:

36-37). A única inocência dos olhos é a do cego de nascença que foi operado, que reencontra o uso da visão. É uma visão impotente, que não compreende nada do mundo circunstante enquanto não assimilar os códigos de tradução do visual.

Visões do mundo

Visualmente, toda percepção é uma moral, ou, em termos imediatos, uma visão do mundo. A paisagem está no homem antes que o homem esteja nela, já que a paisagem somente faz sentido através do que o homem vê nela. Os olhos não são somente receptores da luz e das coisas do mundo, eles são seus criadores enquanto o ver não se resume num decalque vindo do exterior, mas da exteriorização de uma visão do mundo. Ver é pôr à prova o real através de um prisma social e cultural, de um sistema de interpretação que carrega a marca da história pessoal de um indivíduo imerso numa trama social e cultural. Todo olhar projetado sobre o mundo, mesmo o mais anódino, elabora um raciocínio visual a fim de produzir um sentido. A visão, na multiplicidade do visual, filtra as linhas de orientação que tornam o mundo pensável. Ela não é absolutamente um mecanismo de filmagem, mas uma atividade. Não existe, aliás, visão fixa, mas uma infinidade de movimentos dos olhos, ao mesmo tempo inconscientes e voluntários. Movemo-nos no mundo de olhadela em olhadela, sondando visualmente o espaço a percorrer, detendo-nos mais longamente em determinadas situações, fixando a atenção mais especificamente num detalhe. Permanentemente os olhos exercem um trabalho de elaboração de sentido.

Toda visão é interpretação. Não vemos formas, estruturas geométricas ou volumes, mas imediatamente significações, esquemas visuais, isto é, rostos, dos homens, das mulheres, das crianças, a forma das nuvens, das árvores, dos animais etc. Nos olhos, a multi-

94

dão infinita das informações faz-se mundo. Sempre existe um método para orientar o ângulo do olhar. Dupin, o detetive de Edgar Poe, não é o primeiro agente a revirar o escritório do funcionário suspeito em busca de uma carta roubada. Sua visão não é nem mais objetiva nem melhor que a dos outros que já reviraram meticulosamente o escritório de tal funcionário sem nada encontrar, mas seu raciocínio produz outro olhar que o leva imediatamente a descobrir a carta em meio a outros papéis anódinos sobre a escrivaninha. Um objeto não é representado em uma significação unívoca, como o lembra ironicamente a percepção da garrafa de Coca-Cola® no vilarejo africano descrito na obra *Les dieux sont tombés sur la tête* (Os deuses despencaram sobre a cabeça). Pois tudo depende de quem o percebe e de suas expectativas sobre o objeto, de sua experiência, para atribuir-lhe uma significação e um uso. O homem abre-se ao visível, ordenando-o.

A visão é sempre um método, um pensamento sobre o mundo. E.M. Foucault, passando em revista o nascimento da medicina clínica no final do século XVIII, descreve uma nova guinada do olhar pousado sobre o cadáver. Os médicos, mudando o ângulo de visão, percebem outras coisas. "Os médicos descreveram o que durante séculos tinha ficado abaixo do limiar do visível e do enunciável; não que eles tenham tornado a perceber após uma longa especulação, ou a ouvir melhor a razão que a imaginação; é que a relação do visível com o invisível, necessária a todo saber concreto, mudou de estrutura e fez surgir sob o olhar e na linguagem o que estava aquém e além de seu domínio" (FOUCAULT, 1963: VIII). A visão clínica traduz outra relação com o corpo e com a doença, ela olha diferentemente e, segundo Foucault, fala a linguagem de uma "ciência positiva" (p. XIV). As modalidades do visível mudaram. Bichat dá um dos primeiros testemunhos dessa guinada na história da medicina, mas esta última é um saber sempre em movimento, e as modalidades do olhar que ela sustenta conhecem ainda outros episódios. O mesmo monitor do real se oferece a cada instante sob uma nova versão. A acuidade do olhar é secundária face à qualidade particular do ver. O escritor W.H. Hudson, viajante, naturalista, atento tanto aos homens quanto aos vegetais ou aos animais, oferece uma série de exemplos disso. Ele evoca um amigo da Patagônia capaz de memorizar em uma única partida o conjunto das cartas de um baralho graças às ínfimas diferenças de coloração de seu verso. "Este homem, que possuía uma visão de uma acuidade sobrenatural, ficou profundamente impressionado quando lhe expliquei que uma meia dúzia de pássaros do gênero pardal, que ciscavam em seu pátio e cantavam e construíam seus ninhos em seu jardim, em seu vinhedo e em seus campos, não eram de uma, mas de seis espécies diferentes. Ele nunca havia percebido diferenças entre eles"[11]. Um pastor conhece cada ovelha de seu rebanho mesmo possuindo mais de uma centena delas, bem como o camponês conhece cada uma de suas vacas. Os marinheiros localizam mudanças atmosféricas ainda inapreensíveis aos outros. O médico sabe ler os sinais imperceptíveis de uma doença aí aonde os familiares do paciente não desvendam nenhuma mudança etc. "Saber olhar: eis todo o segredo da invenção científica, do diagnóstico clarividente dos grandes clínicos, da 'espreita' dos grandes estrategistas" (SCHUHL, 1952: 209). Mas, além do talento destes personagens, foi-lhes necessária uma aprendizagem meticulosa do olhar para adquirir os códigos de percepção próprios ao seu exercício profissional.

O mágico Robert Houdin narra como esmerou o olhar de seu filho, dando, aliás, um belo exemplo de uma visão simultaneamente global e detalhada, ensinando-o "a captar com uma única

---

11. HUDSON, W.H. *Un flâneur en Patagonie*. Paris: Payot, 1964, p. 163.

olhadela, num salão de espetáculo, todos os objetos trazidos por seus assistentes". Assim, o jovem podia em seguida simular a clarividência com uma venda nos olhos. "Meu filho e eu passávamos rapidamente diante de uma loja de jogos infantis, ou em frente a outras, e aí pousávamos um olhar atento sobre os objetos. Poucos metros mais adiante tirávamos de nossos bolsos lápis e papel, e disputávamos separadamente para ver quem relatava o maior número de objetos retidos de passagem na memória [...]. Meu filho às vezes chegava a descrever uns quarenta objetos" (SCHUHL, 1952: 209).

Antes de ver é necessário aprender os sinais, assim como ocorre no manejo de uma língua. "Avançávamos lentamente, regularmente, entre os blocos de gelo, calados, colocando às vezes os binóculos sobre nossos olhos para estudar um ponto negro na água – Um pedaço de gelo? Um pássaro? Uma foca apontando o focinho para respirar? Não é difícil diferenciar estas coisas, ou fazê-las coincidir com 'a imagem de pesquisa' que temos na cabeça: bastam alguns dias de aprendizagem sobre as sombras, as formas e os movimentos que simbolizam uma foca" (LOPEZ, 1987: 124). Os rastreadores, os caçadores leem os menores detalhes de um meio ambiente no intuito de localizar as pegadas do homem ou do animal. Quando a visão é aguçada, ela não cessa de surpreender os que ignoram os códigos de percepção. Dersou Ouzala dispõe de um formidável conhecimento da taiga siberiana, ele lê as pistas à primeira vista, para o espanto de seus companheiros, dentre os quais V. Arseniev[12]. Os Aiviliks dispõem de uma impressionante acuidade visual. E. Carpenter também é tributário de uma visão perfeita, mas confessa que "uma foca sobre um banco de gelo é vista por eles bem antes que eu possa percebê-la [...]. Do alto de um *iceberg* eles podem dizer com uma breve olhadela se estão vendo um pássaro ou uma

---

12. ARSENIEV, V. *Dersou Ouzala*. Paris: J'ai Lu, 1977.

foca, uma foca ou um golfinho. Os ruídos de um avião se afastam bem antes que eu não o possa vê-lo, mas as crianças Aiviliks continuam a observá-lo bem depois de desaparecer de meu campo de visão. Não estou sugerindo que seus olhos sejam oticamente superiores aos meus, mas simplesmente que suas observações são significativas para eles e que anos de educação inconsciente os treinaram neste sentido" (CARPENTER, 1973: 26)[13].

Com fineza, apoiando-se na própria experiência, Hudson recusa a ideia corrente à sua época (fim do século XIX) da superioridade da visão dos ameríndios sobre a dos ocidentais. Hudson nota simplesmente que uns e outros não olham as mesmas coisas. "Cada um habita seu mundo, que é pessoal, e que, para os outros, não é senão uma parte de uma aura azulada que sombreia tudo, mas onde, para este indivíduo em particular, cada objeto se distingue com uma nitidez surpreendente e narra claramente sua história [...]. O segredo da diferença é que seu olho é treinado para ver determinadas coisas que ele procura e espera encontrar" (p. 165).

Diante de si desenrola-se uma história evidente, um mundo já conhecido e do qual o indivíduo busca os sinais, abandonando os que fogem ao seu reconhecimento. "Um japonês, diz R. Arnheim, lê sem dificuldade ideogramas impressos em tão pequenos caracteres que um ocidental teria necessidade de uma lupa para decifrá-los. Isso não se deve ao fato de os japoneses serem dotados de uma visão mais penetrante que a dos ocidentais, mas porque os caracteres *kanjis* fazem parte de seu estoque visual" (ARNHEIM, 1976: 101).

A leitura de uma imagem cinematográfica ou fotográfica exige o domínio dos códigos de sua interpretação. Por longo tem-

---

13. A mesma observação junto com a de B. Lopez: "Alguns caçadores esquimós possuem uma acuidade visual estupefaciente; eles podem vos mostrar uma rena pastando numa encosta a uns cinco ou seis quilômetros de distância" (LOPEZ, 1987: 348).

po o etnocentrismo ocidental acreditou na universalidade de suas concepções sobre a imagem e a perspectiva, depositando as dificuldades de compreensão das outras sociedades na conta de uma inferioridade cultural ou intelectual. Efetivamente, o ocidental deparou-se com o mesmo fracasso ao tentar decifrar as significações das imagens ou das obras tradicionais das sociedades por ele desprezadas. Toda leitura de uma imagem impõe o domínio de seus códigos. Por muito tempo as imagens do cinema ou das fotografias suscitaram o ceticismo em muitas sociedades que não as compreendiam e fracassavam na identificação de seu conteúdo, de sua orientação, de sua profundidade, de seus símbolos etc. (HUDSON, 1967; SEGALL; CAMPBELL & HERSKOVITS, 1988).

Existem imagens de objetos familiares que não são reconhecidas por uma série de populações, justamente pelo fato de não perceberem nelas senão imagens coloridas e sem significações. Forge, em 1970, descreve as dificuldades de acesso à fotografia de um povo da Nova Guiné, os Abelams, que só a conheceram em 1937, data da chegada dos europeus. Ao se deslocarem para a costa, por razões de trabalho, os jovens deste povo geralmente se faziam fotografar: "O sujeito se posiciona rigidamente, rosto voltado para a câmera, tanto sozinho quanto em grupo [...]. Nenhum Abelam tem dificuldade de reconhecer-se neste gênero de foto; ele inclusive consegue identificar e nomear alguns indivíduos, quando conhecidos. Mas, quando lhe mostramos uma fotografia tomada enquanto ele se movimenta, ou quando ele não olha fixamente para a câmera, este indivíduo não consegue identificar-se nela. Inclusive os habitantes de outros vilarejos, que se deslocavam especialmente por saberem que eu dispunha de uma fotografia de um parente falecido, não conseguiam reconhecê-lo, mesmo girando-a em todos os sentidos possíveis" (JAHODA, 1973: 272).

Um olho não habituado percorre a imagem cinematográfica de maneira analítica, procurando uma ancoragem de sentido. Aparição e desaparecimento dos personagens, movimentos de câmera, "closes" desconcertantes, detalhes são assim focalizados, significantes somente para os espectadores, não para a economia do filme. Em nossas sociedades, para algumas populações até então não acostumadas ainda à leitura das imagens, a confusão era a da ficção e a da realidade. Qual estatuto acordar a estes fragmentos de real projetados na tela? No filme *Les Carabiniers*, de Godar, um camponês tenta passar por detrás da tela para tomar banho junto à jovem mulher filmada em sua banheira. A história do cinema gravou o pânico que tomou conta dos espectadores assistindo no Grand Café, em dezembro de 1895, a projeção do filme dos Irmãos Lumière na entrada de uma estação de La Ciotar.

Medir as modalidades de desconhecimento ou de erro das fotografias ou dos filmes por algumas populações significa antes avaliar seu grau de aculturação aos modelos ocidentais que se disseminam mundo afora. O aniquilamento das sociedades tradicionais pelo rolo compressor da técnica ocidental e sua economia de mercado leva a uma universalização crescente dos esquemas de interpretação da imagem. A erradicação das culturas ou a aparagem de suas asas pela penetração dos valores de mercado e a americanização do mundo não elimina, entretanto, o caráter social, cultural e histórico da imagem. A relatividade e a pluralidade dos mundos caíram hoje na desgraça pela intimidação da mercadoria e do modelo econômico ambiente. Um dia, depositar-se-á na conta do fantasma o fato de algumas sociedades não reconhecerem as imagens, já que nos quatro cantos do mundo os homens banhar-se-ão na mesma cultura visual. Mas o desaparecimento da pluralidade do mundo não é um argumento para afirmar a naturalidade da imagem.

Limite dos sentidos ou visão do mundo

A visão não é o decalque do real no espírito, seria uma sobrecarga do ver. Ela é seleção e interpretação. Ela só apreende uma versão do acontecimento. O espaço é uma elaboração física ao mesmo tempo social e cultural. A apropriação visual do mundo é filtrada por aquilo que poderíamos denominar, com Bion – mas aplicando-a à visão –, uma "barreira de contato", uma fronteira de sentido permanentemente recolocada em cena, um *containing*, isto é, um capacitador, um monitor físico que filtra os dados a ver e os interpreta de imediato.

Mais além ainda, as repercussões dos acontecimentos sobre o olhar do indivíduo imprimem igualmente sua nuança. Mergulhado num luto ou no desemprego, confrontado a graves dificuldades pessoais, ele vê "tudo escuro"; inversamente, feliz em razão de boas notícias, ele vê "tudo cor-de-rosa". Um homem que frequentemente pensa que um intruso acaba de entrar em sua casa não vê mais seu quarto da mesma maneira, mesmo que nada tenha mudado na disposição em seu ambiente, tampouco a iluminação. A vida é impregnada de considerações morais. A história pessoal e as circunstâncias transformam a tonalidade do olhar. Um homem que não amava tal cidade ou tal região não cessa agora de tecer elogios à sua beleza após aí ter realizado um encontro amoroso decisivo, ou pelo fato de ter conseguido pôr um fim às antigas preocupações. Inicialmente desagradável, o contato com uma pessoa pode inverter-se, se as circunstâncias o revelam sob um aspecto mais favorável. O mesmo rosto que inicialmente era visto com desprazer, pode ser visto com prazer, ou vice-versa. As qualidades morais associadas aos dados e à sua percepção, à sua seleção na profusão do real, são sempre tributárias do estado de espírito do ator. Ao ver o mundo não cessamos de vermo-nos. Todo olhar é um autorretrato, mas primeiramente aquele de uma cultura.

As fronteiras do sensível variam de uma cultura à outra, o visível e o invisível conhecem modalidades singulares. Assim o olhar do homem medieval quase não tem relações com aquele que hoje pousamos sobre o mundo. Ele não vê o mundo com os mesmos olhos. A natureza dos contemporâneos de Rabelais não é ainda "desencantada", assimilada a uma força de produção ou de lazer. "Fluidez de um mundo onde nada é estritamente delimitado, onde os seres mesmos, perdendo suas fronteiras, mudam num piscar de olhos, sem provocar outramente objeção de forma, de aspecto, de 'reino', como diríamos: e eis tantas histórias de pedras que 'se animam', 'assumem vida', se movem e evoluem; eis árvores tornadas vivas sem impressionar estes leitores de Ovídio [...]. Eis feras comportando-se como homens e homens de bom grado transformando-se em feras. Caso típico, o do lobisomem, do ser humano que pode situar-se ao mesmo tempo em dois lugares distintos, sem que alguém se impressione: em um deles é homem, em outro é fera" (FEBVRE, 1968: 404). Foi necessário esperar as correntes do século XVII para que surgisse junto a alguns letrados um olhar racionalizado, desvinculado de todo sentimento de transcendência, preocupados em se tornar "mestres e donos da natureza", penetrados por aquilo que L. Febvre denomina "sentido do possível". O olhar dos homens do século XVI não é animado pela certeza que o *non posse* engendre o *non esse*, ou seja, que o impossível não possa ser.

Le marteau des sorcières (Malleus maleficarum) (O martelo das bruxas), publicado em 1486, breviário dos caçadores de bruxas, escrito por dois inquisidores, monges dominicanos, é um impressionante repertório das crenças comuns da época e daquilo que cada um estava convencido a ver com seus próprios olhos. Para os dois autores, a bruxaria é um elemento reconhecido pela fé católica, e toda refutação é uma heresia. O texto descreve fatos verificados por testemunhas de uma época para as quais o mundo cor-

102

responde estreitamente ao que aí esperavam encontrar aos olhos de seus códigos culturais. Assim, um dos autores testemunha sua própria experiência. Em determinada cidade, a peste devastava. Corria boato que uma mulher morta e enterrada consumia pouco a pouco a mortalha com que havia sido sepultada. A epidemia só desapareceria ao termo do consumo de sua mortalha. Em conselho, os magistrados tomaram a decisão de exumar o corpo. Eles "encontraram quase a metade da mortalha introduzida na boca, na garganta e no estômago do cadáver, e já digerida – podre. Diante deste espetáculo, o preboste transtornado saca sua espada e, cortando a cabeça, a lança para fora da fossa. Imediatamente a peste cessou"[14]. Os anjos falam com os homens de boa-fé à luz do dia, ou à noite em seus sonhos. Uma multidão vê um decapitado colocar sua própria cabeça debaixo do braço e afastar-se tranquilamente dos lugares de sua execução. Pensava-se que, na presença de seu assassino, o despojo de uma vítima começasse a sangrar. Os bruxos produzem o terror de seus juízes, já que seu olhar é carregado de ameaças para quem oferecer ingenuamente seus olhos aos seus abusos, já que eles "sempre agem seja por um olhar, seja por uma poção mágica depositada na soleira de uma casa" (p. 122).

O demônio seduz as mulheres e as constrange a cometer com ele o pecado da carne, ou a prejudicar seus semelhantes graças a temíveis sortilégios. Algumas testemunhas assistem assombradas as "reuniões noturnas das bruxas e dos demônios" (sabá). As primeiras "eram frequentemente vistas deitadas de costas nos campos e nas florestas, nuas até abaixo do umbigo, e posicionadas para esta torpeza, agitando as pernas e as coxas; membros prontos, demônios íncubos entravam em ação, mesmo se invisivelmente aos es-

---

14. SPRENGER, J. & INSTITORIS, H. *Malleus maleficarum*. Grenoble: Jerôme Millon, 1990, p. 237.

pectadores, e mesmo se às vezes, no final do ato, um vapor muito negro, da altura de um homem, se elevasse por sobre a bruxa" (p. 302). As noites de sabá viram passar o voo lúgubre das bruxas por sobre os telhados. Crianças substituem bruxas por obra do diabo, homens à revelia são transportados para longe de seus ambientes familiares. "Somos dois a redigir este tratado; ora, um de nós (somente) viu e deparou-se muitas vezes com semelhantes homens: por exemplo, alguém, outrora mestre de escola e agora padre [...], tinha o hábito de contar que certa feita passou a levitar por obra do diabo, tendo sido levado a lugares afastados" (p. 287).

As bruxas produzem granizo, trovões e tempestades, e testemunhas confessam tê-las visto fabricar tais fenômenos urinando ou aspergindo com água um local consagrado ao malefício (p. 291). Elas eventualmente transformam homens em feras, fazem perecer fetos ou recém-nascidos através de sortilégios. Reduzem os membros viris, "como se tivessem sido arrancados do corpo [...], artifício mágico atribuído ao demônio que os esconde ao ponto de não poderem mais nem ser vistos nem tocados" (p. 311). Um dos autores cita o testemunho de um "venerável padre" cuja reputação plana acima de qualquer suspeita: "Um dia, diz ele, enquanto atendia confissões, um jovem aproximou-se e, ao longo da confissão, afirmou, lamentando-se, ter perdido seu membro viril. O padre mostrou-se surpreso e não queria acreditar tão facilmente na palavra [...]. Eu tive a prova, já que nada vi quando o jovem rapaz, areando suas calças, mostrou-me o feito". O padre, convencido, sugere então ao desafortunado que "procure a mulher" e a bajule com palavras apaziguadoras. "Poucos dias depois ele voltou para agradecer-me, dizendo-se curado e completamente recuperado. Dessa feita confiei em sua palavra, mas ele fez questão de apresentar a prova convincente aos meus olhos" (p. 311). Os autores não dizem o que adveio à presumida "feiticeira".

Como o observa por sua vez R. Lenoble comentando o espaço pictural da Renascença, os anjos, os santos, os unicórnios são "vistos" com os seus próprios olhos por homens que não duvidam de sua realidade. O bestiário da Renascença admite o terrível *basilic*, animal híbrido proveniente de um ovo de galo chocado por um sapo. Com uma única olhada ele mata os homens que cruzam seu caminho se os vê antes de ser visto por eles, do contrário, é ele que passa a ser vulnerável. Outros animais são reputados possuir poderes maléficos imediatos como o lobo, o gato, o leão, a hiena, a coruja (HAVELANGE, 2001). O que hoje denominamos "sobrenatural" era o "natural" da época. As fronteiras do visível não são compreensíveis senão em função do que os homens esperam ver, não de uma realidade objetiva que ninguém jamais vê, já que ela não existe.

Os Walis são uma pequena comunidade aldeã na fronteira entre Camarões e a Nigéria. Somente alguns privilegiados possuem a faculdade de ver o que é invisível ao comum dos mortais, e somente alguns iniciados ousam olhar e usar determinados objetos rituais carregados de poder. O mito da origem da comunidade evoca o enfrentamento de dois demiurgos, o gênio das águas e o gênio da feitiçaria. O primeiro, mestre dos rios, provoca uma vasta inundação para apagar um incêndio ateado pelo segundo, e conquista assim a possibilidade de fabricar os homens. Ele se retira em seguida, deixando os homens se multiplicarem. Mas ele às vezes se apresenta a alguns dentre eles para ensinar-lhes novas técnicas ou para sinalizar plantas propícias à cura de determinadas doenças. O gênio da feitiçaria erra à superfície da terra sem ter realmente renunciado às suas maldades. Ele insufla o princípio do mal em determinados homens ainda no ventre da mãe, imprimindo-lhes um sinal específico: a aurícula de seu coração assume a forma de uma crista de galo. Os feiticeiros possuem a faculdade de duplicar-se à noite, enquanto dormem. Seu duplo maléfico abandona o corpo sob a forma de um animal para aproximar-se de uma vítima e infundir-lhe uma doença. Mas este duplo é invisível aos olhos dos homens ou das mulheres ordinários. Os feiticeiros permanecem no anonimato, somente a anomalia psicológica os identifica, mas ela só é acessível após a morte do feiticeiro, via autópsias rituais.

O gênio das águas ajuda os homens, outorgando a alguns a faculdade de duplicar-se por ocasião do sono, mas de maneira lúcida e numa perspectiva benéfica. Eles abandonam seu corpo adormecido sob a forma de borboletas noturnas ou morcegos. Eles veem na escuridão os animais secretados pelos feiticeiros. Possuindo "dois pares de olhos" eles sabem identificar os feiticeiros invisíveis aos outros. O gênio das águas sustenta igualmente sua criação conferindo uma parte de seu poder aos objetos rituais que não podem ser olhados pelos não iniciados em razão do poder que encerram. Os mágicos adivinhos "por seu dom de dupla visão podem dialogar no âmago do mundo invisível da noite com os duplos dos feiticeiros e opor-se aos seus propósitos maléficos. Os segundos, com o auxílio de um arsenal de sortilégios, podem aterrorizar e até matar um feiticeiro, não agindo sobre seu duplo à noite, mas atacando sua pessoa à luz do dia", resume V. Baeke (1991: 5).

Para os Ojibwas, na América do Norte, os *windigos*, monstros canibais, são seres reais, suscetíveis de atentar contra suas vidas. Eles podem ser vistos ou ouvidos, e é necessário desde então apressar-se em fugir para não ser devorado. Hallowell conta a desventura de um velho homem ameaçado um dia por um *windigo* cuja presença é por ele percebida graças a um barulho particular na floresta. Ele foge num bote a remo a toda velocidade, mas percebe atrás dele o obstinado animal perseguindo-o. A perseguição perdura, mas o homem é bem-sucedido após uma série de peripécias. Hallowell conclui que a visão do mundo dos Ojibwas condiciona seu olhar pousado sobre o meio ambiente. Lenhadores, conhecedores exímios da floresta, sem qualquer equívoco eles decodificam o perigo pelos ruídos ou por observações visuais. Cada sociedade desenha as fronteiras do visível e do invisível, daquilo que convém ver ou desviar o olhar. Ela decreta as categorias visuais, que acima de tudo são categorias mentais. Um objeto e uma paisagem nunca se enclausuram numa significação unívoca, já que tudo depende de quem os vê.

As diferentes formas de hinduísmo privilegiam uma modalidade particular da visão bem afastada da distância ou da separação às quais ela é correntemente associada em nossas sociedades. Neste contexto cultural, o olho é sempre ativo. O *darsana* hindu não é uma visão em sentido único do objeto sagrado ou do guru. Ele é um intercâmbio que provoca o ver e o ser visto pelo divino. Os olhos interagem e se confirmam mutuamente. O divino está presente na imagem e autoriza a celebração. O *darsana* é uma modalidade tátil do olhar, uma oração tangível assegurada pelo visível. O fiel adquire espiritualidade, emoção, sentimento de proximidade com o divino. O objeto ou o guru, o templo, são outro tanto vínculos entre o céu e a terra. Olhar de reconhecimento e de propiciação, o *darsana* é benéfico, e em termos de força ele é o inverso do "mau-olhado", cujo impacto é destrutivo (PINNAR, 1990). Mas este olhar compartilhado é desigual, o da divindade tendo o poder de matar. Daí a necessidade de uma oferenda prévia permitindo em primeiro lugar que a divindade pouse os olhos na direção dela antes de voltar-se para o fiel.

O tema do olhar é onipresente na mitologia e na teologia hindu através dos múltiplos olhos que cobrem o corpo de Brahma, ou o terceiro olho de Shiva. Ele abunda nas práticas artísticas e nas celebrações de toda ordem. A aparição do guru é sempre uma iluminação para os devotos que assim participam de sua santidade, ela provoca uma emoção intensa, lágrimas, uma perda de si na essência do mestre; ela é como a passagem do sopro divino junto a homens ou mulheres transfigurados. S. Kakar descreve a aparição de um guru junto a um grupo de uma seita hinduísta. "Mahârâjji" aproxima-se, mãos juntas, saúda os presentes, antes de sentar-se num sofá instalado no centro do gramado [...]; ele dirige um olhar intenso na direção de uma seção de seu público e aí o mantém por alguns minutos antes de voltar majestosamente seu rosto na direção de outro grupo, fixando-o sem pestanejar. A virtuosidade dá-se no silêncio e no olhar. A transformação do rosto dos discípulos era impressionante no instante em que seus olhos mergulhavam nos olhos do guru, e se embaçavam, maravilhados com o seu rosto. Os traços das sobrancelhas suavizavam-se perceptivelmente, os músculos dos maxilares lentamente relaxavam, uma expressão de beatitude pouco a pouco espalhava-se em seus semblantes" (KAKAR, 1997: 183). Ser atravessado pela visão do guru é uma iluminação interior, uma participação imediata de sua aura.

Percepções das cores

A cor é particularmente difícil de ser nomeada, ela coloca em xeque a linguagem, sobretudo quando esta tenta evidenciar-lhe as nuanças[15]. A cor explode repentinamente nos olhos, mas nenhuma evidência consegue descrevê-la satisfatoriamente. A palavra gira ao redor dela sem efetivamente conseguir explicá-la. As tonalidades da cor perturbam o funcionamento tranquilo da linguagem, remetendo-a a suas insuficiências. As nuanças se esquivam, e somente as

---

15. Não abordarei aqui a questão importante dos valores atribuídos às cores ou ao seu simbolismo. Cf. M. Pastoureau (2002), Zahan (1990), Turner (1972), Classen (1993).

grandes categorias cromáticas nutrem o mundo colorido com eventuais acréscimos de adjetivos (claro, escuro, pálido etc.). "Se nos perguntam: O que significa 'vermelho', 'azul', 'preto', 'branco'?, certamente podemos indicar discretamente coisas que se colorem dessa forma, mas é tudo o que somos capazes de fazer: nossa capacidade de explicar as significações não vai além disso" (WITTGENSTEIN, 1984: 39). Todo homem pode virtualmente reconhecer milhares de cores diferentes. Mas ser-lhe-ão necessárias categorias mentais para identificá-las, senão ele gira ao redor delas sem realmente conseguir caracterizá-las. A aprendizagem de novas distinções alarga o leque de reconhecimento. Entretanto, embora o vocabulário cromático de nossas sociedades potencialmente alargou-se, raros são os homens que o utilizam elaboradamente.

Junto à criança, o sentimento difuso da cor precede a aquisição dos termos para expressá-la. Ser-lhe-á necessário aprender a distinguir a gama de cores reconhecida por sua sociedade. Através da moldagem social de sua consciência das coisas, a criança entra então em outra dimensão do real, passando a discernir e a nomear assim os objetos. Nesta dinâmica, pouco a pouco ela começa a diferenciar suas cores (como a do leite etc.). Somente a aquisição de um vocabulário para pensar o mundo, e notadamente o relativo às cores (ou às categorias que as acompanham), cristaliza sua aprendizagem. À origem, a criança é potencialmente suscetível de reconhecer uma infinidade de cores, bem como falar uma infinidade de línguas; entretanto, com o passar do tempo ela passa a identificar somente as cores retidas na língua de sua comunidade. A percepção das cores torna-se então relativa a uma pertença social e cultural, e a uma sensibilidade individual. O nome fixa a percepção, mesmo que ela não se esgote nisso. "Como a criança sabe que vê o vermelho (ou que tem dele uma imagem visual), isto é, como ela estabelece uma conexão entre o termo 'vermelho' e 'uma cor particular'? Qual é o critério que permite uma pessoa sempre vincular o mesmo termo à mesma experiência? Não seria em geral exclusivamente pelo fato de atribuir-lhe o termo 'vermelho'?" (WITTGENSTEIN, 1982: 29-30). A facilidade em percorrer uma gama cromática reconhecendo cada nuança, sabendo nomeá-la, solicita uma sensibilidade e uma formação sólidas próprias a uma pertença social e cultural. Cada grupo humano ordena simbolicamente o mundo que o cerca, e notadamente a percepção dos objetos e suas características de cor.

A denominação das cores está vinculada à linguagem. Não há percepção e comunicação ao redor das cores senão em razão de um indivíduo ter aprendido a investi-las de sentido, referindo-as ao sistema de sinais de seu grupo de pertença. O camponês ou o padeiro não dispõem da mesma gama cromática que a do *designer* industrial ou do pintor. No seio de um mesmo coletivo, a unanimidade não é necessariamente de bom uso na caracterização das cores. Se, sumariamente, ela coincide, as sensibilidades individuais introduzem a uma infinidade de nuanças.

A percepção das cores é uma questão educativa vinculada à história pessoal de um indivíduo. M. Pastoureau observa com justeza que o historiador não deve "enclausurar-se em definições estreitas da cor, tampouco projetar anacronicamente no passado as definições que hoje nos pertencem. Elas não eram as dos homens que nos precederam, talvez nem sejam as dos que nos sucederão [...]. Para ele, assim como para o etnólogo, o espectro deve ser vislumbrado como um sistema simbólico, dentre outros sistemas simbólicos, visando a classificar as cores" (1990: 368 e 371). A cor não existe fora de um olhar humano que separa os objetos da luz. Ela não é somente um dado ótico, físico ou químico, ela é primeiramente uma questão de percepção. Ela não se deduz mecanicamente das diferentes modalidades do espectro de Newton, mas de um dado pessoal impregnado pela educação. O homem interpreta as cores, ele não as registra. Elas são antes de tudo categorias de sentido e não são percebidas do mesmo modo nas sociedades humanas.

A noção mesma de cor, tal como a entendemos em nossas sociedades no sentido de uma superfície colorida, é ambígua, ela não é universal, e torna impossível uma comparação isenta com as outras culturas que às vezes nomeiam as coisas diferentemente. De uma ambiência cultural à outra, a percepção das cores é objeto de variações. Inúmeras são as dificuldades de tradução de uma língua à outra ou de um sistema cultural para o outro. M. Pastoureau enumera algumas no tocante às traduções da Bíblia: "O latim medieval, notadamente, introduziu uma grande quantidade de termos de cor aí aonde o hebraico, o aramaico e o grego não empregavam senão termos de matéria, de luz, de densidade ou de qualidade. Aí aonde o hebraico, por exemplo, diz *brilhante*, o latim diz frequentemente *candidus* (branco) ou mesmo *ruber* (vermelho). Aí aonde o hebraico diz *fosco* ou *escuro*, o latim diz *niger* ou *viridis*, e as línguas vernáculas traduzem por negro ou verde. Aí aonde o hebraico diz *rico*, o latim traduz frequentemente por *purpureus*, e as línguas vernáculas por *púrpura*. Em francês, alemão e inglês o termo *vermelho* é abundantemente utilizado para traduzir termos que no texto grego ou hebraico não reenviam a uma ideia de coloração, mas a ideias de riqueza, força, prestígio, beleza ou mesmo amor, morte, sangue, fogo" (PASTOUREAU, 2002: 19).

Em 1858, W.E. Gladstone observa que os escritos de Homero ou dos gregos da Antiguidade não dispunham mais do mesmo vocabulário dos homens de seu tempo. Junto a Homero, por exemplo, o mesmo termo às vezes designa tanto o azul quanto o cinza, bem como as cores escuras. Assim, num modo evolucionista, Gladstone deduz uma pífia sensibilidade cromática junto aos gregos, e centrada principalmente ao redor da oposição entre claro e escuro.

Outros autores, na mesma época, observam igualmente que o azul não consta no vocabulário da Bíblia, do Alcorão, da Grécia antiga e de muitas sociedades tradicionais. Eles veem aí uma anomalia de percepção atribuída a uma deficiência das categorias visuais. A percepção das cores é naturalizada por estes autores impregnados de referências biológicas e para os quais os povos se classificam numa escala evolutiva que conduz necessariamente às categorias culturais europeias, elevadas ao absoluto. Ou seja: a "velhice" progressiva dos povos tê-los-ia dotado de uma fisiologia mais aprimorada. Em nenhum momento as cores são pensadas enquanto categorias simbólicas.

No entanto, em 1879, Virchow constatou que os Núbios, característicos desta sensibilidade cromática considerada "pobre", reconheceram sem dificuldade objetos ou amostras de papéis coloridos após uma aprendizagem elementar. Primícias de um longo debate acerca do universalismo ou do relativismo da percepção das cores... Em 1881, cerca de dez habitantes da Terra do Fogo, ou fueguinos, levados a Paris e expostos no jardim da aclimatação, foram observados e avaliados de todas as formas pelos cientistas de então. Estes fueguinos eram então tidos por povos "atrasados", e Darwin os classificava dentre os "mais inferiores dos bárbaros" (DIAS, 2004: 213). Tecelões, notadamente, multiplicavam suas experimentações com eles, constatando que "os fueguinos davam provas de uma atitude perfeita ao distinguirem as nuanças mais delicadas, sem obviamente serem obrigados a nomear tais nuanças, já que detentores de um vocabulário limitado" (DIAS, 2004: 128). Hyades, por sua vez, chega a conclusões próximas: "Não se pode dizer que os fueguinos não conhecem nitidamente outras cores, e, se eles variavam tanto nos nomes de nossas lãs, isso parece dever-se ao fato que as nuanças que lhes mostrávamos não correspondiam exatamente às que eles estavam acostumados a ver, ou porque pretendiam designar a contextura, a aparência da lã, e não sua cor. Eles não dispõem de termos para indicar a cor em geral, o que complicava ainda mais nossos testes" (DIAS, 2004: 217). Os fueguinos não distinguem as cores segundo a definição europeia. Eles não estão no mesmo "pensamento do ver" (MERLEAU-PONTY, 1945: 463). Nietzsche não se sente absolutamente perturbado por estas diferenças de percepção e inclusive vê nisso uma forma particular de humanização da natureza. "A que ponto os gregos viam a natureza de forma diferente se, como urge confessá-lo, seus olhos eram cegos ao azul e ao verde, e se em vez do azul viam um marrom mais escuro, em vez do verde um amarelo (se eles designavam com a ajuda do mesmo termo a cor de uma cabeleira escura, de uma escovinha, do mar meridional, ou ainda, sempre pelo mesmo termo, por exemplo, o mel e as resinas amarelas: de modo que comprovadamente seus maiores pintores nos mostraram seu universo com as cores preta, branca, vermelha e amarela), da forma como a natureza lhes devia parecer diferente e mais próxima do homem [...]. Não se trata simplesmente de um defeito. Graças a estas aproximações e a esta classificação eles emprestam às coisas harmonias de cores extremamente sedutoras, podendo enriquecer a própria natureza. Talvez seja esta, inclusive, a visão pela qual a humanidade aprendeu enfim a usufruir do espetáculo da existência"[16].

Os etnólogos sempre se aperceberam das disparidades de percepções cromáticas nas sociedades humanas. Walis sublinha que os "Ashantis dispõem de nomes distintos para o preto, o vermelho e o branco. O termo 'preto' é igualmente utilizado para qualquer cor escura, como o azul, a púrpura etc., ao passo que o termo 'vermelho' serve para a cor rosa, laranja e amarela" (KLINEBERG,

---

16. NIETZSCHE, F. *Aurore*. Paris: Gallimard, 1970, p. 304. Para uma visão histórica do debate, cf. Dias (2004: 75).

1967: 231). Para D. Zahan, o espectro africano recorta globalmente as cores em vermelha, branca e preta. Para o autor, "os Bambaras do Mali associam todos os objetos verdes ou azuis à cor 'preta', os amarelos escuros e laranja à cor 'vermelha', os amarelos claros à cor 'branca'". Os povos Ndembus, habitantes da Zâmbia, assemelham igualmente o azul ao "preto", bem como o amarelo e o laranja ao "vermelho" (ZAHAN, 1990: 119). Junod, na década de 1920, impressiona-se com as categorias de cores dos Baronga do Sudeste Africano, sobretudo por suas diferenças no tocante às dos europeus: "*Ntima*, para eles, simultaneamente significa preto e azul-escuro; *liboungou* é carmim, vermelho, púrpura, amarelo; para eles, o amarelo não é uma cor diferenciada; *psouka* designa alvorecer, sol nascente; *nkoushé*, nome dado às algas, é aplicado ao céu azul; *nkwalala* significa cinza; *liblaza* é o verde da estação primaveril, cujo termo, em língua *djonga*, corresponde à *rilambyana*, que literalmente traduzido significa razão pela qual os cães latem: a verdura das plantas produz este efeito sobre os cães dos nativos" (ZAHAN, 1990: 141).

Numa sociedade da Nova Guiné, escreve M. Mead, a classificação das cores mistura "amarelo, verde oliva, azul esverdeado e azul lavanda como variações de uma mesma cor" (MEAD, 1933). O vocabulário cromático dos habitantes da Nova Caledônia não guarda mais do que quatro nomes de cores, mais ou menos equivalentes aos nomes franceses [ou portugueses] vermelho, verde, preto e branco. O termo *mii* designa ao mesmo tempo o amarelo pálido, o amarelo brilhante, resplandecente, o rosa, o vermelho vivo, o prata dourado, o vermelho violáceo, o violeta. *Boere* designa as cores preta e a azul-preta. *Kono* reagrupa o verde da vegetação, do jade, o azul do mar e do céu etc. O último grupo compreende o branco, mas diferenciado do claro, da clareza e da transparência (MÉTAIS, 1957: 350-351).

O branco é suscetível de uma multidão de nuanças junto aos Inuits. Não que eles disponham de um sentido de observação mais aguçado do que o dos outros homens, mas seu meio ambiente e o registro cultural de que dispõem autorizam este requinte. Os Maoris da Nova Zelândia distinguem uma centena de vermelhos, mas vinculados às oposições próprias ao objeto: seco/úmido, quente/frio, mole/duro etc. A percepção do vermelho depende da estrutura do objeto, e não o inverso, segundo a visão ocidental das cores. O gaulês literário não dispõe de termos que correspondem exatamente ao verde, ao azul, ao cinza e ao castanho. O vietnamita e o coreano não fazem distinção explícita entre o verde e o azul (BATCHELOR, 2001). O grego *kyaneos* inclui o azul, o cinza e o preto. A este respeito, Louis Gernet sublinha que "o sentimento da cor afeta e, de alguma forma, desloca a percepção da cor" (1957: 319). O hebraico *yârâq* significa ora amarelo, ora verde. Ele se aplica à verdura das árvores ou das plantas. Mas é a mesma raiz que designa uma doença que faz "amarelar" as plantas. Jérémie usa do mesmo termo para designar a palidez espalhada nos rostos expostos ao terror (GUILLAUMONT, 1957: 342).

Mesmo entre o inglês e o francês, como o observa Batchelor, a transposição não é tão fácil: *purple*, por exemplo, se traduz diferentemente em francês se a cor tende para o azul (violeta) ou para o vermelho (púrpura). O *brun* (castanho, em francês) corresponde aproximativamente ao *brown* (marrom, em inglês), mas se ele se refere a objetos da vida corrente como sapatos, cabelos ou olhos, ele não é equivalente ao *brown*. Se os sapatos são *brown*, são antes marrons do que castanhos. Os cabelos *bruns*, em francês, correspondem antes ao *dark*, em inglês, e não ao *brown* (BATCHELOR, 2001: 95-96). O chinês antigo *ts'ing* reenvia ao azul obtido a partir do índigo, mas também ao verde das árvores ou à pelagem de um animal. Indivíduos de língua inglesa não confundem o laranja ou o amarelo, bem distintos em seu repertório linguístico. O mesmo não ocorre com os Zunis, que somente possuem em sua língua um único termo para designar as duas cores, sem diferenciá-las (LENNENBERG & ROBERTS, 1956).

Na conclusão de um grande colóquio, Meyerson, comparando a nomeação das cores através de diferentes culturas, sublinha que "estes sistemas não se recobrem de uma língua à outra; sem dúvida existem fatos de nomeação comuns como fatos de atenção perceptiva comuns. Em todas as línguas, ao que parece, nomeia-se o preto, o branco e o vermelho. Mas, para estes três conceitos principais, a extensão e a compreensão não parecem as mesmas em toda parte. O preto pode englobar ou não o azul e o verde; ele pode ou não significar o escuro em geral. Da mesma forma o branco pode designar, mas não em toda parte e nem sempre, o luminoso, o fulgurante, o prata, e até mesmo o ouro. O vermelho pode arranhar mais ou menos o alaranjado, o ruivo, o amarelo. Fora destas três noções, que, mais uma vez, são conjuntamente representadas, em toda parte percebe-se divergências [...]. Tal nome concreto ora designa uma nuança bastante precisa, ora sublinha uma categoria afetiva ou social, e às vezes as duas ao mesmo tempo" (MEYERSON, 1957: 358). As culturas que só dispõem de alguns nomes de cores, por exemplo, o branco, o preto ou o vermelho, a elas agregam o conjunto de cores de seu meio ambiente.

O arco-íris, neste particular, é um formidável teste projetivo em escala dos povos. Se o dividirmos em sete cores, nas sendas de Newton[17], os gregos e os romanos viam nele três, quatro ou cinco

---

17. Por ocasião de uma primeira comunicação diante da Sociedade Real das Ciências de Londres, Newton divide o arco-íris em cinco cores distintas (vermelho, amarelo, verde, azul, violeta), mas sua preocupação é paradoxalmente acordar-se com as harmonias musicais. Se há sete notas na gama musical, deve haver sete cores no arco-íris. Na publicação final, em 1728, ele acrescenta à sua lista

cores. Somente um deles, Ammien Marcellin, distingue seis cores no arco-íris (púrpura, violeta, verde, laranja, amarelo e vermelho). Xenófanes ou Anaxímenes, e mais tarde Lucrécio, veem nele o vermelho, o amarelo e o violeta; Aristóteles lhe acrescenta o verde. Sêneca percebe no arco-íris cinco cores (púrpura, violeta, verde, laranja, vermelho) (PASTOUREAU, 2002: 30). Os sábios árabes ou europeus da Idade Média perseguem suas observações com a mesma ambiguidade do olhar, mas nenhum deles discerne o azul. "Das sete cores do arco-íris, três sequer possuem um nome específico em árabe: o violeta, o índigo e o laranja. São cores indefinidas, vagas, 'inomináveis'. O vermelho e o verde, por outro lado, se destacam como cores plenamente positivas, e contrastam com a desconfiança quase repulsiva que a cultura árabe experimenta com o amarelo e principalmente o azul. As únicas cores, aliás, às quais ela preocupou-se em dar uma forma morfográfica típica e específica em *af'al* e que os gramáticos árabes denominam 'nome de cores': *ah'mar*, vermelho; *akhdhar*, verde; *azraq*, azul; *açfar*, amarelo; *abiah*, branco e *aswad* ou ainda *akh'al*, preto" (BODHIBA, 1976: 347-348).

Através de uma comparação dos termos que se referem às cores, emprestados de 98 línguas ou dialetos, Berlin e Kay pensam poder afirmar que as cores básicas identificadas pelas sociedades humanas oscilam entre duas e onze. Uma cor básica é para eles uma cor reenviando a um termo simples da língua, não incluído em outro termo de cor, não restrito a uma classe de objeto, e relevante na percepção dos atores, um termo que permanece não obstante as circunstâncias. Apoiando-se em dados psicofísicos, eles não temem apresentar um esquema evolucionista em sete estágios. Se duas co-

---

a cor laranja e a cor índigo, duas cores dificilmente distinguíveis no arco-íris, mesmo para quem o olha atentamente segundo os critérios ocidentais.

res básicas são nomeadas, estas são a branca e a preta; uma terceira é a vermelha. Se outras são retidas, a quarta e a quinta seriam a verde e a amarela; a azul formaria a sexta, em seguida viria a marrom, e além dessas ainda as cores púrpura, cinza, rosa e laranja.

Sem ser desinteressante, a abordagem é contestável, primeiramente porque ela postula uma evolução das sociedades do simples ao complexo, do geral ao particular, do engenhoso ao nuançado, como se houvesse um "progresso" do olhar da humanidade. O homem iria assim do "inferior" das sociedades tradicionais ao "superior" da civilização em virtude de uma progressão moral da qual a cultura euroamericana seria um ponto de desfecho, forma de pensamento que a antropologia cultural denuncia de etnocentrismo e autossatisfação, desde Boas ao início do século XX. E, principalmente, os dois autores isolam a noção de cor de qualquer outra referência, pressupondo que todas as sociedades nomearam e distinguiram as "cores" a partir do modelo ocidental. Obstáculo impeditivo!

O estudo das cores, segundo Berlin e Kay, é uma naturalização do mundo. Com efeito, o vocabulário cromático de muitas sociedades humanas não isola jamais as cores de seu contexto preciso de aparição. Elas são antes sensíveis à luminosidade, às oposições entre o seco e o único, o macio e o duro, o quente e o frio, o fosco e o brilhante, ou ainda às características morais do objeto, ao fato de ser visto por um homem ou por uma mulher. As cores se encavalgam no interior de um sistema de valores, de simbolismos locais, que subordinam toda nomeação a um contexto particular. Cada terminologia cromática reenvia a um pensamento particular do mundo. Separar as cores de seus objetos, apreendê-las como colorações puras: eis uma visão do mundo prometida a muitas objeções, e em primeiro lugar a uma abstração distanciada da vida real. Não se nomeiam cores, nomeia-se o sentido. "Não se poderia imaginar que certos homens tenham outra geometria das cores diferentemente da nossa? O que finalmente significa dizer: Seria possível imaginar homens que tenham outros conceitos de cores diferentemente dos nossos? E isso, por sua vez, também significa dizer: Podemos representar-nos homens que não possuam nossos conceitos de cores?" (WITTGENSTEIN, 1983: 19).

No Japão, diz M. Pastoureau, saber se estamos diante de uma cor azul, vermelha ou outra tem menos importância do que identificá-la como fosca ou brilhante. Existem vários brancos que se escalonam, indo do fosco mais embaciado ao brilhante mais luminoso, e com tantas nuanças que o olho ocidental não acostumado penaria a discernir (PASTOUREAU, 2002: 153). Mas a hegemonia do Japão em matéria de indústria fotográfica sensibilizou os ocidentais à distinção entre o fosco e o brilhante, ao menos em matéria fotográfica. Uma cor não se reduz simplesmente a uma cor, assim como o verde de uma folhagem não é o verde dos afrescos de uma cerâmica.

Em condições experimentais, homens de qualquer sociedade são aptos a dispor adequadamente tiras coloridas, independentemente de qualquer referência ao real. Brincadeira de criança que não leva a lugar algum, já que nas condições de existência reais dos indivíduos, no seio de sua cultura, este exercício já não comporta mais nenhum sentido. Conklin, provocando os Hanunoos ao solicitar-lhes que nomeassem a cor de determinados objetos separados de todo contexto local, ou mostrando-lhes cartões pintados, observa junto aos seus informantes inúmeras confusões, incertezas e hesitações. Em contrapartida, ele obtém respostas imediatas quando se trata de objetos oriundos da vida corrente, ou quando formula diferentemente suas questões, perguntando-lhes, por exemplo, a que estes objetos assemelham-se etc. Ele ordena uma caracterização de cores em quatro níveis, onde se misturam efetivamente dimensões bem diferentes. Se forçarmos o vocabulário hanunoo a entrar num registro ocidental, as quatro cores distinguidas seriam a preta, a branca, a vermelha e a verde. Mas estaríamos distantes do que veem os Hanunoos: "Em primeiro lugar, existe uma oposição entre o claro e o escuro [...]. Em seguida, uma oposição entre o seco ou a dessecação, e o úmido ou o frescor (suculência)" (CONKLIN, 1966: 191). O termo "cor" não existe nesta língua, como em muitas outras, por exemplo, na China antiga (GERNET, 1957: 297). Resumindo pesquisas feitas na África Negra, M. Pastoureau observa que o olhar pousado sobre o mundo é menos sensível às fronteiras que separam a gama de cores do que ao fato de saber "se é questão de uma cor seca ou de uma cor úmida, de uma cor suave ou de uma cor densa, de uma cor 'lisa' ou de uma cor 'rugosa', de uma cor 'surda' ou de uma cor 'sonora', de uma cor 'alegre' ou de uma cor 'triste'. A cor não é uma coisa em si, menos ainda um fenômeno que depende exclusivamente da visão" (PASTOUREAU, 1989: 15).

O indivíduo que olha para as cores do mundo não se preocupa absolutamente com os dados físicos, químicos ou óticos; ele contenta-se em ver e ignora o inconsciente cultural que impregna seu olhar. O que parecia simples no início, comparar as percepções das cores, revela-se de uma complexidade infinita, já que os homens não olham as mesmas coisas segundo suas pertenças sociais e culturais. O centro de gravidade da nomeação das cores não reside nas cores em si mesmas, mas nos dados da cultura. Elas não têm sentido senão em circunstâncias precisas inerentes à percepção do objeto. Elas não mostram tanto as distinções das cores, mas distinções de outra ordem que depende da cultura. Acreditando comparar termo a termo as cores, em vão comparamos as visões do mundo. "Embora para o antropólogo as oposições de conduta revelem mais que as oposições de comprimento de onda e sejam mais apropriadas a nos dar informações culturais, cada tipo de estudo deveria colaborar com outros estudos para sugerir novas relações e suscitar novas hipóteses e explicações" (CONKLIN, 1973: 940-941). A realidade física "objetiva" (mas para quem?) se desfaz diante das categorias de sentido que os homens nela projetam. A cor é vista através de filtros específicos. Cada comunidade conserva determinadas propriedades do objeto observado. Se um mesmo termo qualifica cores distintas, os homens as percebem próximas, da mesma forma que se designa as nuanças do verde, por exemplo. As diferenças poderiam ser percebidas no limiar de um esforço de atenção, mas, na vida corrente, tal atitude não é absolutamente decente. Se as percepções visuais (ou auditivas, olfativas, táteis ou gustativas) são marcadas pelo selo de uma pertença cultural própria à singularidade do indivíduo, elas jamais são imutáveis. O homem que se desloca de sua língua materna ou de sua cultura, que faz um intercâmbio com os outros, aprende a ver outramente o mundo, alarga seu conhecimento cromático ou sua percepção visual.

As línguas giram em torno das coisas tentando dar-lhes um sentido, mas nenhuma consegue fazer desabrochar suas representações. O termo *cão*, em si, não morde, assim como o termo *vermelho* não enrubesce. As línguas são a humanidade do mundo, mas não o mundo. Falar várias delas acrescenta incontáveis recursos. O domínio refinado de várias línguas propicia um reservatório de sentido e alarga o poder de pensar e dizer a pluralidade do real. Cada língua pensa o mundo à sua maneira, cada língua já é um filtro, um "interpretante" (Benveniste). Nenhuma o faz como a outra, mas uma não complementa a outra. Elas são outro tanto dimensões possíveis do real.

Noite

O ver convoca a luz. "Deus disse: 'Faça-se a luz'! E a luz se fez. Deus viu que a luz era boa, e Deus separou a luz e as trevas". O mundo começa na luz e, para a visão, ele termina nas trevas. "Eles olharão a terra, e eis somente miséria e trevas, e [...] escuridão infinda" (Is 8,22). A experiência da noite desapossa o homem da faculdade de ver, mergulhando-o num caos de sentido. Ele deixa de ser o centro do mundo. Ela o envolve e neutraliza suas práticas perceptivas, desconectando-as da identificação de suas fontes. Um ruído, se negligenciável ao largo do dia, já que imediatamente associado a um acontecimento, torna-se mais enigmático na calada da noite, e, quando não familiar, facilmente provoca uma sensação de angústia. O olhar fracassa ao tentar neutralizar sua ameaça. R. Mandrou lembra como, por longo tempo, a noite representou um mundo de terror nas sociedades europeias. "A penumbra noturna representa o domínio do medo, tanto na cidade quanto no campo, inclusive em Paris, onde a quantidade de vigias é superior ao de outras cidades. Do toque de recolher à abertura das portas, todos os sinais luminosos apagados, a cidade mergulha nas trevas, tenebrosas [...]. Domínio das trevas, a noite é igualmente – e inseparavelmente – território dos fantasmas, e das artimanhas de satã: o espírito do mal ronda nela, assim como a luz, elemento tranquilizador, é o apanágio de um Deus-bondade" (MANDROU, 1974: 83).

A noite é um mundo eminentemente ambíguo. E se em tais circunstâncias alguns provam a sensação de mergulhar numa paz nada ameaçadora, outros se sentem impotentes face à ausência tranquilizadora do murmúrio das atividades diurnas. A singularidade sonora da noite presta-se à emergência do pior ou do melhor. Ela confere ao silêncio um poder potencializado ao eliminar os contornos do mundo, e ao reenviar provisoriamente (mas quem poderia saber sua duração na presença da angústia?) todos os limites reconhecíveis ao informe, ao caos. O mundo assim se subtrai e mergulha numa obscuridade que encobre todas as ameaças aos que se sentem mergulhados no pavor. O silêncio e a noite reenviam-se mutuamente, privando o homem de qualquer orientação, remetendo-o à temível prova de sua liberdade. Eles lhe impõem uma consciência de seu inacabamento.

Um estalo do assoalho na casa que acreditávamos vazia, um ruído de passos no jardim não obstante fechado, um grito no campo sinalizam um intruso preocupante, uma vaga ameaça que mobiliza e provoca a espreita para melhor compreender sua origem, e, portanto, para domesticar o acontecimento. Michel Leiris lembra a este respeito uma anedota de sua infância. Numa noite em que caminha num descampado silencioso de mãos dadas com seu pai, ele ouve um ruído que o intriga e atiça seu medo no momento em que a escuridão faz-se mais espessa diante de seus olhos: "Este ligeiro murmúrio ouvido na noite e cujo caráter angustiante repousava talvez exclusivamente sobre o fato que ele se manifestou em estado de vigília e como algo ínfimo e longínquo, era a única presença sonora no silêncio de um lugar mais ou menos rústico onde eu imaginava que, naquela hora, tudo devia estar adormecido, ou começado a adormecer-se"[18]. Seu pai, para tranquilizá-lo, fala-lhe de um carro que passa ao longe. Mais tarde Leiris se pergunta se não se tratava antes de um inseto. Ao lusco-fusco de um lugar ainda desconhecido para ele, este leve ruído espalha uma angústia que "repousava talvez exclusivamente sobre o fato de ter-se manifestado em estado de vigília" (p. 24-25). O jovem Leiris viu aí uma espécie de iniciação à morte. Muito tempo depois, por ocasião de outra noite, a trepidação ruidosa dos paralelepípedos na passagem

---

18. LEIRIS, M. *Fourbis*. Paris: Gallimard, 1955, p. 25.

de um trem na praça provoca uma interrogação sobre a permanência das intrigas do mundo exterior a despeito do sono. Efração do acontecimento cujo ruído rasga o silêncio usual nestas horas e nestes lugares, e desperta uma imagem de morte. Estas manifestações sonoras insólitas que dissolvem a paz circunstante aparecem como escorregões projetando o homem "à beira do outro mundo, colocando-o em posição de receber uma mensagem, inclusive a sensação de ali ter entrado sem ter-se incorporado a ele, ou de abraçar um olhar da marcha da vida e da morte segundo uma ótica do além-túmulo" (p. 23).

Ter os olhos despojados do olhar, os ouvidos entregues aos indícios sonoros impossíveis de identificar, facilmente induz ao medo, expõe à imaginação do pior. O indivíduo fica à mercê exclusivamente das percepções auditivas sem poder vinculá-las a qualquer coisa de concreto. Na espessura imóvel do silêncio compreende-se o quanto o ruído é uma ameaça, uma espécie de lembrança da fragilidade e da finitude que envolve o homem, impondo-lhe um contínuo manter-se alerta. Ordinariamente a visão acalma a inquietação ou circunscreve as ameaças.

A noite é o tempo da desconexão do sentido. As relações ordinárias com os outros e com as coisas se desfazem. A obscuridade libera as significações, as desvia de sua ancoragem habitual, as enlouquece. Privado de sua superfície de sentido, o mundo faz-se espessura insondável. O princípio de realidade torna-se frágil. Meia--noite é a hora do crime, ou dos pesadelos, assim como o mundo do lusco-fusco diz justamente o mal-estar de não mais situar-se nele. "No momento em que as formas das coisas são dissolvidas na noite, a obscuridade da noite, que não é um objeto nem a qualidade de um objeto, invade feito uma presença. Na noite, presos a ela, não temos de nos haver com nada. Mas este nada não é uma pura negação. O que deixa de existir é 'isso' ou 'aquilo'; 'alguma coisa'

124

deixa assim de existir. Mas esta universal ausência, por sua vez, é uma presença, uma presença absolutamente inevitável" (LÉVI-NAS, 1990: 94).

O indivíduo não vê mais tão nitidamente como um mestre de obra, que pode assegurar-se dos objetos visíveis ao seu redor; dessa vez ele se vê cercado do invisível. Invadido pelo possível, ele não sabe nem onde está nem para onde vai. E perde sua identidade. A obscuridade não é a ausência de percepção, mas outra modalidade da visão; não é a cegueira, mas uma visão ensombrada, destituída de suas antigas referências. Da supressão das fronteiras do visível jorra uma angústia não devida à noite, mas à impossibilidade de afixar um sentido ao entorno. A obscuridade abole o visual e abre caminho à fantasia. Privada de referências tranquilizadoras, a pessoa se entrega à angústia. Daí o grito, evocado por Freud, de uma criança de três anos, abandonada num quarto escuro: a noite torna-se assim um quadro de projeção de seus terrores. "'Tia, diga-me alguma coisa, tenho medo, pois está tão escuro'. A tia lhe responde com uma interrogação: 'Para que te serve isso, se não consegues me enxergar?' 'Isso não importa', responde a criança. A partir do momento que alguém fala, faz-se claro"[19]. A palavra enunciada é uma objeção ao silêncio angustiante do entorno, uma objeção à suspensão inquietante das referências que fazem suspeitar um chão tremulando os passos. O silêncio, de fato, é igualmente associado ao vazio de sentido e, portanto, ao vazio das referências familiares, associado à ameaça de ser engolido pelo nada (LE BRETON, 2004). A palavra é então esta rede de significação, o pontilhado de uma presença que povoa o mundo com sua humanidade tranquilizadora. No rumor indiferente do real e do anonimato noturno

---

19. FREUD, S. *Trois essais sur la Théorie de la Sexualité*. Paris: Gallimard, p. 186.

uma voz introduz um centro, organiza um sentido ao seu redor. Mais tarde, o retorno da luz pacifica enfim o todo, restituindo-lhe os contornos familiares.

Uma relativa visão noturna pode ser constatada em algumas sociedades ou em determinadas circunstâncias. Geralmente ela resulta de uma aprendizagem, mas principalmente da habituação às condições de existência que exigem um deslocar-se ou um trabalhar na escuridão. Frequentemente a acuidade visual é detectada em profissões ou em ofícios que demandam uma atividade noturna. O agricultor de Nivernais, descrito por G. Thuillier (1985: 3), dispõe de uma excelente visão noturna que lhe permite praticar eficazmente a pesca, não obstante o período de defeso. F. Mazières, viajante, sublinha a facilidade com que se deslocam os habitantes da Ilha de Páscoa, mesmo em lugares desconhecidos. E destaca sua experiência particular, junto a uma população ameríndia, na Amazônia, realizada sob uma reduzida iluminação ao largo da floresta. E inclusive afirma ter aprendido a deslocar-se numa escuridão relativa (mas acrescenta que "o olhar deles era melhor do que o meu"). Esta é igualmente a experiência de um prisioneiro mantido cativo em ambientes sombrios. Assim, com o passar do tempo, uma habituação vai tomando forma, permitindo situar-se novamente.

Muitas crianças ditas "selvagens" dispõem igualmente de uma boa visão noturna (CLASSEN, 1991; LE BRETON, 2004). A propósito de Kamala e Amala, duas crianças criadas por lobos, o Pastor Singh escreve em seu diário: "Em 3 de janeiro de 1921, descobri que, numa noite muito escura, quando a visão e a atividade humana declinam totalmente, estas crianças podiam detectar a presença de um homem, de uma criança, de um animal, de um pássaro ou de qualquer outro objeto em lugares os mais escuros, exatamente aí aonde a visão humana se torna completamente impotente"

126

(SINGH & ZINGG, 1980: 44). Itard sublinha a mesma facilidade de Victor de l'Aveyron em mover-se noite afora.

Kaspar Hauser usufruiu de uma excelente visão noturna que o acompanhou até o dia em que foi assassinado, em 1933. Von Feuerbach, falando de si mesmo, diz que "nem o crepúsculo, nem a noite, nem a escuridão existiam para ele. Pela primeira pudemos perceber esta sua característica vendo-o caminhar confiantemente à noite, recusando sempre a luz que lhe oferecíamos, ao nos deslocarmos em lugares pouco iluminados. Ele frequentemente se impressionava ou ria das pessoas que tentavam antecipá-lo, visando a mostrar-lhe o caminho, tateando ou apalpando os objetos, como, por exemplo, para entrar em uma casa ou para subir os degraus de uma escada" (SINGH & ZINGG, 1980: 326). A capacidade de ver a uma determinada distância ao largo da noite é uma questão de aprendizagem, e ela não é tolhida às mulheres e aos homens constrangidos a viver em um ambiente relativamente escuro.

Clarividência

Mas existem igualmente olhos que rompem a noite, que veem para além da evidência, para além inclusive do visível. As mitologias culturais conferem frequentemente ao cego uma faculdade clarividente. "Na verdade, diz Sócrates a Alcibíades, o olho do pensamento só começa a ter o olhar penetrante quando a visão dos olhos começa a perder sua acuidade." Se as pálpebras estão fechadas, diz Plotino, a claridade do olho "brilha interiormente com clareza" (DEONNA, 1965: 50). Quem perde a visão se beneficia de um olhar voltado para o interior, sem qualquer perda. Embora nada vendo do mundo circunstante, ele acessa a um mundo invisível aos outros. Inúmeros relatos míticos evocam a sobrecompensação em termos de clarividência de quem perdeu a visão. Tirésias é golpeado pela cegueira por ter visto Atena tomando banho. Mas a deusa cede diante das injunções da mãe do jovem homem e lhe acorda o dom da profecia. Édipo pune-se por seus crimes furando-se os olhos, mas, segundo o texto de Sófocles, *Oedipe à Collone*, no final da vida ele tornou-se um homem sábio. A cegueira não é mutilação, mas abertura do olhar sobre o tempo ainda desconhecido dos homens. Ela marca a habilidade de ver para além do visível, onde se fixam os olhos dos que não veem suficientemente longe. A clarividência transpassa as coisas para aceder à sua interioridade escondida, ela é revelação da aparência. Ela inclusive atravessa os limites temporais, vendo para além da cotidianidade. Mas o vidente frequentemente paga caro pelo poder de sua cegueira (DELCOURT, 1957: 59 e 124).

Somente a clarividência ilumina o que está para além do sensível. Aí não há espaço para amadores ou ouvintes. Existem pessoas que, mesmo não sendo clarividentes, inspiram compaixão e tradicionalmente curam os pequenos males da vida corrente recitando uma fórmula consagrada ou pousando as mãos sobre a pele dos clientes, sem nada dizer do porvir. Os videntes dispõem dos olhos do espírito, de um olho interior, mesmo que seus olhos reais não preencham mais sua função. O vidente morre para uma dimensão ordinária da existência a fim de renascer para um além, negado aos outros mortais.

3 OUVIR, OUVIR-SE: DA HARMONIA AO MAL-ENTENDIDO

> *Ouço o ruído do riacho de Heywood que*
> *deságua na lagoa de Fair Haven, som que*
> *aporta a meus sentidos um reconforto*
> *indizível. Parece-me que ele realmente*
> *verte de meus ossos. Ouço-o com uma sede*
> *inesgotável. Ele acalma em mim um calor*
> *tropical. Ele afeta minha circulação; acredito*
> *que ele e minhas artérias estão em simpatia.*
> *O que é, pois, que eu ouço, senão estas*
> *límpidas cascatas dentro de mim, e aí aonde*
> *circula meu sangue, estes afluentes que se*
> *precipitam para dentro de meu coração?*
>
> THOREAU, H.D. *Walden.*

Audições do mundo

O homem abre uma passagem na sonoridade incessante do mundo ao emitir sons ou provocando-os por suas palavras, por seus feitos e gestos. Se ele suspende ao bel-prazer a ação dos outros sentidos, fechando os olhos ou mantendo-os a distância, os sons circunstantes o desguarnecem quando ele pretende defender-se deles, e eles superam então os obstáculos fazendo-se ouvir, indiferentemente da intenção do indivíduo. Os ouvidos sempre se abrem ao mundo, "não respeitando nem porta nem clausura alguma, como de fato acontece com o olho, com a língua e com outras aberturas do corpo, diz Pantagruel. Por isso sempre me esforço para que sempre, todas as noites, continuamente, eu possa ouvir, e através do ouvir perpetuamente aprender"[1]. O ouvido não tem nem a maleabilidade do tato ou da visão, nem os recursos da exploração do espaço; ele só pode "dar ouvidos" ou "fazer ouvidos de mercador". Penetrado por ele não obstante sua vontade, o homem sempre está em posição de acolhida ou de recusa, menos a de um jogador. Ele entra ou não em ressonância. Mas o ouvinte sempre está no centro do dispositivo. O som é mais enigmático que a imagem, já que ele se dá no tempo e no fugaz, aí aonde a visão permanece impassível e explorável. Para identificá-lo é necessário permanecer na escuta, e ele não se renova permanentemente, e desaparece no exato instante em que é ouvido. Compreende-se, neste sentido, que Platão faça da contemplação o lugar de uma verdade imutável, e não o de uma escuta, já pertencente ao passado no exato instante de sua formulação.

O pensamento encontra no som, isto é, na palavra, sua forma maior de expressão. Os outros sentidos, exceto a visão que partilha com a audição o mesmo privilégio, mas em outro registro, permanecem embrionários neste aspecto, excessivamente próximos do corpo, demasiadamente imprecisos, íntimos demais. O sentido se encarna primeiramente numa palavra dirigida ao outro. Excetuando a linguagem dos sinais, as línguas têm por matéria primeira o som. Assim, mesmo as crianças surdas "participam indiretamente de um universo no qual a voz gera coesão" (ONG, 1971: 136). O ouvido é o sentido unificador do vínculo social enquanto ouve a voz humana e recolhe a palavra do outro.

O ouvido é depositário da linguagem. O entendimento é outro nome para o pensamento. Ser ouvido significa ser compreendido.

---

1. RABELAIS, F. "Le tiers livre". *Oeuvres completes*. Paris: Seuil, 1979, p. 429.

Dizer "entendido" significa aquiescer. Muitas sociedades concedem à escuta um valor que outras conferem antes à visão. A audição é frequentemente associada ao pensamento. Junto aos Wahgis, a percepção das coisas é subordinada ao que se diz, e não ao que se vê. É a escuta que ordena o mundo, como longamente o foi para as sociedades europeias. Chamberlain, no início do século XX, atesta que no norte de Queenslad "o ouvido é a sede da inteligência, e que é através dele que o mundo exterior penetra o homem. Dessa forma, quando os homens de Tilly River viram pela primeira vez os brancos se comunicarem com eles através de cartas, eles as aproximavam do ouvido para saber se podiam, por este método, ouvir alguma coisa" (CHAMBERLAIN, 1905: 126). Para os Sedang Moi da Indochina, dizer que alguém não tem ouvido é lembrar-lhe sua falta de sagacidade. E *tlek*, mudo, significa igualmente estúpido (DEVEREUX, 1991: 44). Como na velha formulação francesa, junto aos Suyá (Parque Indígena do Xingu, MT), "ouvir" (um som) significa "compreender". O ouvido é o órgão através do qual o mundo é conhecido e compreendido. "Está dentro do meu ouvido", dizem (SEEGER, 1975: 214-215; HOWES, 1991: 176). A valorização da audição, junto aos Suyá, é traduzida pelo costume de pendurar argolas nos ouvidos ou nos lábios, que mais parecem ornamentos.

Em caso de cegueira, a representação espacial do cego se constrói a partir de uma constelação sensorial em que o tato e principalmente a audição exercem uma função especial. O cego dissimula assim suas dificuldades de deslocamento. Para determinar sua posição dentro de um compartimento, ele escuta o ruído de seus passos sobre o assoalho e suas repercussões na parede, ou o som de sua voz ecoando no recinto. Ele provoca ruídos com seus pés ou com suas mãos a fim de avaliar melhor o espaço que o cerca. O som desnuda o interior. Um ambiente silencioso demanda a necessidade de fazê-lo ressoar a fim de identificar suas características. O cego, "objetivando obter uma resposta audível, às vezes se obriga a provocá-la, emitindo ele mesmo algum ruído que, por ressonância, lhe fornecem uma ambiência sonora dos locais [...]. Objetivando situar-se num corredor que leva à calçada, ou para fazer-se uma ideia das dimensões de uma sala, de uma galeria, não é incomum que um cego arraste intencionalmente seus pés ou, ao inversamente, caminhe de um modo mais marcado, ou ainda tussa levemente ou pigarreie a garganta" (HENRI, 1958: 274). A acuidade auditiva do cego lembra a forma com a qual os sons participam de nossa orientação no mundo, mesmo que as informações, o mais frequentemente, sejam sobrepostas pela visão, que as tornam subalternas. Se uma pessoa que enxerga fia-se principalmente em sua visão, por exemplo, olhando um carro se aproximando, o cego aposta em seu ouvido, ele ouve seu motor ou as vibrações reproduzidas no chão.

Um barulho contínuo imprime sua tonalidade familiar à vida cotidiana e garante a marcha do homem ao largo de sua existência[2]. Estas emanações sonoras jamais se apagam totalmente e dão carne à espessura do mundo. Sem elas a vida não seria senão a contemplação de uma superfície. Cada som é associado ao objeto que o provoca, ele é seu rastro sensível, o fio desenlaçado que leva aos movimentos incontáveis do meio ambiente. "Não existe dia dos sons", escreve L. Lavelle, sinalizando assim este traço contínuo da sonoridade e sua subordinação a uma série de objetos suscetíveis de fazê-lo retinir. Mas o próprio do som é também extrapolar seu local de origem. A audição é imersão, à semelhança do olfato. Ao

---

2. R. Murray Shafer sugere "caminhadas de escuta" destinadas à exploração sonora de um espaço particular à mercê das estimulações e dos "itinerários acústicos" visando a orientar o participante com uma partição sinalizando o clima sonoro e os sons que se produzem ao longo do percurso (MURRAY SHAFER, 1979: 291).

inverso da visão, sempre tomada numa perspectiva, a sonoridade irradia, não tendo outras fronteiras que a intensidade do som. "Eu ouvia o tique-taque do relógio de Saint-Loup, que não devia estar muito longe de mim. Este tique-taque mudava de lugar a todo instante, pois eu não via o relógio; ele parecia vir detrás de mim, de frente, da esquerda, da direita, às vezes extinguir-se como se estivesse muito próximo. De repente descobri o relógio sobre a mesa. Então ouvi o relógio num lugar fixo de onde ele não se movia mais. Eu acreditava ouvi-lo naquele lugar lá; e ali não o ouvia mais; e voltava a vê-lo novamente: os sons não têm locais fixos"[3]. Se o som assemelha-se ao espaço, ele reúne igualmente os indivíduos sob sua bandeira. Proferido em comum, ele propicia um sentimento forte de pertença, o de falar uma única voz. A multidão escande os mesmos hinos, os mesmos *slogans*, ela se fortifica da prenhez das estimulações sonoras. Ela torna solidário o mundo aí aonde a visão o mantém a distância, como num palco.

A audição penetra para além do olhar, ela imprime um relevo aos contornos dos acontecimentos, povoa o mundo com uma soma inesgotável de presenças, habita as existências defraudadas. Ela sinaliza o sussurro das coisas aí aonde nada seria decifrável outramente. Ela traduz a espessura sensível do mundo aí aonde o olhar se satisfez com a superfície e passou adiante sem desconfiar das vibrantes insinuações que sua coloração dissimulava. O som, assim como o odor, revela o que está para além das aparências, forçando as coisas a testemunharem suas presenças inacessíveis ao ouvido. Se a visão é uma sujeição à superfície, a audição desconhece estas fronteiras: seu limite é o audível. O caçador ouve o animal roçar levemente os ramos das árvores ou das macegas. O vigia perscruta os sons na densidade da noite para não ser surpreendido

---

3. PROUST, M. *Le côté de Guermantes*. Paris, 1994, p. 79 [Classiques Français].

pelo inimigo. Lá aonde a bruma reduz a visão à impotência, o marinheiro percebe o ruído da água batendo contra o casco, o rangido das velas, e todas as sonoridades emitidas se transformam em informações preciosas para uma navegação mais cautelosa. É um mundo que se dá, não obstante os olhos vedados[4].

A audição introduz uma sucessão, um ritmo, que abre espaço à expectativa ou à fugacidade; ela se trama no escoamento do tempo. O som se apaga ao mesmo tempo em que se deixa ouvir, ele existe no efêmero. Diz-se, aliás, "prestar" ouvido, como se não se tratasse de uma escuta provisória. Admite-se o som ao invés de ouvi-lo, visto que ele sempre foge ao poder do homem. Uma vez ouvido, ele desaparece, justamente lá onde a visão em princípio está sempre disponível, ou situa-se no espaço. A sonoridade do mundo lembra sua contingência, sua falta de mestria lá onde os outros sentidos são dóceis a novas solicitações: rever uma paisagem de outono ou um pôr do sol sobre a colina, degustar hoje e amanhã o sabor de um prato ou de um vinho, recorrer ao mesmo perfume, acariciar novamente a face da pessoa amada. O som se perde e foge ao controle do homem bem como à sua vontade de ouvi-lo novamente, salvo através do recurso a instrumentos técnicos que o controlam e o difundem à vontade, restabelecendo a soberania do homem. Ele impõe um corte ao antes e ao depois. A escuta das sonoridades do mundo força a sentir o escoamento do tempo.

---

4. I. Calvino imagina um soberano condenado a uma reclusão solitária em razão do exercício de seu poder, e cujas sensações de espreita perscrutam o mais inaudível dos sons. Respaldado em suas lembranças, qualquer ruído, qualquer movimento percebido, soavam-lhe como indícios, e ele passa a recompor uma existência à qual sua função o subtrai através das sonoridades que chegam até ele. Cada dia ele drena uma sucessão de referências auditivas cuja ordem e timbre ele conhece. Cf. CALVINO, I. *Sous le soleil Jaguar*. Paris: Seuil, 1990.

As estratégias tradicionais visam justamente a restaurar a soberania do homem sobre uma espuma de sons, a disciplinar o caos sonoro ao impor o recurso à repetição: os sinos, os instrumentos musicais, os cantos, as harpas eólicas visam a consentir a disposição dos sons ao desejo do homem. Os instrumentos modernos de registro como o gravador ou a câmera ampliam esse poder. Mas o som não é reproduzível senão dissociado do tempo e transformado em espaço que pode ser percorrido novamente. Antes destes recursos os homens imitavam os animais ou os ruídos da natureza, buscavam reproduzir por si mesmos as sonoridades familiares que lhes fugiam por sua fugacidade e por seu caráter inopinado. "As flautas pastoris são fabricadas com a asa de um bufo e às vezes com o osso de uma lebre, mas neste caso o timbre é menos puro, recorda-se C. Milosz. Elas servem para imitar o trilo da galinha-do--mato, do contrário ela não poderia ser localizada; ao desconfiar de um perigo, ela se agarra a um tronco, e de tal forma a confundir--se com sua casca [...]. Em seguida ela rasteja sem fazer ruído mata adentro, na penumbra. M. Romuald eleva sua flauta até os lábios, sopra delicadamente e dedilha seus furos [...]. Frequentemente uma galinha-do-mato responde, aproxima-se sempre mais"[5].

Os sons são associados à afetividade e a uma significação que os filtra, descartando uns e privilegiando outros, salvaguardando assim a distração ou a concentração do indivíduo que caminha na rua indiferente à barulheira dos carros. Mas uma voz familiar ressoando repentinamente no labirinto ruidoso da cidade consegue abrir-se uma passagem e desperta a atenção. À noite, o choro de uma criança ou os estalos suspeitos do assoalho perturbam o sono, justamente aí aonde muitos outros ruídos não têm nenhuma incidência, já que imediatamente associados, na penumbra do sono, a

---

5. MILOSZ, C. *Sur les bords de l'Issa*. Paris: Gallimard, 1956, p. 158.

fatos banais por sua repetição incessante ou pela familiaridade de seu sentido. Da mesma forma, a audição do nome de uma pessoa, pronunciado enquanto ela dorme pesadamente, pode acordá-la, ao passo que outros nomes não lhe causam nenhuma perturbação. A audição é o sentido da interioridade, ela traz o mundo para o centro do indivíduo, aí aonde a visão o projeta para fora.

Sonoridades do mundo

A existência se trama na permanência do som. Voz e movimentos de coisas próximas, palavras sem corpo do rádio ou da televisão, ecos da rua, da vizinhança, cantos ou músicas festivas ou rituais, gritos de crianças na praça ou na saída das escolas, retorno dos rebanhos com sinos pendurados ao pescoço, sinos das igrejas ou convite à oração pelo muezim do alto dos minaretes, ruídos confusos da cidade, toques incontáveis de celulares, passagem de viaturas e caminhões nas ruas ou nas rodovias próximas, murmúrio da floresta, agitação das folhas, barulho da chuva sobre o asfalto ou no telhado das casas, alarido dos pássaros, das galinhas, manifestações ensurdecedoras do corpo...

"A vida das pessoas que ao sair de casa pela manhã e nunca ouviram o gorgolejo do tetraz deve ser triste, já que elas não conheceram a verdadeira primavera"[6], escreve com nostalgia C. Milosz. Sem dúvida, mas urgiria então viver nestas regiões interioranas que conhecem os folguedos do tetraz. Alhures nos comoveríamos com os mugidos do cervo ou com o silêncio do deserto ou da floresta. A latitude das percepções sonoras reenvia a uma ecologia e a uma cultura e, mais além ainda, à sensibilidade auditiva particular de quem se coloca à escuta do mundo.

---

6. Ibid., p. 205.

Cada comunidade humana ocupa um universo acústico próprio, ritmado pelas cerimônias coletivas, pelas tecnologias presentes, pelos animais, pelo mar, deserto, montanha, vento, chuva, tempestade, estações. Thoreau, em Walden, "ouve" a estrada de ferro de Fichburg não distante dos bosques, para onde retirou-se: "O apito da locomotiva penetra meus bosques tanto no inverno quanto no verão, fazendo-me lembrar o alarido de um bútio em vias de planar sobre algum descampado e trazendo ao meu conhecimento a aproximação ao meu pequeno recanto de inúmeros mascates agitados da grande cidade..."[7] Às vezes, aos domingos, os sons dos sinos dos vilarejos vizinhos chegam até nosso autor. Os animais reinam nesse mundo rural de 1854, ainda poupado pela industrialização. "À noite, o mugido de alguma vaca reverberando no horizonte, vindo do outro lado dos bosques, ressoava doce e melodioso, confundindo-se às vezes com vozes de menestréis que vinham fazer-me serenata [...]. Regularmente, às dezenove horas e trinta, em algum período do verão, o trem da noite uma vez passado, os *whip-poor-wills* cantavam suas vésperas ao largo de uma meia hora, instalados num cepo ao lado de minha porta ou sobre a cumeeira da casa [...]. Quando os outros pássaros se calam, as corujas-pardas retomam seu canto, tais carpideiras retomando seu antigo *ou-lou-lou* [...]. Eu também dispunha da serenata de um grande bufo. Lá, ao alcance da mão, vós seríeis arrebatados pelo som mais melancólico da natureza" (p. 123-124).

Ao cair da noite, múltiplos sons se conjugam, cujos enovelamentos Thoreau desembaraça: "Estrondos de vagões sobre as pontes – barulho noturno que superava todos os outros, do latido dos cães ao mugido das vacas – e, passado o trem, feito trombeta res-

---

7. THOREAU, H.D. *Walden ou la vie dans les bois*. Paris: Gallimard, 1922, p. 115.

soava ao longo do rio o coaxar de rãs e sapos gigantes..." (p. 125).

Thoreau faz o inventário dos sons campestres aos quais se subtrai: "Eu não criava cachorro, gato, vaca, porco nem galinha, de sorte que isso vos pareceria total ausência de ruídos domésticos; tampouco batedeira de nata, nem roda de fiar, nem mesmo chiado de chaleira, nem assobio de bule de chá, nem grito de crianças para vos consolar. Um homem do Antigo Regime perderia a cabeça ou morreria de tédio. Nem mesmo ratazanas nos muros havia [...], mas tão somente esquilos sobre o telhado e no sobrado, um *whip--poor-will* na cumeeira, um gaio azul assobiando sob a janela..." (p. 127). Ao longo das estações de Walden, Thoreau percebe as metamorfoses da vida vegetal e animal, as sonoridades variadas do mundo. O silêncio ondeado do inverno, os cantos dos grilos do verão, o zumbido das abelhas, o feltro da neve sobre um mundo adormentado ou a violência do trovão numa natureza transtornada...[8] O homem que dá ouvidos ao ritmo das estações sabe identificar sua fisionomia cambiante e as diferenças sonoras de um lugar ao outro.

Os vilarejos franceses são longamente embalados de uma tranquila ambiência sonora segundo as atividades locais e a presença ou não dos animais: repiques dos sinos na hora do *angelus*, entrada e saída dos colegiais, passagem dos rebanhos muitas vezes tinindo sinos pendurados ao pescoço, latidos de cães ou mugidos de animais da fazenda, ruído ensurdecedor do amolador, martelos do ferrador debulhando sua sonoridade ao longo do dia, mas também batidas de mão das lavadeiras agrupadas no lavadouro, ferraduras dos cavalos troteando, murmúrio das conversações, ruído da chuva ou do vento, tempestade...

---

8. Sobre o inventário de Thoreau sobre os ruídos do inverno, cf. op. cit., p. 272. Cf. tb. trabalho sistemático feito por J. Brosse (1965).

As pequenas cidades rurais do século XIX, poupadas ainda da invasão industrial, mergulham num silêncio que fulmina um parisiense de passagem. Em 1867, Théophile Gautier, pernoitando em Issoire, descreve seu espanto a um correspondente: "Uma coisa que me impressionou é o profundo silêncio que reina nesta cidade. Não se ouve absolutamente nada, nenhum ruído de carro, nenhum latido de cachorro, nenhum barulho de água corrente, tampouco sussurro de algum vivente. É uma sensação bizarra para mim, homem habituado ao tumulto parisiense [...]. Entretanto, essa ausência de sonoridade ocupa a contragosto: ouve-se o silêncio" (THUILLIER, 1977: 37). R. Murray Schafer pondera ouvindo trabalhar os talhadores de pedra de um vilarejo iraniano que a maioria dos sons permanecem na descontinuidade, ligados ao ritmo do corpo do homem, e são relativamente distintos uns dos outros nas sociedades ainda pouco industrializadas, ao passo que a maioria dos ruídos das sociedades modernas tornam-se contínuos e não permitem nenhum repouso (1979: 117).

Assim, as máquinas a vapor, as vias férreas, os primeiros automóveis desalojam a maré de silêncio sobre seu percurso ou em suas imediações. As máquinas agrícolas, os ciclomotores, as viaturas, os caminhões introduzem um regime de ruídos novos e remodelam as sensibilidades sonoras, sobretudo a partir da década de 1950. Sons inéditos passam a vigorar no campo, outros desaparecem como a salva de tiros dos fuzis por ocasião dos casamentos (substituídos pelo concerto das buzinas), as matracas da Semana Santa, os sinos das igrejas tornados obsoletos etc. No próprio seio do mundo camponês a economia dos ruídos se modifica ao longo do tempo: "Os sons familiares da casa de outrora se tornaram símbolos da duração do tempo. O ronco discreto da roda de fiar, o canto do grilo na lareira, o tique-taque do relógio, o ritmo desigual dos manguais, eis os sinais de um mundo tradicional que se apoia sobre uma duração secular", escreve G. Thuillier (p. 230). Os ambientes sonoros não são imutáveis, o retraimento das tradições, o abandono de certos usos, as metamorfoses da agricultura, as técnicas novas transformam sua natureza. Os homens crescem então dentro de uma trama sonora diferente daquela de seus pais.

Cada comunidade humana ocupa um universo acústico próprio, jamais dado uma vez por todas, variando ao longo da história, e até mesmo ao largo das estações. Entretanto, o inventário das sonoridades não é necessariamente aquele de sua percepção pelos atores, pois esta depende de uma atenção moldada pela educação, aprendizagens particulares que, por exemplo, o pastor ou o camponês sensíveis às mudanças dos mugidos de um animal de seu rebanho, o caçador aos alaridos de um pássaro do qual segue seus rastros, lá aonde o ouvido profano nada teria percebido, senão um magma indiscernível. A existência dos sons, mesmo à altura da audição dos homens, não implica sua percepção se não são vinculados a uma significação ou a um motivo de alerta.

Infância como imersão sonora

Os que ouvem vivem em um mundo sonoro em que o ruído às vezes invade, mas em princípio a escuta participa sem equívoco da fruição do mundo. O som é a matéria mesma da linguagem, a voz é um acompanhamento incansável da existência, ela é o zumbido cuja superabundância garante a inserção plena no âmago da trama social. "A audição é um sentido eminentemente social" (WULF, 2002: 457). A palavra da mãe é o primeiro som a introduzir a criança já *in utero* no universo humano, carregada de afetividade, de significação. O feto mergulha no líquido amniótico e sente seus odores, ele prova dos movimentos de sua mãe, está em permanente audição de seu coração, ouve igualmente sua voz e a de seus próximos. Estudos americanos mostram que, junto às crianças prematuras, a escuta do coração materno gravado diminui a taxa de mortalidade em relação aos serviços hospitalares indiferentes a esta prática. O batimento do coração da mãe exerce uma função de apaziguamento. Mas sua voz, sobretudo, está sempre num processo de comunicação, ela convida lentamente ao sentido, isto é, ao vínculo social, ela é o fio condutor que leva a criança à sua humanidade, fazendo-a passar do grito à palavra, à sua própria voz (via). A criança sabe que sua palavra ou seus gritos mobilizam os que estão ao seu redor, ela toma consciência de seu poder e lentamente aprende a responder à voz dos que a cercam. Ela constrói seu narcisismo no invólucro materno que a carrega. Ela faz uma experiência de júbilo ao emitir sons e ao ouvi-los, sobretudo se eles provocam uma resposta de seu entorno.

Os balbucios lúdico-infantis reproduzem a melodia geral da língua de seu ambiente. Estas lalações se inventam elas mesmas uma ambiência de proteção, um "espaço transicional", diz Winnicott. Elas se estendem ao mesmo tempo de dentro para fora e de fora para dentro produzindo sons que encantam a criança. O intercâmbio das palavras com a criança, sobretudo suas entonações, a envolvem e lhe dão uma matéria sonora com a qual ela brinca prazerosamente. O compartilhamento das lalações entre a criança e seu entorno é um banho de prazer, uma comunicação intensa e multissensorial, introduzindo simultaneamente um convite ao balbucio pelo entorno e a constituição de um "diálogo melódico" (R. Diatkine) que abre à criança o caminho da linguagem e o prazer da palavra. Sua *vocalise* é a criação de um universo sonoro propício. Por ela, a criança constrói simbólica e realmente a presença maternal, ela controla a separação, ela povoa o mundo de um sentimento de paz. Ela se estimula agradavelmente e faz a experiência de sua voz, de seu corpo, e, além disso, de sua soberania.

Este espaço de investimento com certeza depende da capacidade da mãe de ser suficientemente amorosa sem asfixiar a criança com uma ternura sufocante nem deixá-la num vazio presencial. Sua voz, em seguida seu rosto, os dois reunidos são o embalo que leva o recém-nascido a juntar-se à comunidade humana. Se ela sabe acompanhá-lo sem invadi-lo, ela constrói um narcisismo feliz e tranquilo que alimenta nele um sentimento de segurança. Mesmo alhures, casa afora, a criança ouve esta voz sinalizando-lhe que sua mãe está sempre às imediações. Ajudada por ela, a criança incorpora a língua que a banha. A voz maternal inscreve-se entre o corpo e a linguagem, entre o afeto e a representação, ela é a abertura ao sentido.

De fato, a língua materna é a primeira língua estrangeira que o homem aprende, mas imediatamente ele a torna sua. A criança entra lentamente nela através de seu balbucio, primeiramente centrada estritamente em si mesma, quando pretende interpelar o outro. "A atividade egocêntrica da palavra, enquanto pura expressão de si, paulatinamente cede seu espaço à vontade de fazer-se compreender e, por essa via, ao desejo de universalidade" (CASSIRER, 1969). A voz e a palavra da mãe são uma convocação a uma língua comum, que é igualmente a da sua comunidade de pertença. Assim como o rosto de sua mãe, a voz é um recipiente, um invólucro sonoro duplicando o do rosto que vem apaziguar sua angústia (rever a palavra na noite). Um "espelho sonoro" (CASTARÈDE, 1987: 149) – e primeiramente vocal – precede e prepara o "espelho visual" para fazer a criança aceder ao vínculo social. Este intercâmbio, em contrapartida, falta à criança surda, privada de referências sonoras, e que só dispõe da visão e do contato físico para orientar-se, mas que se encontra em defasagem com um entorno que sofre para substituir os estímulos sonoros habituais por equivalentes visuais ou táteis. A criança surda não é privada de voz, mas suas vocalizações se enraízam menos no diálogo melódico com o entorno do que no diálogo cinésico ou visual[9].

O lactente aprende a reconhecer lentamente ao longo dos meses o magma dos sons que o cercam e os ruídos exteriores mais ou menos propícios, como a voz da mãe ou de outros membros da família, e aqueles de seu próprio corpo ou do entorno técnico. O que poderia às vezes inquietá-lo aos poucos é domesticado. A aprendizagem dos sons, a entrada na familiaridade através de sua integração a um universo de sentido, participa da cultura ambiente, do banho sonoro que impregna a criança. "A quem sabe escutar a "casa do passado", não seria ela uma geometria de ecos? As vozes, a voz do passado, ressoam outramente no grande cômodo e no pequeno quarto. Outramente ainda repercutem os apelos implícitos na escada" (BACHELARD, 1992: 68).

Se a visão está mais próxima da natureza, a audição é mais uma domesticação. O ouvido se educa ao longo da aprendizagem e da experiência. O ornitólogo paulatinamente domestica os incontáveis sons emitidos pelos pássaros, da mesma forma que o indivíduo que aprende uma língua estrangeira deve reconhecer seus sons, seus ritmos, discernir sua coerência. O músico ou tocador de um instrumento se apropria da música para fazer dela uma emanação pessoal, ainda que ela lhe tenha primeiramente sido exterior.

O ouvido é às vezes escorchado por compositores que transformam as sensibilidades musicais de seus contemporâneos. "Sa-

---

9. O anúncio da surdez da criança suscita às vezes uma ruptura vergonhosa das atitudes parentais, notadamente maternais, e a criança deixa então de ser percebida "na antecipação de sua palavra, mas na dolorosa perspectiva de seu mutismo" (BOUVET, 1982: 17). O diagnóstico mergulha a criança numa situação ambígua, desorientando completamente os pais inclinados a associar a surdez à mudez, enclausurando então a criança numa indução a não falar, provocando assim sua impossibilidade de aceder à palavra.

bemos que até a música de Mozart foi acusada de confusão pelo Imperador Joseph II da Áustria, que deplorava o fato de ela ter sido tão sobrecarregada de notas, escreve A. Ehrenzweig. Seu desprazer vinculava-se provavelmente à riqueza da estruturação polifônica que obscurecia a clareza da linha melódica. Mozart, no final de sua vida, reforçou voluntariamente as vozes médias mais apagadas, dando-lhes uma expressividade melodiosa própria (alimentando assim a audição horizontal). Ele esperava que a sutileza de seu entrelaçamento fugisse ao ouvinte ingênuo e agradasse ao iniciado. O desconforto do imperador prova que Mozart não conseguiu abusar do ouvinte ingênuo" (1974: 107). Ehrenzweig lembra igualmente que os últimos quartetos de Beethoven tiveram que aguardar um século para verem sua execução. A aprendizagem ou a habituação transforma o estatuto dos sentidos. As harmonias de Beethoven foram percebidas como desagradáveis por ocasião de sua primeira audição. "Uma vez nossa sensibilidade acostumada a estas articulações subterrâneas, torna-se possível perceber melhor no primeiro período de Beethoven as rupturas originais e as transições repentinas que são as mais frequentemente perdidas hoje. A familiaridade leva a transpor mais facilmente os obstáculos outrora ressentidos como abismos profundos ou escarpados" (p. 110).

Para domesticar os sons inesperados em música, é necessário ultrapassar o sentimento de imperfeição ou de inacabamento experimentado à primeira vista e adquirir seus códigos para discerni-los do interior pela associação a uma significação, e a um valor negativo ou positivo. A primeira audição de uma música desconhecida suscita o dissabor. Os intervalos musicais à primeira vista dissonantes tornam-se às vezes agradáveis ao termo de uma série de audições, quando já se compreende melhor o princípio. A intensidade da música chinesa é muitas vezes embaraçosa por ocasião de uma audição ainda ignorante de seu sistema sonoro. A habituação vem pouco a pouco romper as asperezas do mundo e abri-lo à outra audição.

A experiência mostra que o som, quando ouvido pela primeira vez por uma pessoa surda, e que acabou de sofrer uma intervenção reparadora, está longe de ser uma imersão imediata num universo agradável. Aí não há transparência do sentido, sendo a aprendizagem a chave do mundo sonoro. Longe de se abrir à jubilação do som circunstante, o antigo surdo conhece a formidável agressão de um estrondo sem coerência. Tudo é barulheira. Ao seu ouvido nada ainda faz sentido, e ser-lhe-á necessário apropriar-se lentamente dos dados. Ele sente-se atravessado por parasitas sonoros cuja força o desencoraja. Os reencontros com a audição passam pela dor. J. Grémion evoca o testemunho trágico de uma jovem mulher, Mélane, que se entrega à morte por não suportar o caos sonoro que a circunda após ter reencontrado uma audição da qual ela estava privada desde o nascimento: "Pessoas falando, soa-me a uma espécie de sequência de gritos ininterruptos. Tenho a impressão de que as pessoas uivam. É uma agressão insuportável, uma barulheira. O barulho de uma torneira que goteja assemelha-se ao de uma cascata. O ruído de uma folha de papel-jornal equipara-se uma detonação [...]. Tornei-me um som! O canto dos pássaros. Isso entrava de tal forma em mim, me atraía, me oprimia, invadia tanto que eu me tornava o pássaro ele mesmo, e eram assim em toda parte" (GRÉMION, 1990: 129; HIGGINS, 1980: 93). Para serem propícios, os sons devem dissolver-se nos sentidos, do contrário eles produzem uma violência simbólica.

O barulho rompe a harmonia

A audição é o sentido da interioridade, ela parece levar o mundo ao coração de si ao passo que a visão, ao inverso, o relança para fora. Mas ela é prisioneira. Se a visão, o tato ou a gustação implicam a soberania do homem, a audição é sem defesa diante da intrusão da sonoridade insuportável do exterior. O barulho é uma patologia do som, um sofrimento que se desenvolve se a escuta é coagida e impossibilitada de evadir-se. Ele aparece quando o som perde sua dimensão de sentido e se impõe à maneira de uma agressão da qual o indivíduo é incapaz de defender-se (LE BRETON, 1997). Valor sonoro negativo e insistente, ele força a atenção não obstante a vontade e provoca contrariedade. Uma etimologia muitas vezes repetida, sem dúvida imaginária, mas reveladora, associa o termo inglês *noise* ao latim *nausea*. O sentimento de barulho expulsa o indivíduo de seu aconchego e obsede o instante. Kafka metaforiza a violência do barulho com a imagem do animal emboscado no silêncio maravilhoso de sua toca. Um dia, um imperceptível assobio o aterroriza. O barulho ganha amplitude, chiados se misturam. O animal sente-se emboscado, perseguido sem trégua, impossibilitado de proteger-se. Para qualquer lado que sua orelha se direcione, é assediada e aterrorizada por ruídos, tornando o animal estrangeiro em sua própria toca, minando-o interiormente[10].

A sensibilidade ao barulho é uma questão de circunstâncias, e principalmente da significação dada pelo indivíduo aos sons que ouve. Se ele participa de uma quermesse, por exemplo, a ambiência sonora que o circunda contribui para seu bem-estar, mas se ele for um vizinho que não consegue dormir em razão do barulho, este passa a ser uma violência. A explosão inesperada de um morteiro num bairro tranquilo provoca primeiramente a cólera, mas a visão repentina, surgida da janela, de uma rajada de fogos de artifício rememorando uma data esquecida muda radicalmente o sentido do

---

10. KAFKA, F. "Le terrier". *La colonie pénitentiaire et autres récits*. Paris: Gallimard, 1948.

acontecimento. O barulho, assim como a música, é uma questão de ouvido e, portanto, de sentido. Ele é uma dissonância introduzida aí aonde se esperava outra coisa. Assim, a audição de uma música mal--executada ou fora de propósito, muito baixa ou muito alta, mesmo se habitualmente apreciada, acaba se transformando em tormento. A fórmula da presença para o outro é "estou ouvindo", maneira de dizer a disponibilidade silenciosa ou a aprovação de sua palavra. O som é aconchegante, chamamento apaziguador do murmúrio contínuo da vida que gira ao redor de si, mas o barulho irrita, mobiliza uma vigilância, um estado de alerta sofrível. Forma insistente de um *stress*, ele suscita mal-estar, constrangimento, e impede a plena fruição do espaço. É particularmente doloroso quando encobre a voz humana e dificulta a conversação. Para J. Brosse, "não existem barulhos na natureza, mas somente sons. Nenhuma discordância, nenhuma anarquia. Mesmo o estrondo do trovão, o zunido de uma avalanche ou a queda de uma árvore na floresta respondem às leis acústicas, sem jamais transgredi-las. Somente o homem e o mundo criado por ele rompem e destroem brutalmente a trama da unidade harmônica" (BROSSE, 1965: 295-296). No sentido próprio e figurado, a harmonia sempre é entrecortada pelo barulho.

A preocupação com o barulho surge sem dúvida com as primeiras concentrações humanas confrontadas com a realidade da circulação dos homens e das informações, dos animais e dos produtos etc. F. Murray Shafer sublinha que a primeira legislação contra o barulho é obra de Júlio César, 44 a.C., proibindo a circulação de carruagens entre o pôr do sol e a aurora (1979: 264-265). A. Franklin evoca para a Paris do século XII a figura dos "pregoeiros", funcionários públicos ajuramentados, cuja função consiste em vociferar nas praças o texto dos atos oficiais, bem como as convocações de assembleias, os anúncios de casamentos ou de funerais.

Eles igualmente informam sobre pessoas desaparecidas. Outros pregoeiros são associados aos comerciantes, dessa vez tecendo elogios às mercadorias ofertadas. Os vendedores ambulantes, por sua vez, chamam a atenção dos transeuntes interpelando-os ruidosamente, "que em Paris só cessam de berrar ao anoitecer", registra J. de Galande (FRANKLIN, 1980: 14). Ao romper da aurora, um criado do dono das termas anuncia sua abertura ao público, seguido pelos vendedores de peixes, galinhas, carnes, frutas, vinho, farinha, leite, flores etc. Mas igualmente os mercadores de roupas, móveis, louças, carvão etc. De viva voz, em nome de suas comunidades, os irmãos esmoleiros apelam à generosidade dos transeuntes misturando seus pedidos ao vozerio dos mendigos. "Tanoeiros, caldeiros, amoladores, sapateiros, merceeiros... rivalizavam com a gritaria dos vendedores de roupas antigas, retalhos, ferros-velhos ou cacos de vidro" (FRANKLIN, 1980: 78)[11].

Um autor do tempo de Rabelais evoca cento e sete gritos distintos ouvidos na praça pública, mas M. Bakhtine desconfia que seja muito mais: "Importa lembrar que não somente toda publicidade era verbal e fortemente propagandeada, mas que, por outro lado, todos os anúncios, prisões, ordenanças, leis etc. eram levados ao conhecimento público por via oral [...]. Em relação ao período de Rabelais, o século XIX foi um século de mutismo" (1970: 184-185). Por um longo tempo os pregoeiros juntaram-se à barulheira da cidade antes que as animações comerciais com alto-falantes os substituíssem.

Para além da voz ou da gritaria do homem, a presença dos animais, os estalos dos chicotes, a circulação das charretes, as atrelagens nas ruas estreitas e calçadas faziam coro à cacofonia ambiente.

---

11. A. Franklin oferece uma série de poemas de diferentes autores sobre a gritaria parisiense até o século XVII.

Mais tarde, as máquinas a vapor equipam as fábricas, as estradas de ferro, os automóveis, e as formas de trabalho transformam mais ainda a economia sonora. "A rua ensurdecedora uivava ao meu redor", escreve Baudelaire. Rilke, no início do século XX em Paris, testemunha a efervescência sonora que nem a noite interrompe. "E dizer que não consigo dormir com a janela aberta... Os *tramways* correm reverberando em meu quarto. Os automóveis parecem passar-me por sobre a cabeça. Uma porta bate em alguma parte, um vidro cai espatifando-se. Ouço uma risada, e gargalhadas, e o rangido suave de molas. E repentinamente um barulho ensurdecedor, abafado... Alguém sobe escada acima, se aproxima, se aproxima sem parar, está lá, por longo tempo lá, e finalmente passa. E, de novo, a zoeira da rua. Uma mulher grita: 'Ah, cale a boca, estou farta'. O *tramway* elétrico circula, todo agitado, passa lá no alto, do outro lado. Alguém pede socorro, pessoas acodem, se atracam, um cachorro late. Que alívio, um cachorro! De manhãzinha até um galo canta... é um delírio infindo. E, de repente, eis que adormeço"[12].

A expansão da técnica foi de par com a acentuada penetração do barulho na vida cotidiana e com a crescente impotência de controlar seus excessos. Se por um lado é relativamente fácil abstrair-nos dos aspectos sofríveis de outras percepções sensoriais, por outro a audição fracassa em seu teste, e o ressentimento do barulho é sua consequência. Os espaços citadinos são rumorosos, e as moradias resistem mal às infiltrações sonoras das ruas contíguas ou dos apartamentos vizinhos. O conforto acústico é raro, exceto às imediações de parques ou cemitérios. Os ruídos se entrecruzam e acompanham com sua constância o citadino: viaturas, caminhões, ciclomotores, ônibus, *tramways*, canteiros de obras, sirenes de ambulâncias ou da polícia, alarmes disparando sem razão

---

12. RILKE, R.-M. *Les Cahiers de Malte Laurids Brigge*. Paris: Seuil, 1966, p. 12.

aparente, animações comerciais de ruas ou bairros, quermesses, manifestações esportivas e políticas etc. A Modernidade conhece a permanência da sonoridade e a capacidade de multiplicar sua intensidade pelos alto-falantes. O rádio ou a televisão jamais se "calam", tampouco os ambientes musicais banalizados dos espaços públicos, dos cafés, das lojas, e mesmo os meios de transporte. A premência do som em nossas sociedades, além da onipresença dos telefones celulares, dissimula singularmente a ideia de uma total hegemonia da visão, mesmo se esta exerce uma função maior na estruturação social.

O barulho não se delimita à sua origem, ele se alastra: a balbúrdia da fábrica não poupa a vizinhança, a serra invade a floresta e inunda os vales com seu estrondo contínuo, o *jet ski* do mar ou o barco a motor quebram a serenidade do lago ou do litoral e não nos deixam outra alternativa senão retirar-nos ou suportar o desconforto. A Modernidade, dando à massa a possibilidade de estocar instrumentos ruidosos, simultaneamente outorga uma ascendência sobre as outras pessoas. A multiplicação das fontes sonoras às vezes oferece uma arma contra uma vizinhança reduzida à impotência. "A riqueza, escreve J. Brosser (1965: 296), se mede agora às fontes do barulho, à gama dos ruídos que um indivíduo particular produz". Os meios de amplificações sonoras populares e a preços módicos propiciam um poder simbólico, uma revanche sobre o entorno ou sobre o destino, ou participam de uma inscrição identitária no espaço, seja na indiferença ou no desprezo dos outros.

O barulho é uma forma insidiosa de poluição, mas ele é em primeiro lugar questão de apreciação pessoal. Ele não se deduz necessariamente de um volume sonoro, ele resiste a toda dimensão objetiva, já que fruto de uma atenção particular e da projeção de um universo de valores sobre um dado auditivo. O deleite para alguns pode significar barulho para outros. A cadeia *hi-fi* elevada ao extremo libera o jovem de suas apreensões e o incita a dançar, a se autoafirmar, mas irrita a vizinhança, que se sente agredida. O mesmo vale para os aparelhos de som a todo volume nos carros, de janelas escancaradas, impossibilitando qualquer conversação interna, embora nada disso importe, já que se trata de uma demonstração de poder pessoal. O adolescente que potencializa o escapamento de sua moto se diverte com o barulho multiplicado, embora não se dê conta de semear cizânia por onde passa.

A guerra do barulho é uma guerra do sentido, ela implica significações opostas, violação de sensibilidades para alguns, desafogo para os outros. O mesmo som é propício ou horripilante, tudo é questão de ponto de vista. Para alguns, as emanações sonoras da fábrica são motivo de sofrimento, já para outros um deleite. É que estes últimos as escolheram livremente e se sentem livres de afastar-se delas quando bem o desejarem, e também por projetarem nelas uma espécie de símbolo sonoro do mundo contemporâneo. Quanto ao fato da barulheira da fábrica destruir a saúde dos operários, isso pouco importa ao futurista L. Russolo, esteta afortunado cuja existência requintada transcorre longe da fábrica. Para ele a barulheira da guerra é mais fascinante. Em 1913 ele publica *L'Art des bruist* (A arte dos ruídos), obra na qual, por exemplo, escreve: "Atravessemos juntos uma grande capital moderna, com os ouvidos mais atentos que os olhos, e variemos os prazeres de nossa sensibilidade distinguindo os gorgolejos da água, do ar e do gás nos canos metálicos, os borborigmos e os estertores dos motores que respiram com uma animalidade inquestionável, a palpitação das válvulas, o vai e vem dos pistões, os rangidos estridentes das escadas rolantes, as trepidações sonoras dos *tramways* sobre os trilhos, os estalos dos chicotes, a ondulação das bandeirolas tremulantes. Brinquemos também, idealmente, com o orquestrar das portas corrediças das lojas, com o *bruaá* (barulho confuso e tumultuado) das multidões, com as balbúrdias diferenciadas das estações de trens, com as fundições, com as malharias, com as gráficas, com as estações de energia elétrica e com os metrôs [...]. Mas não nos esqueçamos da barulheira absolutamente nova da guerra moderna"[13]. "Tudo é música", dizia, por sua vez, John Cage. Definir como "música" o barulho das viaturas ou o das máquinas industriais é questão de ponto de vista. Postura lógica, se assim considerarmos qualquer arranjo particular dos sons.

Divergências de gosto duplicam rivalidades de classes e se manifestam com toda clareza em inúmeros conflitos cujo objeto de confronto é o barulho. No século XIX, os cantores e músicos de rua vão de encontro à sensibilidade burguesa acostumada com a música requintada de seus salões e que não tolera ouvir em seus balcões outra maneira de cantar ou interpretar. Ela considera uma vulgaridade e uma cacofonia as músicas e canções oriundas dos ambientes populares. Priorizando as baixas frequências, a música popular busca o vago e o difuso, em oposição à clareza e à concentração da música clássica, que opõe músicos e auditório em dois grupos simétricos, geralmente dispostos face a face. Esse estilo musical prioriza os sons de alta frequência, cuja destinação é evidente: o concerto clássico (MURRAY SHAFER, 1979: 170).

Legislações diversas tentam em vão limitar ou proibir os músicos de rua que assume na Inglaterra o malandro prazer de provocar o burguês. Uma carta coletiva, assinada notadamente por Dickens, Carlyle, Tennyson e Milais se insurge contra "esses cínicos sopradores de cobres, batedores de tambores, tecelões de seda de realejo, copistas de banjos, espancadores de címbalos, violadores de violões e vociferadores de baladas; pois basta que os autores destes ruídos odiosos ouçam dizer que um de vós aqui presentes

---

13. RUSSOLO, L. *L'Art des bruits*. Lausanne: L'Âge d'Homme, 1975, p. 38.

deseja maior tranquilidade na própria casa para transformar-se em destino certo dessas turbas cacofônicas, que buscam fazer-se pagar por vosso silêncio" (MURRAY SHAFER, 1979: 102-103).

Antes que leis difíceis a aplicar e batendo de frente com a hostilidade popular ligada à presença dos músicos de rua, são os ruídos da circulação automobilística e o reordenamento das calçadas que os fazem desaparecer. De longa data as efervescências do folguedo popular são um ruído intolerável aos ouvidos burgueses, uma balbúrdia constrangedora acusando a vulgaridade da populaça, um inacabamento da civilização dos costumes. Por outro lado, a música ou as festividades dos ricos são percebidas nos ambientes populares como mundanidades sinistras.

Uma proxêmica simbólica impõe-se na percepção dos sons procedendo de outros. No limite, o ruído constante da rua, integrado pelo indivíduo como independente de seu campo de influência, finalmente é esquecido, ao passo que as usurpações sonoras da vizinhança são intoleráveis, marca insistente da presença indesejável do outro no coração da intimidade. Apenas filtrados por uma fina parede divisória, o som de uma viatura estacionada na rua com o motor ligado ou uma televisão com o volume excessivamente alto são vividos como uma agressão por um vizinho fatigado que busca repousar. Se os indivíduos não se entendem mais, a *harmonia* é rompida. Muitas reclamações registradas nos comissariados reportam-se aos conflitos de vizinhança relativos ao barulho: brigas, gritos e choros de crianças, latidos de cachorros, som excessivo da televisão, do rádio, da cadeia *hi-fi*... A vítima do barulho é expulsa de seu universo próprio, ela fracassa em abandonar-se a ele, sua casa faz-se porosa, murmurante dos outros ou ameaçada de intrusão; cada som exterior é uma violação de si. Da mesma forma que nossos odores não nos incomodam, nossos ruídos tampouco não nos parecem incômodos. O barulho sempre procede dos outros.

Dramáticas passagens às vias de fato resultam quando um vizinho irascível, "excedido pelo barulho" como o intitulam os jornais, dispara sobre um grupo de adolescentes reunidos embaixo de seu imóvel curtindo uma música a todo volume.

Incontáveis conflitos com a polícia traduzem o desacordo das modalidades da percepção auditiva, as incompatibilidades sociais, culturais e individuais que a lei busca arbitrar fixando os limites de intensidade às viaturas ou restringindo a abertura de lugares ruidosos, proibindo a barulheira após certa hora da noite ou regulamentando o barulho das fábricas ou dos equipamentos coletivos. Aí reside uma série de *mal-entendidos*. Os japoneses se contentam com um papel-parede especial para estabelecer a paz em seus lares. A sensação do barulho é visualmente aniquilada por um anteparo acústico poderoso, contrariamente aos ocidentais que se obrigam a testemunhar auricularmente uma festa nas imediações (HALL, 1971: 66).

De fato, de um bairro, de uma cidade ou de um continente ao outro, a percepção das perturbações sonoras diferem. As diferenças sociais e culturais intervêm na apreciação do barulho e definem os limites de aceitabilidade ou de recusa. "Enquanto os jamaicanos são indiferentes ao barulho das máquinas, sublinha R. Murray Shafer (1979: 204), os canadenses, os suíços e os neozelandeses o atacam hostilmente. Os jamaicanos são mais flexíveis inclusive ao ruído dos aviões ou à circulação ruidosa dos automóveis, fato particularmente condenado em outros países." A cacofonia das buzinas praticamente desapareceu dos países europeus graças a medidas legislativas, mas ela subsiste em cidades do Oriente Médio ou da Ásia, em Istambul ou no Cairo, somando-se à barulheira da circulação ou das músicas que incessantemente ouve-se no interior dos mercados.

O barulho é às vezes ao inverso um biombo que permite retirar-se do mundo e preservar-se de contatos indesejados. O jovem se constrói uma muralha sonora com seu autorrádio, CD ou *walkman*, por ocasião de suas andanças cotidianas ou nas discotecas. As conversações ou os ruídos que o cercam são recobertos por músicas que dependem de sua preferência. Ele recusa a imposição de um universo sonoro do qual não é seu mestre de obras. A potência do som anula qualquer outra manifestação da exterioridade. Com seus fones de ouvido fecha-se em si mesmo dando provas de sua própria soberania e entende que o mundo começa e termina com sons que dependem exclusivamente de sua decisão.

Deliberadamente mantida no seio do grupo de seus pares através do autorrádio ou de outros instrumentos amplificadores do som, a intensidade sonora reduz a comunicação a uma forma puramente fática que impede a medição da solidão ou a desordem do indivíduo. A busca de controle pela produção espalhafatosa de sons ou pela retração sônica engendra prazer e satisfação, ela constitui-se num modo de gestão identitária, um elemento da constituição de si como sujeito. Mas submetida a estas agressões regulares, mesmo não percebidas como tais, a audição pouco a pouco se deteriora. Esta bolha inflada de sons de forte intensidade ensurdece sensivelmente o ouvido, dando a alguns adolescentes uma capacidade auditiva semelhante à média auditiva de homens beirando os sessenta anos de idade. A paixão pelo barulho excessivo pode um dia pagar seu preço pela redução ao silêncio.

Em princípio, a audição exposta a ruídos excessivos se restabelece após algumas horas se o barulho excessivo tiver sido breve, mas quando durável e repetitivo deixa traços irreversíveis. Estas lesões são conhecidas sob o nome de "doença dos caldeireiros", visto que elas foram assim denominadas pela primeira vez por Barr em 1890 junto aos operários que trabalhavam nesta indústria particularmente barulhenta. A surdez profissional nasce de condições de trabalho penosas à audição, e às vezes por reticências em proteger-se nos ambientes de trabalho. A única prevenção promissora consiste na formação precoce dos jovens iniciantes nestas empresas submetidas a fortes pressões sonoras. Uma vez os hábitos de proteção adquiridos, o operário deixa de considerar o ruído como uma fatalidade e passa a fazer da proteção um contrapeso para educar a qualidade de suas atitudes. A exposição regular ao barulho pode despercebidamente desativar a acuidade auditiva. Há operários que esquecem a cacofonia das máquinas. E assim, em dias de greve, por exemplo, eles passam a perceber o estranho silêncio no próprio recinto de trabalho.

É possível acostumar-se com uma forte pressão sonora. Trabalha-se, dorme-se, escreve-se, lê-se ou come-se, vive-se num ambiente barulhento, mas não sem consequências sobre o sono ou sobre a saúde. As crianças expostas a estas condições apresentam dificuldades de aprendizagem e sentem dificuldade de concentrar-se nas atividades escolares. Os alunos de um estabelecimento de Manhattan submetidos ao barulho do metrô, cujos trilhos passavam por cima da sala de aula, acusavam onze meses de atraso na aprendizagem, se comparados a outros da mesma idade, do mesmo estabelecimento de ensino, mas que não eram submetidos às mesmas condições sonoras. Após a insonorização das vias férreas os dois grupos não apresentavam nenhuma diferença de aprendizagem (ACKERMAN, 1991: 227). O barulho neutraliza a atenção, a concentração, destrói toda interioridade. Ele enclausura igualmente a pessoa em si mesma, como o mostra outro estudo que compara a incidência de três ambientes sonoros sobre o comportamento dos transeuntes. Numa zona residencial, ao longo de uma rua ladeada de árvores, um homem com um braço engessado deixa cair propositalmente uma pilha de livros no chão. Sob a égide de um ruído ambiente ordinário de 50 decibéis, a porcentagem de auxílio obtido é de 80%, mas ele cai para 15% quando os mesmos livros caem num ambiente com aproximadamente 85 decibéis de ruído.

O barulho isola, aguça a agressividade e desativa moralmente a atenção devida ao outro. A defesa psicológica e a indiferença tática que ajustam a agressão se revelam cedo ou tarde uma deficiência para uma melhor integração social. À revelia, o indivíduo é submetido a um *stress* contínuo, a um estado de excitação do qual nem sempre tem consciência. Inúmeros trabalhos mostram suas incidências sobre a qualidade e a duração de uma tarefa a ser realizada (MILLER, 1978: 609-612). A adaptação aparente ao barulho torna-se ao longo do tempo um perigo que enfraquece progressivamente a audição, culminando às vezes na surdez.

A deterioração gradual da audição é acentuada pela exposição constante a ruídos de fundo. Se ela atinge sobremaneira os ocidentais, é em razão das circunstâncias que constrangem a viver permanentemente em meio ao barulho. Um estudo feito nos anos de 1960 sobre os Mabaans, uma população tradicional dos confins da Etiópia, o ilustra. Os Mabaans vivem de maneira silenciosa, sua própria voz é fraca, eles não tocam nem tambor nem usam armas de fogo. O nível de barulho em seu vilarejo é insignificante. Uma medição das capacidades auditivas de 500 pessoas dessa comunidade demonstra que a audição não se enfraquece absolutamente com o passar da idade.

A qualidade de presença entre os homens e o prazer em estar juntos encontram nas metáforas acústicas sua imagem privilegiada: estar em ressonância, em harmonia, ao diapasão, de acordo, ser todo ouvido, à escuta, prestar atenção etc. A harmonia designa a abertura das fronteiras individuais sob a égide de um universo de sentido e de sons que unem os homens. Os amigos e os amantes vibram em uníssono. O mundo sonoro inscreve fisicamente a aliança entre si e os outros. Se ele é escolhido, favoravelmente acolhido, ele encarna a mediação que desfaz os obstáculos e possibilita o encontro. O barulho sempre é destruição do vínculo social.

O outro e sua balbúrdia

Se o outro não é valorizado, sua linguagem é um ruído, uma linha entrecortada de sons encavalgados carente de sentido e de razão. Ofensa ao mundo sonoro, ele vive na balbúrdia, na algazarra. Seus feitos e gestos ferem o requinte auditivo do racista. Sua música é cacofônica, seus ritmos fadados à balbúrdia. A língua que ele fala é um "charabiá" (*charabia*) (linguagem atribuída à antiga Auvergne), um "algaravia" (*Baragouin* – pejorativo usado contra os Bretões), língua sobre a qual nos questionamos sobre sua compreensão, dado suas entonações grotescas, seus defeitos de elocução. O termo "bárbaro", designando o outro na Antiguidade, arremeda ironicamente a maneira com a qual os gregos percebiam a língua da alteridade (WEINRICH, 1986). Esta língua é um ruído, uma textura de emissões sonoras ridículas sempre arremedadas de maneira grotesca. Alguns viajantes veem nas particularidades das línguas africanas uma confirmação de seus preconceitos. Os Hottentotes são sumariamente vistos como povos desprovidos de qualquer linguagem, unicamente capazes de articular sons guturais.

De uma forma geral, segundo Malte-Brun, as línguas africanas consistem em "uma multidão de idiomas que parecem encerrar muitos gritos apenas articulados, muitos sons bizarros, uivos, assobios inventados à imitação dos animais" (COHEN, 1981: 334). Buffon repete o que os viajantes holandeses diziam dos Hottentotes: "que sua língua é estranha e cacarejam como os galos da Índia". Para Virey, é "uma insuportável rusticidade de voz" (VIREY, 1826, t. 1: 428). A *Enciclopédia* sequer considera a pluralidade linguística do continente africano e sublinha que "a língua dos negros é difícil de ser pronunciada, a maioria de seus sons saindo forçadamente da garganta". Para Loti, no *Le Roman d'un spahi* (O romance de um spahi), os negros têm "uma voz de falsete simiesca". Quando falam juntos, não se ouve senão "o concerto de suas vozes agudas que mais parecem sair da goela de macacos". A música africana é obviamente "desagradável", "rouca", "dissonante", "estridente", ela não passa de cacofonia, e afasta-se excessivamente dos critérios ocidentais, únicos válidos para julgar universalmente. O tambor "emite soluços", "borborigmos", as vozes são "arrotos", os cantos "uivos demoníacos de uma multidão de possessos". Em suma, esta música não passa de uma insuportável "balbúrdia" (MARTINKUS-ZEMP, 1975: 79). Em 1930, um antropólogo de Weimar publica uma obra sobre os judeus, da qual os nazistas se servirão abundantemente. Ele demora-se longamente sobre as maneiras "judias" de falar. Segundo ele, a palavra dos judeus é falseada "não somente porque eles representam um disfuncionamento no mundo da grande cultura europeia", mas ainda porque, se dermos fé a um médico renomado daquela época, "os músculos que eles utilizam para rir e para falar funcionam outramente que os dos cristãos, e esta diferença pode ser localizada [...] em seu nariz e em seu queixo, cujos aspectos são totalmente particulares" (GILMAN, 1996: 187). A animalização do outro, usada no discurso sobre a aparência, sobre o odor, sobre o contato, associa igualmente sua palavra, sua voz ou sua música à mesma estigmatização.

Conjuração barulhenta do silêncio

A relação com o silêncio é um teste revelador de atitudes sociais e culturais, mas também pessoais; ela demanda recursos simbólicos para usufruí-la sem ceder ao medo, do contrário abre as comportas do fantasma. Alguns se acalmam ao encontrar no silêncio um alívio, uma interioridade difícil de se concretizar num mundo sempre barulhento, outros se apavoram ante um mundo desnudado pela irrupção de um silêncio aniquilador dos traços sonoros que protegem sua paz de espírito. Para eles o barulho é um amortecedor de sentido protegendo-os da brutalidade do mundo, um escudo contra o abismo assim aberto no mundo. O silêncio descontrai de fato a empresa do sentido, ele anula toda diversão e põe o homem diante de si, o confronta com suas dores escondidas, com seus fracassos, com seus arrependimentos (LE BRETON, 1997). Ele elimina todo controle do acontecimento e suscita o medo, o desmoronamento das referências que levam, por exemplo, citadinos inflexíveis a longas vigílias num sítio interiorano ou numa casa silenciosa. A noite ainda lhes acresce um mal-estar, privando-os da segurança visual propiciada pelo dia. Vivendo à espreita, qualquer estalo de um guarda-roupa ou o menor frêmito exterior transforma-se em ameaça ao pano de fundo onde projetam seus pesadelos. Urge-lhes acostumar-se à calma circunstante, domesticar os sons que os cercam e cessar de ver na ausência de ruídos uma aproximação dissimulada do inimigo.

O acontecimento existe de fato pela intrusão de seu ruído, ele corta um silêncio que produz ao contrário o sentimento de uma vastidão plana, sem limite, sem história, ao mesmo tempo cercada de segurança e também de angústia em razão de sua ausência de limites e de sua polissemia. O barulho sempre se identifica muito claramente a uma fonte, já o silêncio inunda o espaço e deixa a significação em suspense. Os que temem o silêncio ficam à espreita de um som que humanizaria os ambientes, eles se apressam em falar como se a palavra desencadeasse forças obscuras prestes a fundir-se a eles. Outros, para fugir da angústia, trocam banalidades, gritam ou assobiam, cantam ruidosamente, fazem-se acompanhar de um rádio ou de um gravador, telefonam ou ligam o computador ou a televisão. Restaurando o império do som, tentam restabelecer os direitos de uma humanidade em suspense, buscam reencontrar seus assentos identitários instantaneamente abalados pela ausência de toda referência acústica identificável. O som exerce uma função apaziguante ao disponibilizar sinais tangíveis de existência, ao testemunhar a turbulência sem fim de um mundo não obstante tudo presente. Ele, sobretudo quando somos seu mestre, surge exatamente aí aonde o silêncio é inapreensível e ultrapassa infinitamente o indivíduo. Sinal da permanência dos outros perto de si, ele tranquiliza lembrando que para além da existência do indivíduo o mundo continua a existir. O rádio ou a televisão povoam a casa, e às vezes ficam ligados como simples ruído de fundo, cumprindo deliberadamente a função de eliminar um silêncio difícil de suportar, já que evoca ausência, luto e vazio de uma existência, ou de uma solidão difícil a incorporar.

Junto aos Touaregs Kel Ferwam e seus vizinhos das imediações de Agadez, a conversação, sobretudo em determinadas horas, transforma-se numa arma contra as ameaças do silêncio. Segundo as crenças destas populações, no deserto vivem "os *esuf*", seres nefastos que atormentam os ambientes impregnados de solidão. A noite é o momento mais propício às suas investidas, bem como o crepúsculo, justamente porque representam um mundo instantaneamente se transformando em outro. Estes seres reduzem à mudez ou à loucura os que cruzarem indefesos seus caminhos. Eles ameaçam os ambientes onde o silêncio impera. Um indivíduo pode ser vítima do *esuf* se, por exemplo, ao entardecer ou à noite, estiver sozinho ou afastado dos seus, à mercê da tristeza ou da melancolia própria aos ambientes desolados. Nenhuma possibilidade de salvação, para este indivíduo, sem o intercâmbio linguístico com seus pares. Somente a conversação fluida conjura as manobras insidiosas do inimigo. Leveza da linguagem, insignificância da conversa: nada disso importa. O que importa, diz D. Casajus, "é anular a história do *esuf*", ou, mais simplesmente, entabular uma conversa, "mesmo que fiada", para evitá-lo. Juntos os homens não cessam de conversar, recorrendo a incontáveis falas que permitem intercambiar informações, ou, mais simplesmente, visando a povoar o silêncio. Homens que não se conhecem esgotam o repertório de fórmulas consagradas que dissipam o constrangimento e mantêm um nível satisfatório de intercâmbio. A palavra deve ser protegida como a chama de uma vela vigiando do adormecer ao despertar. "Quem se subtrai a uma discussão entre amigos e parece abismar-se em seus pensamentos é imediatamente rogado jocosamente a evadir-se de seu silêncio" (CASAJUS, 1989: 287).

Vítimas das circunstancias, os que faltaram ao bálsamo da palavra e foram afetados em sua razão beneficiam-se de uma terapêutica ritual consistindo na audição de cantos tradicionais e religiosos entoados pelas mulheres. Se a terapia falha, a comunidade invoca a Palavra de Deus através da leitura do Alcorão. A linguagem dos homens ou a de Deus é uma arma contra o temível silêncio escancarando as portas "aos *esuf*".

O ruído, em sua oposição ao silêncio, muitas vezes exerce uma função benéfica nos hábitos tradicionais, e ainda hoje, inclusive, em determinadas circunstâncias. As condutas acústicas ruidosas por longo tempo acompanharam as núpcias em muitas regiões europeias. A prática ainda subsiste através do cortejo de carros atravessando a cidade ou a campanha à custa de ruidosas buzinas. F. Zonabend (1980: 180) descreve a algazarra ritual que acompanha as núpcias em Minot, no Châtillonnais. Ruídos e gritos ao longo do percurso, gritaria de crianças, repiques de sinos, disparos de fuzil, concerto de buzinas etc. A comilança se prolonga por horas a fio, e é igualmente pontuada de risadas, aclamações, gritos e canções.

Hoje os habitantes de Minot se impressionam com os casamentos silenciosos: "As pessoas não sabem mais se divertir, embora ainda haja casamentos, o silêncio é quase total". A suspeição pesa sobre estes casamentos. Esta clandestinidade sonora poderia dissimular acontecimentos inconfessáveis: inconveniência dos esposos, conflitos entre os pais...

A barulheira ritual dos convidados propaga o júbilo e confirma publicamente o casamento, mas ela também participa da mudança de estatuto da jovem esposa, "disjunção cheia de risco", que a barulheira acompanha e simboliza, segundo Lévi-Strauss (1964: 293), afastando os instantes negativos e convocando a fecundidade e a abundância sobre o casal. O silêncio seria sinal de esterilidade, de perigo ou confissão implícita de condutas censuráveis.

O som oposto ao silêncio, se deliberadamente escolhido pelo indivíduo ou pela comunidade, guarda uma virtude de conjuração contra um silêncio percebido como um mundo em que a humanidade perdeu suas prerrogativas[14]. O barulho é então um chamamento à ordem de um sentido que ameaça dissolver-se.

A barulheira deliberada como apelo à ordem do sentido

O som que penetra e força a interioridade é às vezes carregado de poder, podendo inclusive mudar a relação do homem com o mundo. Apossar-se de sua emissão é uma garantia de redução dos outros ao silêncio. O som é um instrumento de poder sob dois aspectos: pelo confisco dos meios de propagar o monopólio da palavra, mas também pelo assédio dos que não têm os recursos de afastar-se dele, seja aprisionando-os num regime sonoro ou calan-

---

14. Sobre a antropologia do silêncio, cf. Le Breton (1997).

do-os. Duas modalidades de pressão radical sobre os indivíduos ou grupos, dois usos políticos do som.

Uma conduta ruidosa reveladora de um uso político era a do charivari, maneira tradicional de romper o silêncio, no sentido literal do termo, por uma balbúrdia organizada. Ritual de derrisão e de obscenidade provocando uma produção sonora aparentemente desordenada, o charivari visava a manifestar publicamente uma desaprovação face às condutas moralmente repreensíveis aos olhos da comunidade, mas que a lei escrita não condenava: casais malcombinados (diferenças de idade, de condição etc.), deixando suspeitar um casamento de interesse, escolha de um cônjuge fora do círculo da comunidade, novo casamento de um viúvo ou viúva, mau comportamento do homem ou da mulher etc. Os jovens do vilarejo reuniam-se então e se dirigiam ao domicílio de suas vítimas numa marcha tumultuada, fazendo o máximo de barulho possível, gritando, vociferando, insultando, blasfemando, cantando, chamando a atenção de toda a vizinhança. Brandiam-se utensílios domésticos (caçarolas, marmitas, caldeirões etc.), ou instrumentos de trabalho (foices, pás, guizos etc.), ou instrumentos musicais (matracas, tambores etc.), tudo de uma forma caótica. Tudo o que era suscetível de participar da demonstração sonora era solicitado para tornar a vida do casal mais difícil, e para anunciar publicamente uma reprovação. Uma vez chegados ao destino, os membros do cortejo faziam uma barulheira ensurdecedora até que se lhes oferecesse algo para beber ou dinheiro. A ruptura do regime sonoro, e notadamente o silêncio da noite, era uma maneira acústica de sublinhar uma desarmonia das relações sociais e de reconduzir os fautores do distúrbio a uma postura mais humilde, ou de integrá-los à comunidade, mesmo que simbolicamente.

Pelo constrangimento gerado, o charivari conferia ao acontecimento uma publicidade temível que expunha as vítimas a perder o prestígio por suportar injúrias aos olhos do grupo. Ao oferecer dinheiro, ao dar a mão à palmatória, as vítimas comprariam o silêncio dos jovens, os indenizariam pagando o preço de sua derrogação às normas. O barulho metaforiza o não sentido aos olhos da juventude, ele acusa o rompimento do vínculo social através do "ruído" que agora envolve a comunicação no seio do vilarejo. A algazarra ritual não impede o contratempo gerado pelo casamento das vítimas, mas ele o "sinaliza objetivamente" e o "contrabalança metaforicamente", diz Lévi-Strauss. Para além dos casos de casamento, ele serve sem dúvida também para saciar de dádivas o defunto, e acompanha as "conjunções difíceis" (LÉVI-STRAUSS, 1964: 293). O charivari é uma resistência pelo som que perdura até o início do século XX, apesar da oposição da Igreja e do poder civil. Ele assume hoje a forma de manifestações, com suas palavras de ordem, com assobios, vaias, e hoje os gritos da multidão são substituídos por alto-falantes. O charivari conhece outras versões, como por ocasião da ditadura militar no Brasil, onde os habitantes das cidades faziam "panelaços" ou provocavam uma barulheira ensurdecedora em determinadas noites. Um concerto de buzinas saudava a passagem de um "chefe" detestado pela população.

O charivari sonoro é uma tentativa simbólica de anulação da desordem, seja ela social ou cósmica. Ele visa a afastar as ameaças anunciadas pela ruptura das familiaridades. Lévi-Strauss aponta a algazarra realizada por algumas sociedades tradicionais por ocasião de eclipses, maneira de sinalizar aí também "uma anomalia na cadeia sintagmática" (p. 295). M. Godelier descreve uma balbúrdia junto aos Baruiá da Nova Guiné por ocasião de um eclipse: "Compreendi através destes gritos que a lua estava 'em vias de morrer'. Imediatamente após estes gritos elevou-se de todas as direções do vilarejo um charivari ruidoso de objetos de percussão acompanhado de clamores instigantes. Após um longo minuto, o silêncio re-

165

torna" (apud LE GOFF & SCHMITT, 1981: 347). Estas conduções acústicas de conjuração de uma ameaça se encontram em muitos calendários festivos nas tradições europeias, e de maneira moderna no *réveillon*, que vê nas cidades concertos de buzinas e fogos de artifício de todos os gêneros etc.

L.-V. Thomas percebe os funerais na África do Oeste como uma conjugação de ruídos deliberados vindos a opor-se à morte. A desordem dos homens replica a desordem da morte numa espécie de retorno ao caos inicial de onde emerge o renascimento ao termo da cerimônia: "Salvas de palmas, sons de trombetas, fogueiras, tambores, chocalhos e castanholas se sucedem ou se ajuntam aos cantos, aos gritos e ao blá-blá-blá, numa balbúrdia difícil de denominar. E tudo isso tanto mais forte e demorado quanto mais velho e mais influente for o morto. Em dados momentos, ao ritmo desenfreado dos tambores, as libações de vinho de palma contribuindo, o público inteiro é induzido a uma atmosfera de quermesse, cada qual participando da barulheira à sua maneira, fazendo valer assim a sua presença" (THOMAS, 1982: 165).

Se a balbúrdia organizada é uma resposta à desordem do mundo, ou uma reapropriação simbólica pelo homem de suas condições de existência, a produção deliberada do silêncio participa, em outras circunstâncias, de uma mesma lógica de sentido. M. Douglas observa junto aos Leles a impossibilidade das mulheres reproduzirem à noite os ruídos que alimentam seu cotidiano, como, por exemplo, moer os grãos após o crepúsculo. As emanações sonoras despertariam os espíritos enfurecidos. Os sons inoportunamente emitidos seriam uma abertura à sua nefasta intrusão. O que perturba é um regime sonoro inabitual, uma ruptura da ordem costumeira do mundo.

O som como limiar: o exemplo dos sinos

A emissão de sons particulares é frequentemente entendida como a superação de um limiar, o anúncio de uma passagem de uma dimensão à outra das atividades coletivas. O primeiro sino datado remonta a 1250 a.c., na China. Seus usos eram então políticos ou militares. O sino tem a vantagem de chamar a atenção por suas percussões nítidas que contrastam com a sonoridade ambiente. Inúmeras sociedades a ele recorrem para emitir um sinal, advertir a comunidade, marcar o deslocamento dos animais, escandir as cerimônias religiosas, purificar o espaço, convocar os deuses ou os espíritos etc. A Igreja fez dos sinos, ou às vezes dos gongos, dos badalos ou dos carrilhões, um uso eminente desde o fim das perseguições, visando a convocar os fiéis aos ofícios religiosos (ILLICH, 2003: 131). Em Tebaida, ao largo do Nilo, Pacômio convoca seus monges com a trombeta sagrada dos egípcios, enquanto um noviço bate à porta de cada cela com o "martelo matutino". Em 638, quando os árabes conquistam Jerusalém, eles limitam significativamente a liturgia cristã, proibindo os sinos, cujas vibrações, pensavam, perturbavam os espíritos invisíveis dos mortos que divagavam na atmosfera. Quando, em 1099, Godefroy de Bouillon e seus Cruzados entram em Jerusalém, a cidade ignorava o uso dos sinos, comuns na Europa de então. A convocação dos fiéis, naquela cidade, fazia-se pela batida de dois pedaços de pau roliços suspensos (p. 135). A Europa cristã é unificada acusticamente pelo repicar dos sinos que não tardam a balizar mundo afora o avanço dos missionários, responsáveis pela introdução destes sons simbólicos.

O repicar dos sinos envolve as comunidades em suas manifestações regulares e constitui-se em centro de identidade: a irradiação de seus sons reúne a afetividade coletiva, amalgamando-a a este símbolo. "Havia dias em que o som de um sino ressoando carregava em suas ondas sonoras uma suavidade tão agradável, tão poderosamente carregada de orvalho ou de luz, ou, se quisermos, parecendo traduzir-me musicalmente o encanto da chuva ou do sol. Tanto que naqueles exatos instantes, olhos fechados, em meu leito, dizia-me ser possível transpor qualquer coisa, ou que um universo somente audível poderia ser tão variado quanto outro"[15].

"A arte do fundidor moldou seu som, cujo alcance, por sua vez, moldou o local e estendeu o domínio no qual as pessoas se inscrevem" (ILLICH, 2003: 127).

Há muito que o repicar dos sinos eclesiais modula o espaço emocional de um grupo. Dos vilarejos medievais, e ao menos até o final do Antigo Regime, "havia um som que dominava todos os ruídos da vida ativa e cobria de ordem e serenidade tudo: o som dos sinos. Estes eram espíritos benéficos que, por suas conhecidas vozes, anunciavam a alegria, o luto, a calma ou o perigo. Cada sino era invocado pelo próprio nome: a encorpada Jacqueline, o magnífico Roland; e conhecia-se a significação de seus diferentes sons" (HUIZINGA, 1980: 10). Como uma criança, todo sino é batizado antes de fazer parte de seu carrilhão ainda desconhecido, mas com a particularidade de seu timbre ser reconhecido entre milhares de outros. A cerimônia inicia-se com a bênção, visando a afastar os espíritos impuros vinculados ao metal brotado das entranhas da terra. A oração ritual purifica esse metal, e busca torná-lo digno de difundir os sons que estimulam a fé. O sino é igualmente ungido com o óleo dos catecúmenos. E aromas são fumegados em seu círculo central. O léxico nomeando suas componentes em francês, ou nos dialetos occitanos, italianos ou espanhóis, é tomado de empréstimo ao corpo humano: cabeça, cérebro, fronte, orelha, boca, garganta, fronte, barriga, dorso etc. O próprio sino é afetado por

---

15. PROUST, M. *La prisonnière*. Paris: Livre de Poche, p. 144.

perturbações de elocução quando seu som claudica ou se esmorece (CHARUTY, 1985: 129). O rito baliza um arrebatamento progressivo ao silêncio, ele visa a um parto sonoro do sino. No pensamento tradicional, as cordas vocais e as que fazem oscilar os badalos do sino não estão absolutamente distanciadas.

O batismo da criança faz-se às vezes debaixo dos sinos da igreja: "Um pai ou um amigo segura a criança o mais proximamente possível do sino cuja celebração é alegremente anunciada sob repiques sonoros. Em certas regiões, o próprio pai toca o sino. Quanto mais o sino faz ouvir sua voz, menos a criança corre o risco de ficar surda ou muda: o zumbido dos sinos passa para a língua do recém--nascido" (CHARUTY, 1985: 125). Em alguns lugares da França, como na Bretanha, não somente os sinos da igreja entram em ação, mas também as "campainhas" chumbadas na parede do edifício religioso, e que formam um carrilhão quando acionadas com uma corda. A clareza do som engendra a desenvoltura da palavra doravante liberada do silêncio ou do embaraço. Sinos e campainhas possuem a faculdade de curar a surdez. O sucesso às vezes supera toda expectativa: um folclorista sublinha conhecer "uma boa mãe que por várias vezes recorreu a este meio em favor de seu filho mais velho; no fim ela alcançou tamanho sucesso que seu filho virou um tagarela, obrigando-a a levá-lo de volta à igreja para moderar sua loquacidade" (CHARUTY, 1985: 125). Sem dúvida, as diferentes formas de campainhas, em miniatura ou chocalhos, para além do prazer da brincadeira e da estimulação sonora, mostram a mesma preocupação de estimular, por seu exemplo, a linguagem sem bloqueios da criança.

A vinculação dos sinos a uma cultura religiosa cria desacordos entre as sensibilidades coletivas. Na França, a Constituição, no início do verão de 1781, decidiu fundir os sinos das igrejas ou dos conventos para convertê-los em moedas, dando sinal de uma longa luta entre sociedade civil e sociedade religiosa (ou simplesmente vinculação dos homens às sonoridades tradicionais de seus vilarejos e cidades). Do verão de 1793 ao verão de 1795, escreve A. Corbin, a República reata com a tradição de sacrificar os sinos a fim de agora fundi-los e fabricar canhões. "Os dirigentes do novo regime ainda não ordenam o silêncio dos símbolos sonoros religiosos, mas tentam reduzir o poder de comover e de ensurdecer até então devoluto ao clero, e constranger a sacralização do espaço e do tempo" (CORBIN, 1994: 25). Em alguns anos, as tradições sonoras são sacudidas e a cultura sensível coagida a uma recomposição. As emoções coletivas não são mais retransmitidas pelas escansões regulares dos sinos que as anunciam à vizinhança e religam os fios emaranhados da memória. A resistência das comunidades rurais, fazendo corpo com o clero contra os representantes do Estado, permite que em muitos lugares os sinos continuem a fazer-se ouvir apesar da repressão (p. 37). Alhures o sofrimento é vivo. Assim, no verão de 1800, um adjunto de uma comunidade de Ille-et-Vilaine entrega ao prefeito "o pedido reiterado de que todos os habitantes pudessem continuar extasiando-se diariamente com o som dos sinos" (p. 81).

A lógica republicana entende unificar a nação neste mundo do aqui e agora, e digere mal os restos de uma simbólica religiosa associada ao Antigo Regime. Esta lógica esforça-se, geralmente em vão, em eliminar as velhas referências e as tradições em vigor, impondo seus usos próprios no espaço e no tempo dos homens. Ela transforma a autoridade dos símbolos e os direciona para uma lógica civil de celebração da comunidade nacional. Os sinos, como instrumentos primeiros de comunicação, são frequentemente substituídos pelo tambor, mas este está longe de contar com um poder emocional semelhante ao dos sinos. "A sonoridade republicana não é a do sino, mas a do tambor; ora, este não tem o mesmo alcance de seu concorrente. Convém, portanto, não somente proibir o uso religioso do sino, mas dessacralizar seu simbolismo e transformar a natureza da emoção que ele suscita" (CORBIN, 1994: 36). Interdição ou regulação estrita dos sinos, imposição de uma sonoridade republicana contra uma sonoridade religiosa, uma série de medidas vão sendo adicionadas ao longo dos poderes sucessivos para reduzir os sinos ao silêncio ou reservá-los aos usos civis. Em 8 de abril de 1802, o carrilhão de Notre-Dame "sonoriza" a publicação da Concordata e a assinatura de paz de Amiens, colocando fim aos seus dez anos de silêncio. Imediatamente depois, os sinos da capital celebram por sua vez a licença de soar novamente, mesmo se doravante bispos e prefeitos devam entender-se para chegar a um acordo (p. 45).

Uma vez os sinos restabelecidos, embora em menor número, soaram novamente, aqui de maneira livre, acolá controlada pelas autoridades civis, e frequentemente sobre um fundo de tensões com as populações vinculadas às suas badaladas. O redimensionamento territorial das paróquias e comunas provoca uma retração dos sinos em centenas de pequenas comunas, abrindo incontáveis feridas identitárias: este redimensionamento "impõe uma transferência das referências territoriais e uma confusão das identidades cujo descimento do sino constitui sua manifestação mais espetacular. A nostalgia do instrumento arrancado de um campanário tornado mudo, e pendurado na torre da igreja de outra comunidade frequentemente vista como rival, indica a dificuldade do vínculo ou, se preferirmos, a difícil transferência de identidade" (CORBIN, 1994: 56). As rivalidades de campanários se atiçam aqui no simbolismo dos sons e de sua potência. Os vilarejos despossuídos lamentam a "subtração" de seus sinos, traduzindo assim, pelo uso deste termo, a conotação sexual desta operação. As rivalidades sonoras de uma comunidade à outra reforçam o simbolismo. A potência de um sino invadindo o espaço sensível é uma maneira de marcar sua ascendência. As disparidades de ressonância provocam humilhações e atiçam as prevenções entre as comunidades. Mas a redução ao silêncio do "próprio sino" afeta dolorosamente os homens. Daí, outrora, o uso corrente do confisco dos sinos dos vencidos pelos chefes de guerra, que os presenteavam ou fundiam para forjar novos canhões, quando não os vendiam aos nobres (CORBIN, 1994: 22)[16]. A derrota traduz-se então em amputação do universo sonoro familiar, ferindo em seu âmago as referências e diariamente convocando simbolicamente a comunidade à memória sensível de sua identidade alterada.

Há tempos que os sinos e as badaladas do relógio dão sua ambiência sonora e sua identidade às comunas. No século XIX, lembra A. Corbin, a luta contra o barulho é uma preocupação menor em relação à luta contra o mau cheiro. As reclamações contra os sinos, no entanto, são antigas. J.-P. Guitton (2000) oferece alguns exemplos já no século XVII. Corbin sublinha, no século XIX, duas circunstâncias de intolerância aos sinos. Em tempos de epidemia as autoridades às vezes suspendiam as badaladas fúnebres, não por causa do barulho, mas para não assustar os vivos, e tampouco os doentes. Por outro lado, no verão os camponeses às vezes se sentiam incomodados com badaladas noite adentro, já que se levantavam muito cedo e se deitavam pouco depois do pôr do sol. Nas cidades, ao contrário, eram os sinos matutinos que criavam perturbação. Os prefeitos frequentemente proibiam suas badaladas antes da 6 horas. A denúncia do mal-estar provocado pelos sinos inscreve-se no quadro mais largo da oposição das elites ao charivari, ou à barulheira que caracterizava a populaça. A "civilização dos costumes" prossegue sua ofensiva e, pouco a pouco, lentamen-

---

16. Esta prática perdurou até a Segunda Guerra Mundial.

te, vai integrando a preocupação com os sinos. As elites insistem em moderar tanto o volume dos sinos quanto seu acionamento diuturno. Segundo as cidades ou vilarejos, acordos são feitos para satisfazer a ambos os lados.

Ao longo do século XIX a vontade de ordenar estas disparidades regionais, de dessacralizar o uso dos sinos, de suprimir um grande número deles, preocupa a autoridade civil que por sua vez pretendia dispor de seu monopólio (CORBIN, 1992: 155). Daí os inúmeros conflitos entre prefeito e pároco, profano e sagrado, cívico e litúrgico, e até mesmo entre igrejas concorrentes. Guitton resume uma viva querela, ocorrida em Dauphiné, entre protestantes e católicos, motivada pelo domínio simbólico do som. Os protestantes "espontaneamente elevaram por sobre o próprio templo seus sinos, acionando-os na mesma hora e da mesma maneira que os da paróquia. Como o templo domina sobre a igreja protestante, além da desonra sofrida por esta casa de Deus, devida à proximidade das igrejas, a confusão de sons gera desprezo aos católicos, obrigando-os a sofrer pacientemente o triunfo de uma religião apenas tolerada por um atestado com as marcas exteriores da verdade: do rei e do Estado. E, além disso, eles se reúnem duas vezes por dia ao som dos sinos, contra a prática regular de outras igrejas" (apud GUITTON, 2000: 30).

Estas tensões mostram a vinculação das comunidades aos seus sinos e os conflitos dos quais eles ainda são objeto. Aliás, Corbin inicia sua obra lembrando uma acirrada querela numa comuna rural da Normandia, ocorrida em 1958, após a restauração de um campanário danificado em 1944 pelos alemães. Trata-se, no caso presente, de reservar a sirene aos incêndios e aos trabalhos dos bombeiros, suspendendo assim o costume de fazê-la soar diariamente ao meio-dia. O conselho municipal decide que doravante o *angelus* é suficiente. Mas uma fração da população protesta, e reivindica uma preferência cívica pela sirene. Os camponeses, sobretudo, acabaram adaptando-se a ela, assumindo-a como um símbolo da Modernidade. E alguns inclusive denunciavam o pífio alcance dos sinos. Mas os que viviam nas imediações da sirene se rejubilavam por não se sentirem mais incomodados por seu som estridente (p. 12-13). Trata-se de uma guerra que ao largo de um ano causou enormes estragos. Num golpe derradeiro os camponeses invadiram a prefeitura, reivindicando seu direito à sirene. No ínterim, acometido de um enfarto, o prefeito morreu. E o conflito finalmente se resolve: doravante tanto os sinos quanto a sirene soarão ao mesmo tempo. Alhures, prefeitos tentam apossar-se dos sinos, visando a exercer seu controle sobre um dos simbolismos primordiais da cidade. Em casos bem-sucedidos, em favor dos sinos, além dos momentos tradicionais da vida civil dos membros da comunidade, permite-se que eles repiquem, por exemplo, por ocasião de um divórcio, ou por adoção de uma criança. Mesmo assim não cessam de emergir conflitos entre sineiros "religiosos" ao serviço do pároco e sineiros "civis" ao serviço do prefeito, ou do conselho municipal.

Segundo as regras das dioceses, uma linguagem sonora diferente de uma região à outra impõe uma descodificação particular segundo o momento, o timbre, o ritmo, a duração do repique. O sino ratifica uma significação comum e própria ao grupo, ele participa do vínculo social por suas informações difundidas no espaço e pela competência auditiva exigida de seus membros. As badaladas convertem em linguagem acessível ao conjunto da comunidade as peripécias que escandem a existência de seus membros, elas solicitam a sensibilidade coletiva estabelecendo o escoamento do tempo, os limites do território, as honras a serem prestadas, as cerimônias a celebrar, as reuniões, os sinais de alerta, o júbilo. O repique duplo (*tocsin*) adverte sobre os perigos que ameaçam a comunidade ou convoca a população a reunir-se na praça do vilarejo. As pessoas nascem, crescem, casam-se, morrem numa mesma trama sonora que embala as liturgias e os acontecimentos da vida pessoal ou circunvizinha, bem como os ofícios religiosos, indo dos batismos às refeições, dos alarmes locais aos dramas ou alegrias da nação, das festas patronais às festas locais, do início do ano civil à abertura do ano letivo etc. As peripécias locais se propagam espaço afora através de uma linguagem sonora. Além disso, os sinos igualmente exercem uma influência meteorológica, já que seus carrilhões atraem tempestades, granizos, raios...

Os sinos advertem, sinalizam, alarmam, reúnem. Eles constituem-se em instrumento primeiro de comunicação visando a unir a comunidade ao redor de uma referência comum. "Sem um estudo minucioso das badaladas dos sinos, escreve Corbin, impossível perceber exatamente os ritmos da existência dos homens da Terra, a configuração experimentada dos territórios, o consentimento e a resistência à expressão das hierarquias e, sobretudo, as sutilezas de uma retórica que estrutura, ao mesmo grau que o murmúrio, os procedimentos da comunicação" (p. 267). Sem concorrência, nenhuma outra fonte sonora mancha o impacto físico e afetivo do repicar dos sinos. No século XIX ainda, época em que os "relógios portáteis" são raros, o escoamento do tempo é compassado pelos sinos da igreja e o timbre do relógio. A tal ponto que o tempo do corpo e o tempo civil entram às vezes em conflito quando, por ocasião da mudança dos horários de verão, defasagens sensíveis surgem entre o tempo dos homens e o de suas referências sonoras (CORBIN, 1994: 114). Assim, o deslocamento da hora do *angelus* não deve contradizer os movimentos do sol, ou seja, transtornar as impressões sensoriais dos camponeses. O som dos sinos modifica a duração do trabalho, mas sem perturbar muito os ritmos físicos dos homens.

Há pouco tempo ainda, nos países católicos, o *angelus* soava três vezes ao dia, interrompendo os trabalhos dos campos ou as conversações. Mas a audição do sino perde progressivamente sua ascendência a partir do final do século XIX, a cultura campanária reduz-se à sua mais simples expressão. O espaço sensível vê diminuir o som dos sinos. A importância crescente da autoridade municipal, a retração do religioso, a chegada dos ruídos induzidos pelas máquinas a vapor, as máquinas elétricas, as viaturas, a possibilidade de recorrer à sirene lentamente reduziram ao longo do tempo o impacto emocional dos sinos, mergulhando-os numa obsolescência carregada de nostalgia que ainda hoje conhecemos. Nas cidades, os sinos são abafados pelo barulho de fundo da circulação rodoferroviária e amortecidos pelos prédios que cortam a difusão de suas sonoridades. Hoje eles ainda reinam em alguns vilarejos, mas menos intensamente em razão da erosão das crenças religiosas tradicionais. O som dos sinos mudou de significação. Eles compassam ainda o tempo e são às vezes preciosos por seu apelo à escansão do tempo, por identificar o momento do dia ou tornar pública a agenda de um bairro ou de um vilarejo: batismo, casamento, cerimônia funerária. Uma linguagem sonora espalha as novidades do dia e semeia um calendário no espaço. Mas, em razão da descristianização, eles deixaram de ser um chamado à transcendência e alguns os incriminam doravante de ser barulhentos, participando assim da poluição sonora. Em muitas cidades ou vilarejos eles foram reduzidos ao silêncio após inúmeras reclamações. F. Murray Shafer observa assim que em Vancouver, sobre as 211 igrejas, 156 à época (1979) não tinham mais sinos. Dentre estas, 11 somente os tocavam, e 20 dispunham de carrilhões elétricos ou músicas gravadas.

O som como instância de transição e limiar

Todo fenômeno social de transição solicita a percussão. O som tem a virtude de romper a temporalidade anterior e criar de imediato uma ambiência nova, delimitá-la e unificar um acontecimento entre suas manifestações. Uma ruptura acústica traça uma linha divisória e transforma a atmosfera de um lugar. Ela funciona como sinal de uma passagem. Os instrumentos são múltiplos, indo das salvas de palmas aos rojões, aos címbalos, ao gonzo, aos sinos ou, sobretudo, ao tambor, ou mesmo à voz, à música retransmitida por alto-falantes etc. O início ou o fim de um ritual, e até mesmo dos períodos diferentes no interior de uma mesma cerimônia, provocam uma escansão sonora vindo a delimitar o tempo, frequentemente através de uma percussão. "A principal característica dos instrumentos de percussão vincula-se à monotonia. Sozinhos eles se tornam inaptos a um uso melódico, embora sejam eficazes em termos de ritmo" (JACKSON, 1968: 296).

A música, em sentido amplo, mantém com o transe ou a possessão relações fortes e ambivalentes. Às vezes ela é indispensável ao transe, em outros momentos ou em outros lugares ela é inútil. Ela intervém em todas as sequências da cerimônia ou somente em uma ou outra. Os sistemas sonoros que as acompanham são múltiplos, indo do minimalismo do sino ou do chocalho aos estrondos dos címbalos, dos tambores ou dos violinos, passando por muitos outros instrumentos. Às vezes a voz e os cantos se misturam aos movimentos dos indivíduos que estão em contato com o além. Entre os músicos, entre os homens e as mulheres embalados pelo transe, os sons emitidos constroem uma comunicação, uma ressonância fundada na partilha de um mesmo código.

Para R. Needham (1967), a abertura ao outro mundo que caracteriza o xamanismo, a possessão ou outras cerimônias fundadas nos ritos de passagem, faz-se por intermédio de instrumentos de percussão. Não são nem a melodia nem o ritmo que agem, segundo Needham, mas a qualidade fisiológica inerente a percussão, e independentemente de qualquer condicionamento cultural. "Não há dúvida de que as ondas sonoras não tenham um efeito neurológico e orgânico sobre os seres humanos, independentemente das culturas. A reverberação produzida pelos instrumentos musicais não tem somente efeitos estéticos, mas, sobretudo, orgânicos" (NEEDHAM, 1967: 610). Outros autores defendem a tese de que o transe é provocado por sons suscetíveis de agir sobre o ritmo alfa do cérebro, ou por uma perturbação do ouvido interno.

Mas o transe ou a possessão não são induzidos por uma propriedade acústica particular dotada do poder biológico de levar as pessoas ao transe. A eficácia do barulho emitido num contexto preciso não se vincula à sua natureza, mas à sua organização coerente e significante para a comunidade humana que o ouve. Se os sons que dependem da percussão operam a passagem à temporalidade específica dos rituais, é em razão do seu sentido, não de seu som. Muitas cerimônias que colocam os homens em contato com os deuses se realizam sem os instrumentos de percussão. Examinando uma longa série de dados etnológicos, G. Rouget (1980) mostra que o poder de ação da música sobre o transe ou sobre a possessão não depende nem de uma vocalidade nem de um instrumento particular. O tambor não é em nenhum caso o único instrumento utilizado, mesmo se, frequentemente, os textos consagrados ao xamanismo evoquem sua presença. Chocalhos, gonzos, violinos, instrumentos próprios às culturas específicas são acionados. G. Rouget toma igualmente o exemplo da *mania* da Grécia antiga onde o transe não é absolutamente induzido por um tambor ou por outro instrumento de percussão, mas, ao inverso, por instrumentos melódicos (p. 297). Nem o frenesi nem o choque brutal dos sons provocam necessariamente a crise. Por ocasião de uma mesma cerimônia todos ouvem a mesma música, mas somente entram em transe os adeptos implicados, cada qual se atendo ao seu papel. "Isso não significa que o tambor jamais seja responsável pela entrada em transe, mas que, quando ele o é, dá-se em razão de outra ordem" (ROUGET, 1980: 253).

O transe não é subordinado à música por questões de "ritmo, de dinâmica ou de melodia" (p. 123). Os cortes de ritmo são frequentes sem serem universais. A aceleração do tempo vai frequentemente de par com o aumento em intensidade do som, como no candomblé brasileiro, no *ndöp* do Senegal, ou alhures em Bali, no Tibete e em muitos outros lugares. Mas a dramatização da música por *crescendo* ou *acelerando* não é jamais a regra. G. Rouget observa ironicamente que nenhum caso de transe foi observado numa sala de concerto por ocasião de uma audição do Bolero de Ravel (p. 133). J. Blacking, evocando os Vedas da África do Sul, sublinha que "os ritmos excitantes da dança de possessão não fazem entrar em transe todos os Vedas. Eles somente levam ao transe os membros do culto, e somente quando dançam em suas próprias casas, onde estão familiarizados com os espíritos dos ancestrais que os possuem. O efeito da música depende do contexto no qual ela é tocada e ouvida" (BLACKING, 1980: 54). Não deveríamos, no entanto, negligenciar sua incidência simbólica quando reunidas as condições para o transe. J. Blacking conta que, certa feita, ao pessoalmente tocar um tambor, os possessos entravam sucessivamente na arena. Uma mulher idosa iniciou sua dança, e alguns minutos depois se insurgiu contra o músico improvisado. "Ela reclamava que eu estaria impedindo a música de fazer seu efeito acelerando o tempo – rápido demais, presumo, impedindo a entrada em transe" (p. 54).

Nenhuma melodia particular possui virtudes universais no acompanhamento do transe. Em muitas cerimônias ela é, ao inverso, invocada por um ritmo ou uma melodia específica em que o possuído reconhece sua divindade. No sul da Itália, cada dançarina da tarantela reage à ária que caracteriza a "sua" tarantela. Os músicos tentam uma série de árias ou cantos dependendo do repertório tradicional. À audição da "sua" melodia, ela entra em transe (DE MARTINO, 1966). São as "divisas musicais" ou "verbais" que provocam a possessão. Às vezes, como junto aos Thongas, "cada pessoa possessa inventa um canto que será doravante o seu, e através do qual as possessões ou os transes serão provocados ou interrompidos" (JUNOT, apud ROUGET, 1980: 154). Mas nenhum ritmo, nenhum instrumento possui o poder de colocar imediatamente em movimento os adeptos que o reconhecem, inclusive os diretamente implicados, já que se trata de uma "divisa" pessoal própria. Só se entra em transe quando as condições propícias se fazem presentes. Elas podem não sê-lo se o indivíduo está em situação de impureza, se diferentes adeptos são suscetíveis, por ocasião de uma cerimônia, de encarnar a mesma divindade somente esperada em ambiente cultual. Pode ocorrer igualmente que, não obstante o esforço dos músicos, o transe se esquive dos adeptos, ou a divindade não queira "descer" por uma razão qualquer. Desta forma as mulheres e os homens encarregados de encarná-la sentem-se incapazes de entrar em sua pele. A música perde incidência se ela é ouvida fora das circunstâncias ligadas à cerimônia, ela só age se as condições propícias enumeradas pela cultura se fazem presentes.

Lembremos que o xamã conheceu sua vocação por ocasião de crises sobrevindas na solidão, num contexto onde nenhuma música, nenhum tambor estava presente ou tocando perto dele. Ele pouco a pouco aprendeu que estes elementos testemunhavam um som que encaminha ao poder de cura ou ao reencontro com os deuses.

A iniciação por um de seus pares cristalizou esta virtualidade, a canalizou, e enfim imprimiu um sentido naquilo que outrora soava à desordem. O domínio da música finalmente chegou para ritualizar o transe. Se o tambor sagrado do xamã (ou outro instrumento do gênero) é fundamental, ele em si mesmo é insuficiente para provocar automaticamente o transe. "A função da música é muito menos a de suscitar o transe do que criar as condições favoráveis à sua eclosão, de regularizá-la e fazer dela uma conduta não mais meramente individual, imprevisível e ingovernável, mas, ao contrário, controlada e ao serviço do grupo" (ROUGET, 1980: 435). O efeito físico dos sons é consequência de sua eficácia simbólica, e não acústica. Não é uma sensação funcional, mas um sinal, isto é, uma percepção vinculada a um sentido eminente para o adepto, um som que ele identifica, já que lhe foi ensinado a reconhecê-lo e a agir consequentemente. "O condicionamento à música de transe não depende da coerção natural, mas do arbitrário cultural" (ROUGET, 1980: 302). O transe é desencadeado pelo canto ou pela palavra, por uma particularidade sonora da música carregada de sentido e afetividade para o adepto e inscrita numa memória do corpo. A intensidade, o ritmo, a percussão, e outros dados mais, só produzem efeito quando associados aos comportamentos aprendidos. A música é uma trama que organiza as cerimônias. Mas a entrada em transe ou os movimentos próprios à divindade não são uma invenção pura ou uma gesticulação; o indivíduo possuído responde efetivamente às técnicas do corpo aprendidas por ocasião das iniciações. Ele é levado pelo sentido antes de sê-lo pelo som. Se somente houvesse som, ele permaneceria exterior, como, por exemplo, o etnólogo que observa as cerimônias sem sentir-se minimamente arrebatado por elas senão em seu desejo de compreender. Ou, como alhures, num processo similar, um camponês que ouve a música *Techno rave* que lhe parece insuportável, ao passo que ela suscita exaltação e estados próximos ao transe dos *teufers*. É a crença nas faculdades da música e as expectativas próprias ao grupo que potencializam seus efeitos físicos.

Criações do mundo

"Deus disse: 'Faça-se a luz', e a luz se fez. Deus viu que a luz era boa, e Deus separou a luz e as trevas. Deus chamou a luz de 'dia' e as trevas de 'noite'." E assim, de palavra em palavra, Deus criou o mundo. O Evangelho de João retoma logo de início a palavra de ordem: "No princípio era a Palavra, e a Palavra estava com Deus, e a Palavra era Deus. No princípio ela estava com Deus. Todas as coisas foram feitas por meio dela e sem ela nada foi feito". Em muitas sociedades humanas a criação do mundo é descrita sob a forma de uma ação sonora. Quando um deus emite o desejo de criar outro deus, ou o homem e os animais, ou o céu e a terra, um elemento acústico intervém nesta criação. Ele canta, grita, sopra, fala ou toca um instrumento musical. "O abismo primordial, a boca escancarada, a caverna cantante, o *singing* ou *supernatural ground* dos esquimós, a fenda na rocha dos Upanishad ou o Tau dos antigos chineses, de onde o mundo emana 'como uma árvore', são imagens do espaço vazio ou do não ser, de onde se eleva o sopro apenas perceptível do criador. Este som, oriundo do vazio, é fruto de um pensamento que faz vibrar o nada e, propagando-se, cria o espaço", escreve M. Schneider (1960: 133).

Os deuses egípcios nasceram do som, acatando o convite do deus Atum-Ré. Um mito estoniano relata a origem de inúmeras vozes da natureza produzidas pela aparição de um "deus do canto" que, nos primórdios, precipitando-se sobre suas criaturas em Domberg, convidou-as a cantar. Tal procedimento transformou-as em portadoras de "fragmentos de um som celeste: a lã representando seu murmúrio, a torrente seu rugido, o vento suas estridências, os pássaros dizendo os prelúdios de seus cantos. O peixe, embora emergindo seus olhos da água, fato que não ocorre com seus ouvidos, ao ver o movimento dos lábios do deus, ele o imita abrindo e fechando a boca, mas permanece mudo. Somente o homem apodera-se da totalidade, e seus cantos penetram assim as profundezas do coração e se elevam igualmente na direção das moradas dos deuses" (CHAMBERLAIN, 1905: 120). O poder do trovão é frequentemente remetido à origem da humanidade junto aos Aranda da Autrália, aos Samoiedos da Mongólia e aos Koryaks da Ásia, e é igualmente evocado por uma série de povos americanos ou africanos. Muitos outros mitos da criação evocam a palavra ou o som como instância primordial.

O *Om* ou *Aum*, palavra sagrada para os Vedas, é um termo cujo som contém todo o universo, é o *brâman*, a origem de toda atividade, de todos os dados. O som que deriva do *Om* não é uma invenção humana, mas um som primordial e incriado fugindo a toda temporalidade, que somente e às vezes alguns místicos ouvem, se o espírito deles estiver totalmente afastado da sensorialidade profana. Para os homens ordinários, o universo propiciado pelos sentidos é um anteparo atrás do qual o som das origens, não audível aos seus ouvidos, encontra um espaço de proteção. "*A* é o som raiz, a chave, pronunciado sem que a língua toque o palato; é o menos diferenciado dos sons. Da mesma forma, todos os sons articulados são produzidos no espaço entre a raiz da língua e os lábios. O som da garganta é o *A*, e *M* é o último som produzido pelo fechamento dos lábios. O *U* encarna o movimento, indo da raiz da língua e concluindo-se nos lábios. O *Aum* representa toda gama de sons que nenhuma outra palavra consegue produzir, e é o símbolo mais adequado ao *Logos*, à *Palavra* "que estava à origem" (NIKHILANANDA, 1957: 83). A voz que canta o *Aum* deixa de ser humana, ela é espiritualizada, "ela faz-se, pois, cocriadora, ao lado da voz divina" (PINARD, 1990: 80). Todas as correntes do hinduísmo, do jainismo ou do budismo se reconhecem na santidade do *Aum* enquanto cristalizador da realidade última. "O objetivo propagado por todos os vedas, ao qual destinam suas austeridades, a que almejam todos os que levam uma vida continente [...], é o 'Aum'. Esta sílaba é o brâman. Esta sílaba é o Altíssimo. Quem fizer experiência desta sílaba obterá tudo o que desejar. É o melhor suporte e o mais elevado. Quem conhece este suporte é magnificado no mundo do Brahma" (*Katha Upanishad*, 1 (2), p. 15-17).

Alhures, alguns lugares conhecidos de uma comunidade aborígene não são forçosamente visíveis, já que distantes. Um mapa permite localizá-los, mas ele é auditivo, não é desenhado na visualidade do percurso. Ele é tornado real pelos cantos suscetíveis de ser atualizados de um clã totêmico ao outro, que informam as orientações a seguir. Cada segmento do percurso é religado a outro, caso se encontre pelo caminho os que ainda conhecem os cantos tradicionais da criação do mundo. Assim são os *songlines*, os "itinerários cantados" evocados por B. Chatwin na Austrália. Um imenso mapa ao mesmo tempo geográfico e espiritual, em forma de fragmentos, está de posse dos diferentes clãs. Uma trama de cantos desenha os caminhos sobre uma extensão de milhares de quilômetros. Cada iniciação refunda o mundo dos ancestrais, lembra os lugares sagrados, e situa o jovem na esteira do tempo e do espaço das origens. "Os mitos aborígenes da criação falam de seres totêmicos legendários que haviam percorrido todo o continente no Tempo do Sonho. E é cantando o nome de tudo aquilo que eles encontravam pelo caminho – pássaros, animais, plantas, rochas, poças d'água – que estes seres conseguiram trazer o mundo à existência" (CHATWIN, 1988: 13). O homem que viajava cumpria uma marcha ritual: "Ele percorria as sendas de seu ancestral.

Ele cantava as estrofes do ancestral sem mudar uma palavra nem uma nota – e dessa forma recriava a criação" (p. 29).

Cada lugar é associado simbolicamente a cantos e danças que dizem sua natureza e sua espiritualidade. Para os aborígenes, este mapa físico e sonoro de que dispõem comporta um valor escriturário de proprietário, ou, melhor ainda, é um título de autêntica soberania social. Os aborígenes acedem à cidadania australiana em 1967. Um decreto de 1976 estipula que eles podem reivindicar uma terra se provarem que a habitam por muito tempo e que nenhum branco ou nenhuma indústria ou mina estão sobre o território. S. Crossman e J.-P. Barou (2005: 281) contam um impressionante processo havido em Alice Springs, em setembro de 1979, relativo a um grupo de mulheres aborígenes que recorrem à corte para obter o título de propriedade de uma terra. Elas devem demonstrar que são emanações dos lugares, da forma como o ancestral sonhara. Quando o juiz, um pouco cético, as convoca para a audiência, elas primeiramente santificam o estrado do tribunal com punhados de pigmentos de cor ocre vermelha. "Elas se deslocam em fila indiana até a sala e a passos lentos avançam, saltitando, um braço dobrado atrás das costas, o outro agitando um pedaço de madeira roliça enfeitado com penas de cacatuas." Elas desabotoam seus corpetes e expõem seus seios nus untados com banha de porco-espinho. "De seus lábios emana agora um murmúrio conquistador, o canto imemorial da Lei, da Awely, cujos contornos, ocre e sinuoso, são a outra face da lei". As mulheres revelam danças, cantos tradicionais, atestando a longa anterioridade de seus ancestrais sobre esta terra, mostrando objetos sagrados e obtendo assim ganho de causa.

A palavra consagrada reconstitui permanentemente o mundo tal como ele é percebido por um clã totêmico, e traça linhas de sentido que permitem realizar um périplo, pois os *songlines* se respondem uns aos outros em razão dos intercâmbios entre os diferentes grupos. O canto e a criação são *um*, já que a criação emana do primeiro. Cantar uma estrofe na desordem ou trocar as palavras é uma forma de abolir a criação. Em teoria, diz um informante de Bruce Chatwin, um homem que partiu em *Walkabout* pode assim atravessar a Austrália convocando os bons interlocutores para que lhe cantem a sequência de seu caminho. "Imaginava-se que algumas frases, algumas combinações de notas musicais descreviam o deslocamento dos pés do ancestral. Uma frase significava 'lago de sal', outra 'ilha de rio', 'duna', 'estepe serrada', 'paredão rochoso' etc. Um 'cantor' experimentado, ouvindo sua sucessão, podia contar o número de rios que seu herói atravessara, o número de montanhas que escalara e deduzir em que lugar do itinerário cantado ele se encontrava" (p. 154). Os membros de um clã totêmico dizem poder reconhecer um canto por seu "tato" ou por seu "odor", isto é, segundo um aborígene, por seu "ar" (p. 88).

Poder dos sons

Em muitas sociedades para as quais a oralidade é essencial, a significação de um som reside menos no "que ele designa do que a atividade mesma de designar" (ZUKERKANDL, 1958: 68). Uma palavra, um som, uma música possuem culturalmente um poder de transformação do real, se usados segundo as formas propícias ao momento. "Palavras pronunciadas como projeções dotadas de poder constituem-se elas mesmas em sopro deste poder. Os termos têm um poder real nas relações interpessoais (e os termos pronunciados implicam essencialmente relações interpessoais reais, não imaginárias, já que o ouvinte está presente, e reage: quando o rei afirma que Untel é seu representante, seu representante é Untel e nenhum outro). Os termos, em uma cultura oral-auditiva são inseparáveis da ação, pois eles são sempre sons" (ONG, 1971: 110).

Um nome proferido tem um impacto sobre o mundo segundo as intenções e o conhecimento da pessoa que está em causa, segundo o poder que ela tradicionalmente representa. Frazer consagra vários capítulos do *Rameau d'or* (Ramo de ouro) à descrição das interdições de nomes de pessoas, de povos inimigos, de ancestrais, de deuses, de mortos, de reis etc., por ocasião de circunstâncias particulares. Ele observa que nestas sociedades os termos são as coisas, e que a pronunciação destes nomes em determinadas condições seria perigosa, pois significaria invocá-los.

Junto aos Songhays da Nigéria, os sons encerram uma possibilidade de transformação do mundo. Alguns descendentes de um ancestral mítico conhecem os termos que protegem os soldados dos ferimentos ou os homens de acidentes da vida, e dispõem de um vasto saber sobre as plantas eficazes na cura dos males do corpo ou da existência. O *sorko* conhece os termos que afastam os feiticeiros. "Para aprender a compreender, o curandeiro Songhay deve aprender a ouvir o som dos termos como um músico aprende a reconhecer os da música. Assim como o som é a figura central do mundo da música, ele o é igualmente para o mundo da magia. Este universo de som é uma rede de forças" (STOLLER, 1984: 563).

Bem antes de veicular uma significação, o termo transporta um poder. Stoller descreve um episódio em que ele acompanha o *sorko* por ocasião de sua investida contra um feiticeiro que persegue um homem em estado de saúde lastimável. O *sorko* sobe numa duna e emite um som. Em seguida ele se volta para o etnólogo desconcertado, perguntando-lhe se ele havia ouvido, sentido ou visto. Mas Stoller nada percebeu e faz-se admoestar pelo *sorko* que recrimina sua falta de atenção e sua não receptividade do ensinamento. Um silêncio pesado de reprovação pesa sobre ele enquanto ambos se dirigem à residência do doente. Para a surpresa de Stoller, eles encontram o doente trabalhando duramente em seu roçado. Está curado. "Os termos foram propícios para aquele sujeito lá", arremata o *sorko* (p. 568). A palavra corretamente proferida pela pessoa eficiente reduz à impotência os malefícios do feiticeiro. "O poder de encantamento, diz Stoller, não reside na significação dos termos, mas em seus sons. *X* é o termo mágico que imobiliza o feiticeiro, fazendo-o despencar de seu voo [...]. O som, para os Soghays e outros povos mundo afora, é reputado ter uma existência separada do domínio dos homens, dos animais ou das plantas. Os termos são poderosos, e os sons são carregados de força. É por estas razões que apresento este texto em inglês somente com um *X*" (p. 568).

Junto aos Songhays o som do *godji*, instrumento monocórdio outrora doado à comunidade pelo primeiro *sorko* a suplantar o espírito maléfico de uma pessoa, une o presente ao passado. Este instrumento simboliza a rememoração dos ancestrais. "O som do *godji* nos penetra e nos faz sentir a presença dos ancestrais. Ouvimos seu som e sabemos estar nas sendas dos ancestrais. É um som irreversível. Impossível não sermos afetados por ele, da mesma forma que os espíritos, pois, ao ouvirmos seus 'gritos' somos penetrados por eles. Dessa forma, concomitantemente eles estimulam e penetram o corpo dos possessos" (p. 564). Os sons não são somente sons, mas elementos de uma cosmologia viva cujos mitos oferecem uma chave compreensiva. Os sons ouvidos pelos Songhays não são os escutados por Stoller, ou por um visitante estrangeiro. São forças que religam o presente à longa história Songhay, que vinculam os homens de hoje aos de ontem.

Para algumas sociedades, o poder de penetração do som transporta sua energia transformadora ao coração do sujeito ou dos acontecimentos. Na cultura popular hindu, um mantra é uma fórmula sagrada que se presta à eficácia na transformação do mundo. Ele afasta os maus espíritos, apazigua os deuses, torna propícia uma ação etc. Na prática tântrica, a recitação de um mantra faz-se acompanhar de um ritmo particular. O adepto se esforça para identificar-se com uma divindade ou para aceder a um efeito físico desejado. O som e o ritmo cristalizam o poder do mantra, frequentemente recebido de um guru. O *bîja* é uma sílaba aparentemente destituída de sentido, mas essencial para o adepto na conquista do estado desejado. A repetição do mantra engendra vibrações que levam a produzir os efeitos esperados pelo adepto. O mantra é frequentemente acompanhado de uma imaginária mental. O ritmo do mantra é uma técnica de concentração, de despertar para o acontecimento, mas igualmente de exploração de si, de retorno ao passado a fim de compreender melhor o aqui e o agora. Ele serve também de fermento terapêutico para os curandeiros indianos cuja tarefa é identificar o curandeiro que terá um impacto sobre a doença (KAKAR, 1997: 220).

Os tamouls shivaístas da Índia colocam em ação uma identificação comum a uma língua e a uma geografia pelo simples fato de entoar cânticos sagrados de forma idêntica à dos santos de outrora, repetindo os mesmos termos. Eles se distinguem assim do shivaísmo tradicional e do budismo ou do jainismo, predominantes nesta parte da Índia. A fidelidade à palavra inaugural é essencial, já que os termos criam as coisas, e não se contentam simplesmente em significá-las. A voz faz advir o real, ela é o real para esta sociedade em que a oralidade não perdeu suas prerrogativas. A peregrinação aos lugares santos importa menos que o fato "de cantar para viver plenamente, para atualizar a experiência espiritual de tal périplo, como se um dos santos tamouls estivesse ao seu lado" (PINARD, 1990: 78). O som é outro caminho para viver a experiência espiritual. Daí o corte da orelha (lugar da escuta) ao termo de uma instrução do adepto, ou, mais ainda, furar a orelha, sentido que guia a atenção para a audição do mundo.

Em nossas próprias sociedades a palavra nem sempre é a única portadora anódina de uma significação. Na bruxaria ela é dotada de um impacto temível. J. Favret-Saada, que realizou um estudo em Bocage Mayennais (comuna francesa), escreve a este respeito: "Eu sustento hoje que um ataque de bruxaria pode se resumir a isso: uma palavra pronunciada numa situação de crise por aquele que será mais tarde designado como feiticeiro, posteriormente é interpretada como tendo tido efeito sobre o corpo e os bens daquele a quem ela se destinava, e por este fato ele será denominado enfeitiçado" (1977: 20). Em bruxaria, a palavra não é exclusivamente saber, ela produz um poder sobre os outros. "É literalmente inconcebível informar um etnógrafo, isto é, alguém que garanta não querer fazer nenhum uso destas informações, que demande ingenuamente o saber pelo saber. Pois é uma palavra (e somente uma palavra) que ata e desata o destino, e qualquer um que se coloque em situação de dizê-la é temível" (p. 21). Daí a longa paciência de J. Favret-Saada diante dos camponeses do Bocage que lhe afirmam não acreditar nestas coisas, e que finalmente o aconselham a visitar alguém quando eles o suspeitam estar por sua vez "possuído" pelos caprichos do destino.

As pesquisas do etnólogo não têm nenhum sentido para estes homens e mulheres para os quais o saber feiticeiro sempre tem uma incidência prática. A simples preocupação de conhecimento é impensável ao se tratar dos ingredientes simbólicos da bruxaria cujo manuseio implica um poder de ação eficaz sobre o mundo em vista de um proveito pessoal. Um saber que encontra seu fim em si mesmo não tem as qualidades necessárias em relação aos privilégios que proporciona seu uso nas relações sociais. Não se fala para saber, mas para agir, e para aproveitar por sua vez daquilo que a bruxaria é reputada dar aos que conhecem seus arcanos. A preocupação do etnólogo é debitada na conta da ingenuidade ou da duplicidade. E o mal-entendido sela-se efetivamente quando os agricultores, antes de ele partir, solicitam-lhe um conselho e perguntam quanto ele cobra pelo conselho dado.

Assim como uma palavra pronunciada cristaliza o destino, a identificação do feiticeiro pelo "desenfeitiçador" é uma necessidade para conter enfim sua força. O mal é assim delimitado. "Somente pela denominação a manipulação simbólica da situação tem alguma chance de ser operante: pois em nome do feiticeiro pode-se então opor o nome do 'desenfeitiçador'. Pode-se igualmente saber se a força do primeiro é comensurável à do segundo" (p. 99). A luta entre as duas instâncias é terrível, ela é uma oposição feroz num jogo de vida ou morte. "O desenfeitiçar consiste em responder a uma suposta agressão material (mas tida por certa) por uma agressão metafórica efetiva que visa a atingir o corpo da vítima na ausência desta" (p. 100). O poder da palavra em bruxaria é verificado igualmente no conselho incansavelmente dado pelo "desenfeitiçador" aos seus clientes: repetir sempre as últimas palavras do feiticeiro presumido, a fim de que elas não tenham poder sobre o enfeitiçado.

A oralidade não funciona sozinha nas circunstâncias da feitiçaria; ela também se apoia no tato e no olhar, duas modalidades particulares de contato com o outro. Para os crentes tradicionais, um destino "pega" quando a vítima ou seus bens forem tocados. E, a partir desse momento, seus próximos ou tudo o que ela possui como uma unidade simbólica é suscetível de ser atingido. Todo contato entre o "forte" e o "fraco", o feiticeiro e sua vítima, implica uma diminuição de força desta última, vulnerabilidade da qual a vítima corre o risco de não mais se livrar. Um aperto de mão é particularmente perigoso em sua banalidade. Quase não se presta atenção nisto, mas ele sela um destino (p. 150).

191

Mas o tato passa igualmente pelo olho. O olhar do feiticeiro não é a ativação tranquila de um sentido da distância valorizada por nossas sociedades, mas um olhar tátil que possui uma carga de nocividade. O que ele olha, o fuzila simbolicamente com os olhos. Uma vítima cita um vizinho: "Sempre o víamos, sobre seu trator, olhando o que se passava em nossos campos [...]. Cada vez que ele olhava, eu me dizia: ele está preparando alguma maldade". E jamais o mal deixava de dar suas caras: "doença mortal dos gansos [...], aborto de uma vaca, acidente de carro etc." (p. 151). A mulher de Jean insurge-se contra seu marido: "Nunca abaixe os olhos!" e, voltando-se para mim, ela explica: "Quando não os abaixamos, somos mais fortes do que eles (os feiticeiros). Meu marido abaixa os olhos diante do vizinho. Eu sempre lhe digo: não abaixe os olhos! Mas a todo instante ele o faz" (p. 152). A feitiçaria mostra a continuidade da oralidade nas sociedades contemporâneas.

Surdez ou substituição do visual

O ouvido não é essencial só na ancoragem do homem no âmago de um mundo repleto de sons a serem ouvidos, mas é decisivo também no desenvolvimento moral e intelectual da criança. A criança surda não ouve a voz de sua mãe ou de seus próximos, ela somente capta as expressões de seu rosto, de seus gestos, de seus olhares; ela não está em condições de questionar seus pais sobre as significações que a circundam, de comunicar sua vontade própria. A língua lhe permanece estrangeira, ela é incapaz de lentamente apropriar-se dela para construir seu pensamento e comunicar-se com os outros. Sem um esforço particular de educação, a criança é condenada à mudez. A comunidade do sentido, por uma larga parte do tempo, é uma comunidade sonora, uma abertura aos murmúrios da vida cotidiana, uma aptidão capaz de responder à voz dos próximos, a questioná-los, a suscitar seus comentários. A surdez suprime uma dimensão possível da realidade.

Por muito tempo as crianças nascidas surdas se tornavam mudas porque incapazes de dominar o mecanismo da linguagem. Sua abertura ao mundo era limitada pela dificuldade de acesso a um universo simbólico do qual permaneciam à superfície, por falta de educação neste sentido. A exclusão dos intercâmbios verbais, a imagem de atraso mental induzida por suas atitudes condenavam estas crianças ao estatuto de pessoas desprovidas de inteligência ou mendicantes. Linguistas apontam uma proximidade entre *surdus* e *sordidus* (sujo), em inglês *swart*, em alemão *schwarz*. Outras culturas fazem associações próximas (CHAMBERLAIN, 1905: 122; CLASSEN, 1993: 64-65). Não recebendo nenhuma estimulação, o afastamento do som (e principalmente da linguagem) provoca marginalização. Toda surdez carrega em germe o risco de mutismo e, mais ainda, o de uma barreira ao desenvolvimento pessoal por falta de educação, a menos que a criança seja envolta por um universo significante de ternura e de reconhecimento.

De maneira "espontânea" cada comunidade de surdos desenvolve uma linguagem própria apoiada numa gesticulação muito elaborada e com grande atenção aos dados visíveis do mundo. O som como suporte da linguagem é então deslocado para a visão, e o olho assume a liderança com a mesma eficácia que o ouvido. B. Mottez recusa a referência ao "silêncio" ao se tratar de pessoas surdas. "Nós preferimos o termo *visual* [...], aquele do mundo visual, antes que o do mundo do silêncio, para designar o mundo dos surdos ou suas formas de ser no mundo. Isso porque o sentido do termo *silêncio* presta-se a mal-entendidos em razão da diferença das experiências que dele se pode ter segundo uma pessoa for surda, deficiente auditiva, tornado surda ou ter voltado a ouvir novamente" (MOTTEZ, 1981: 50). A linguagem dos sinais substitui a linguagem oral em sua função antropológica: a criança encontra nela um meio de formular seu pensamento, de dar-lhe uma linguagem, uma memória, uma forma de compreender o mundo. Ela favorece a integração às regras inerentes à linguagem da sociedade e, por consequência, é um instrumento de cidadania. Em algumas regiões, inclusive, o número significativo de surdos congênitos impõe à comunidade o uso simultâneo da linguagem oral e a linguagem dos sinais, integrando assim cada ator no centro do vínculo social (GROCE, 1985).

Mas a linguagem dos sinais é de difícil admissão pelas pessoas que dispõem de uma audição tida como normal, sobretudo em razão da ruptura sensível que ela opera com os ritos de interação ordinários que subordinam o corpo a uma relativa discrição. Indiscutivelmente a comunicação implica um emaranhamento entre palavra e gesto, linguagem e corpo, muito embora o sentido seja primeiramente percebido como fruto da linguagem e, portanto, da audição, sendo os movimentos corporais vistos como simples comentários a uma palavra soberana. A linguagem dos sinais supera este quadro, e faz justiça ao corpo e ao rosto, embora gere desconforto aos privilegiados pela audição, já que, para estes, somente a voz é digna da linguagem, sendo os sinais, aos seus olhos, mera "gesticulação", uma forma "embaralhada" de se exprimir. Uma conversação entre surdos num lugar público provoca uma curiosidade pouco preocupada com a discrição, ela gera comentários, muito frequentemente gozações (HIGGINS, 1980: 125).

O estatuto depreciado do corpo na comunicação se traduz pela repressão que afetou a linguagem dos sinais das pessoas surdas em proveito da palavra a partir do Congresso de Milão, em 1880. Mas os primeiros educadores de crianças surdas, como o Abade de Épée ou Degérando, souberam reconhecer na linguagem dos sinais uma linguagem completa graças à qual a criança forja seu

194

pensamento e sua capacidade de comunicar-se com os outros. Entretanto, a constituição de uma cultura própria alimenta junto às pessoas que ouvem o temor de retraimento sobre si da comunidade surda, uma espécie de dissidência cujo imaginário biológico da época temia seu aumento numérico. Bell, inventor notadamente do telefone, cuja mulher era surda, exprime este temor: "Naturalmente, se nós decidíssemos criar uma variedade surda da raça, e se devêssemos propor métodos para estimular os surdos-mudos a casar-se entre si, não inventaríamos um método melhor daquele que já existe [...]. Estamos em vias de criar uma variedade surda da raça humana" (apud HIGGINS, 1980: 64). A preocupação com uma integração social plena reforça uma vontade pedagógica centrada na aprendizagem da palavra. O Congresso de Milão proscreve os sinais, considerando-os obstáculos a esta aprendizagem. Decisão carregada de consequências que concede a condução da educação dos surdos às pessoas que ouvem, e que mergulha a linguagem dos sinais na difamação moral e pedagógica. Os surdos, que somente o são por defeito da audição e da aprendizagem da língua, tiveram que submeter-se à palavra, esforçar-se para adquirir seus rudimentos sem poder apoiar-se numa linguagem dos sinais, reduzida então à clandestinidade. A comunidade surda conheceu assim uma dolorosa regressão cultural. A vontade de integrar socialmente os surdos depara-se com as necessidades de apagamento ritualizado do corpo na vida social (LE BRETON, 2004: 106), que os sinais não cessam de transgredir.

Nas correntes pedagógicas dos anos de 1980 somente, após uma luta renhida, as comunidades de surdos reencontram o uso pleno de suas linguagens. A pedagogia das escolas especializadas se flexibiliza e favorece simultaneamente os sinais e a oralidade. Na França, foi necessário esperar um decreto de janeiro de 1991 para que a interdição da linguagem dos sinais fosse retirada do ensino e para que os pais "tivessem assim a opção ao bilinguismo para suas crianças. Uma escolha importante, já que permite à criança surda ter acesso a sua própria linguagem, a desenvolver-se psicologicamente, e igualmente comunicar-se em francês oral, ou escrever como as outras. Mas lá se foi um século de intrigas daquilo que eu denominaria terrorismo cultural da parte das pessoas que têm a graça de ouvir perfeitamente"[17]. Este opróbrio de um século sobre a linguagem dos sinais traduz o fato de, nas mentalidades ocidentais, o pensamento e a comunicação serem primeiramente uma questão de oralidade. O corpo assemelha-se à dimensão impudica da palavra, sua parte ruim, a imposta pelo olhar, da qual convém atenuar a presença submetendo-a aos códigos de discrição e de fidelidade aos usos (LE BRETON, 1990). A linguagem dos sinais parece ao inverso um hino ao corpo e ao rosto, ela interrompe os ritos e suscita constrangimento às pessoas de perfeita audição, para os quais somente a voz é digna de linguagem.

Se o rechaço da gestualidade na comunicação ordinária carrega em si um olhar de desdém para com os surdos que intercambiam entre si, ela prejudica igualmente a educação das crianças nascidas surdas, tornando suas vidas mais difíceis. Somente aquelas cujos pais são surdos aprendem a comunicar-se por sinais de maneira natural, como as outras crianças aprendem a falar. Mas, para além de seu círculo familiar, raros são os interlocutores suscetíveis de dialogar com elas. Em contrapartida, a criança surda, nascida de pais que ouvem normalmente, não usufrui desse "banho" de linguagem, ela é frequentemente isolada, faltando-lhe o contato com seu entorno, a não ser que um membro da família responda aos

---

17. LABORIT, E. *Le cri de la mouette*. Paris: Laffont, 1994, p. 187-188. E. Laborit lembra a resistência das escolas especializadas em integrar a linguagem dos sinais, mesmo fora da sala de aula, para que as crianças pudessem comunicar-se conjuntamente (p. 87-88).

seus esforços de comunicação gestual[18]. Embora esta linguagem mímica não tenha a estrutura de uma língua, ela tira a criança de seu isolamento e a aproxima da comunicação ordinária. E. Laborit testemunha seu entusiasmo ao descobrir, para além da cumplicidade que a vincula à sua mãe, a existência de uma linguagem dos sinais vivida como uma abertura ao mundo, como uma entrada plena na comunicação (p. 52).

Mas a criança que não dispõe de um entorno que a estimule neste aspecto, que encoraje suas tentativas, frequentemente experimenta um afastamento claro da normalidade no domínio psicológico, afetivo, intelectual, social. Mesmo que, não obstante tudo, a atenção e a ternura se inscrevam num universo significante, a criança permanece parcialmente no sofrimento de seu isolamento. E. Laborit fala disto com conhecimento de causa, apesar da qualidade da presença de seus pais em seus confrontos. "Creio que os pais que gozam da audição e privam suas crianças da linguagem dos sinais jamais compreenderão o que se passa na cabeça de uma criança surda. Existe a solidão, a resistência, a sede de comunicar e às vezes a raiva. Mas também a exclusão familiar, em casa, onde todo mundo fala sem se preocupar com você. Pois sempre é preciso pedir, puxar alguém pela manga ou pela roupa para saber, um pouco, um pouquinho, o que se passa ao redor de si. Sem isso a vida é um filme mudo, sem legenda" (p. 63-64). Este afastamento

---

18. "Eu não demorei a provar a necessidade de comunicar-me com os outros, e comecei, desde então, a me expressar com a ajuda de uma mímica muito simples, escreve H. Keller, cego, surdo e mudo. Eu sacudia lateralmente a cabeça para dizer 'não', e a inclinava para trás e para frente para dizer 'sim'. O gesto com a mão voltado para mim significava 'venha', o gesto de afastar, 'suma daqui'. Se eu quisesse pão, imitava alguém cortando uma fatia e passando manteiga nele [...]. Minha mãe conseguia entender-me quase sempre" (KELLER, 1991: 21). "Toda criança me ouvia, escreve a atriz E. Laborit. Minha mãe e eu havíamos inventado uma linguagem para nós duas, mas era tudo..."

do mundo exterior é atenuado, menos indiferente, se a criança é beneficiada pelos sinais como primeira língua, e se os próprios pais se esforçam em estimulá-la, em abri-la sensorialmente ao mundo.

Dispondo de um quadro para organizar seu pensamento, de um meio eficaz de comunicação com seu entorno e principalmente com os outros, sendo sensibilizada para a complexidade do mundo, a criança conhece um desenvolvimento pessoal que sua surdez não o interdita, mesmo que a surdez lhe imponha uma relação particular com o mundo.

A comunicação pela linguagem dos sinais solicita a postura corporal, o movimento das mãos e as mímicas do rosto, ela implica um uso do corpo e uma proximidade física em ruptura com os ritos de interação vigentes. Frequentemente entregue a si mesma, sozinha em seu berço, a criança ocidental carece de estimulações numa sociedade em que a palavra e a escrita primam sobre o corpo, destinado à função de comparsa. O mesmo não ocorre com a criança surda da África Subsaariana, como o observa M.J. Serazin. Num permanente corpo a corpo com sua mãe, ela vive ao seu ritmo, pendurada em suas costas ou em seus quadris; ela respira com a mãe, sente o calor de sua pele, vibra quando a mãe realiza as tarefas do lar, caminha, dança e fala com suas companheiras. A criança está no centro dos intercâmbios, sua surdez não lhe é uma carência, pois se as palavras e o som lhe faltam, ela se beneficia de incontáveis solicitações visuais, táteis, rítmicas, imersa na sociabilidade, permanentemente solicitada por uns e outros, participando de corpo inteiro da efervescência do mundo.

Nestas sociedades a linguagem dos sinais não é afetada por interditos, já que a dignidade do corpo na comunicação não sofre nenhuma objeção. "É paradoxal, escreve a este respeito Serazin, que aí aonde a palavra é dominante, na África, de matriz oral, o ouvido seja relativo, e que a surdez não seja uma deficiência maior.

Mas, inversamente, também é paradoxal que aí aonde a escrita e todas as técnicas de mediação dominam, o ouvido se torne majoritário, e que seu déficit seja uma deficiência maior, de forma a comprometer a boa maturação e o bom desenvolvimento da criança" (SERAZIN, 1983: 17). Se a criança ocidental depende de seu ouvido para sua educação, esta última não é para a criança africana senão uma mediação dentre outras. O estatuto social depreciado do surdo é uma consequência do estatuto do corpo, e notadamente da gestualidade, na comunicação. O apagamento ritualizado do corpo em nossas sociedades leva ao rechaço social do surdo, e lhe dificulta uma integração social promissora: ele faz da surdez uma deficiência (LE BRETON, 2004). Entretanto, Laborit acrescenta: "Para mim, a linguagem dos sinais corresponde à voz, meus olhos são meus ouvidos. Sinceramente nada me falta. É a sociedade que me transforma em deficiente, que me torna dependente dos que ouvem: necessidade de fazer-se traduzir uma conversação, necessidade de pedir ajuda para telefonar, impossibilidade de contatar um médico diretamente, necessidade de uma legenda para ver um programa de televisão..." (p. 132-133).

A surdez traduz graus diferentes de filtragem e de fechamento ao entorno sonoro. Ela não é um mundo de puro silêncio, já que frequentemente o indivíduo ouve os ruídos de seu corpo ou os acuofênios. As próteses permitem que muitos indivíduos que sofrem de um déficit auditivo continuem na audição do mundo. Mas a surdez profunda impede todo contato sonoro e impõe o recurso às formas visuais de comunicação (linguagem dos sinais, leitura labial). O "silêncio" interior, se ele for privação de som, não é privação de sentido, e o movimento incansável do mundo não deixa de penetrar menos o indivíduo. "Aos olhos dos outros, escreve o ator H. Seago, esta linguagem (dos sinais) pode parecer uma representação visual daquilo que eles percebem como meu 'silêncio'.

Mas eu, eu não sinto 'silêncio' em minhas profundezas, somente em meus ouvidos. Em razão de minha experiência da alienação, do amor, da paixão, da dor, do desejo e da luta contínua para me comunicar, os termos jorram de minha alma em uma multidão de estilos: explosões frenéticas de furor ou suaves danças de eloquência voam sob as asas da poesia. Meus olhos, meu espírito, meu coração não são nada silenciosos" (SEAGO, 1993). O silêncio é igualmente uma capacidade de fazer falar o mundo dos olhos. A sensibilidade às vibrações permite às pessoas surdas recolher as informações sobre seu entorno: reconhecer, por exemplo, a voz dos próximos, referenciar o barulho dos passos, identificar momentos musicais, a passagem de uma viatura, a queda de um objeto. À flor da pele, o sentido das vibrações é essencial no aprendizado da palavra.

A idade da aparição da surdez é um elemento decisivo do desenvolvimento do indivíduo ao abrir-lhe ou fechar-lhe a porta da linguagem, e notadamente ao propiciar-lhe um conhecimento da sonoridade possível do mundo. D. Wright, por exemplo, tornado surdo aos sete anos, observa que a aquisição da linguagem naquele momento facilitou sua integração social. Em sua experiência pessoal ele descreve uma percepção corrente aos que se tornaram surdos antes de estarem familiarizados com a palavra, aquela de continuar ouvindo a voz ou os ruídos da vida corrente quando a visão é solicitada a este respeito. "Que estas vozes sejam imaginárias e constituam projeções do hábito e da memória surgiu-me na saída do hospital, escreve D. Wright. Um dia em que tagarelava com um primo, este teve a feliz inspiração de colocar sua mão sobre sua boca enquanto falava: fez-se então silêncio. Repentinamente, uma vez por todas, compreendi que se eu não visse, também não ouviria" (WRIGHT, 1980: 22). Mas esta audição que engaja uma correspondência sensorial entre o visual e o sonoro impõe um conhecimento anterior da palavra ou dos ruídos da vida.

Para um indivíduo surdo antes da aquisição da linguagem, a experiência do mundo, e notadamente a leitura labial que ele realiza, participa de uma única *visão* do mundo, de uma decifração estritamente visual. Da mesma forma, seu ouvido não controla os sons emitidos. Forçosamente mantido a distância das conversações banais do cotidiano que ensinam a criança a educar sua voz, a modulá-la segundo os ritmos próprios a um grupo social, a respeitar os acentos tônicos, a pronunciar corretamente determinados sons, esta criança não dispõe absolutamente do exemplo oferecido por seus próximos. O controle da palavra emitida deve então passar por outros sentidos. Olhando, tocando, sentindo a posição e o movimento de determinadas partes do corpo, experimentando as vibrações de suas cordas vocais ou as de seus professores, a pessoa surda que se educa para a palavra empresta vias sensoriais inabituais para inscrever-se numa matéria sonora que ela não ouve[19]. Em seguida, se "fala" apesar de não ouvir, ela recorre a uma atenção cinestésica e vibratória dos movimentos fonatórios adquiridos durante uma aprendizagem longa e rigorosa (BOUVET, 1982: 56). Mas este percurso oblíquo não a devolve à plenitude do mundo sonoro, ele a insere antes na comunicação ordinária, tornando-a apta a fazer-se compreender pelas pessoas dotadas da audição, nem sempre sem mal-entendidos.

A conjunção entre universo sensorial e universo do sentido não é fácil de ser estabelecida, já que requer da pessoa surda uma atenção sem trégua para manter o contato. A ausência do som para

---

19. H. Keller explica: "Lendo os lábios de minha professora, eu não tenho outros meios de observação senão meus dedos. Unicamente o tato devia instruir-me sobre as vibrações da garganta, os movimentos da boca, as expressões da face, e frequentemente este sentido me faltava. Eu era então obrigado a repetir as mesmas palavras e as mesmas frases, algumas vezes por horas a fio, antes de pronunciá-las corretamente" (KELLER, 1991: 88).

comunicar, na relação com uma pessoa dotada da fala, implica uma conversação em registro visual dos elementos de significação difundidos pela linguagem: a decifração se opera no movimento dos lábios, das mãos ou do corpo, da intensidade do olhar, das mímicas etc. A indolência da conversação é difícil de ser alcançada, pois toda ruptura da atenção dissipa os sinais. H. Seago exprime bem o esforço requerido por ocasião de um intercâmbio com uma pessoa dotada da fala. "O consumo de energia constante que minhas observações permanentes necessitam aporta uma tensão inevitável à minha interação com os que não sabem comunicar-se pela linguagem dos sinais, e mesmo com os que sabem. Enquanto pessoa surda eu veiculo em toda parte essa tensão autêntica. Ela jamais se dissipa, resta permanentemente presente. Eu vivo incontáveis momentos desconfortáveis por ocasião de minha interação com as pessoas dotadas da fala em razão das coerções impostas por uma comunicação pouco natural e ineficaz" (SEAGO, 1993: 145). A experiência dos surdos, aliás, mostra que muitas vezes a necessidade de fazer repetir uma frase mal lida nos lábios suscita a impaciência do interlocutor que se sabe menos ouvido que olhado com atenção. Esta desconstrução do ritual que oculta a sonoridade em benefício exclusivo do olhar incomoda enquanto reverte a situação costumeira de interação e transforma toda palavra emitida em movimentos sutis dos lábios.

4 A EXISTÊNCIA COMO UMA HISTÓRIA DE PELE: O TATO OU O SENTIDO DO CONTATO

> *A felicidade é também o tato – Thomas, pés descalços, passa da superfície lisa do assoalho ao frio do lajeado de pedra do corredor e, da porta, às imediações dos seixos sobre os quais o orvalho secava.*
>
> MILOSZ, C. *Sur les bords de l'Issa.*

À flor da pele

O sentido tátil engloba o corpo em sua inteireza, espessura e superfície, ele emana da totalidade da pele, contrariamente aos outros sentidos mais estreitamente localizados. Permanentemente sobre todos os lugares do corpo, mesmo dormindo, sentimos o mundo circunstante. O sensível é em primeiro lugar a tatilidade das coisas, o contato com os outros ou os objetos, o sentimento de estar com os pés no chão. Através de suas peles incontáveis, o mundo nos ensina sobre suas constituintes, seus volumes, suas texturas, seus contornos, seu peso, sua temperatura. "O tato, creiam-me, é o sentido mesmo do corpo por inteiro: por ele penetram em nós as impressões de fora, por ele revela-se todo sofrimento interior do organismo, ou, ao contrário, o prazer do amor" (LUCRÈCE, 1964: 64).

A eminência do tato na existência, o fato que ele seja primeiro na ontogênese, induz à ampliação da noção de contato com os outros sentidos. Para Epicuro, por exemplo, todos os sentidos se reduzem ao tato, já que toda percepção assemelha-se a um contato. Platão retoma a mesma ideia. Aristóteles situa cada sentido em sua dimensão própria, resumindo-os a cinco. Entretanto, confere ao tato uma espécie de eminência, já que "é efetivamente separado de todos os outros sentidos, ao passo que os outros são inseparáveis dele [...]. O tato existe para todos os animais"[1]. Um dicionário da língua russa editado em 1903 sugere que "na realidade os cinco sentidos se reduzem a apenas um: o tato. A língua e o paladar sentem a comida; os ouvidos sentem os sons; o nariz as emanações olfativas; os olhos os raios da luz" (apud MEAD & METRAUX, 1953: 163). O ver assemelha-se a uma palpação do olho (LE BRETON, 2004). "O tato é em relação aos outros sentidos o que é o branco para as cores – é sobre ele que é fundada toda a gama dos sentimentos. Tudo o que nos vem de fora é contato, que o ressentimos sob a forma da luz, do som ou do odor"[2]. Matriz dos outros sentidos, a pele é uma vasta geografia nutritiva das sensorialidades diferentes, ela as engloba sob seu guarda-chuva, abrindo ao homem dimensões singulares do real que não saberíamos isolá-las umas das outras. "Com efeito, diz Condillac, sem o tato, sempre teria olhado os odores, os sabores, as cores e os sons, esquecendo-me que há corpos odorantes, sonoros, coloridos, saborosos"[3].

Mas outra filiação, mais platônica, faz do tato um sentido vulgar que quase não distingue o homem do animal. Se Ficin, fiel ao espírito da Renascença que assemelha o tato à sexualidade, reconhece de passagem que se trata de um "sentido universal" presente

---

1. ARISTOTE. *Petit traité d'histoire naturelle*. Paris: Belles-Lettres, 1953, 455a, p. 23-25 e 27.

2. JUNGER, E. *Le contemplateur solitaire*. Paris: Grasset, 1975, p. 87.

3. CONDILLAC. *Traité des sensations*. Paris: PUF, p. 312.

tanto nos animais quanto nos homens, ele contesta sua identificação com a inteligência, que distingue os homens do reino animal. E escreve: "A natureza situou o tato o mais distante possível da inteligência" (apud O'ROURKE BOYLE, 1995: 4). O sentido do tato pertence à matéria, não à alma ou ao espírito, é coisa do corpo. Se o amor contemplativo se eleva a partir da visão, o amor voluptuoso condescende ao nível do tato, mas este último não tem o mesmo valor. Para Pico della Mirandela, outro platônico, as mãos e o tato aprisionam corporalmente uma alma em tensão com sua ascensão divina. "As mãos não são uma instância de divinização, mas de degradação, escreve O'Rourke Boyle. O toque das mãos não é uma imagem crível na especulação platônica" (1998: 5).

Inúmeros filósofos perseguem a difamação de um sentido que lhes parece excessivamente afastado da alma ou do pensamento. Para Descartes, por exemplo, o tato ocupa a posição mais inferior na escala dos sentidos: "O tato, que tem por objeto todos os corpos que podem fazer agir alguma parte da carne ou da pele de nosso corpo [...], não nos dá efetivamente um conhecimento do objeto: o único movimento com o qual uma espada corta uma parte de nossa pele nos faz sentir dor sem nos informar sobre seu movimento ou a forma desta espada"[4]. Questão singular esta que Descartes levanta, mais preocupado com o estilo do ferimento infligido do que com o ferimento em si! A subordinação do sentido a um saber concebido sobre o modelo da visão, e racionalizado, leva necessariamente ao descrédito do tato.

Entretanto, é possível ser cego, surdo e anósmico sem desistir da vida. Podemos conhecer agnosias locais, mas a supressão de todas as sensações táteis decreta uma perda da autonomia pessoal, uma paralisia da vontade, delegando-a a outras pessoas. O homem

---

4. DESCARTES, R. *Principes de la philosophie*. Paris: Gallimard, p. 660.

sente-se paralisado quando não prova a firmeza de seus movimentos e a tangibilidade de seu entorno. A subtração do tato é a privação do gozo do mundo, a saturação de um corpo tornado pesado e inútil, um esquivamento de toda possibilidade de ação autônoma. A anestesia cutânea transtorna o gesto, petrifica os membros e provoca trejeitos. "O sentido do tato é o único cuja privação engendra a morte", já o dizia Aristóteles (1989: 108). Sem ponto de apoio, sem limite ao redor de si para recapturar o sentido da presença, o homem se dissolve no espaço como um rio no mar, ele desliza numa inimaginável ausência de gravidade. Único sentido indispensável à vida, o tato constitui-se em fonte originária da relação do homem com o mundo. Através da metáfora da estátua que se desperta, sentido após sentido, Condillac escreve que é "através do tato que a estátua começa a refletir". E diz mais: "Nossos conhecimentos procedem dos sentidos, e particularmente do tato, já que instrutor dos outros sentidos"[5].

A pele

Órgão mais extensamente distribuído no corpo humano, a pele envolve o sujeito delimitando suas dimensões espaciais. Invólucro real e simbólico do corpo, e do próprio indivíduo, a pele é memória inconsciente da infância, lembrança de embalos amorosos ou rejeição materna. Em inúmeras línguas europeias a pele é uma metonímia da pessoa. Em francês, por exemplo: "salvar sua pele", "meter-se na pele do outro", "fazer-lhe a pele", "estar bem ou mal na própria pele". As mesmas expressões existem no alemão ou em inglês (BENTHIEN, 2002: 18). A pele faz o sujeito.

---

5. CONDILLAC. *Traité de sensations.* Op. cit., p. 313.

A pele traduz uma diferença individual, mas demarca igualmente um gênero sexual, uma condição social, uma idade, uma qualidade de presença, e engaja uma eventual pertença a uma "raça", segundo a cor e o público em questão. Ela é principalmente um limite de sentido e de desejo, religa e separa, organiza a relação com o mundo, é instância de regulação, um filtro ao mesmo tempo físico e somático. A pele é saturada de inconsciente e de cultura, ela desvela o psiquismo do sujeito, mas também a parte que ele assume no interior do vínculo social, a história que o rega. O público e o privado juntam-se nela. A pele é o ponto de contato com o mundo e com os outros. Ela sempre é uma matéria de sentido.

Barreira que protege dos objetos do exterior, mesmo se impotente para amortecer as agressões para além de um determinado limiar, a pele é viva enquanto respira, se comunica com o meio ambiente, emite odores, traduz o estado de ânimo por sua textura, seu calor, sua cor. Entre o exterior e o interior, ela estabelece a passagem das estimulações e do sentido. Instância de separação, ela envolve a individualidade, mas é simultaneamente lugar de intercâmbio com o mundo, deixando transitar por ela o calor, a luz, a fruição ou a dor. Lugar de limite e simultaneamente de abertura, ela indica ao indivíduo sua soberania sobre o mundo e o espaço que nele ocupa.

O tato é por excelência o sentido da proximidade. Estreitamente localizado, ele exige abandonar os outros objetos para dedicar-se unicamente ao que é palpável. O sentido tátil implica a ruptura com o vazio e a confrontação com um limite tangível. Se a visão dedica-se a um espaço já construído, o tato o elabora por uma sucessão de contatos. Ele é sempre local, sucessivo, e dá-se por sequências. Explora-se uma parte, depois outra. Uma cadeira, por exemplo, é imediatamente percebida pelo olho: suas qualidades, seus defeitos, sua textura se oferecem imediatamente. Ao inverso, a mão a explora metodicamente, apalpa seus contornos, a fim de lentamente reconstruir-lhe o conjunto. Se o olho abraça extensões imensas mesmo a distância, o tato margeia o mais imediato, ele implica um corpo a corpo com o objeto. Sem ele, o mundo esquiva-se. Mas, na percepção corrente, a visão e o tato caminham juntos como duas faces de uma mesma moeda. Mesmo se, segundo as circunstâncias, uma e outro assumem uma necessária autonomia, por exemplo, a noite para a visão ou o tato por ocasião da averiguação de uma paisagem. A todo instante em contato com o meio ambiente, a pele ecoa os movimentos do mundo. A pele não sente nada sem sentir-se ela mesma. "Tocar, é tocar-se, diz Merleau-Ponty, [...] as coisas são o prolongamento de meu corpo e meu corpo é o prolongamento do mundo que me circunda [...]. É necessário compreender o tocar e o tocar-se como um dirigindo-se ao outro" (1964: 308). O objeto nos toca quando o tocamos, e se dissipa quando o contato se desfaz.

Toda estimulação tátil marca as fronteiras entre si e o outro, entre o de fora e o de dentro. O tato burila a presença no mundo pela advertência permanente da fronteira cutânea. "Quando despertava assim, escreve Proust, meu espírito agitando-se para, sem sucesso, buscar saber onde eu me encontrava, tudo girava ao meu redor na obscuridade, as coisas, os países, os anos. Meu corpo, demasiadamente entorpecido para deslocar-se, buscava, segundo as formas de sua fadiga, localizar a posição de seus membros para induzi-los na direção da parede, dos móveis, a fim de reconstruir e nomear a casa onde se encontrava. Sua própria memória, a memória de suas costelas, de seus joelhos, de seus ombros sucessivamente lhe apresentava vários quartos onde ele havia dormido, ao passo que ao seu redor as paredes invisíveis, mudando de lugar segundo a forma do objeto imaginado, turbilhonavam nas trevas"[6]. O tato é propício

---

6. PROUST, M. *Du côté de chez Swann*. Paris: Livre de Poche, p. 8.

à memória. Seus rastos habitam a superfície do corpo, prontos a renascer, se necessário. Eles propiciam referências duráveis na relação com o mundo.

Em situações preocupantes, a automanipulação dos cabelos, do rosto, o ajustamento ou o apalpamento das vestes, as mãos que se enrugam, se apertam, se torcem, o passar a mão no rosto, o balançar o corpo, o esmurrar levemente a mesa, o pegar um objeto e soltá-lo de maneira repetitiva, o segurar um cigarro na mão e tantos outros gestos são gestos de apaziguamento que fogem à consciência. Estes incontáveis movimentos visam a reduzir a tensão, a dar segurança, na ausência de contato com outra pessoa.

Para além de sua dimensão espiritual, os terços que os cristãos, os muçulmanos ou os budistas passam entre seus dedos preenche igualmente uma função de solicitação muscular e descontração. Manipulações de pedras, de objetos lisos, de bolas, de grãos, de massas flexíveis acompanham o devaneio, a meditação, o descanso, a reflexão. O uso de um talismã, de um fetiche, de um *doudou* (boneco de pano para abraçar), de um "objeto transicional" regularmente tocado, apalpado, acariciado, apanhado com a mão preenche uma função de busca de segurança. Na Grécia antiga era comum carregar consigo uma pedra polida, de âmbar ou jade, que o indivíduo apalpava para se descontrair. A tradição se estendeu para a Ásia. Nos anos 60 ainda, os gregos desfiavam rosários de âmbar sem conotação religiosa: "São os *komboloia* ou 'rosários de precauções'. Os gregos os emprestaram aos turcos. Eles os manipulam em toda parte, na terra, no mar. Seus tinidos acalmam o insuportável silêncio que se aproxima quando uma conversação se dissipa. Os pastores, os policiais, os estivadores, até mesmo os lojistas, atrás de seus balcões, os possuem" (McLUHAN, 1968: 100). Hoje o comércio oferece bolas de metal cuja propaganda insiste sobre os benefícios terapêuticos para quem as manipula ou busca distrair-se com elas.

Concretude das coisas

O sonhador se belisca a fim de convencer-se de seu estado. Tocar as coisas é convencer-nos de que elas existem. O mundo, e, portanto, a presença do outro, é em primeiro lugar uma modalidade tátil. Sem a interface entre si e o outro, o tato encarna o limite radical entre o sujeito e seu meio ambiente. O tato impõe o contato imediato, a base palpável do objeto que garante ao real sua coesão e sua solidez. Ele oferece aos homens os pontos de apoio, enraizando-os num terreno tangível. Metaforicamente, em francês existem muitas expressões, com significações diferentes, que trazem em sua raiz o verbo tocar[7]. Por exemplo: *toucher la réalité du doigt* (ver a realidade claramente), *toucher au terme de l'existence* (chegar ao termo da existência), *toucher au but* (acertar o alvo, resolver as dificuldades), *toucher au sublime* (alcançar o sublime). Em relação à materialidade do mundo, o tato é soberano, ele atesta a concretude das coisas, ele possui um estatuto de verificação de sua veracidade. A palavra de Tomé, no Evangelho, é clara em sua obscenidade aparente: "Os outros discípulos lhe disseram: 'Vimos o Senhor'. Mas ele respondeu: 'Se eu não vir nas mãos os sinais dos cravos, e não puser o dedo no lugar dos cravos e minha mão no seu lado, não acreditarei'" (Jo 20,25). Por sua vez, o próprio Jesus

---

7. O autor oferece algumas destas expressões como exemplos. Entretanto, ao traduzir para o português tais expressões, a palavra *toucher*, tocar, que remete ao tato, tema do presente capítulo, desaparece. Por isso preferimos copiar literalmente as expressões em francês e, entre parênteses, oferecer sua tradução para o português. Do contrário, as afirmações do autor parecem perder o sentido contextual intencionado [N.T.].

210

interpela Tomé: "Põe aqui o dedo e olha minhas mãos, estende a mão e põe no meu lado, e não sejas incrédulo, mas homem de fé". Tomé coloca seus dedos nas feridas e responde: "Meu Senhor e meu Deus". Jesus lhe diz: "Porque me viste, acreditaste. Felizes os que não viram e creram" (Jo 20,26-29). Em contrapartida, ele impede Maria Madalena de tocá-lo (*noli me tangere*). Os que acreditam vendo são preservados do tato, como os outros discípulos que simplesmente viram e acreditaram.

Se as coisas não são palpáveis são irreais. O tato é correntemente invocado como procurador da realidade das coisas. Mas o contato não pode verdadeiramente ser a pedra de toque da verdade, como o observa o relato bíblico de Jacó enganando seu velho pai, tornado cego pela idade (Gn 27). Antes de morrer Isaac deseja abençoar seu filho mais velho Esaú, fazendo-o assim intercessor entre Deus e os homens. Ele lhe pede primeiramente um prato assado de caça, que tanto adora. Mas a mulher de Isaac, Rebeca, ouvindo a conversa, deseja por sua vez privilegiar seu filho mais novo. Ela o adverte sobre a situação e lhe pede para trazer dois cabritos gordos a fim de preparar um assado suculento. Jacó sabe inicialmente poder enganar seu pai, já que este não enxerga mais, mas ele se dá mal na prova do contato físico. Se o corpo de Jacó é imberbe, o de Esaú é peludo. Rebeca busca contornar essa dificuldade: "Jacó foi buscar os cabritos para a mãe, e ela preparou um assado saboroso do jeito que o pai adorava. Rebeca tomou as melhores vestes que o filho mais velho Esaú tinha em casa e vestiu com elas o filho mais novo Jacó. Com as peles dos cabritos cobriu-lhe as mãos e a parte lisa do pescoço" (Gn 27,14-16). Assim vestido, Jacó levou o prato assado ao pai, apresentando-se como Esaú. A audição, no entanto, não engana o velho homem que reconhece a voz de Jacó. Mas, pedindo para que se aproximasse, ele confia em seu tato e se convence de que se tratava de Esaú. "Isaac disse a Jacó: 'Vem cá, meu filho, para que eu te apalpe e veja se és ou não meu filho Esaú'. E Jacó achegou-se ao pai Isaac, que o apalpou e disse: 'A voz é a de Jacó, mas as mãos são de Esaú'. E não reconheceu o disfarce, pois as mãos estavam peludas como as do irmão Esaú, e decidiu abençoá-lo. E disse: 'És de fato meu filho Esaú'" (Gn 27,21-24). A apalpação insistente de Isaac fracassa em identificar a fraude. Seu erro é confortado pelo odor do animal que sente ao abraçar seu filho. "Jacó se aproximou e beijou seu pai. Quando sentiu o cheiro das vestes, abençoou-o dizendo: 'Este cheiro de meu filho é como o aroma de um campo que o Senhor abençoou'" (Gn 27,25-28). A conjugação do contato físico, dos sabores do prato e do odor animal atesta claramente ao velho Isaac que Esaú está diante de si.

A realidade se vê claramente. Nós não percebemos as fronteiras da pele senão entrando em contato com um objeto exterior ou sendo tocados por ele. Exclusivamente através do olhar, o corpo não parece diferente das coisas circunstantes. O contato com o objeto é uma lembrança da exterioridade das coisas ou dos outros, uma fronteira incessantemente deslocada que proporciona ao sujeito o sentimento de sua própria existência, de uma diferença que o coloca ao mesmo tempo em face do mundo e imerso nele. "A realidade é de forma primária atestada na resistência, que é um ingrediente da experiência tátil. Já que o contato físico [...] implica o choque [...], assim o tato é o sentido no qual tem lugar o encontro original com a realidade enquanto realidade [...]. O tato é o verdadeiro teste da realidade" (JONAS, 2001: 47). Tocar é um sinal radical do limite entre si e o mundo. O contato com um objeto propicia o sentido de si e o de fora, uma distinção entre o interior e o exterior. "Sozinha, escreve Virginia Woolf, eu muitas vezes mergulho no nada. Prudentemente devo colocar o pé na borda do mundo, por medo de precipitar-me no nada. Sinto-me forçada a bater a cabeça contra uma porta duríssima para entrar em meu próprio corpo"[8].

A dificuldade de situar-se no mundo, se as orientações se perdem, leva o indivíduo à busca dos limites de sentido próximos de si através de um corpo a corpo com o mundo. O limite físico é um atalho visando a encontrar os limites de sentido, uma preocupação que busca apagar um mundo que se esquiva. O que parece impossível de realizar com a própria existência, busca-se fazê-lo com o corpo. A solicitação dos limites cutâneos exerce uma função de apaziguamento, de reorganização do caos interior. Ela convoca o indivíduo ao sentimento de sua unidade. A pele que cingia o mundo social no interior de fronteiras relativamente precisas e coerentes dando ao vínculo social um ponto de apoio e referências previsíveis hoje parece dilacerada em todas as partes. Se a pele do mundo se desfigura, o sujeito ao contrário se retrai sobre a sua para tentar fazer dela seu refúgio, em um espaço que ele controla na falta de controlar seu entorno.

A busca de limite físico é hoje corrente através das atividades físicas ou esportivas de risco em que o *slogan* muitas vezes repetido é justamente de "descobrir seus limites", de "superá-los" etc. Estes limites apaixonadamente buscados se resolvem num enfrentamento físico com o mundo no desejo de tocá-los, de senti-los com todo o seu corpo. O contato físico ou o desempenho oferecem um suporte identitário[9]. Um sentimento de plenitude provisoriamente é alcançado.

---

8. WOOLF, V. *Les Vagues*. Paris: Livre de Poche, 1974, p. 54.

9. Sobre as condutas perigosas ou o esporte extremo como busca de um limite físico, cf. LE BRETON, D. *Passion du risque*. Paris: Métailié, 2000. • *Conduites à risque* – Des jeux de mort au jeu de vivre. Paris: PUF, 2002.

Se as atividades físicas ou esportivas alimentam uma busca lúdica de contato com o mundo, os comportamentos de risco ou os atentados contra o corpo são antes uma busca de contenção, um cinto de segurança contra o sofrimento. Elas entram numa antropológica de convocação à existência quando o indivíduo tem a impressão de ser arrastado por um caos de sofrimento. *"Mesmo que vos faça mal, isso prova que sois reais, que estais vivos"*: eis a conversa que sempre retorna junto aos que atentam contra o próprio corpo. Viver é insuficiente, o sujeito não apostou suficientemente em seu corpo, em sua ancoragem no mundo, urge-lhe experimentar as sensações que o levam enfim ao sentimento de um enraizamento em si. Eu existo no momento em que me faço um corte na pele, já que passo a ser imerso numa situação de grande poder emocional e sensorial. A dor, o corte, o sangue forçam a sensação de existir enfim. Quando o eu carece de ancoragem, quando a imagem do corpo sofre para estabelecer-se como um universo propício, os recursos às sensações vivas dão enfim a impressão de ser senhor de si. Existir já não basta mais, urge sentir-se existindo. Uma disputa de sensações vence o esboroamento de si e a inconsistência da imagem do corpo!

A incisão é então uma maneira de sentir enfim os limites de si, de viver momentaneamente esta união entre o eu e a imagem do corpo. Aí aonde não resta senão o corpo para provar sua existência e torná-la eventualmente conhecida aos outros, o corte da pele torna-se um modo de resseguro da identidade pessoal. A sensação de impotência diante do entorno, o sentimento de insignificância pessoal fecha as portas a qualquer opção. "Existo, já que me sinto, e a dor o atesta". Se não for pela dor da incisão, ao menos por sua cicatrização. O escoar do sangue é um atestado de existência, uma prova enfim de estar vivo. "Eu atravesso fases em que me sinto vazia, com a impressão de não existir." Quando Stéphanie, 18 anos, se corta a pele, ela finalmente sente-se "profundamente viva". O ferimento corporal deliberado é uma busca tateante de um patamar de dor ou de sangramento da pele que oferece uma sensação de existir. Uma vez satisfeita esta sensação, a pressão psicológica se ameniza. O corpo de um sujeito sofredor sangra por todos os lados, a não ser que suas fronteiras sejam restauradas, que se erija ao seu redor um muro de proteção (LE BRETON, 2003).

O contato com as coisas é a única convocação possível do real, já que o corpo encarna o ator, e seu corpo a única possibilidade de estar no mundo. Já o tato, não importando suas formas, traduz-se num contato pessoal com o mundo aí aonde os outros sentidos, particularmente a visão, subsistem numa radical impotência. O ver não é suficiente para garantir o real; somente o tato dispõe desse privilégio. A abolição do tato faz desaparecer um mundo doravante reduzido exclusivamente ao olhar, isto é, à distância e ao arbitrário, e principalmente à miragem.

A mão

Se o tato se estende sobre toda a superfície do corpo, a pele é mais frequentemente passiva, mais tocada que tocante, ao contrário da mão cuja vocação, além do pegar, é justamente de ir ao encontro dos corpos ou das coisas, para além de toda separação, a fim de permitir uma avaliação tátil. Aristóteles é o primeiro a ver na mão um instrumento enraizado na carne do homem e suscetível de lhe oferecer um mundo mais hospitaleiro. "Efetivamente, o ser mais inteligente é aquele que é capaz de utilizar bem o maior número de instrumentos: ora, a mão não parece ser um instrumento, mas vários [...]. É, pois, ao ser capaz de adquirir o maior número de técnicas que a natureza deu um instrumento de longe o mais útil de todos: a mão." Se os animais só dispõem de um único meio de defesa, continua Aristóteles, o homem, ao contrário, tem vários, "e lhe é sempre possível substituí-los e inclusive dispor da arma que ele quiser e quando o quiser. Pois a mão torna-se unha, garra, chifre, lança ou espada, ou qualquer outra arma ou instrumento. Ela pode ser tudo isso por sua capacidade de agarrar e de segurar" (ARISTOTE, 1956: 136-138). A mão não somente sente a impressão característica do objeto, ela também percebe seu calor, seu volume, seu peso e, em seu contato, sente prazer ou dor. Indo ao encontro do objeto, a mão emancipa o tato do resto da pele. Órgão por excelência da preensão e do tato, ela explora, apalpa, toca, acaricia. Ela somente assume sua força pelos movimentos e pela sensibilidade que a animam. Paralisada ou sofrendo de agnosia, ela perde suas qualidades, toca, mas não é mais tocada. O intercâmbio é rompido. Para Aristóteles, "é impossível existir uma mão feita de não importa o quê, por exemplo, de bronze ou de madeira, senão por uma homonímia comparável àquela de um desenho representando um médico, visto que este tipo de mão não poderá preencher sua função, tanto quanto as flautas de pedra ou o desenho do médico não consegue preencher as suas" (ARISTOTE, 1957: 6).

A mobilidade do braço, do antebraço, do punho e dos dedos confere à mão uma formidável abertura motriz e tátil. A articulação dos dedos em várias falanges e a capacidade do pulso de opor--se a cada dedo lhe oferece a possibilidade de preensões múltiplas, desde a força com a qual ela se fecha sobre um objeto à maneira de um gancho, até aquela em que a precisão e a fineza vencem. A estrutura osteomuscular favorece a motricidade, a mobilidade, a leveza, a força, a habilidade em incontáveis tarefas que implicam precisão ou força. Nas técnicas do corpo, a mão, com o requinte que o olho e a inteligência prática lhe propiciam, é uma peça-chave em termos de possibilidades de aprendizagem, de metamorfose e de adaptação às circunstâncias.

O tato requer uma educação para não permanecer dormente ou deficitário. A criança aprende a orientar e a coordenar os movimentos dos músculos de suas mãos, ela aprimora suas apalpações, aprende a reconhecer as circunstâncias ou as resistências, é ensinada a não quebrar os objetos ou a não machucar-se a si mesma ou seus colegas de brincadeiras. Alguns ofícios exigem uma formidável competência da mão. O tato jamais é um sentido inerte, mas uma inteligência em ato relativamente aguçada. Uma criança cega que não aprende a tocar permanece à margem do mundo, na necessidade de ser assistida pelos outros. Ela sente-se assim saturada por suas mãos, não por uma carência biológica, mas por um defeito educacional.

O contato físico da mão com o lápis e o papel, do cotovelo com a mesa, ou do antebraço com a borda da mesa implica uma espécie de inércia da pele, um abandono do corpo a seu entorno próximo. Existe um tato passivo permanentemente solicitado pelo fato de sentir em diferentes pontos do corpo a pressão das coisas. Mas o tato é um sentido ativo quando a mão se dirige de forma deliberada e exploratória ao mundo: ela adota uma forma, cinge um volume, aprecia sua consistência, sua textura, sua temperatura, sua solidez etc. Esta atividade desinstala a passividade do tato. É uma empresa deliberada da mão que apalpa, avalia, sopesa, sacode, arranha, fricciona, desloca e pressiona. Obviamente, nada impede que se toque com os pés, com os lábios, com a língua, mesmo se com uma margem menor de precisão. Excluindo enfermidades, privando o homem de suas mãos, o tato implica o uso da palma e dos dedos[10].

---

10. Excepcionalmente, junto aos indivíduos privados da existência de suas mãos, os pés são suscetíveis de tocar, de sentir, de empurrar, de quebrar, de fatiar, de

"O côncavo da mão é uma prodigiosa floresta muscular. O menor dos estímulos a faz agitar-se" (BACHELARD, 1978: 84).

A infinita plasticidade da mão confere ao homem a possibilidade de obrar na diversidade das artes e das indústrias fundamentalmente manuais. Marinheiro, pescador, ceramista, ferreiro, escriba, músico, escritor etc., estas técnicas manuais ainda são necessárias, como elas ainda o são hoje para a informática, a condução de um automóvel, de uma bicicleta. Apoiando-se em recursos propriamente humanos de criar sentido e valor, a mão expandiu a soberania do homem sobre a natureza, transformando-o num incansável fabricante de instrumentos, num *homo faber*. Que a inteligência e a mão tenham uma ligação comum, o inconsciente da língua o lembra à sua maneira ao atribuir-lhes sem dúvida a mesma raiz indo-europeia: *"m.n."* (*mens*: inteligência; *man*: homem nas línguas nórdicas). Para muitos filólogos, *manus* (em latim, mão) procede da mesma raiz.

A humanidade nasceu da mão e de seus incontáveis usos. "Instrumento dos instrumentos" (Aristóteles), "órgão do possível" (P. Valery), ela moldou instrumentos e máquinas sempre mais perfeitos, estando na origem de todas as técnicas. Quando a habilidade da mão é adquirida, junto ao homem comum ou ao artesão, ela desenvolve uma competência mesmo em ações realizadas pela

---

pintar, de escrever etc. Eles são destinados assim a substituir a maior parte das funções ordinárias da mão, mesmo se sua estrutura osteomorfológica não lhes permite tal margem de manobra. Um belo exemplo disso, reportado em C. Brown (*Celui qui regardait passer les jours*. Paris: Seuil, 1971. • *Du pied gauchei.* Laffont, 1990), é o de um paralítico de nascença que somente move o rosto e o pé esquerdo, transformando-os em seus vínculos fundamentais com o mundo. A literatura da Renascença evoca muitos casos desse gênero. Assim, o anatomista Benedetti (1450-1512) encontra "uma mulher nascida sem braços, que fia e costura com os pés" (O'ROURKE BOYLE, 1998). Ambroise Paré descreve um caso semelhante em sua obra *Des monsters et prodiges* (1996).

218

primeira vez. Guiada pela inteligência prática do ator, ela parece possuir uma "destreza" ("*tour de main*") que a torna parceira do homem em sua tarefa, e não mais só executora.

O apalpar

O tato é da ordem da superfície, já o apalpar, este se diferencia como o ouvir do escutar. Ativo e exploratório, ele manuseia as coisas e as modela ao bel-prazer, em busca de informações. Tal é a tatilidade do cego: apalpação precisa dos objetos ao longo dos dias ou cotidianamente, visando a identificá-los, o mais frequentemente através do simples contato de reconhecimento para as coisas mais conhecidas. O apalpar é uma espécie de penetração tátil, uma busca de profundidade que o contato superficial não consegue oferecer. "Para apalpar, diz P. Villey, o cego nunca se contenta de simplesmente entrar em contato com um ponto único do objeto oferecido. A ponta do dedo indicador, por exemplo, é bastante ampla; ela corresponde a vários pontos, ao menos aos seis pontos da letra braile que ela percebe simultaneamente. O movimento feito em vista do apalpar faz-se acompanhar sempre, portanto, de um contato mais ou menos ampliado; e, inversamente, o cego jamais se satisfaz com um contato ampliado: ele sempre experimenta a necessidade de precisar a noção assim adquirida por movimentos relativamente numerosos" (1914: 207). A pessoa que enxerga usa mais raramente esta forma requintada de tatilidade, já que de imediato seus olhos lhe bastam para obter as informações das quais necessita. Mas alguns ofícios exigem permanentemente a operacionalização de uma competência tátil elaborada.

O movimento (enquanto comporta a exigência muscular e articular) e o tato se associam na identificação da natureza e as qualidades de um objeto. A mão, enquanto corporeidade da inteligência sensível do homem aperfeiçoa um processo, convocando o corpo em sua totalidade. Para Révèsz, o sentido háptico supera a dimensão tátil e cinestésica englobando uma visão mais amplamente exploradora ao surpreender, apalpar e sopesar o objeto. "Quando a mão entra em contato com o objeto-alvo ela não dispõe, como no sistema ocular, de um 'campo periférico' tendo um valor de apelo e podendo fornecer pontos de ancoragem. O sujeito deve executar intencionalmente movimentos de exploração no espaço de trabalho para buscar (se existem) referências exteriores" (HATWELL, 2000: 2).

De maneira geral o olho exerce um papel decisivo na acomodação do gesto e na precisão do tato, não somente guiando a mão, mas oferecendo igualmente aos dedos informações preciosas que levam à pertinência da percepção. Toda experiência do tato é intimamente misturada à apalpação do olho. E, inversamente, para intuir distâncias, pressões, possibilidades de ação, a vista requer instantaneamente ou por experiência a arbitragem do tato. A cegueira torna tateantes os movimentos da mão. Révèsz observa justamente que "quanto mais complexo um objeto tátil, mais a apreensão háptica (o toque do cego) é difícil, mais a superioridade da visão parece evidente" (1950: 141).

Infância do tato

A pele é em primeiro lugar, e por toda a vida, o órgão primeiro da comunicação. Na história individual, o tato é o sentido mais antigo, o mais ancorado, já presente *in utero* após o segundo mês de gestação e, posteriormente, de maneira privilegiada, nos primeiros anos da vida. Envelopado na matriz, o feto conhece uma culminação do contato corporal nos movimentos de aproximação física com sua mãe. "Assim, escreve M. Serres, antes de nascer, todos passamos um tempo no ventre de uma mulher, entrecruzando nossos tecidos, no escuro: o desenvolvimento do embrião, como se diz por antífrase, deveria denominar-se envelopamento [...]. A padeira modela a massa do pão com suas mãos como a mulher grávida modela, sem querê-lo, a massa viva pré-natal" (SERRES, 1987: 330). Bem antes que o feto disponha da visão, da audição ou da olfação, sua pele já sente as vibrações do mundo, mesmo se diferentes do que elas o serão mais tarde. *In utero* a criança registra uma multidão de mensagens organizadas segundo o ritmo da vida de sua mãe, de suas distrações, atividades, deslocamentos, refeições etc. Pouco a pouco as paredes uterinas se fecham ao redor do feto. Suas contrações na hora do nascimento constituem uma etapa essencial à entrada do recém-nascido na vida: elas ativam os sistemas respiratório, circulatório, digestivo, endócrino e nervoso. "A mãe, sentindo-se amassadeira e expultriz e a criança amassada e expulsa, numa estreita comunicação de corpos, são experiências comuns e complementares entre mãe e criança, experiências estas que preparam o acesso à realidade nova de qualquer indivíduo" (BOUCHART-GODARD, 1981: 265). Por ocasião de nascimentos prematuros ou por cesariana, as crianças apresentam em seu primeiro ano de vida uma taxa sensivelmente mais elevada de afecções rinofaringíticas, respiratórias, gastrointestinais e geniturinárias. Montagu (1979: 45-50) chega inclusive a afirmar que a mortalidade de crianças nascidas por cesariana é mais elevada se comparadas com as que nascem de parto natural.

Os prematuros são menos vivazes, mais magrelos, frágeis, choram mais do que as outras crianças. Estas perturbações, segundo Montagu, provêm das carências em matéria de estimulações táteis, mas também da ausência das massagens realizadas pelas contrações uterinas. Sua encubação as afasta da mãe e gera paralelamente uma assepsia das relações físicas. Os lactentes que se beneficiam de um intercâmbio de sensações com suas mães ou com suas cuidadoras se desenvolvem melhor do que as crianças que por questões de saúde passam um tempo na encubadora. Suas defesas imunológicas são melhores, são crianças mais calmas, relaxadas e ganham peso mais rapidamente. O contato afetivamente forte conjura em parte os efeitos ruins oriundos do ambiente agressivo e asséptico imposto pelos cuidados hospitalares. Seguramente, a maternação ulterior destas crianças é suscetível de represar estas dificuldades e levá-las a um desenvolvimento mais harmonioso[11].

O inacabamento fisiológico e moral da criança, a incapacidade de assumir sua homeostasia e sua entrada na vida a tornam dependente de seu entorno social, essencialmente de sua mãe ou dos que assumem seus cuidados. O lactente abandonado a si mesmo, sem os cuidados necessários, sem afeição, encaminha-se à morte sem poder nutrir-se ou proteger-se de seu meio ambiente. Para A. Montagu, a estimulação tátil é necessária ao seu desabrochamento e à sua abertura ao mundo. Desde os primeiros meses de sua existência em contato com uma mãe amável e atenciosa, a criança vive num corpo a corpo envolvendo sua pele inteira. O sentido do tato é então primordial. As sensações experimentadas ao contato do seio ou da mamadeira misturam sob o modo do prazer e da satisfação das necessidades biológicas o audível, o tátil, o olfativo, o gustativo. Lábios, boca, língua e pele conhecem uma tranquila efervescência que já participa da construção de si. Toda estimulação dos lábios

---

11. Se os cuidadores põem em prática um breve programa de estimulação tátil (massagens, embalos, troca de palavras, brincadeiras etc.), as crianças prematuras se beneficiam de um ganho de peso, de um melhor crescimento, de um apaziguamento que as distinguem das que não participaram desta experimentação. Sobre todos estes dados, além dos trabalhos essenciais de A. Montagu, confira os inúmeros exemplos e os debates sobre este assunto em Barnard e Brazelton (1990), Field (2004), Consoli (2004).

do lactente suscita uma rotação de sua cabeça na direção do objeto de sua estimulação e provoca um movimento de sorver. Junto à criança nutrida no seio, a resposta manifesta a busca do mamilo. O mundo do lactente dá-se primeiramente pela boca, mobilizando a tatilidade, o paladar, o olfato, o calor e o frio. "Para o recém-nascido, as sensações simultâneas dos quatro órgãos sensoriais (a cavidade oral, a mão, o labirinto e o estômago) são uma experiência proprioceptiva total. Para ele, todos os quatro são meditatizados pela percepção do contato" (SPITZ, 1968: 57). Por ocasião do aleitamento ou dos cuidados maternos, a mão da criança, eminentemente ativa, se prensa contra o seio, agarra, acaricia, esmurra. O lactente sente o odor de sua mãe, ouve as palavras ou os cantos que se dirigem a ele e o embalam, vive uma intensa relação de pele a pele com ela. Durante o aleitamento, o lactente olha não o seio, mas o rosto de sua mãe. Mesmo se ele perde o mamilo e o procura novamente, ele não tira o olho do rosto da mãe. Se o tato está no âmago do universo do lactente, o rosto de sua mãe já o projeta para fora de si mesmo, direcionando-o para o mundo exterior.

O seio é simultaneamente nutritivo, quente e tenro, provedor de ternura, objeto para se brincar, acariciar e beliscar. A raridade de desordens digestivas junto à criança nutrida pelo seio contrasta com a frequência mais elevada dos que o são via mamadeira. As primícias da linguagem se efetuam nestas experiências iniciais de contatos corporais eminentemente significantes em sua ternura e aprovação, ou em sua ruptura e reprovação. Paralelamente, as explorações táteis da criança são decisivas em sua orientação no mundo, ela brinca com o corpo de sua mãe, apodera-se dos objetos levando-os à boca, aos lábios, agitando-os diante de seus próprios olhos. Lentamente ela coordena seus gestos, subordinando inicialmente a eles inclusive a visão, antes que, uma vez desenvolvida, ela assuma sua proeminência. Se a criança toca os objetos ou as pessoas que a cercam, ela em pouco tempo assimila os interditos ou os ritos de contato próprios à sua sociedade. Além disso, ela aprende a descobrir a significação primeira de um objeto simplesmente vendo-o, e não mais por tocá-lo. O contato torna-se então uma informação suplementar, deixando de impor-se como condição primeira. É tocando o mundo que a criança aprende a diferenciar-se dele e a firmar-se como sujeito. A sensorialidade copiosa de seu entorno passa primeiramente pelo caminho a ela oferecido por sua mãe, e esta pode constituir-se em seu mais exitoso meio de travessia (ou no pior, se a mãe negligenciar sua função de "barqueira"), em termos de passagem e de abertura sensual e sensorial ao mundo circunstante.

A mãe é simultaneamente produtora de sentido e de sensações, já que acompanha ao largo do tempo a gestação social e individual de seu rebento, imprimindo-lhe a musicalidade de sua relação com o mundo, diáfana ou desafinada. Graças às experiências cutâneas com a mãe no quadro de uma relação apaziguante de apego, a criança constrói seu sentido dos limites e assimila a confiança que lhe permite sentir-se existir na felicidade e na plenitude. Dessa forma, seu entorno parece-lhe investido de sentido e valor, nada invasivo ou vazio, mas digno de interesse. Não se cria uma criança simplesmente alimentando-a ou cuidando de sua higiene, mas principalmente mantendo-a na ternura, oferecendo-lhe ou insuflando-lhe uma confiança elementar em relação ao mundo, e isso começa nos braços de sua mãe. O tato e o contato materno envolvem psicofisicamente, eles imprimem significações, impasses ou aberturas, segundo a qualidade dessa presença da mãe, e também do pai.

A criança, segundo D. Anzieu, vive na necessidade de fazer a experiência de um invólucro continente (que contém), isto é, de uma "maternagem" amável que lhe dê o sentido de seus limites pessoais e a inscreva pela palavra e pelo contato no interior de um mundo propício, fundado no intercâmbio. A criança que carece de *holding* está permanentemente em busca dos limites e da confiança que lhe faltam. Não ter sido conduzida com amor a leva a ressentir um vazio, a uma ausência de confiança num mundo em que ela não sabe o que esperar dele e o que os outros podem esperar dela. Se os elementos sensoriais lhe faltam, e notadamente o *holding* (o fato de ser sustentada no sentido físico e moral) e o *handling* (o fato de ser carregada no sentido físico e moral), "ela, de alguma forma, faz esta experiência com o que resta à sua disposição: daí os invólucros patológicos constituídos por uma barreira de ruídos incoerentes e de agitação motriz; eles garantem, não o alívio controlado da pulsão, mas a adaptação do organismo à sobrevivência" (ANZIEU, 1985: 112).

A ruptura da fusão dos corpos anterior ao nascimento e o despojamento do invólucro uterino fazem da criança um sujeito pleno, entregue a si mesmo. O corpo a corpo entre mãe e filho inventa a sociedade e a cultura, isto é, uma maneira particular de uma mulher criar seu rebento. Se ela responde aos seus movimentos, fala com ele, o acaricia, o marca com sua ternura e lhe transmite seu calor, o filho educa-se para uma tatilidade frutuosa. Ela desperta sua sensualidade ao respeitar sua diferença, não ao conduzi-la à sedução. Os intercâmbios cutâneos entre a mãe e a criança devem evitar a ascendência e deixar a criança seguir o seu caminho na ternura, e não na monopolização.

Se a mãe é rígida ou inconsequente, ela imprime à criança uma sensibilidade que se intensificará posteriormente em suas relações com os outros. A ternura de um adulto para com os outros é um efeito de educação, e não questão de boa ou má vontade. A qualidade do contato se enraíza nos primeiros anos da vida, na maneira com a qual a criança é tocada, carregada, acariciada, amada, estimulada ou não. Sua sensibilidade se educa em suas relações com a mãe e com os que a cercam. Sendo acariciada, mimada, amada, ela aprende a acariciar, a minar, a amar. Se lhe faltaram ternura e contato, quando adulta esta criança muitas vezes poderá apresentar comportamentos bulímicos ou manifestar distanciamento ou agressividade na relação com os outros, e até mesmo com os mais próximos.

Uma minoria de crianças, mesmo após um teste pessoal, não busca necessariamente o contato corporal com sua mãe; sua presença ao seu lado lhe basta. O vínculo não corre risco, pois não se trata absolutamente de uma rejeição ou de uma indiferença em seus confrontos. A evitação do contato concerne igualmente ao pai, embora nem sempre. A criança só conforma-se à maneira habitual com a qual seus pais manifestam seu amor ao tocá-la ou negligenciando o corpo a corpo. Estas crianças facilmente se acomodam à mãe quando esta é comedida em seus confrontos. Segundo o pai encoraje ou não os contatos físicos, elas buscam ou manter-se à sua margem (MAIN, 1990: 467). As formas de educação de uma criança vinculam-se evidentemente a uma pertença social e cultural, elas solicitam uma determinada postura proxêmica.

Os trabalhos de Winnicott ilustram os fenômenos "transicionais" pelos quais a criança domestica sua angústia em face da ausência. No momento em que a separação se anuncia, a criança solicita um objeto afetivamente carregado de significação, remetendo ao imaginário o contato com a mãe momentaneamente ausente, ou duplicando-o, se ela estiver nas imediações. Ursos de pelúcia, pedaços de roupa, bonecos que ela suga ou manipula, ou que arremessa para longe e os apanha novamente, conjuram assim a ausência. O *doudou* substitui a ausência materna. "Objeto transicional", mãe portátil e protética, ele acompanha a criança na hora de dormir, consolando-a quando está ferida, doente ou momentaneamente afastada da mãe. A criança se projeta nele, fazendo-o confidente de seus descontentamentos ou anseios. O *doudou* favorece uma erotização da boca oferecendo a segurança ontológica da qual a criança necessita. Ela igualmente suga o próprio polegar, balança-se, emite longas lalações. Na tentativa de intensificar suas sensações cinestésicas, visuais, táteis e auditivas, a criança busca dissipar sua angústia fabricando-se um mundo que provisoriamente se basta a si mesmo. Mais tarde, o acesso à linguagem e à capacidade de pensar a ausência reduz este recurso propiciatório ao corpo.

Montagu deplora que mães americanas (ele se refere manifestamente às mães Wasp[12]) tendam a negligenciar os contatos corporais com suas crianças. Frequentemente sem ter acalentado nos próprios braços seus bebês, elas temem machucá-los, deixá-los cair, evitando assim intimidades que a educação não lhes propiciou. Diferentemente das jovens mulheres de outras sociedades, habituadas desde a mais tenra idade a cuidar de seus irmãos ou irmãs ou das crianças da vizinhança, para uma jovem americana (e hoje ocidental) essa relação com a criança é um fato minimamente surpreendente, aliás, bastante comum entre as famílias hodiernamente tripartites: pai, mãe, filho ou filha.

Após o nascimento, a separação de corpos é bastante radical. O envolvimento materno é transferido para o berço, para a cama, ou para uma eventual babá. Longe de deixar seu próprio prazer sensorial conjugar-se com o da criança, a mãe empenha-se antes em responder às suas demandas mantendo fisicamente a criança a distância (MONTAGU, 1979: 185). Para M. Mead, as mulheres americanas costumam ter mais contatos corporais com suas filhas do que com seus filhos. A relação com os meninos de imediato parece

---

12. Na Inglaterra: *White anglo-saxon protestant*; nos Estados Unidos: *Anglo-saxon withe and protestant* [N.T.].

sexuada, sentimento que bloqueia os afetos. Para Montagu, a diferença de tatilidade recebida pelo homem e pela mulher em sua infância determina subsequentemente sua sensibilidade. Os homens são menos inclinados a acariciar, ou menos propensos a sê-lo, do que as mulheres, que por sua vez se habituaram a tais atitudes. Mas um homem (ou uma mulher) que não se beneficiou dessa ternura posteriormente enfrenta dificuldades ao tentar manifestá-la. Nas preliminares amorosas masculinas, a brutalidade ou a falta de jeito frequentemente é associada a essa ausência de socialização afetiva, levando assim os homens a refugiar-se numa "virilidade" reduzida a uma genitalidade sem ternura, sem a aprovação do outro. Em nossas sociedades, a manifestação de carinho é nitidamente um apanágio feminino. Assim, frequentemente as mulheres se abraçam e se beijam ao se cumprimentarem, ao passo que os homens, contrariamente, preferem um simples aperto de mão, ou um toque de mãos, sempre preservando a distância ou demonstrando sinais "de virilidade exagerados", às vezes com alguns tapinhas um tanto quanto doloridos nas costas da pessoa saudada (LE BRETON, 2004). "A criança que não conheceu um desabrochamento razoável de sua tatilidade, posteriormente pode se tornar um indivíduo um tanto quanto grosseiro, e não somente em suas relações físicas com os outros, mas inclusive psicologicamente. Este tipo de pessoa provavelmente carecerá de 'tato', sentido que os dicionários definem em termos de 'delicadeza espontânea'" (MONTAGU, 1979: 164).

Os brinquedos infantis geralmente são sexualmente orientados. Se a menina é levada a acalentar sua boneca, o menino rapidamente é dissuadido a não alimentar tal comportamento, ele é reconduzido à razão, geralmente temendo que ele se transforme numa *midinette* (costureirinha), ou numa *fillette* (donzela). O pai americano tende a brincar mais com o próprio filho, em jogos de contato mais "viris", ao passo que, em relação à filha, ele alimenta uma atitude mais dócil e protetora. A socialização diferenciada entre meninos e meninas confirma opções de sociedades e imprime uma sensibilidade sensorial, notadamente em relação às atitudes relativas aos contatos corporais. A pele é sempre uma aposta inconsciente da relação com o outro.

Em algumas sociedades humanas a criança é permanentemente envolta num corpo a corpo com a própria mãe, seja em seus braços ou pendurada por uma tipoia às suas costas. Essa criança acompanha os deslocamentos da mãe, compartilha de suas atividades, adéqua-se aos seus ritmos. De múltiplas maneiras a criança participa de um prolongamento do corpo da mãe, mesmo enquanto ela executa seus trabalhos rotineiros. Dessa forma a criança se adormece nas costas da mãe enquanto esta pilha o milho ou o arroz, ou enquanto usufrui de seus merecidos cochilos. Essas mães nunca se veem limitadas pela presença das crianças, elas parecem desenvolver uma técnica do corpo que não interfere em suas atividades ordinárias, tampouco as distanciando de seu rebento. Se, esporadicamente, por alguns instantes, elas se veem obrigadas a afastar-se da criança, esta é imediatamente assumida pelas meninas da família, ou do vilarejo. A pele da mãe é o filtro semântico e sensorial da relação da criança com o mundo.

No Ártico canadense, por exemplo, os Netsiliks associam estreitamente o corpo da criança ao da mãe. Esta, calma, serena, jamais a enfaixa, sempre deixando seus movimentos livres. Pendurada por uma tipoia às suas costas, a criança está em contato cutâneo por seu ventre, totalmente protegida do frio intenso pela pele de animal que reveste a mãe. Se a criança sente fome, ela arranha a pele que envolve a mãe, que imediatamente lhe oferece o peito. A criança a acompanha ao longo de suas "atividades jornaleiras", intimamente "atada" a ela. A eliminação intestinal faz-se no próprio dorso da mãe, sobre pequenas camadas de pelos de renas previamente sistematizados. A mãe manipula então estes pelos e os substitui por novos. Este "pele a pele" realiza-se permanentemente num clima de doçura e tranquilidade, numa trama familiar ela mesma apaziguante. Este clima desenvolve junto à criança um sentimento de confiança para com o mundo e para com os seus próprios recursos, sempre imperando a serenidade, mesmo nos momentos de adversidade encontrados (MONTAGU, 1979: 171).

M. Mead relata como, em Bali, a criança cresce num corpo a corpo incessante com a mãe, ou com seu entorno, e não somente o entorno familiar, mas o da totalidade dos homens e das mulheres da vizinhança, sem menosprezar o contato entre as próprias. Trata-se, em última análise, de uma relação permanentemente imersa num banho de estimulações táteis (BATESON & MEAD, 1942).

A criança magrebina também vive intensamente em contato com sua mãe, suas tias, suas irmãs, suas avós, ou com outras mulheres do vilarejo ou do bairro. Ela literalmente faz experiência de uma relação de proximidade cutânea até seus dois ou três anos de idade, ou até a chegada de uma nova gravidez da mãe. Nutrida no peito, ela é aleitada à sua demanda e enquanto o desejar. Se ela chora, a reação instantânea da mãe é a de oferecer-lhe o peito. Aliás, estas crianças raramente costumam sugar o polegar (ZERDOUMI, 1982: 95), denotando assim uma menor necessidade de autoestimulação, se comparadas com as crianças ocidentais. Ao longo do dia, quando a mãe se ocupa dos afazeres domésticos ou se desloca ao exterior da residência, ela nunca deixa de carregar em suas costas seu rebento, ou colocá-lo sobre seus joelhos, ao sentar-se. Quando solicitada alhures, ela o deixa aos cuidados de outra mulher da família ou do bairro, ou o confia a suas irmãs. Infalivelmente alguém sempre se ocupa dele, entretendo-o, dando-lhe carinho, atenção etc. Se a mãe se afasta por um tempo relativamente longo, ao seu retorno, desejosa de reatar o contato, ela retoma sua criança no colo, estabelece com ela um diálogo, a acaricia longamente, oferece-lhe o peito, e às vezes por horas a fio (ZERDOUMI, 1982: 93).

Por um longo período, o filho acompanhava sua mãe nos banhos mauritanos (mouros), onde ele vivia uma estreita cumplicidade tátil e afetiva com ela e com outras mulheres, todos os toques sendo permitidos sem que a mãe se sentisse constrangida. Ao nascimento de um irmão ou de uma irmã, a criança é "reenviada à periferia do corpo materno". Ela perde assim o privilégio do peito e do contato estreito com sua mãe, mas a intermediação é frequentemente assumida por suas irmãs ou por outros membros da família que continuam a brincar com ela, protegendo-a, carregando-a etc. O pai tem um contato mais reservado com suas crianças, não obstante as palavras do Profeta que lhe recomenda ser conveniente exteriorizar seus sentimentos para com os filhos, tomando-os nos braços, acariciando-os etc. De maneira geral, a criança do Magreb crescida em ambiente tradicional se vê imersa num rico universo sensorial, usufruindo de uma tatilidade amorosa plena.

Em muitas sociedades africanas a criança vive em grande proximidade física com a mãe (RABAIN, 1979). R. Devish, evocando aqui os Yakas, traduz bem esta comunidade tátil da família africana: "De forma quase contínua, a criança permanece num contato epidérmico com a mãe, com o pai, com seus próprios irmãos e irmãs, ou com os parentes e coesposas do pai. Raramente se criam vazios de contato que a criança deva aprender a preenchê-los pelo viés de um objeto transicional" (DEVISH, 1990: 56, 1993).

Outras sociedades, ao inverso, são reticentes à tendência de a criança apegar-se ao corpo de sua mãe. Seu enfaixamento, nas sociedades europeias tradicionais, por longo tempo limitou os movimentos da criança. Privada da liberdade de mover-se, ela era deixada em seu berço, ou perto do roçado onde os adultos trabalhavam e a vigiavam, sem menosprezar seus afazeres. Em nossas sociedades, obviamente, o lactente é tocado, mas nitidamente menos do que na maioria das sociedades tradicionais. Quando aprende a caminhar, ele experimenta uma culminação dos contatos corporais com outrem, e é mais tocado e bajulado nesse período do que em sua primeira infância, em que é deixado no berço e tomado pelos braços da mãe, principalmente no momento das refeições ou de higiene pessoal (portanto, um contato mais episódico).

Diferentemente de outras sociedades em que a criança habita de alguma forma o corpo de sua mãe ou dos outros, em nossas sociedades o contato se inicia à demanda da criança (menos, sem dúvida, nas sociedades latinas). As mães ocidentais não usufruem da mesma disponibilidade de suas homólogas africanas ou asiáticas, e elas mesmas, em sua infância, nunca foram semelhantemente confrontadas com estas atitudes. Pouco a pouco os contatos diminuem e frequentemente se tornam mais raros com a aproximação da puberdade, desaparecendo na adolescência. Da mesma forma, na meninice as crianças ainda se tocam permanentemente entre si nos locais de lazer ou nas recreações escolares. Elas se dão as mãos, se acariciam, se empurram, brincam de explorar seus corpos etc. Mas seus contatos mútuos se atenuam na escola fundamental e subsequentemente quase desaparecem. Cada grupo social desenvolve uma maneira própria de educar e sensibilizar seus membros para as diferentes formas de contatos e estimulações táteis em função da sociabilidade que o grupo desenvolve e do meio ambiente em que está inserido. Tarefas particulares e competências adquiridas levam igualmente a uma educação às vezes mais apurada do tato e da sensibilidade tátil.

As carências do tato

Uma pele comum vincula a criança à sua mãe, além de integrá-la ao coração do mundo, quando esta pele não for nem dilacerada, nem fragmentada ou ausente. Mesmo que suas outras necessidades fisiológicas sejam saciadas, a criança privada de estimulações sensoriais e ternura não dispõe dos mesmos trunfos existenciais do que uma criança amada e plenamente satisfeita. Os trabalhos de Spitz sobre o hospitalismo oferecem um testemunho impressionante. A ausência de uma mãe ou de uma babá solícita, em razão de doença ou morte, de hospitalização do lactente ou de adoção por alguma instituição de custódia, priva a criança dos cuidados maternos e dos contatos cutâneos que beneficiariam seu desenvolvimento físico e psicológico. Os danos sofridos então estreitamente vinculados à duração do distanciamento da figura materna e das carências dos encarregados de preencher plenamente suas aspirações de ser mimada, acariciada etc. Num estudo sobre 123 lactentes de uma instituição de Nova York, Spitz mostra que as crianças que viam regularmente sua mãe não conheciam nenhuma dificuldade de crescimento ou de relação com o mundo. No entanto, após seis meses, muitas delas apresentavam comportamentos chorosos, em contraste com suas atitudes anteriores joviais e extrovertidas. Se a ausência da mãe se prolonga, os choros aumentam e ocorre então uma regressão, um dobrar-se sobre si dessas crianças, que em geral permanecem deitadas de bruços e meneiam a cabeça quando solicitadas, e choram se sua demanda externa for demasiadamente insistente. Elas perdem peso, sofrem de insônias, de afecções das vias respiratórias. O dobrar--se sobre si mesmo acentua-se e as choradeiras cedem lugar a uma espécie de rigidez das expressões. Deitadas no chão ou no berço, essas crianças permanecem indiferentes, sem qualquer animação facial[13].

A "depressão anaclítica" (SPITZ, 1965: 206) afeta as crianças cujo contato com as mães é cortado em razão de acontecimentos fortuitos entre o 6º e o 8º mês. No caso de doenças, por exemplo, entregues a cuidados eficazes, mas sem implicação afetiva, sem possibilidade de brincar com o corpo de um adulto, elas entram num marasmo do qual subsequentemente as mães sentem dificuldades de abstraí-las. Para Spitz, se a separação ultrapassa os cinco meses, e se ao longo desse período a criança não é acariciada, mimada e estimulada por uma figura que substitui a mãe, os danos físicos e psicológicos podem ser irreversíveis. Em contrapartida, se as relações anteriores com suas mães foram insatisfatórias (mães indiferentes ou constrangidas pelo contato com seu filho), os incidentes físicos ou morais dessa ausência são nitidamente menos graves para a criança.

Outro estudo de Spitz projeta uma luz sombria sobre as consequências da ausência do corpo a corpo da criança com a mãe (ou com a babá). Numa instituição para crianças abandonadas, ele descreve os sintomas do hospitalismo. As crianças, nessa instituição, são bem-cuidadas, nutridas, assumidas. A higiene é perfeita, mas a falta de pessoal impõe cuidados fragmentados e mecânicos, sem ternura, sem que a criança tenha o tempo para vincular-se a uma cuidadora. Uma única enfermeira às vezes cuida de uma dúzia de crianças. Suas tarefas não lhe permitem brincar com elas, cantarolar para elas, acariciá-las, abraçá-las, introduzir

---

13. As teorias sobre o vínculo materno como as de Spitz, Harlow ou Bowlby recobrem os trabalhos mais antigos de Hermann (1973), que insistiam sobre estes imperativos de contato e de ternura na relação com a criança. Aos olhos destes autores, estes imperativos eram tão importantes para o desenvolvimento e o prazer de viver da criança quanto seus cuidados ou sua alimentação.

uma comunicação auditiva, tátil, olfativa etc. Se nas primeiras semanas de seu afastamento as mães vão até a instituição para alimentá-las e em seguida as abandonam aos cuidados do pessoal da instituição, a deterioração física e psicológica da criança se decide em alguns meses: marasmo, passividade, incapacidade de brincar, de sentar-se, rosto sem expressão, coordenação ocular deficiente, olhar vago, retardo de desenvolvimento, aparição de tiques, de movimentos compulsivos, de automutilações etc. A taxa de mortalidade é enorme. Quatro anos depois, os que ainda vivem sentem dificuldades de sentar-se, de colocar-se em pé, de caminhar e falar. A carência afetiva e a ausência de estimulação destruíram a capacidade de desenvolvimento simbólico e físico. Frustradas pela ausência de uma relação amável, elas voltam-se sobre si mesmas, tornando-se sensíveis às doenças e aos retardos de crescimento.

Em 1938, em Nova York, J. Brunneman, que dirige um serviço de pediatria, decide que cada criança de um orfanato devia ser, várias vezes ao dia, carregada ao colo, mimada, afagada etc. Este novo regime de cuidados diminuiu a mortalidade infantil em seu serviço de 30-35% para 10%. A criança não sente apenas a necessidade de alimentação e cuidado, mas precisa sentir-se amada e entrar num diálogo corporal com uma pessoa que por ela se interesse. T. Field conta a história de Tara, uma menina criada num orfanato romeno. Ela passa o essencial de seu tempo na cama, não tendo com o pessoal senão contatos funcionais. Aos sete anos, ela acusa um retardo de desenvolvimento cognitivo e de crescimento. Ela pesa a metade do peso de uma criança de sua idade e mal se equilibra sobre as pernas. Com outras crianças, ela é assumida por um terapeuta especialista em massagens. Após alguns meses de tratamentos e de uma presença calorosa ela recobra uma vitalidade e uma força renovadas (FIELD, 2001: 13-14)[14]. Crianças beneficiadas por massagens conhecem, em relação às outras, um ganho de crescimento, de distensão, de apetite etc. As pré-maturas ficam hospitalizadas por menos tempo e são mais vivas, mais atentas, por ocasião de sua alta hospitalar. A privação de contatos físicos e afetivos altera o sistema imunológico, o crescimento, o desenvolvimento cognitivo e principalmente a alegria de viver da criança.

As lacunas da mãe (ou da babá) a prover um invólucro afetivo ao redor da pele da criança provocam perturbações mais ou menos sérias em sua relação com o mundo. Se a membrana cutânea da criança é suficientemente sólida para enfrentar as turbulências do meio ambiente, a falta de estimulação impede que ela se sinta simbolicamente envolvida. O fato de considerá-la parceira de intercâmbio, de apoiá-la, de acariciá-la, de cuidar dela, molda sua confiança no mundo e lhe permite situar-se ao interior do vínculo social, lhe permite saber o que ela pode esperar dos outros e o que os outros podem esperar dela num sistema de intercâmbio e de reconhecimento mútuo.

Na falta de desabrochamento de uma segurança ontológica que favoreça uma confiança ativa em seu meio ambiente, a criança embate-se contra ele através de seus choros, gritos e agitações. Ela mostra-se "insuportável", jamais satisfeita, sem limite em suas relações com os outros. Por não ser absorvida, a criança torna-se invasiva. Na falta de segurança, frequentemente privada de suas parcas referências, ou de maneira rotineira, a criança torna-se pegajosa, buscando permanentemente sufocar os que estão à sua

---

14. Não são somente as crianças que requerem contatos e um reconhecimento do que são. As pessoas idosas o necessitam enormemente, não somente nas instituições onde elas são cuidadas, mas igualmente em seus domicílios. Uma prática regular de massagem, se consentida, obviamente, mesmo modesta, melhora consideravelmente o estado físico, e principalmente a alegria de viver.

volta. Esta falta de intercâmbio em clima de confiança e ternura suscita mais tarde junto ao adulto uma patologia dos limites. Na ausência de limite de sentido o indivíduo busca um enfrentamento com o mundo. Trata-se de homens e mulheres vivendo de forma caótica, sentindo-se vazios, insignificantes, insatisfeitos com a própria existência. Eles carecem dos limites social e psicologicamente necessários para instituir uma ponte entre eles e o mundo. "Minha-pele" (ANZIEU, 1985) é perfurada de todos os lados, apesar de ter sido embasada por uma afetividade feliz e coerente, por ocasião da primeira infância.

A privação de amor e a falta de estimulações cutâneas da infância levam os indivíduos a desenvolver pruridos e a aliviar a coceira se coçando. Para a psicossomática da pele, muitas afecções cutâneas nascem de doenças provenientes da falta de contato, expressão de carências em matéria de estimulações táteis. Elas são, além do mais, difíceis de serem suportadas, incapacitantes até pelas coerções que ocasionam, pelo julgamento ou pela repugnância que suscitam junto aos outros (CONSOLI, 2004: 68). Elas freiam a consolidação de uma relação amorosa por medo de provocar retraimento ou rejeição. M. Rosenthal constata, interrogando e observando mães de crianças acometidas de eczema, que elas são pouco pródigas em contatos cutâneos (MONTAGU, 1979: 155). A doença vem colmatar as lacunas do contato pele a pele. A criança assume por si mesma seu invólucro cutâneo, mas de maneira ambígua; ela traduz ao mesmo tempo sua carência de ser e de satisfazer as estimulações que lhe faltam. Na ambivalência ela traduz seu desejo de mudar de pele. Seus sintomas são um apelo simbólico endereçado à mãe a fim de suscitar sua atenção e provocar sua afeição, e simultaneamente uma reprovação de seu abandono em se fazendo "repulsiva". "Parece que as mães de crianças eczematosas não se abstêm de contatos corporais com a criança; mas os contatos propostos, provocados por ela ou em resposta às demandas da criança, jamais conseguem ser pacíficos e confiantes. Do fato da angústia que suscitam junto à mãe, e por razões diversas, tais contatos de corpo parecem fadados ao excesso de estimulação, tanto de origem amorosa quanto agressiva" (BOUCHART-GODARD, 1981: 269)[15]. A qualidade do contato com a mãe e com os próximos no período infantil condiciona a qualidade da erotização da pele do homem ou da mulher futuros.

A pele é uma memória viva das carências infantis. Estas últimas continuam ressoando por longo tempo, mesmo se às vezes seus efeitos são atenuados através de medicamentos ou de encontros que ativam ou colmatam as feridas. Preocupações crônicas ou circunstanciais às vezes provocam reações epidérmicas: "botões", no sentido real e figurado, uma crise de eczema, de psoríase ou urticária, manchas avermelhadas. A alergia não se inscreve somente às plantas ou aos animais, o termo se aplica também às pessoas acometidas de perturbações emocionais insuportáveis. A irritação interior ressoa sobre o anteparo cutâneo, o corpo somatiza o contato perturbado. À flor da pele lê-se então, à maneira de um sismógrafo pessoal muito sensível, o estado moral do indivíduo. Se a pele não deixa de ser uma superfície, ela é a profundidade figurada de si, ela encarna a interioridade. Tocando a pele, toca-se o sujeito no sentido próprio e figurado. A pele é duplamente órgão de contato: se ela condiciona a tatilidade, ela igualmente mede a qualidade da relação com os outros. Fala-se tranquilamente em bons e maus contatos, em sentir-se bem ou mal na própria pele! A relação de

---

15. S. Consoli descreve ao outro extremo da existência os "pruridos senis" junto às pessoas idosas privadas de ternura e de contatos com os outros (CONSOLI, 2004: 202). Frequentemente nesta idade o sentimento de abandono alimenta delírios de infestação cutânea, o sentimento de ser devorado por parasitas imundos etc. (p. 85).

qualquer homem com o mundo é uma questão de pele (ANZIEU, 1985; LE BRETON, 2003).

No início do século, o psiquiatra Clérambault interroga mulheres para as quais a seda é objeto único de sua sensualidade e de seu desejo. Decepcionadas em face do contato sexual com os homens, elas encontram no toque destes tecidos a jubilação erótica que lhes falta. O tecido "não lhes devolvia um eventual parceiro desejável, ele o substituía. E esta relação assumia a forma de uma paixão e de um orgasmo, isto é, de uma relação amorosa completa [...]. O tecido não significava para elas um parceiro passivo. Numa reciprocidade que em vão diziam ter esperado de sua vida amorosa, o tecido respondia às suas carícias, opunha sua sedosidade ou sua rigidez às manipulações, inclusive 'guinchava' e 'gritava'. E para concluir elas se diziam 'possuídas pelo tecido', ao passo que eram elas que o 'desonravam'" (TISSERON, 1987: 13). Segundo Clérambault, essa atração já é alimentada nos primeiros anos da existência por uma mãe ausente ou pouco generosa em contatos corporais. A descoberta fortuita do toque de um tecido do antigo berço, de um brinquedo ou de uma boneca cristaliza um prazer suscetível de um dia ser reavivado instantaneamente na vida adulta sem depender de outrem. Na ausência de amor, estas mulheres se apossam simbolicamente do objeto, se apoderam de um objeto de seda, por exemplo, o apalpam e usufruem tanto do frêmito do tecido quanto de seu contato com a pele: "Ele nos excita, nos deixa molhadas; para mim nenhum gozo sexual se iguala àquele lá", diz uma delas.

A sexualidade às vezes torna-se pretexto para ser tocado, acariciado, e circundar-se de pessoas em busca alucinada de ternura e contato (MONTAGU, 1979: 126-127). Um estudo americano sobre 39 jovens mulheres com idade entre 18 e 25 anos, internadas por depressão num hospital psiquiátrico da Pensilvânia, mostra que mais da metade delas usava a sexualidade menos por um prazer que frequentemente elas não experimentavam do que para ser abraçadas, agarradas. Várias dentre elas reconheciam que as relações sexuais, mesmo no interior dessa pobreza afetiva, simbolizavam o preço a ser pago pela fome insaciável de contatos físicos. Uma delas diz: "Eu quero simplesmente que alguém me agarre, e o resto me parece vir por consequência. Se vou para a cama com alguém, basta que ele me aperte um instante contra si" (McANARNEY, 1990: 509). Às vezes, mesmo frígidas, estas mulheres não experimentam senão desprazer diante da sexualidade, mas seu desejo é o de estar por um instante nos braços de alguém (THAYER, 1982: 291). Fome de ternura jamais recebida nem na infância nem posteriormente, conjuração da solidão! O contato corporal lhes dá o sentimento de serem amadas, protegidas, reconfortadas, e principalmente envolvidas em limites simbólicos cuja ausência machuca a existência. O estatuto de mulher e a sede de contato as levam a não poder dissociar sexualidade e intimidade física, já que para os homens que as cobiçam o que unicamente importa é a sexualidade.

Tato do cego

Junto ao homem, o tato é potencialmente um sentido comportando certa acuidade, mesmo se frequentemente relegado a uma categoria secundária pelos filósofos. Os cegos, por exemplo, sugerem um atalho para pensar o tato sob outro registro, quando ele se torna uma modalidade essencial na relação com o mundo. Na falta de ver, os cegos se orientam pela audição, e, sobretudo, pelo contato físico com as coisas. O corpo inteiro do cego torna-se tocante, e não somente os dedos. Quando Diderot solicita ao cego do Puiseaux sua definição do olho, ele responde, provocando a admiração do filósofo: "Um órgão sobre o qual o ar faz o mesmo

240

efeito de minha bengala sobre minha mão". E sua definição do espelho é completamente subordinada ao tato: "Uma máquina [...] que coloca em evidência as coisas, mesmo longe delas, se elas se encontram situadas convenientemente em relação a ele. É como minha mão, que não necessita que eu a pouse ao lado de um objeto para eu poder senti-la"[16] (DIDEROT, 1984: 145). "Seria ditoso possuir olhos?", pergunta Diderot. O cego lhe responde que adoraria "muito mais ter longos braços: parece-me que minhas mãos me instruiriam melhor sobre o que se passa na lua do que vossos olhos ou vossos telescópios; e, além do mais, os olhos deixam de ver mais depressa que o tocar das mãos. Seria melhor, portanto, aperfeiçoar em mim o órgão que já tenho, ao invés de acordar-me o que me falta".

Nas *Additions*, Diderot evoca o caso de um ferreiro operado com sucesso por Daviel, que lhe havia devolvido a visão, mas que, no entanto, continuava a servir-se das mãos. Do matemático inglês cego Saunderson, Diderot simplesmente afirma que ele "via pela pele" (p. 176). Disso nosso autor conclui que "se um filósofo, cego e surdo de nascença, quisesse criar um homem à semelhança de Descartes, ouso vos assegurar, madame, que ele colocaria sua alma na ponta dos dedos" (p. 158). Muito tempo depois, Helen Keller, por sua vez, escreve: "Se eu tivesse feito um homem, certamente teria colocado seu cérebro e sua alma na ponta de seus dedos" (1914: 70)[17].

---

16. O sistema de Louis Braille, antigo aluno de Valentin Haüy, consiste em inscrever os sons sob a forma de um relevo reconhecível pela sensibilidade digital. Os 63 caracteres do alfabeto Braille são impressos em côncavo e são lidos em relevo, sob a forma de uma percepção háptica.

17. Descartes, mesmo considerando a visão o "mais universal" e o "mais nobre" dos sentidos, em sua *Dioptrique* ele não cessa de solicitar a imagem do cego e de sua bengala para explicar como a luz toca o olho: "daqueles que, tendo nascido cegos, se serviram dela a vida toda, e de forma tão perfeita e exata, quase se

A história de Helen Keller é emblemática. Nascida em 1880, no Alabama, ela se desenvolve normalmente quando, aos 18 meses de idade, uma doença a priva da visão e da audição. Ela fecha-se então em seu mundo, tornando-se uma criança difícil. Uma instrutora fora do comum, Ann Sullivan, a traz de volta ao mundo graças à sua paciência e à sua engenhosidade. Para H. Keller, o mundo se dá sob os auspícios do tato (e do olfato), e é através de suas mãos que ela ainda conserva o contato com os seus próximos e com o meio ambiente. Antes da regressão intelectual provocada pela doença, ela encontrava-se no alvorecer da linguagem, pronunciando suas primeiras palavras. Mais tarde, passeando seus dedos pelo rosto de sua mãe, ela sente as ondulações dos traços, dos lábios, as vibrações das cordas vocais, e em vão, por imitação, ela se esforça em reproduzir os sons a fim de participar dos intercâmbios dos quais se sentia excluída.

Ann Sullivan lhe ensina o alfabeto manual traçando as letras com seus dedos sobre sua mão. Mas Helen ainda não consegue fazer o vínculo das letras com a linguagem. De suas primeiras palavras, ela lembra-se de um termo, *water* (água), reencontrado posteriormente num momento de iluminação, e que alicerçará seu retorno à comunicação e ao mundo. H. Keller, acompanhada de Ann Sullivan, acerca-se de uma cascata e coloca sua mão na água corrente. E relata: "Enquanto eu me deliciava com a sensação desta água fresca, Miss Sullivan traçava em minha mão restada livre o termo 'água', de início lentamente, em seguida mais rapidamente. Eu fiquei imóvel, toda minha atenção concentrada no movimento de seus dedos. De repente veio-me uma lembrança imprecisa, como algo há muito tempo esquecido e, num toque de mágica, o

---

poderia afirmar que eles veem com as mãos ou que a bengala é o órgão de algum sexto sentido que lhes foi dado em substituição à visão".

mistério da linguagem me foi revelado. Eu sabia agora que á-g-u-a designava alguma coisa fresca que escorria por entre meus dedos" (KELLER, 1991: 40). Aos dez anos, encontrando-se com uma das professoras de Laura Bridgman, outra jovem menina surda e cega, Keller, já tendo acedido à linguagem articulada, inicia outra aprendizagem, agora relacionada à fala. "A professora passava levemente minha mão sobre seu rosto, fazendo-me sentir as posições de sua língua e de seus lábios enquanto proferia um som. Eu me doava por inteira em cada um de seus movimentos [...]. Para ler os lábios de minha mestra, eu não tinha outros meios de observação senão meus dedos. O tato, sozinho, devia instruir-me sobre as vibrações da garganta, sobre os movimentos da boca, sobre as expressões da face" (p. 86-88).

Na obra que ela redige aos vinte anos de idade, Keller descreve os dois modos de comunicação que a religaram aos outros e ao mundo. Com o alfabeto manual, seu interlocutor, que ela não vê nem ouve, traça rapidamente sobre a palma de sua mão as letras do alfabeto que correspondem aos termos que ele deseja transmitir. Keller percebe o movimento do sentido de maneira contínua, semelhantemente à leitura de qualquer texto. A velocidade da comunicação depende da familiaridade de seu parceiro com este meio de contato. Esta maneira de soletrar rapidamente cada letra autoriza uma conversação ordinária, e permite inclusive acompanhar uma conferência, se a fluência discursiva do orador não for demasiadamente rápida. Outra forma exigindo uma familiaridade com seus interlocutores, segundo Keller, consiste em pousar a mão sobre suas vias vocais. Esta postura impõe colocar o polegar sobre sua laringe e o indicador sobre seus lábios, visando a estabelecer um diálogo. "Assim, este procedimento permite captar o sentido destas frases inacabadas que inconscientemente complementamos, segundo a tonalidade da voz ou o pestanejar dos olhos" (p. 306).

A acuidade tátil de Helen Keller se manifesta a todo instante. Se ela não desenvolve a sutileza de uma Laura Bridgman, capaz de sentir as ínfimas diferenças na espessura de um fio, ela identifica os traços de caráter de seus amigos. De Mark Twain, ela diz perceber "a piscadela de seu olho no aperto de mão" (p. 191)[18]. Aí aonde outros se lembram do rosto das pessoas que cruzaram seus caminhos, ela guarda dentro de si a memória da pressão dos apertos de mão e de todas as contrações que distinguem os indivíduos uns dos outros. Ela sente na superfície de sua pele as vibrações das ruas das grandes metrópoles e prefere caminhar no campo antes do que na cidade, pois "o ruído ensurdecedor e prolongado da cidade irrita meus nervos. Sinto o pisotear sem fim de uma multidão invisível, e este tumulto desarmônico me enerva. O rangido das viaturas pesadas circulando sobre o asfalto desigual e o apito superagudo das máquinas me torturam" (p. 170). Ela diz "lembrar com os dedos" as muitas discussões travadas com Ann Sullivan, ou com outros amigos. "Quando uma passagem de seus livros lhe interessa, ou que ela deseja fixá-la em sua memória, ela a repete rapidamente sobre os dedos de sua mão direita; algumas vezes igualmente este jogo de dedos é inconsciente, uma espécie de falar a si mesma através do alfabeto manual. Frequentemente quando ela passeia no *hall* ou na varanda, podemos ver suas mãos entregar-se a uma mímica desenfreada, e os movimentos rápidos

---

18. N. Vaschide faz referência a Marie Heurtin, uma jovem moça surda e cega de nascença, na qual igualmente percebe a sensibilidade tátil: "Às vezes simplesmente lhe basta tocar o punho de Santa Margarida e sentir seus músculos se deslocarem para interpretar seu pensamento, semelhantemente a um músico que avaliaria uma melodia, sem ouvi-la, somente pelas vibrações das cordas situadas sob seus dedos" (VASCHIDE, 1909: 208). No filme de Chaplin, *Les lumières de la ville* (As luzes da cidade), a heroína que reencontrou a visão reconhece seu salvador pelo tato.

de seus dedos parecem uma multiplicidade de batimentos de asas de pássaros" (VILLEY, 1914: 80).

A propósito deste toque particular que guia o cego em suas "andanças jornaleiras", Révèsz (1950) sugere o emprego do termo háptico para designar as modalidades de contato indo além do tato e da cinestesia, mesmo estando-lhes sutilmente ligadas. Um cego usa de sua sensibilidade cutânea para identificar as qualidades do espaço. Uma vez que ele conhece uma cadeira, ele a identifica de imediato sem ter que reconstruí-la: "Não é um desfile, mesmo rápido, de representações, nas quais as diferentes partes viriam a juntar-se umas às outras na mesma ordem que a sensação primeira, mas com uma velocidade cem ou mil vezes maior. É um jorro. A cadeira surge em bloco na consciência. Seus elementos diversos aí coexistem com perfeita nitidez. Ela aí se constrói com uma real complexidade. Eu não saberia mais dizer em qual ordem as diversas peças foram percebidas, e me é igualmente fácil detalhá-las numa ordem diferente" (VILLEY, 1914: 161). O cego constrói seu sentido do espaço através da tatilidade e da audição.

Se para o vidente a memória é essencialmente visual, junto ao cego ela é olfativa ou tátil. Um simples contato com um objeto conhecido restaura imediatamente sua estrutura. Um cego sente em seu meio ambiente familiar os objetos, os móveis, a atmosfera que o cerca. Ele identifica a ambiência dos diferentes compartimentos de sua habitação ou de outros lugares através de um reconhecimento tátil difícil de precisar. Sem fazer dele um sentido infalível, pois ele é igualmente incerto, os cegos às vezes pressentem a distância dos obstáculos espalhados pelo caminho. "Eles localizam, na fronte ou nas têmporas, estas sensações, e somente ou quase somente são percebidos os objetos que estão à altura do rosto. Um cego dotado dessa faculdade, ao deparar-se com uma árvore em seu caminho, ao invés de passar por debaixo dela ele muito provavelmente interromperá sua caminhada há uns dois metros de distância dela, algumas vezes até mais, buscará contorná-la, a fim de prosseguir seu caminho com segurança" (VILLEY, 1914: 84). Estas impressões difusas são associadas de forma muito sutil à tatilidade, à temperatura, à audição. O sentido dos obstáculos passa junto aos videntes pelas informações visuais, mas ele às vezes surge por ocasião de uma caminhada noturna ou por ocasião de seus tateios às escuras. Em contrapartida, de maneira geral o regime de conhecimento induzido pelo tato difere do oriundo da visão. Para o cego o tato fornece elementos de saber de maneira sucessiva, aí aonde a visão os oferece de uma só assentada. O tato é uma experiência descontínua, um tatear que culmina na elaboração de um conhecimento. Este é tanto mais eficaz se os elementos tocados em parte já forem conhecidos. Entretanto, se a visão é pródiga em informações, a mão sempre avança na incerteza. Ela descobre as coisas pouco a pouco, segundo a maneira com a qual elas são dispostas em seu caminho. As correntes de ar, os objetos que irradiam calor ou frio duplicam as informações auditivas e táteis e oferecem indicações preciosas ao longo dos deslocamentos, tanto em casa quanto na rua. "Se ao brilho do sol, escreve Rousseau, nós temos vantagens sobre os cegos, na escuridão eles são nossos guias. Nós somos cegos a metade de nossa vida, diferentemente dos verdadeiros cegos que, por sua vez, sempre sabem orientar-se; e sem esquecer que raramente ousamos ensaiar um passo no breu da noite"[19].

A acuidade do tato desenvolvida por muitos cegos está em contradição com o estatuto do corpo nos ritos de interação da vida corriqueira. A proibição do tato é forte em nossas sociedades, ela

---

19. ROUSSEAU, J.-J. *Émile ou de l'éducation*. Paris: Flammarion, 1966, p. 168.

redobra as dificuldades de orientação dos cegos. Estes, para reconhecer um meio ambiente, devem tocar os objetos, mas este procedimento se complica quando se trata de reconhecer as pessoas, já que estas normalmente se sentem constrangidas. Isso vale principalmente para as eventuais imperícias dos cegos em meio à multidão, quando, por exemplo, um deles tromba com outra pessoa que nem sempre considera o fato com a naturalidade devida. Se os cegos, mais do que os outros, são mais táteis em sua vida corrente, eles igualmente pouco se tocam entre si, geralmente para evitar tais constrangimentos (LE BRETON, 1990, 2004).

Esta qualidade do tato ou da audição é puramente acidental junto ao cego, ela nasce da necessidade. Ela é possível ao vidente pela aprendizagem, ou se, por uma eventualidade qualquer, ele ficar cego. Junto ao vidente o olho permanentemente substitui o tato, opção não disponível ao cego. Entretanto, desde os primeiros anos da existência convém estimular sua aprendizagem, seja no confronto da criança cega de nascença, da acometida por um acidente qualquer, ou da vitimada por alguma doença. Tocar com fineza é um aprendizado à maneira de uma técnica do corpo que se refina ao largo do tempo.

Com o ponteado do som, o percurso do homem ordinário é uma questão visual. O cego, ao contrário, constrangido a viver num mundo de videntes, apela para as referências táteis e musculares: declives do percurso, sensação plantar da consistência do solo ou da calçada (areia, asfalto, pedras, barro etc.); reconhecimento das bocas de lobo, dos limites da rua, consistência das árvores, dos muros ou dos imóveis urbanos, pressentimento da presença de obstáculos, sensações de calor, frio e umidade, vibrações de portas se abrindo ou se fechando, de transeuntes, de viaturas etc. A audição não "compensa" a visão, embora multiplique as advertências. O tato exige a simultaneidade do contato, mas a facilidade do olho em percorrer o espaço não se assemelha à do braço, e o cego só acede à informação tátil no instante em que esse vínculo se estabelece.

A audição é outra linha de orientação pelo viés da intensidade e da direção dos sons: ruídos de viaturas, da circulação, ou sonoridades particulares de alguns locais como cafés, lojas, canteiros de obras, rios, riachos, nascentes etc. Mas o cego prova dificuldades maiores quando as informações sonoras lhe afluem profusamente, embaralhando sua identificação, em razão, por exemplo, de uma forte chuva numa avenida movimentada, ou quando o entorno silencia ou emite sons abafados por ocasião de uma nevasca. "Um vento forte, para o cego, produz o mesmo efeito que um nevoeiro para um vidente. O cego vê-se então desorientado, perdido. Barulhos violentos, unindo suas origens, o cercam de todos os lados, fazendo com que ele perca a noção de onde se encontra"[20]. Uma infinidade de dados silenciosos interpõe-se entre o cego e o mundo, sem oferecer-lhe nenhuma referência. Inúmeras balizas olfativas igualmente acompanham seus deslocamentos, mesmo que suas origens sejam mais imprecisas. Às vezes podem ser duráveis: presença de uma padaria, de uma peixaria, de uma venda de flores, de uma mercearia. Às vezes provisórias: dependentes de estações e florações.

As trajetórias do cego opõem-se à hipertrofia do olho da grande maioria dos transeuntes, e lembram igualmente como, quando não usadas, muitas indicações sensoriais caem na rotina e deixam de ser percebidas. A fruição do mundo do cego radica-se numa dimensão do real diferente daquela do vidente. Se a noção de "belo dia" é antes uma noção visual, para o cego ela encerra outra tonalidade, por exemplo, sensorial, olfativa ou tátil. "Para mim, o vento assumiu o lugar do sol, e um 'belo dia' é aquele em que eu sinto

---

20. CANETTI, E. *Le territoire de l'homme*. Paris: Albin Michel, 1978, p. 138.

uma suave brisa roçando minha pele. Ela faz entrar em mim uma multidão de sons. As folhas murmuram, os pedaços de papel deslizam ao longo das calçadas, os muros ou as esquinas da rua ressoam docemente o impacto do vento que percebo em meus cabelos, em meu rosto ou em minhas vestes. Um dia de muito calor é um 'belo dia', mas o temporal o torna mais estimulante, já que ele frequentemente me propicia o sentido do espaço e da distância" (HULL, 1990: 12). Borges confessa que outrora ele gostava menos de viajar: "Agora que sou cego, gosto muito de viajar; eu sinto mais intensamente as coisas".

A temperatura dos acontecimentos

Se um Jorai se perde na floresta tropical e precisa reencontrar o caminho de volta não obstante o desaparecimento do sol, ele apalpa a casca das árvores a fim de perceber seu lado mais aquecido pelo sol, e dessa forma ele consegue deduzir o rumo a ser tomado (KOECHLIN, 1991: 171). As necessidades ecológicas remetem a imperativos culturais, a bricolagens sociais que surpreendem nossas sociedades, mas essa fineza do tato não encontraria nelas o devido uso. O sentido térmico é uma "forma de tato exterior, afetiva e temporal" (LAVELLE, 1921: 213), muito embora menos material, mais flutuante, mais solidário com os movimentos da afetividade pessoal e com as condições ambientes. Seu objeto é atmosférico, como já o dizia Tellenbach, ele reenvia a uma conjunção difusa de dados internos ao indivíduo e a dados externos que lhe fogem, e dos quais ele se protege agasalhando-se ou livrando-se de roupas excessivamente quentes, ou por uma forma de aquecimento adequada. O tato nunca é independente do sentido térmico. A pele é uma instância de regulação da temperatura corporal. Os receptores térmicos protegem contra eventuais prejuízos causados pelo frio ou pelo calor. Eles sinalizam o perigo que precede a dor, dando assim tempo à prevenção.

Passivo ou ativo, o indivíduo permanentemente faz a experiência da temperatura dos objetos ou dos corpos com os quais ele entra em contato. As condições de calor ou frio do mundo circunstante saltitam sobre a pele e, segundo as disposições individuais, as capacidades de regulação determinam a sensibilidade térmica. O ar envolve a pele à maneira de um agasalho invisível, quente ou frio, segundo as circunstâncias. As temperaturas médias geralmente passam despercebidas, elas deslizam sobre a pele sem incidência. O sentido térmico somente se exerce por ocasião de excessos de temperatura exterior ou por mudanças térmicas internas ao homem. As variações ressentidas traduzem as modalidades cambiantes de sua inserção na trama dos acontecimentos. A reação à temperatura externa é determinada pelo grau de calor do corpo, este último largamente ligado à afetividade. Se o indivíduo está febril em razão de uma doença, ele sente calafrios e, às vezes, não obstante os agasalhos, ele não consegue aquecer-se; mas ele também pode sentir calafrios ao receber uma notícia "congelante".

A emoção se manifesta junto a um indivíduo pelo afluxo de sangue e pelo aumento da temperatura corporal. Segundo as circunstâncias e sua sensibilidade própria, o indivíduo conhece variações térmicas às vezes perceptíveis à visão (avermelhado), ou ao tato. O sentido térmico é um indicador da "temperatura" que reina numa relação. Fala-se assim em acolhida "fria" ou "calorosa", em "frieza" ou "fogosidade", em discurso "inflamado" ou "morno", em notícias "geladas" ou que "aquecem o coração", em olhar "frio" ou "fulminante" etc. O calor que sobe às faces ou se reflete nas mãos, ou o suar frio, atestam que situações particulares alteram a temperatura corporal. Reaquecer-se ao entrar em contato com alguém ou sentir frio nas costas, estas expressões todas demonstram que a linguagem se encarna. A carne das palavras reenvia à ressonância corporal dos acontecimentos e à sua "atmosfera".

A língua inglesa encontra as mesmas referências: ela evoca *a cold stare* (um olhar frio), *a heated argument* (uma discussão inflamada), *he heated up to me* (seus sentimentos se reaquecem em meus confrontos). *To be hot under the colar*, por exemplo, reenvia a um constrangimento após um deslize (HALL, 1971: 81). Ao analisar a sensação de calor ou frio no contato com outra pessoa, Anzieu a percebe como a mobilização de um 'eu pele' formado por um 'eu corporal' exteriormente voltado, ou um 'eu físico' voltado para a interioridade do sujeito, visando a criar ou recriar "um invólucro protetor mais hermético, mais narcisicamente protetor e distanciado do outro" (ANZIEU, 1985: 176).

Segundo as circunstâncias de sua educação, o indivíduo tolera com maior ou menor facilidade o frio exterior. Uma criança criada num clima de sobreproteção, pouco habituada a suportar as variações de temperatura, provavelmente passará toda a sua vida segundo critérios de apreciação ligados à própria infância. Outra, tendo crescido num contexto mais maleável, poderá adquirir maior resistência ao frio ou ao calor. As condições da infância determinam profundamente a tolerância pessoal à temperatura ambiente. Darwin, com seus companheiros congelados, sentados ao redor de uma fogueira junto aos habitantes da Terra do Fogo, observa surpreso que estes homens nus se mantêm bastante afastados das chamas.

Da mesma forma, a mão é culturalmente orientada a manifestar uma tolerância ou não à temperatura dos objetos. Junto aos Bukas, uma população ameríndia, o antropólogo Blackwood se impressiona ao vê-los "colocar as mãos dentro da água que acaba de ferver e retirar dela um tubérculo alimentar tão quente que ao me entregá-lo parecia-me tão quente que o deixei cair ao chão [...]. Eles colocam igualmente a mão numa marmita cheia de conchas apenas retirada do fogo" (KLINEBERG, 1967: 241). Não existe nestes homens uma natureza particular, mas o exercício de uma cultura que mobiliza junto a seus membros uma sensibilidade particular.

Os recursos humanos em termos de resistência ao frio ou ao calor são consideráveis. A experiência das crianças ditas "selvagens" é rica a este respeito (LE BRETON, 2004). Quando Victor é descoberto no final do século XVIII nas montanhas de Aveyron, a criança vive inteiramente nua, apesar dos invernos rigorosos da região. Seu corpo não demonstra nenhuma sequela do frio. Ao contrário, J. Itard, o pedagogo que o assumiu, observa por sua vez, no jardim do instituto, a capacidade pouco comum de Victor de expor-se ao frio com uma surpreendente avidez. "Várias vezes, ao longo do inverno, eu o vi atravessando o jardim dos surdos-mudos, acocorado seminu num solo úmido, e ficar assim por longas horas exposto a um vento gelado, debaixo da chuva. E não foi somente ao frio, mas também ao intenso calor que o órgão de sua pele ou tato não manifestava nenhuma sensibilidade" (MALSON, 1964: 143). Em pleno coração do inverno, Itard o surpreende quase nu, rolando alegremente na neve. As temperaturas glaciais deslizam sobre sua pele sem causar-lhe nenhum dano.

Curiosamente, Itard incomoda-se com a resistência térmica da criança e com seu júbilo diante do rigor dos elementos que lhe recordam sua antiga liberdade. Ao invés de julgar essa resistência uma vantagem, Itard a considera uma deficiência e não sossega enquanto não conseguir acostumar Victor a uma temperatura ambiente segundo os critérios que sem dúvida ele julga mais "naturais", mas que são os de uma comunidade social particular. Itard submete então a criança a uma série de ações enérgicas que visam a fazê-la perder as percepções térmicas forjadas na solidão dos planaltos de Aveyron. Ele conta em seu diário com qual rigor lhe infligiu cotidianamente banhos de várias horas, com água escaldante. Por um lento trabalho de erosão, de fragilização do corpo da criança, após meses de tratamento rigoroso, o pedagogo consegue destravar as percepções primeiras de Victor. Este último passa a ser então sensível à variação das temperaturas. Ele começa então a temer o frio e passa a usar roupas à imagem de Itard e dos que o cercam. Mas esta assimilação não é sem contrapartidas. Victor perde suas antigas defesas contra a doença. Ele torna-se vulnerável às variações de temperatura de seu meio ambiente ao passo que outrora gozava de uma saúde de ferro. Itard negligencia esta consequência e em seu diário se regozija com os resultados obtidos.

Itard conta que esta criança, sentada ao redor do fogo, recolhia as brasas fumegantes caídas da lareira e as recolocava sem pressa no braseiro. Na cozinha, ela retirava as batatas diretamente da água fervente para comê-las sem tardar. "E posso vos garantir, escreve Itard, que naqueles idos ela tinha uma epiderme fina e aveludada" (MALSON, 1964: 144). Muito distanciada daquela de seus contemporâneos parisienses, a experiência corporal de Victor traduz sua adaptação às condições de seu meio ambiente. Com quais dificuldades, em quantos anos, sobre quais bases exteriores? Estas questões permanecem sem resposta. Mas, junto às crianças prematuramente isoladas de sua comunidade de origem, a condição primeira de sua sobrevivência repousa sobre um esboço de socialização já integrado, mesmo se esta socialização pouco a pouco se apague, ou se molde, em função de dificuldades precisas que elas enfrentam em seu meio ambiente. A pele de Victor tornou-se congruente às condições ecológicas das montanhas frias a ele impostas. Provavelmente oriundo de um ambiente pobre e tendo vivido vários anos neste contexto antes de se perder ou de ter sido abandonado, seu esforço não deve ter sido excepcional.

Encontramos a mesma indiferença à temperatura exterior junto a Amala e Kamala, duas crianças-lobos descobertas na Índia em 1923. "A percepção do calor e do frio lhes era estrangeira", escreve o Pastor Singh, que as assumiu. "Contra os rigores do inverno, nós as obrigávamos a envolver seus corpos em grossos agasalhos, mas elas não os suportavam, e bastava voltar-lhes as costas para que imediatamente se livrassem deles. À noite tentávamos cobri-las, mas elas criavam resistências e, se insistíssemos, arremessavam para longe os cobertores. Elas não eram nada sensíveis ao frio e se divertiam com a nudez, mesmo nos períodos mais frios. Nunca as vimos tremer por ocasião das estações mais frias, nem transpirar nos dias ou noites mais quentes" (SINGH & ZINGG, 1980: 50).

Estas duas meninas ou Victor, dentre muitos outros exemplos, desenvolveram fortemente uma capacidade de regulação térmica que artificialmente os agasalhos substituem, desmobilizando assim os recursos naturais do organismo. Esta defesa é hoje largamente rechaçada pelo homem das sociedades ocidentais em razão do largo leque de roupas disponíveis, da climatização ou do aquecimento dos ambientes familiares, profissionais ou locomotivos. O corpo perde assim sua faculdade de medir-se com os elementos da natureza.

Em muitas sociedades humanas, os banhos quentes, individuais ou coletivos, fazem parte de uma tradição, oferecendo ao corpo uma sensação de relaxamento, de purificação, de abandono ao tempo, e frequentemente também de alívio à dor ou à fadiga. A experiência do banho é essencialmente tátil, ela reenvia o indivíduo à sua pele afetada pela temperatura da água ou do ar ambiente. O calor banha o corpo sem queimá-lo, ele o relaxa, alivia sua fadiga, favorece o devaneio. A água envolve a pele e reenvia o indivíduo à sua espessura corporal, ao sentimento prazeroso de seus limites. Inegavelmente ela igualmente evoca uma lembrança matricial enraizada: as crianças brincam na água, se enlameiam, se divertem, resistem em abandonar esta raiz lúdica. Em nossos banheiros uma liturgia corporal se desenrola, oferecendo livre-curso à estimulação cutânea. O banho quente (*pow pow, hammam*) é frequentemente associado à sexualidade, ou minimamente às estimulações agradáveis que o indivíduo se dispensa.

O banho frio (ou a ducha) é mais estimulante justamente por provocar mudanças respiratórias estimulando uma retomada de ar que energiza o corpo, tonificando assim o sujeito. Thoreau, residindo em Walden, fala do bem-estar causado pelos banhos cotidianos, onde "lavava (sua) pessoa das poeiras da labuta, ou eliminava a última prega causada pelo estudo"[21]. Toda manhã, "bem cedo, eu mergulhava no lago; era um exercício religioso, e uma das melhores coisas que eu fazia. Diz-se que na banheira de Tching-thang constava esta inscrição: 'Renova-te completamente todo dia, e mais, e sempre mais, eternamente'. Eis que agora compreendo" (p. 88).

---

21. THOREAU, H.D. *Walden*. Op. cit., p. 167.

5 O TOQUE DO OUTRO

> *O outro, enquanto outro, não significa aqui*
> *um objeto possuído, ou transformado em nós*
> *mesmos; ele, ao contrário, recolhe-se em seu*
> *mistério.*
>
> LÉVINAS, E. *Le temps et l'autre.*

Do sentido do contato nas relações com outrem

A pele é revestida de significações. O toque não é somente físico, ele é simultaneamente semântico. O vocabulário relativo ao toque metaforiza, de maneira privilegiada, a percepção e a qualidade do *contato*[1] com outrem, ele supera a referência exclusivamente tátil para dizer o sentido da interação. A pele, como vimos, significa metaforicamente o sujeito *de bem consigo mesmo*[2]. *Compreender* reenvia a *assumir com*[3] o outro, no intuito de levar adiante um *empreendimento*[4] comum. *Estendemos a mão*[5] àquele que está em

---

1. Neste primeiro item do capítulo, o autor se utiliza de uma série de expressões idiomáticas francesas ligadas ao toque, ao tato, ao contato físico e metafórico com os outros. E ele as coloca em itálico. Como algumas expressões, ao traduzi-las do francês para o português, perdem esta raiz semântica e simbólica do *toucher*, do tato, ou do toque, apresentaremos o sentido traduzido das expressões e as remeteremos ao pé da página em suas formulações originais [N.T.].

2. *"Il tient encore à sa peau."*

3. *"Comprendre revient à prendre avec."*

4. *"Entreprise."*

5. *"On tend la main."*

dificuldade ou *não lhe damos atenção*[6]. O *entendimento se estabelece ou não*[7]. O fato de *sentir* reenvia simultaneamente à percepção tátil e à esfera dos sentimentos. Ter *tato* ou *habilidade*[8] consiste em *aflorar ligeiramente*[9] o outro em temas delicados por maneiras razoáveis e discretas que preservam seus comportamentos reservados, mesmo, não obstante tudo, sem *omitir-lhe*[10] uma informação essencial. Esta delicadeza testemunha a intuição de uma distância a ser mantida em relação a alguém cujo temperamento requer um tratamento cuidadoso. Uma abordagem *adequada*[11] cria *um sentimento, um estado afetivo*[12]. Adquire-se o *sentido do contato*[13] ou a *percepção real das coisas*[14] graças a uma *sensibilidade à flor da pele*[15]. E agimos então *com cautela, mas de forma positiva*[16]. Nasce então uma *felicidade após outra*[17], regada de sucessivos momentos de bem-estar.

Conceder sua mão[18] é oferecê-la incondicionalmente. Entretanto, *estar na mão do outro*[19] significa perder a autonomia pessoal,

---

6. *"On le laisse tomber."*

7. *"Le courant passe ou non."*

8. *"Avoir du tact ou du doigté."*

9. *"Effleurer."*

10. *"Sens le tenir à l'ecart de."*

11. *"Touche juste."*

12. *"Atteint la corde sensible."*

13. *"On a le sens du contact."*

14. *"On sent bien les choses."*

15. *"Sensibilité à fleur de peau."*

16. *"On joue alors sur du velours."*

17. *"Soie sur soie."*

18. *"Accorder sa main."*

19. *"Être dans la main de l'autre."*

principalmente quando este outro é uma pessoa *de pulso*[20], ou suscetível de *passar às vias de fato*[21]. Possuímos os objetos sobre os quais *pousamos a mão*[22]. Podemos *sensibilizar alguém*[23] por um testemunho comovente, mas, se necessário, também *o manipulamos*[24]. O afagamos se *não o cutucamos com vara curta*[25] ou *agindo com precaução*[26], visando a não magoá-lo. Algumas pessoas devem *ser tratadas com luvas de pelica*[27] ou *manejadas* com prudência, já que, por serem irascíveis, exigem *um tratamento maleável*[28], ao passo que outras são mais *casca grossa*[29] ou mais *toscas*[30], *exceto quando totalmente imbecis*[31]. *Sondamos o terreno*[32] quando julgamos que uma proposta pode ser malrecebida. Somos *tocados no coração*[33] ou *sentimos dificuldades*[34] em face de uma descortesia ou de um contato que *repugna, eriça o pelo, dá nos nervos*[35]; somos excessivamente sensíveis se manifestamos reações epidérmicas. Uma observação cáustica *fere, escorcha, choca*, ou *irrita*[36]. Uma pa-

---

20. *"À poigne."*
21. *"Passer aux mains."*
22. *"On a mis la main."*
23. *"On touche quelqu'un."*
24. *"On le manipule."*
25. *"En le caressant dans le sens du poil."*
26. *"Prendre des gants."*
27. *"Se prennent avec des pincettes."*
28. *"Exigent des gansts de velours."*
29. *"Ont la peau dure."*
30. *"Sont épais."*
31. *"À moins qu'ils n'en tiennent une couche."*
32. *"On tâte le terrain."*
33. *"On est piqué au vif."*
34. *"On a mal."*
35. *"Donne des boutons, hérrise le poil, tape sur les nerfs."*
36. *"Blesse, écorche, heurte, ou elle fait suer."*

lavra produz *calafrios* ou *reaquece o coração*[37]; ela causa *arrepios* ou *urticárias, alivia* ou *irrita*[38]. A timidez *faz corar feito pimentão*[39]. Uma cena *impressiona* quando *pungente*[40]. O sedutor vive de *galanteios*[41]. Uma relação é *ardente, terna, doce, morna, picante*[42] etc. Somos *untuosos, provocantes, pegajosos*, ou *maldosos, avarentos, indolentes*[43] etc. *Ariscamos a pele*[44] numa situação perigosa. Uma pessoa é *calorosa, gélida*[45] etc.

Estes termos solicitam o vocabulário do tato para dizer as modalidades do encontro. Verbos concernentes à mão qualificam certas ações para com outrem. Por exemplo: *precavemo-nos contra*[46] alguém assim como *participamos*[47] de seu sofrimento; *apoiamo-nos nele*[48] ou somos forçados a *carregá-lo* ou *apoiá-lo*[49], já que carente de confiança em si mesmo; *apreendemos*[50] sua fala ou o *compreendemos*[51], mas às vezes é necessário *arrancar-lhe*[52] um testemunho ou *tocar-lhe os sentimentos*[53] para obter um favor. Quando *amamos*

---

37. *"Fait froid dans le dos ou réchauffe le Coeur."*

38. *"Elle donne la chair de poule ou l'urticaire, elle soulage ou irrite."*

39. *"Fait piquer un fard."*

40. *"Frappé,* elle est *poignant."*

41. *"Faire une touché."*

42. *"Brûlante, tendre, douce, tiède, piquant."*

43. *"Onctueux, piquant, collant,* ou une *peau de vache, un dur, un mou."*

44. *"On risque sa peau."*

45. *"Chaleureuse, glaciale."*

46. *"Prenons garde à."*

47. *"Prenons part."*

48. *"Nous appuyons sur lui."*

49. *"Le porter* ou le *soutenir."*

50. *"Saisissons."*

51. *"Nous le comprenons."*

52. *"Arracher."*

53. *"Toucher la corde sensible."*

apaixonadamente uma pessoa[54], a acolhemos *de braços abertos*[55], mas quando detestada, ela *causa arrepios, eriça* ou suscita uma *repulsa*[56]. Alguns *exigem o couro*[57] do inimigo ou desejam *moê-lo a pauladas*[58]. A qualidade da relação com o mundo é em primeiro lugar uma questão de pele[59].

Abraços

O sexo da mulher e do homem é frequentemente percebido como bestial, sujo, malcheiroso, ridículo. As zombarias escatológicas fazem dele sua matéria-prima. "O ato da copulação e os membros que para tanto concorrem são de uma hediondez tal que, não fossem a beleza dos rostos, os ornamentos dos atores e a discrição, a natureza perderia a espécie humana", escreve Leonardo da Vinci[60]. A sexualidade, se não sublimada pelo desejo, é uma fonte comum de desprazer. Para Freud, "não há dúvidas de que os órgãos genitais do outro sexo podem, enquanto tais, inspirar desprazer" (1962: 36). "O erro estúpido da natureza, o de fazer servir os órgãos geradores para aliviar a bexiga, é um fator importante desta

---

54. *"Avoir la persone aimeé* dans *la peau."*

55. *"Les bras ouverts."*

56. *"Elle donne la chair de poule, hérisse ou suscite une repulsion."*

57. *"Faire la peau."*

58. *"Lui tanner le cuir."*

59. Encontramos na língua inglesa a mesma eminência do "toque" para traduzir a qualidade da relação com o outro: *"keep in touch; a touching experience; he is touchy; a gripping experience; handle with kid gloves; deeply touched; be tactful or tactless; someone is a soft touch or has a soft touch; a clinging personality; how does that grap you; a pat on the back; to press or push someone; a hands-of polity; get a grip or a hold on"* (THAYER, 1982: 264). Fugimos de uma situação perigosa *skin of our teeth*, falamos de *loosing our skins* ou de *get under our skins*.

60. DE VINCI, L. *Carnets*. Paris: Gallimard, 1942, p. 104.

repulsa", escreve H. Ellis (1934: 269). O desejo é a transformação em fruição daquilo que seria desprazer com um parceiro(a) não previamente escolhido(a). A aproximação dos corpos só é pensável através de uma concordância no desejo. A partir de então as fronteiras do desprazer são repelidas para longe. O desejo é esta alquimia que torna maravilhosos os atributos sexuais do outro. A proximidade erótica tudo compartilha. "O amor leva instantaneamente os amantes à intimidade fisiológica, e aí não existe mais desprazer relativo entre eles. Todos os segredos do corpo e dos emunctórios são postos em comum. 'Mexerico' é um atributo de amante. Esta verdade orgânica, esta *ex-secratio* dos lugares secretos e das necessidades naturais se satisfaz com a 'poesia' ordinária e extraordinária do amor"[61].

A sexualidade suprime a separação dos corpos no espaço, ela os une no abraço, na carícia, no beijo. A mistura dos corpos, que faz do tato o sentido essencial da sexualidade, é uma tentativa de conjurar provisoriamente a separação pela apreensão do outro na mesma fruição. "O Eros deseja o toque, pois ele aspira à unificação, à supressão das fronteiras espaciais entre o mim e o objeto amado", escreve Freud (1978: 44).

A carícia não é a apreensão do outro, mas seu afloramento, dando-se numa aproximação sem fim. O tocar é o sentido primeiro do encontro e da sensualidade, ele é uma tentativa de abolir a distância ao se aproximar do outro, numa reciprocidade imediatamente engajada. Não existe tocante sem tocado. No erotismo, a carícia é uma encarnação mútua dos amantes. Cada um se revela a si mesmo pelo afeiçoamento ao corpo do outro. A reciprocidade da mão e do objeto alcança aqui sua plena medida. A mão toca e ela mesma é tocada. Ela encarna todo o poder de engendrar da mão. "A

---

61. VALÉRY, P. *Cahiers II*. Paris: Gallimard, 1974, p. 490.

carícia, diz Sartre, não é simples afloramento, ela é afeiçoamento. Acariciando o outro faço nascer sua carne por minha carícia, sob meus dedos. A carícia é o conjunto das cerimônias que encarnam outrem [...]. O desejo se expressa pela carícia como o pensamento pela linguagem. E precisamente a carícia revela a carne de outrem como carne de minha própria carne e carne de outrem" (SARTRE, 1943: 440). A carícia não é virtuosa senão quando consentida pela pessoa que a recebe. Quando não desejada, ela se constitui numa forma de violência. O mesmo movimento, segundo a forma como é recebido, pode ser uma violação ou uma oferenda, e, se imposto pela força ou pela intimidação, torna-se intolerável. A doçura infinita de uma carícia é em primeiro lugar uma questão de significação.

A carícia, no entanto, em seu desvairado desejo de aflorar o outro, permanece à superfície. "Eu poderia perfeitamente colocar Albertine sobre meus joelhos – escreve Proust –, segurar sua cabeça entre minhas mãos, acariciá-la, passar longamente minhas mãos sobre ela, como se manuseasse uma pedra concentrando a imemorável salinidade dos oceanos, ou o cintilar de uma estrela, mas eu sentiria estar tocando somente um envelope fechado de um ser que pelo seu interior acessaria o infinito". O outro se dá pela pele, mas falta algo que o abraço fracassa em apreender. "Eu abraço e me descubro em vias de abraçar, mas aquilo que eu abraço é diferente daquilo que eu queria abraçar: eu o sinto e sofro, mas sem conseguir dizer o que eu queria pegar, já que, com minha confusão, a própria compreensão de meu desejo me foge; eu sou como um sonâmbulo que, ao se despertar, está em vias de crispar suas mãos no rebordo da cama sem lembrar-se do pesadelo que provocou seu gesto. É esta situação que está na origem do sadismo. Sadismo é paixão, secura e obstinação" (SARTRE, 1943: 468). A insaciabilidade é a contrapartida necessária de um desejo fadado ao inacabado e, portanto, sempre a ser retomado. Esse desejo de fusão eternamente frustrado é a nostalgia, mas igualmente a sorte dos amantes, já que anular-se no outro é a finalidade de todo desejo. "A carícia, diz J. Brun, não é uma apreensão, ela é mais do que um contato: ela é *isso pelo qual* buscamos fazer surgir nosso aqui e nosso agora no aqui e agora do outro, que faz irradiar os sentidos em nosso próprio eu" (BRUN, 1967: 106).

A carícia é revelação de si pelo outro. Ela é um dom que não adquire seu sentido senão pela compensação que ela oferece no mesmo movimento. "O outro me dá aquilo que ele não tem, minha carne a mim mesmo, escreve J.-L. Marion. E eu lhe dou o que não tenho: sua carne a ele mesmo" (2003: 191). O acesso ao corpo do outro numa relação amorosa não suscita nenhuma reticência. O erotismo ou a ternura quase não mensuram as carícias, os beijos na boca, nas bochechas, no pescoço ou em outras partes do corpo. O prazer compartilhado da oralidade se desdobra na fruição não somente do rosto, mas em toda parte onde os lábios pousam, pois, no desejo do outro, tudo é desejo, tudo é júbilo. "Teus lábios, minha noiva, destilam doçura; em tua língua há leite e mel" (4,11), diz o amante do Cântico dos Cânticos, respondendo aos apelos da bem--amada: "Tua boca me cubra de beijos. Tuas carícias são melhores que o vinho" (1,1). O beijo na boca, pressionando os lábios e misturando os corpos, é o feito dos amantes, ele não se encontra em nenhuma parte alhures, nas ritualidades da vida corrente. "Cada beijo conclama outro beijo, escreve Proust. Ah, nos primeiros momentos em que amamos, os beijos nascem tão naturalmente! Eles pululam tão pressionados uns contra os outros... e teríamos dificuldades de contar os beijos que nos damos ao longo de uma hora nos campos floridos no mês de maio"[62].

---

62. PROUST, M. *Un amour de Swann*. Op. cit., p. 284. Proust oferece uma admirável descrição do primeiro beijo entre Swann e Odette: "E foi Swann que,

A. Cohen deixa desandar sua pluma com a mesma emoção: "Nos inícios, dois desconhecidos, e de repente, maravilhosamente conhecendo-se, lábios em labor, línguas audaciosas, línguas jamais saciadas, línguas procurando-se e confundindo-se, línguas em combate, misturadas em ternos bafejos, sagrado trabalho do homem e da mulher, sumos de bocas, bocas se nutrindo uma à outra, nutrimentos juvenis..."[63] Mas o beijo pode ser uma metonímia do desejo, um revelador das qualidades do amor e da ternura de um homem, tanto para o melhor quanto para o pior. Beijando, ele já exprime sua maneira de se comportar diante da amada. Através dos detalhes, diz F. Alberoni, uma mulher sabe reconhecer "se ele quer conduzir o jogo ou se está disposto a ceder-lhe a iniciativa; ela adivinha que, no ato sexual, o homem é incapaz de adiar seu orgasmo, ou que sofre de ejaculação precoce; ela pode adivinhar também se ele é generoso ou avaro em dar-lhe prazer; e pode decifrar ainda milhares de outras características do homem" (1987: 243).

---

não obstante tudo, antes que ela se deixasse cair sobre seus lábios, a reteve um instante, a alguma distância, entre suas duas mãos. Ele queria ter deixado ao seu pensamento o tempo de acorrer, de reconhecer o sonho que ela por tanto tempo havia acalentado e assistir à sua realização, como uma parente que convidamos a colher sua parte do sucesso de uma criança que ela muito amou" (p. 279). Sobre o beijo, confira Le Breton (2004).

63. COHEN, A. *Belle du Seigneur*. Paris: Folio, p. 351. O beijo na boca pode ser percebido em outras culturas como o apogeu da repugnância. Citamos, a este respeito, o exemplo da Índia, diante de uma cena de beijos num filme ocidental: "A aparição na tela do beijo 'à americana', lábios cerrados, interminável, sempre desencadeia uma grande hilaridade; o beijo 'à francesa', em que os apaixonados se 'comem' reciprocamente a boca como se diz por aqui, ele também provoca risos nas salas de cinema, mas ele, em geral, provoca um mal-estar nos espectadores, como pude constatá-lo muitas vezes. Os jovens ficam ou extremamente silenciosos ou extremamente barulhentos, e cospem por terra. Os mais idosos prendem a respiração, contristados. Outros escondem o rosto entre os joelhos para não mais ver a sequência" (apud DUPUIS, J. *L'Inde* – Une introduction à la connaissance du monde indien. Paris: Kailash, 1992).

O beijo trocado ritualmente após a passagem do anel ao dedo dos novos esposos, na conclusão da cerimônia religiosa ou laica, é uma forma de engajamento simbólico e de confirmação oficial da afeição comum. A boca devora o outro sem mordê-lo, ela é uma espécie de mergulho desejante e infindo no corpo da pessoa amada. Ela "inicia o processo, dado que, já aberta, sem distinguir exterior e interior, se oferece de imediato como uma carne; ela encarna primeiramente a indiferenciação entre tocar e tocar-se, sentir e (se) ressentir. Mas se nada lhe faz resistência (e precisamente a carne que ela começa a dar a outrem se define naquilo que ela não resiste), já que nada lhe resiste, o beijo de minha boca sobre sua boca (em que cada um dá carne ao outro sem distinção) inaugura a encarnação sem fim. Trata-se de entender o beijo para além da boca beijante e beijada para que tudo, de outrem e de mim, se encarne" (MARION, 2003: 196).

A sexualidade não se limita à conjunção das zonas genitais: o corpo inteiro é erógeno. Mas a educação masculina e feminina, nesta matéria, induz inúmeras mulheres à frustração. Se, grandemente, as mulheres esperam carícias, para muitos homens as carícias são inúteis, não tendo outra função senão a de acelerar o orgasmo. Muitos homens buscam uma *performance* mais homossocial, válida mais para seus pares, reais ou imaginários, tendo por único critério a virilidade, onde o desejo da mulher não conta. A ternura é frequentemente negada às mulheres, como o denunciam as feministas ou os sexólogos.

O sexo em ereção é para o homem o único dispensador de prazer. "O resto é coisa de cinema", diz um homem interrogado, por ocasião de uma pesquisa. Mulheres sofredoras, privadas de ternura em suas vidas cotidianas, se disponibilizam sexualmente, e frequentemente sem prazer, buscando finalmente sentir-se nos braços de alguém (infra). "Usualmente a mulher usufrui mais do toque que do olhar, e seu ingresso numa economia de observação dominante significa, ainda, uma aceitação de sua passividade, escreve L. Irigaray (1977: 25-26): "Ela será o objeto maravilhoso a ser olhado [...]. A mulher tem sexos um pouco por toda a parte. Ela frui um pouco por toda a parte. Sem falar do histerismo de seu corpo inteiro, múltiplo em suas diferenças, complexo, sutil, inimaginável... num imaginário um pouco excessivamente centrado sobre si mesmo". Segundo L. Irigaray, a mulher não se encontra naquilo que ela denomina "especula(riza)ção masculina".

As prevenções do tocar

Em Montaillou, no século XIV, a despiolhação mistura gerações e sexos: crianças catam piolhos umas das outras, serviçais despiolham patroas, mulheres catam piolhos de maridos ou amantes, filhas passeiam seus dedos por entre os cabelos de suas mães etc. Mulheres de dedos ágeis transformam esta prática em atividade remunerada. A despiolhação é uma atividade social, sobretudo feminina, bem como um espaço de ternura e sensualidade, "palco de um lero-lero; para tanto, as pessoas comodamente se fazem ao sol, se instalam sobre as varandas levemente inclinadas das casas mais baixas, contíguas ou geminadas" (LEROY LAURIE, 1982: 204). A despiolhação atravessou os séculos como uma atividade banal marcando um instante de pausa, de tranquilidade, na sucessão dos dias. Um texto famoso de Rimbaud descreve "as catadoras de piolhos" que "passeiam seus finos dedos, elegantes e charmosos", por entre os cabelos dos irmãos, em busca desses "torturadores avermelhados". Rimbaud, ele mesmo, não esconde a delícia sensual desses dedos femininos que docemente deslizam por entre seus cabelos. Se a despiolhação é uma prática higiênica, ela é igualmente uma ocasião de aproximação tátil do outro num abandono recíproco. Em muitas sociedades humanas a despiolhação dos cabelos é uma forma de contato corporal corriqueira, um momento de relax e ternura entre indivíduos unidos por um vínculo familiar, ou por uma proximidade afetiva. Às vezes somente as mulheres a praticam, entre si ou com seus filhos. Em Bornéu, por exemplo, os homens não suportam tais contatos, ao passo que as mulheres se deleitam. Alhures, junto aos habitantes das Ilhas Trobriand (Nova Guiné), a despiolhação é uma prática sensual, uma das preliminares da relação sexual.

No Brasil colonial, o *cafuné*, um costume que consiste em catar piolhos, ou em acariciar longamente o couro cabeludo, normalmente praticado por escravos, é descrito não sem perturbação por Charles Expilly, um viajante francês da época: "Nas horas mais quentes do dia, quando movimentar-se ou conversar já representa uma fadiga, as *senhoras*, refesteladas em seus cômodos na Casa Grande, se debruçam sobre os joelhos de suas *mucamas* favoritas (mulheres negras exclusivamente dedicadas às demandas de suas congêneres brancas), disponibilizando assim suas cabeças ao *cafuné* [...]. Esse trabalho das sensuais crioulas se transforma em fonte de delícias. Um voluptuoso frenesi de dedos carinhosos transpõe suas sensibilidades. Invadidas, arrebatadas por um fluido que se espalha pelo corpo, algumas dessas *senhoras* sucumbem às deliciosas sensações que as visitam, e chegam a desmaiar sobre os joelhos da *mucama*" (apud BASTIDE, 1996: 60-61). Expilly descreve igualmente as festividades ao longo das quais as mulheres conversam juntas, abandonando seus cabelos a uma jovem escrava. Os homens não estão isentos destes usos, e da mesma forma se entregam às suas esposas ou camareiras. Para R. Bastide, este costume é um paraíso sensual tolerado pelas mulheres da Casa Grande, sobretudo em uma sociedade rígida em que seus maridos multiplicam aventuras amorosas. A frustração leva a uma erotização dos contatos físicos nascidos do *cafuné*. Bastide chega inclusive a falar em amor lésbico (p. 77).

A individualização de nossas sociedades tende a construir um "espaço de reserva" (Simmel) entre o "si" e o "outro", permitindo a preservação do si no âmago de sociedades onde sempre menos se vive juntos, e cada vez mais um ao lado do outro. Sociedades onde o "mim, pessoalmente eu" domina o "nós outros", onde a civilidade torna-se um empenho forçoso e não mais uma evidência coletiva. Neste contexto, o toque, e particularmente o tocar o outro, em termos de proximidade, de intimidade, compartilha o mesmo destino do odor que se transforma em sinal insuportável de promiscuidade, quando não escolhido reciprocamente pelos indivíduos implicados.

Em nossas sociedades o corpo desenha o contorno do eu, ele encarna o indivíduo. Suas fronteiras epidérmicas são duplicadas por uma não menos pejada fronteira simbólica que o distingue dos outros e funda uma soberania pessoal que ninguém transporia sem um assentimento (LE BRETON, 1990, 2004). Quanto mais jovens, tanto mais as crianças se tocam, despreocupadas ainda com as ritualidades corporais ou com as prevenções ao encontro dos outros. Mas, pouco a pouco, à medida que a educação avança, os contatos diminuem. O fato de tocar-se ou manter-se unido ao outro é substituído pela palavra, pela troca de olhares, por gestos a distância ou mímicas. As ritualidades sociais que se impõem à criança, e que se acentuam ao longo de seu desenvolvimento, aperfeiçoam o processo de nascimento. A criança vai se afastando de sua mãe, encorajada por ela, mas sabendo-a disponível às suas demandas.

Os contatos físicos outrora descontraidamente buscados tornam-se ambivalentes, sujeitos à deliberação. Vindos de pessoas próximas, eles continuam sendo valorizados, mas, procedendo de estranhos, causam mal-estar, ou um sentimento de violação da intimidade. Doravante os interditos limitam as relações da criança com o mundo, e justamente no momento em que sua margem de manobra não cessa de alargar-se. "A interdição de tocar separa a região do familiar, região protegida e protetora, da região do desconhecido, região inquietante e perigosa" (ANZIEU, 1985: 146). A criança faz então experiência de sua soberania sobre o mundo, e sabe que nem tudo deve ser tocado sem precaução, e que o corpo dos outros não é disponibilizado à sua investigação senão em momentos privilegiados, outorgados pela cultura e por parceiros precisos, e em regiões corporais não menos codificadas. Ela aprende inclusive que ninguém acessa ao seu corpo sem outorgar-lhe tal permissão. As interdições do contato delimitam a posição do sujeito no mundo, elas controlam sua pseudo-onipotência, delimitam sua margem de desejo, autorizam sua inscrição fluida no seio de seu vínculo social.

Em nossas sociedades os contatos pessoais procedem principalmente dos membros da família ou dos parceiros sexuais. Sua culminação junto ao adulto ocorre no momento das relações amorosas. Os amigos raramente se tocam, exceto por um aperto de mão ou por uma "beijoca". Entretanto, grande parte das relações sociais solda-se por um contato que começa e se conclui por um aperto de mão, por um beijo no rosto, por um "tapinha" no ombro ou um abraço. O desejo de proximidade ou o medo de ir além do previsto induzem à ambivalência do contato. O cerimonial da saudação "exprime simultaneamente a aproximação e a retração, em uma variada gama de tonalidades" (STRAUSS, 1989: 615). Tocar o outro é sentir-se à beira de um abismo aberto por sua presença.

As variações das modalidades do tocar o outro são consideráveis segundo os sexos, as idades, as condições sociais, o grau de familiaridade ou de parentesco entre os indivíduos[64]. A tolerância aos contatos físicos é primeiramente cultural, ligada à educação recebida, mas ela se modula segundo a sensibilidade individual e de acordo com as circunstâncias. A tatilidade da interação conhece uma gama alargada, indo da ausência de contato ao desenvolvimento intenso das relações físicas. Um psicólogo americano, Jourard (1968), somou em diferentes cafés de várias cidades o número de vezes em que os frequentadores se tocam no período de uma hora. Apesar do impressionismo metodológico, os resultados permitem divagar: San Juan (Porto Rico), 180 vezes; Paris, 110; Gainsville (Flórida), 2; Londres, 0[65]. As sociedades anglo-saxônicas preferem o distanciamento dos corpos, ao passo que as sociedades árabes e muçulmanas, por exemplo, jamais hesitam em tocar-se (pelo menos homem entre homem, mulher entre mulher). A prevenção contra o contato ou sua exageração é um feito de cultura.

Segundo as sociedades e as circunstâncias, os encontros são mais ou menos enternecedores. A raridade dos contatos físicos marca as sociedades nas quais a distância é de bom uso entre os indivíduos. Se o distanciamento simbólico é superado, o intercâmbio perde sua neutralidade: a mão que toca uma parte do corpo gera então conivência ou constrangimento. Um toque furtivo e isento de qualquer intenção particular pode contribuir na aproximação dos indivíduos. Um estudo feito numa biblioteca americana mostra que estudantes cuja mão era levemente tocada pelo atendente quando

---

64. Não abordarei a "proxêmica", isto é, a parte da semiótica que estuda o espaço ocupado pelos seres animados, notadamente o homem, longamente tratada em Le Breton (2004).

65. "Dado que a maioria dos ingleses da alta sociedade sofreu um condicionamento voltado para o 'não tocar', a tatilidade adquiriu uma latente conotação negativa na cultura inglesa. É tão verdadeiro que o sentido do tocar e o ato de tocar são culturalmente vistos como vulgares. Tocar alguém é um ato vulgar" (MONTAGU, 1979: 198).

lhe entregavam o cartão de acesso avaliam mais positivamente os funcionários, se comparados aos estudantes não contemplados pelo mesmo tratamento, muito embora as atitudes entre meninos e meninas devam ser nuançadas: os primeiros sendo ambivalentes, e deliberadamente hostis, se abordados por um funcionário homem. Mesmo um contato acidental pode ter um impacto emocional importante. Outra experiência coloca em cena uma mulher interpelando pessoas que saíam de uma cabine telefônica, onde, deliberadamente, ela havia deixado uma moeda. A pesquisa mostra que ao abordar seus interlocutores através de um contato físico (aperto de mão, toque no ombro etc.), suas chances de recuperar a moeda eram infinitamente maiores (THAYER, 1982).

Buscar contatos é igualmente uma tentativa mais ou menos engenhosa de sedução ou de declaração de amor. O ato de paquerar implica romper as restrições e, precavidamente, penetrar a esfera interior e pessoal do outro. O mais frequentemente é o homem que assume a iniciativa do contato, por exemplo, pousando a mão no ombro ou na cintura da mulher e se aproximando dela, rompendo assim os usos proxêmicos. Ele tanto pode tornar-se pegajoso e transformar seu corpo em instrumento de poder, quando, por exemplo, sua parceira recusa o contato e deseja livrar-se dele, quanto, ao contrário, aguardar um sinal positivo, bater em retirada e retomar suas investidas em ocasião oportuna.

A ruptura do espaço íntimo encontra-se num sentido oposto quando uma tentativa de intimidação visa justamente a provocar o mal-estar, a submeter o outro, mesmo sem converter-se em luta física. O desrespeito a estas fronteiras simbólicas, e inconscientes enquanto não transgredidas, é imediatamente vivido como uma agressão por parte da vítima. "A investida vinda de outros sentidos, escreve E. Canetti, da visão, da audição, do olfato, está longe de ser tão perigosa. Ela permite um espaço entre o si e a vítima. Enquanto este espaço subsiste, resta ainda uma escapatória. Nada, portanto, está decidido. Mas a apalpação, enquanto contato, é prenúncio de degustação. No conto, a feiticeira auxilia-se do dedo para sentir se a vítima é suficientemente carnuda" (CANETTI, 1966: 216). A violência, aliás, consiste em *partir para as vias de fato*. A partir de então toda sacralidade do outro é abolida. Trata-se de quebrar, ferir, invadir pela força o corpo do inimigo. As situações de agressividade rompem assim as fronteiras, e o contato físico transforma-se em intimidação ao privar o outro de qualquer reserva, ao invadir seu distanciamento íntimo ou ao trazê-lo simbolicamente à ribalta. Da mesma forma, é por uma ruptura das regras sociais de contato que um culpável é preso: "Basta ele sentir pousar sobre seu ombro a mão de um agente habilitado a prendê-lo para que ordinariamente ele se entregue sem partir para as vias de fato. Ele faz-se então pequeno, conforma-se à situação, comporta-se resignadamente" (CANETTI, 1966: 216).

Nossas sociedades, não obstante tão atentas à preservação da distância interpessoal, conhecem em circunstâncias associadas a uma forte afetividade coletiva uma tendência à aproximação física. O contexto esportivo, por exemplo, gera entusiasmo nos atletas ou nos torcedores. A emoção une provisoriamente os indivíduos num sentimento de fazer-se *um* com a equipe, dissolvendo-se em um *nós* espetaculoso. O corpo como fronteira de identidade é então esquecido. O mesmo ocorre nos protestos de rua, onde os manifestantes são levados por um sentimento de unidade, em função de um combate comum. Os foliões carnavalescos, de uma festa, de uma *rave party*, compartilham do mesmo sentimento de que as fronteiras do próprio corpo se apagam ao misturar-se aos outros. Num contexto mais íntimo, e fora de qualquer referência erótica em sentido estrito do termo, o contato físico de um terapeuta com um doente participa da mesma abertura de si, livre desse fechamento do corpo[66].

Tocar o outro em suspenso

Em nossas sociedades ocidentais o contato com o corpo do outro está estreitamente sob a égide do apagamento (LE BRETON, 1990). O indivíduo dispõe ao seu redor de uma reserva pessoal, de um espaço de intimidade que prolonga seu corpo e instaura uma fronteira entre ele e os outros, que não se rompe sem seu consentimento ou sem fazer-lhe violência. Um invólucro simbólico o protege do contato com os outros que instintivamente intuem a distância a manter, a fim de evitar sentir-se mutuamente incomodados. O único acesso ao corpo de outrem vincula-se à relação amorosa, à sexualidade ou ao contexto familiar. Para além da paquera ou da ternura de um primeiro encontro, onde o toque surpreende e transtorna, se fruto de um consentimento, o contato físico exprime a exceção do encontro, denota um abrandamento da simbólica social ordinária e permite ingressar em outra ritualidade. Ele instaura um sentido para além do sentido. A menor aproximação encerra uma forte conotação afetiva, já que ela rompe as usuais convenções proxêmicas. Não somos tocados da mesma forma com a qual somos compreendidos ou vistos.

---

66. Estes mesmos indivíduos, encontrando-se alhures, buscam preservar seu espaço íntimo em relação à invasão do outro. Em outras situações de grandes aglomerações, onde cada um, em contrapartida, permanece isolado, sem vínculo, senão de proximidade com os outros, eles tendem a romper as distâncias culturais. No metrô ou nos ônibus, numa manifestação ou numa reunião festiva, não raro acontece um "apertamento" uns contra os outros. O mal-estar é então, em parte, dissipado porque evita o olhar do outro. Nestes momentos de promiscuidade é a impossibilidade do contato visual que substitui um interdito, dissipado pelas circunstâncias.

O contato, escreve E. Lévinas, "é exposição ao ser" (1974: 122). A imploração remete frequentemente ao fato de conquistar um interlocutor suscetível de deixar-se levar pelo apelo das mãos, dos braços, como se o implorante quisesse arrastá-lo consigo e mostrar-lhe a extensão do sofrimento represado nele. O indivíduo demanda um reconhecimento ciente de que as palavras por si mesmas lhe são insuficientes para tal fim, e busca então aproximar fisicamente o outro, como se quisesse fazer-se *um* com ele. A mão projeta-se na direção do corpo de outrem, irredutivelmente diferente de si. Ela tenta conjurar a distância, abolir a separação, para momentaneamente unir-se à pele do outro. Ela assume suas formas pela carícia ou pela massagem do corpo alheio, sente sua textura, seu calor; ela busca modificá-lo, alcançá-lo pelo afago cordial[67]. Mas P. Valéry insiste num dado maior: "O que existe de mais profundo no homem é a pele"[68]. À superfície do corpo estende-se à interioridade do sujeito que só é atingível por uma mão deslizando sobre sua pele nua. Na *Criação do homem* da Capela Sistina, da forma pintada por Michelangelo, Deus desperta Adão para a existência pelo toque. Ele estende a mão em sua direção para insuflar-lhe as centelhas da vida. O poder simbólico do tocar é tamanho que Michelangelo se esquece que Deus criou o mundo pelo Verbo.

Do fato de seu enraizamento na ontogênese, o tocar é uma forma primordial de contato que enraíza no mundo, cuja solicitação, num contexto de sofrimento, sem dúvida reaviva a lembrança da presença materna e restaura a confiança pessoal em si e no mundo. A mão é um instrumento de apaziguamento. "O meu amado

---

67. O simbolismo da mão protetora é corrente, quer se trate de um gesto real de uma pessoa consagrada sobre uma multidão ou um grupo, ou aquele de um indivíduo para com seus próximos, ou presente num objeto desenhado, pintado, aperfeiçoado ou transformado em joia, à imagem da mão de Fatma.

68. VALÉRY, P. *L'idée fixe*. T. 2. Paris: Gallimard, p. 215-216 [La Pléiade].

introduziu sua mão na fechadura, fazendo-me estremecer em meu íntimo", diz o Cântico dos Cânticos (5,4). A mão de Cristo cura os doentes. Na sinagoga um homem estende uma de suas mãos paralisada, Jesus a toca "e ela ficou sã como a outra" (Mt 12,9-13). Ele toca as feridas e elas saram; as enfermidades e elas desaparecem; as frontes febris e são curadas. Muitas crianças lhe são apresentadas "para que as toque" (Mc 10,13). Ele coloca sua mão sobre o leproso, põe-na sobre os olhos dos cegos, sobre suas cabeças, num corpo a corpo propício, dissipando assim todo mal. A mão de Jesus é depositária do poder de Deus. Os apóstolos herdam este privilégio e distribuem "o espírito santo" ao impor suas mãos sobre as cabeças dos fiéis, que aos milhares se comprimem ao redor deles.

As tradições de cura popular frequentemente demandam o contato físico. "Tocar" é uma maneira de curar uma afecção da pele: herpes, verrugas, queimaduras, ventre inchado etc. Estas pessoas cumprem um ritual, elas colocam a própria mão nas afecções, cingindo-as não somente por um gesto, mas também pela recitação de um sortilégio. Nas tradições sociais, estas pessoas são instituídas por um membro da família que, possuidor de um "dom", antes de morrer o transmite àquele ou àquela que lhe parece mais apto a preservar-lhe a eficácia. O saber transmitido depende de um segredo que lhe confere um poder redobrado. Outrora os reis da França curavam as escrófulas pela aposição de suas próprias mãos. Muitas tradições terapêuticas reportam-se ao contato propício do curandeiro: o de transmitir sua "energia" através de um contato físico.

O toque jamais se resume a um simples tocar, mas remete a um afloramento da história íntima da pessoa admitida a tal intimidade. Ele evoca elementares estados afetivos profundamente enraizados, ultrapassando de longe a lucidez e a vontade. Ele é uma forma da palavra e impõe uma resposta. "A mordida da moreia havia deixado um desenho perfurado, uma letra clara sobre minha pele transpassada. Ela havia colocado sua 'mão' justamente aí, e foi o gesto mais íntimo que uma mulher pudesse ter tido para comigo, escreve E. de Luca. Ela tocou a superfície de uma dor, numa fisgada clara, capaz tanto de reavivar quanto de suavizar. Estou aqui, dizia sua mão pousada sobre a ferida, seguiremos juntos, mais que o tempo de uma canção, eu segurando tua dor em minha mão"[69]. O sentido tátil preenche uma função antropológica de continente, de restauro de si em uma situação de sofrimento ou carência. Tocar propicia o sentido de si e daquilo que representa sua exterioridade. O gesto restaura uma fronteira, ele remete à valoração de si em um meio ambiente mais vasto. Ele, pela resistência experimentada, lembra o limite com aquilo que não pertence ao si: o apoio encontrado.

Numa situação de incerteza, de desordem, a busca por sensações permite reavivar um espaço sensível num mundo que se esquiva. Em situação de sofrimento, o recurso à pele, mesmo agredindo-a (LE BRETON, 2003), às vezes impõe-se, visando a restaurar um limite enfim tangível, não obstante o sentido que se esquiva. Se o sentido do tocar é globalizante, encontrando na pele seu órgão de envelopamento real e simbólico, ele igualmente delimita seu diferente. Em situação de sofrimento, o contato (no duplo sentido do termo) é um meio poderoso de restauração de si. O homem marca sua presença no mundo por seu corpo. Perder o toque dos outros às vezes é perder o mundo, ser novamente objeto (ou, antes, sujeito) de um contato, é reencontrá-lo.

Ambiguidades do tocar

Não existem tocantes sem tocar, nem contato cutâneo sem uma afetividade posta em prática. Tocar o outro sofredor pode gerar

---

69. LUCA, E. *Tu, mio*. Paris: Rivages-Livre de Poche, 2000, p. 53.

mal-entendidos, ele inclusive pode suspeitar que se trate de um gesto "interesseiro", sobretudo na interação entre um homem e uma mulher. Engajamento em favor do outro, o gesto deve fundar-se numa evidência do contato sem conotação sexual ou dominadora. Quaisquer que sejam as modalidades (ternura, toque leve, massagem etc.), ele induz a uma ressonância ligada à história individual[70]. O contato cutâneo é sempre ameaçado por uma motivação interesseira (seduzir, "tirar uma lasquinha" etc.) ou por uma vontade de ascendência sobre o outro, ao mesmo tempo em que ele se impõe como uma necessidade antropológica para muitos pacientes que sofrem. Somente a singularidade das circunstâncias é juíza da possível ambiguidade de um gesto de reconforto. Mas no toque do outro existe um intocável que marca a intimidade da pessoa, existe o que esta última tolera de contato e o que a constrange, que demarcaria o limite da imposição da vontade. Inoué Yasuchi, próxima ao pai moribundo, descobre uma última vez o fechamento de si num corpo: "Ele tirou então debaixo do *futon* uma mão emagrecida e a estendeu na minha direção. Como até então ele nunca havia feito tal gesto, no calor imediato da cena não entendi o que ele queria. Coloquei sua mão sobre a minha. Ele fechou-a, exercendo uma leve pressão, mas logo em seguida, quase imperceptivelmente, parecia repelir-me. Foi como a 'fisgada' de um peixe que morde a isca de um anzol. Em minha surpresa, larguei então sua mão. Eu não sabia qual sentido dar a este gesto, mas ele certamente exprimia um sobressalto de vontade de sua parte. Experimentei uma gélida sensação de ter sido repelida, como se, à minha leveza em

---

70. Sobre todos estes pontos, reenvio ao trabalho de Florence Vinit (2001), que diz que o tocar nos tratamentos de saúde, mesmo sendo uma necessidade antropológica, não pode ser objeto de um panegírico sem precaução, em razão da ambivalência que o rege.

apertar-lhe a mão, ele me respondesse: 'Não brinque'"[71]. O contato não saberia impor-se ao encontro da sensibilidade daquele que o recebe, a menos que ele seja uma forma de intrusão.

O toque do outro nestas circunstâncias está sempre no limite da ascendência, da cooptação afetiva. As mãos são capazes de mentir em suas intenções. Entretanto, toda vontade de confortar o outro implica uma forma de manipulação, uma vontade de modificá-lo, suscitando uma questão ética (ROUSTANG, 2000: 31). Embora devam ser nuançadas em relação ao estatuto do homem e da mulher nos Estados Unidos, notadamente no ambiente Wasp, as pesquisas americanas mostram que as mulheres são nitidamente mais receptivas aos contatos físicos do que os homens (McCORKLE & HOLLENBACH, 1990). No contexto terapêutico, o homem americano sente-se constrangido diante de uma aproximação física que ele interpreta em termos de sedução, de intrusão ou de dominação, aí aonde a mulher encontra um reconforto destituído de ambiguidade. Tudo se passa como se de repente o toque estivesse associado pelo homem a um convite sexual, aí aonde a mulher vê somente um gesto de reconforto ou de amizade. T. Field vê aí o sintoma do fato de as mulheres serem mais frequentemente tocadas pela mãe, pelo pai[72], pelos amigos do mesmo sexo ou do sexo oposto; elas são mais expostas a este fato por ocasião de exames ginecológicos, por exemplo. "Dessa forma, o toque pode ser reconfortante para as mulheres hospitalizadas, mas perturbador para os homens com menos experiência de ser tocados em geral, e notadamente em situações de cuidados médicos" (FIELD, 2003: 44). O toque, o gesto de apaziguamento, é um ato de comunicação, ele não é mecânico,

---

71. YASUCHI, I. *Histoire de ma mere*. Paris: Stock, 1984, p. 10-11.

72. Estudos mostram que os pais tocam nitidamente menos seu filho do que sua filha (JOURARD, 1966).

e a maneira como é recebido nem sempre está em adequação com a intenção que o anima.

De um lado e de outro, através da repulsa ou do prazer, o contato da pele é uma confrontação de desejos. Com as ambiguidades e as ambivalências suscitadas. Segundo as interpretações, o mesmo gesto é carícia, reconforto, cuidado, massagem, apalpação médica, sedução, intrusão etc. E, se realizado com uma intenção particular, ele é ressentido pelo outro com uma tonalidade que lhe pertence como coisa particular. Todas as situações são possíveis, mesmo salvaguardando as aparências, e a repulsa experimentada por um indivíduo não impede a emoção eventual de outro. A indiferença de um cuidador para com seu gesto não neutraliza necessariamente o constrangimento ou a satisfação ao recebê-lo. "Para pousar sua mão no corpo do outro, o toque, diz J. Clerget, não precisa absolutamente temer nem desejá-lo nem amá-lo. Além do mais, não se pode presumi-lo senão como amado, não conquistável no movimento da mão que o acolhe" (CLERGET, 1997: 54).

Cuidar

O hospital expõe cuidadores e pacientes a uma situação insólita. O cuidado levanta infalivelmente a questão da intimidade em razão da ruptura dos códigos de civilidade ordinários. Na relação de cuidado, o toque se reveste de diferentes modalidades. Ele acompanha o diagnóstico pela apalpação ou pela averiguação da pressão arterial. Ele impõe-se nos banhos íntimos quando os pacientes não são mais autônomos. Ele está igualmente ligado aos cuidados múltiplos engajados na saúde dos pacientes. A experiência hospitalar gera dependência, e principalmente uma disposição inesperada dos outros de invadir a esfera íntima e aceder ao corpo.

No entanto, neste aspecto, as relações táteis para com os pacientes são desiguais. A criança hospitalizada é tocada, mimada e acariciada sem qualquer constrangimento. Ela atrai a ternura numa forma de reparação do sofrimento experimentado. Mas a solicitude é menor junto aos adolescentes em razão do medo de suscitar a ambiguidade. Em igual medida tratando-se de pacientes adultos ou idosos que também necessitam de contatos e de reconforto.

Esse contato privilegiado o encontramos nos momentos derradeiros da vida quando a doença esgota o sujeito e quando não resta senão um abraço de desespero. Às vezes, tratando-se de uma criança morta, a mãe a aperta contra seu corpo, como se ela quisesse fazê-la voltar à vida. O sentido tátil nos cuidados ou no acompanhamento de uma pessoa deficiente ou doente, moribunda ou idosa, reconstitui de uma só assentada o vínculo social que a linguagem oral não mais sustenta. Quando a existência se esquiva, o contato de uma pessoa significante, afetivamente investida, encarna um limite de existência, um continente, e restaura um valor pessoal corroído pela doença ou pela idade. Ele alimenta um prazer sensorial tanto mais forte quanto mais carente for a existência. Joe, profundamente mutilado pela explosão de uma bomba e reduzido exclusivamente ao contato físico, pele a pele, diz da intensidade de um intercâmbio com uma enfermeira: "Ela resolve massageá-lo e ele aprecia o toque suave e ágil de seus dedos [...]. Um dia ele percebeu uma mudança na ponta dos dedos pela ternura do toque, sentiu compaixão e perplexidade, e um amor muito genérico que não era um intercâmbio entre enfermeira e paciente, ou vice--versa, mas antes um amor que englobava todas as criaturas vivas que tentava aliviá-las um pouco, torná-las menos desafortunadas, um pouco mais iguais aos seus semelhantes"[73]. A pele é uma ân-

---

73. TRUMBO, D. *Johnny s'en va en guerre*. Paris: Seuil, 1993, p. 166.

cora reatando o sujeito com o mundo. Ela confere um sentido à compaixão. A gratuidade, ou antes, a generosidade de um gesto de apoio, não tem preço.

Quando, mesmo na vida corrente, a palavra fracassa ao tentar expressar a emoção, resta o toque que confere uma espessura afetiva ao contato e restabelece os reencontros com o corpo. Formidável emanação repentina do sentido, justamente por ultrapassar a ritualidade ordinária da interação! Joe, 'cimentado' em seu corpo e religado ao mundo somente pela pele, descreve com precisão as mãos das enfermeiras que o assistem. Sua experiência é aplicável a uma miríade de doentes. "A enfermeira do dia tinha mãos ágeis, mãos um pouco ásperas como as de uma mulher calejada por sua longa labuta, embora o próprio Joe imaginasse essa enfermeira relativamente idosa e de cabelos grisalhos [...]. De fato ela era um pouco estabanada em seu serviço... zás, lá estava Joe estirado sobre a cama; trás, a enfermeira aparece com uma toalha; zás, lá estava Joe revirado de costas; e o serviço de higiene corporal estava concluído [...]. A maioria delas tinha mãos suaves, mas suficientemente viscosas para sacolejar seu corpo, antes que deslizar suavemente sobre ele. E pasmem: todas eram muito jovens" (p. 143).

O contato físico com um doente ou com um indivíduo desorientado exerce uma função continente: é um contato apaziguador. A presença do outro, radicada em seu contato, é uma pausa no autoaniquilamento do doente. "O médico se compraz com a leitura óptica, dizia N. Cousins, ao passo que o doente valoriza mais uma mão estendida". Uma massagista, citada por D. Anzieu, evoca uma experiência dessa ordem. Após uma tentativa de suicídio, ateando fogo ao próprio corpo, um homem é hospitalizado. Trata-se de um presidiário seriamente chamuscado, muito embora suas queimaduras não comprometam sua sobrevivência. Ele queixa-se das dores ressentidas. Uma enfermeira que o assiste lhe promete uma dose suplementar de calmantes, mas no ínterim ela é solicitada alhures, e coincidentemente uma psicóloga aparece para uma conversa terapêutica com o paciente. E ela relata: "A conversa espontânea e calorosa que tivemos versava sobre sua vida passada, sobre problemas pessoais que lhe eram caros. Quando, finalmente, a enfermeira ressurge com os analgésicos prometidos, o paciente, com um sorriso nos lábios os recusa, dizendo-lhe: 'Já não vale mais a pena: minha dor sumiu'. Ele mesmo impressionou-se! E a conversa estendeu-se. Finalmente ele adormeceu tranquilo, e sem recorrer aos remédios" (ANZIEU, 1985: 206). A palavra certa, a escuta atenciosa, o reconhecimento de si destituído de qualquer julgamento restabelece junto a este homem uma pele continente que repele o sofrimento.

Comunicação afetiva, este toque é às vezes a recordação de um contato materno visando a envolver: ele é simultaneamente presença de outrem e regressão íntima ao seio de uma história que reaviva a lembrança dos momentos em que a mãe estava lá, justamente no momento de enfrentamento da adversidade. Ele reata as referências essenciais que restauram a confiança. Ao inverso, o toque terapêutico ou a massagem[74] também são, para alguns pacientes, a reparação de uma ausência quando o entorno familiar,

---

74. O toque terapêutico consiste em colocar as mãos sobre o corpo de uma pessoa doente ao longo de uma dezena de minutos, mobilizando em si uma intenção forte de aliviá-la ou curá-la. O contato é associado a uma imagem mental positiva de restauração do estado de saúde do doente. Sua eficácia repousa sobre a concentração, a segurança interior e principalmente a qualidade de presença do terapeuta. As massagens ou os toques conhecem formas múltiplas cuja descrição ultrapassa o quadro desta obra: eles têm às vezes uma função de relaxamento, de descontração, de despertar sensorial (massagem californiana etc.), eles visam a uma ação terapêutica através de pressões exercidas sobre diferentes pontos do corpo (do-in, shiatsu) ou reduzem tensões fisiológicas pelo leve roçar na pele, pela amassadura, pela massagem, pela manipulação das energias (osteopatia, quiropraxia, cinesioterapia etc.).

e notadamente a mãe, faltou com este envolvimento afetivo na infância. O sentimento de abandono e de rejeição atormenta então a existência. O toque terapêutico é uma forma de maternagem, de retorno às fontes, colmatando momentaneamente o sofrimento e provendo um efeito de reenvio ao mundo.

As massagens são usadas para reduzir sofrimentos psicológicos (estresse, depressão, ansiedade etc.), dores físicas agudas ou crônicas (dores lombares, cefaleias, fibromatoses etc.), e diminuem os distúrbios neuromusculares, ou os das doenças autoimunes, o câncer etc. Toda situação de sofrimento pode beneficiar-se delas. As massagens aliviam as tensões, as dores, a ansiedade, a irritação. Elas restauram a soberania, a calma. Quer se trate de crianças, de adultos ou de pessoas idosas, o impacto é o mesmo. Reparação afetiva que não ilude a carência de ser, mas que propicia um apaziguamento. O toque terapêutico avizinha-se à ternura, não englobando nenhum conteúdo erótico. Contato de proximidade afetiva, ele garante e lembra que o indivíduo não está totalmente sozinho em sua desventura[75]. O efeito benéfico de um contato físico implica seguramente que ele seja apropriado à situação, mesmo ultrapassando as expectativas comuns. O outro abandona-se à carícia ou ao toque, seja ele qual for, ou responde fervorosamente dando livre-curso à sua dor. A mão que reconforta opera uma transfusão de existência. Ela lembra ao homem sofredor que ele não está sozinho em sua provação. Ele está nas mãos do outro que o sustenta. A carícia ou o aperto de mão buscam arrancar a dor do outro, recolocá-lo no mundo ou propiciar-lhe um alento renovado.

O toque "haptonômico", para F. Veldman, "é a ciência do tocar e do sentir, em sua dimensão interior e afetiva". À pessoa deitada

---

75. O toque de um paciente em coma modifica seu ritmo cardíaco e provoca uma série de respostas fisiológicas.

de bruços se demanda atenção à mão, aos dedos, à palma, ao punho, ao braço, e que ela estabeleça a continuidade de toda a ação do cuidador. O movimento interior do paciente que prolonga suas sensações corporais nos braços de outro, no calor da relação, produz um efeito de apaziguamento. Sua respiração se acalma, suas tensões diminuem, sua ansiedade se dissipa. O frio eventualmente ressentido no início da interação desaparece e cede espaço a uma agradável sensação de aconchego corporal. As fronteiras pessoais são rompidas num respeito recíproco. O sujeito sente-se profundamente reconhecido, enraizado numa totalidade humana, liberto de sua individualidade às vezes estafante. A "haptonomia" foi empregada em benefício das mulheres grávidas, notadamente a partir do quarto mês da gestação. Uma vez obtidos o relaxamento e a confiança, o terapeuta solicita então à mãe que faça contato com a criança carregada *in utero*. E a mãe, que vivia o feto de maneira abstrata, põe sua mão sobre o ventre e sente que a criança reage a este contato. Emocionada, ela aprende instantaneamente a envolvê-la com suas mãos e a embalá-la em sua matriz. E o pai, imerso na atmosfera de segurança afetiva que reina naquele instante, descobre que ele dispõe do mesmo privilégio de brincar com a criança *in utero*. Para a mulher, o fato de estar grávida oscila então da intelecção à efetividade ressentida.

Se o terapeuta sugere à mãe que ela aproxime o feto ao seu coração ou o faça descer em sua matriz, ela descobre que ele responde à sua demanda interior. Ela aprende então a ter atitudes antecipatórias. Quando, por exemplo, o feto manifesta sinais de desagrado, ela regula a energia muscular da parede abdominal e do períneo, envolve a criança em sua mão e lhe transmite segurança. Os momentos de brincadeiras da mãe com o feto aumentam com sua maturação, ela vai aprendendo a guiá-lo, a ajudá-lo, a senti-lo, e dessa forma vai se instaurando uma segurança de base para o nascituro, um assentamento afetivo sólido. "Pouco a pouco, escreve Veldman, desenvolve-se entre mãe e criança uma interação comunicativa [...]. A mãe e sua criança encontram-se assim em sintonia. A mãe pode ser sensitivamente aberta às necessidades da criança" (THIS, 1981: 279). Para além do vínculo já criado antes do nascimento, a mulher descobre os laços alquímicos que a religam física e afetivamente à criança, e ela cessa então de fazer obstáculo, sem sabê-lo, à sua progressão. Ela acompanha a criança em seus movimentos de abrir-se uma passagem à existência, a encoraja, prepara-lhe o caminho e vive com intensidade seu nascimento. A experiência clínica mostra que as crianças nascidas nestas condições desenvolvem uma energia e uma presença raras. A "haptonomia" é uma quintessência do toque terapêutico, ela realiza de maneira deliberada o que algumas pessoas fazem intuitivamente com os doentes, ou simplesmente na vida cotidiana, para acalmar junto aos outros uma dor ou uma angústia.

De fato, um contato simbólico é estabelecido entre o terapeuta e o sujeito em demanda e reenvia a uma transferência de sentido. O reconhecimento de sua posição pessoal de sofrimento pelo doente, a disponibilidade daquele que assume seus cuidados, a abertura dos corpos mobilizam uma eficácia simbólica. O contato corpo a corpo com uma pessoa estranha é um fato raro, ele expõe a um abandono aos movimentos do outro. Obviamente, o gesto de apaziguamento nunca é mecânico. Sua eficácia repousa sobre uma qualidade de presença e, portanto, de contato. S. de Beauvoir o testemunha em seu relato sobre a morte de sua mãe. "As dores de mamãe, escreve ela, não tinham nada de imaginário: as causas eram orgânicas e precisas. Entretanto, abaixo de um determinado limiar, os gestos de Mlle. Parent ou de Mlle. Martin as abrandavam; idênticos, os gestos de Mme. Gontrand não as aliviavam"[76]. Em

---

76. BEAUVOIR, S. *Une mort très douce*. Paris: Gallimard, 1964, p. 115.

outro momento, quando sua irmã já estava esgotada, não conseguia mais velar por sua mãe moribunda, S. de Beauvoir propôs-se a substituí-la. Mas a mãe se rebela: "Mamãe parecia inquieta. – Tu saberias colocar-me a mão sobre minha fronte se eu tiver pesadelos? – Claro que sim! Ela olhou-me com intensidade: Tu, tu me assustas" (p. 94).

Através do encontro íntimo dos corpos cria-se uma relação de confiança propícia à melhora do estado físico do doente. O contato corporal (uma mão sobre o corpo, uma massagem) reduz a ansiedade e provoca um relaxamento que restaura a confiança do doente em seus recursos pessoais de luta contra a dor. Ele estimula a sensação de si, torna o sujeito sensível à sua pele e, portanto, à sua individualidade na trama do mundo. O terapeuta opõe-se ao desencorajamento do doente e mostra sua implicação na vontade de vê-lo livre de seus sintomas. D. Anzieu oferece um exemplo que manifesta a tensão positiva para com o outro: "Mais de uma vez bastou-me imaginar em silêncio que eu realizava um gesto corporal de reconforto com um paciente angustiado ao perceber que a explicação verbal já não era mais suficiente para que ele reencontrasse um mínimo de segurança narcísica: nenhum deles negou-se a aproximação corporal" (ANZIEU, 1986: 85). Uma sensibilidade de superfície penetra na espessura de si e gera uma influência propícia sobre os pontos doloridos ou tesos. F. Bourreau observa que "toda dor, superficial ou profunda, pode ser atenuada pela sensação cutânea produzida por uma técnica de estimulação [...]. Inúmeras pessoas utilizam por conta própria estes meios simples"[77].

Em determinadas circunstâncias a comunicação tátil substitui a fala, ela une profundamente os indivíduos quando faltam pala-

---

77. BOURREAU, F. *Contrôlez votre douleur*. Paris: Payot, 1991, p. 148. Cf. tb. Savatofski, 2001.

vras para expressar a dor ou a emoção. O abraço e o contato físico unem-se na conjuração da impossibilidade de dizer. Uma mão pousada na cabeça ou no ombro e um abraço buscam então um apaziguamento em favor de alguém transtornado por uma má notícia ou enfraquecido por tormentos insuportáveis. Ela tenta romper a separação, sinaliza a solidariedade, sela um acordo das emoções; ela certifica a presença amigável e o caminhar solidário no sofrer. Só a qualidade de presença torna o mundo pleno. O elementar do corpo a corpo substitui a palavra excedida pela emoção. O contato pele a pele dá uma trégua ao sofrimento, um apoio eventual para afastá-lo. O indivíduo estraçalhado encontra um ombro amigo onde abandonar-se e conjurar o sentimento de afundamento no vazio então vivido. Esta qualidade de presença permite que o sujeito sofredor reconstrua um invólucro seguro no prolongamento do corpo de outrem.

6 CHEIRAR E CHEIRAR-SE

Thomas adorava mais do que tudo adentrar a despensa, coisa que raramente acontecia. Então a mão de sua avó girava a chave da porta pintada em vermelho, e os odores se alastravam. Primeiro o odor das salsichas e dos salames defumados, pendurados em varais no teto, porém outros odores invadiam o ambiente, provenientes das gavetas sobrepostas ao largo das paredes. A avó abria as gavetas e me permitia farejar-lhes o conteúdo, explicando-me: "Isso é canela, isso é café, esses são cravos".

MILOSZ, C. *Sur les bords de l'Issa.*

A difamação ocidental do olfato

O olfato não falta ao homem ocidental, falta-lhe antes a possibilidade de falar sem pudor do que ele cheira, de deixar-se levar pelas lembranças, carecendo-lhe ainda um vocabulário próprio para organizar sua cultura olfativa. Testemunha da intimidade o olfato provoca constrangimento nas pessoas, a não ser para dizer expeditivamente que um local cheira bem ou mal, ou para buscar o nome de uma flor ou de uma planta que perfuma uma rua. A olfação é um jardim secreto cuja partilha repugna em razão da bizarrice desta conduta. No Quebec, uma amostragem de 180 pessoas interrogadas sobre qual dos sentidos elas se disporiam a dispensar, 57% optaram pelo olfato, argumentando sua "pobreza", sua "inutilidade" ou o constrangimento provocado por situações implicando a confrontação com o "fedor" (SYNNOTT, 1993: 183).

Um estudo do Instituto Ipsos, realizado em 1993, versando sobre o valor dos sentidos para os franceses, coloca o olfato em último lugar, antecedido pelo paladar. A cultura americana não lhe confere uma posição melhor. Na hierarquia dos sentidos o olfato pouco conta. Entretanto, apesar da reputação de insensibilidade olfativa do homem ocidental, uma reflexão sobre a intimidade mostra que determinados odores acompanham sem cessar sua existência. Se eles não são valorizados nos discursos, confirmando assim sua dimensão íntima e dificilmente transmissível, eles não estão menos presentes no prazer ou no constrangimento que provocam.

A anosmia (incapacidade de sentir, de cheirar os odores) é uma deficiência penosa que subtrai à existência uma parcela de seu encanto. Ela constrange a viver em um mundo insípido e inodoro, privado do odor das plantas, do sabor dos alimentos ou dos vinhos. As bebidas e os alimentos acabam tendo o mesmo gosto indiferente. As pessoas implicadas são mais vulneráveis, elas não conseguem avaliar um odor de fumaça ou de gás, colocando sua existência em perigo, e às vezes consumindo alimentos estragados por não sentirem nem seu cheiro nem seu sabor. Desse fato, sempre convém ter um "nariz apurado" na condução da existência.

Eis um exemplo de estigmatização do olfato através do perfume. Um projeto de lei submetido ao parlamento britânico em 1770 estipula sem rodeios: "Toda mulher, seja qual for sua idade, profissão, posição social, jovem, esposa ou viúva, que, a partir dessa data, atrair, seduzir ou levar traiçoeiramente às núpcias um sujeito britânico valendo-se de perfumes, maquilagens ou outras loções cosméticas, ou objetos artificiais como peruca de lã espanhola, espartilho de arame, sapatos de salto alto ou estofamentos diversos, pode incorrer nas penas previstas pela lei contra a bruxaria e outros delitos semelhantes; e o casamento incriminado será declarado nulo e inexistente" (apud GOODY, 1994: 234). O mesmo terror do perfume como instrumento quase demoníaco de sedução leva o parlamento da Pensilvânia a adotar esta lei pouco tempo depois. Para Aristóteles, o olfato é um sentido tosco, inferior ao que ele é junto ao animal. Nisso o homem não leva nenhuma vantagem. Se Condillac dá prioritariamente olfação à sua famosa estátua, não é absolutamente por sua relevância na definição do homem, mas antes "porque dentre todos os sentidos é o que parece contribuir menos aos conhecimentos do espírito humano". E diz mais: "Os objetos de repugnância que ele proporciona [...] são numericamente mais importantes que os objetos de prazer; e neste último caso ele não pode oferecer senão um deleite fugaz e passageiro" (1947: 222). Para muitos filósofos, como Kant, o olfato é o sentido "animal", o último em valor e em interesse[1].

Em 1878, na hierarquia de P. Broca, fundador em 1859 da Sociedade de Antropologia de Paris, a "visão é o mais intelectual dos sentidos", indo de par com o desenvolvimento da inteligência humana, e, à passividade da olfação, que segundo ele se satisfaz em receber as impressões sem refleti-las, confere um pífio valor. Assim, segundo ele, este sentido predominaria "junto ao homem grotesco, e pode-se qualificá-lo de sentido brutal [...] que nada acresce aos seus conhecimentos, assumindo uma pífia parcela em seus prazeres, e inclusive proporcionando-lhe mais desprazer que fruição, rendendo-lhe tão poucos préstimos na vida civilizada que sua perda sequer é classificada como uma doença" (DIAS, 2004: 40 e 50). E. Jünger remarca o arcaísmo do olfato: "Ele se erige no meio da paisagem humana como um lugar de montanhas entre os campos cultivados. O nariz, com seu faro, é

---

1. KANT, E. *Anthropologie d'un point de vue pragmatique*. Paris: Vrin, cap. 22.

órgão de amizade ou de hostilidade motivado pelo puro instante, anteriormente a toda reflexão"[2].

O homem é um animal que não cheira (que não quer reconhecer que cheira), e nisto ele se distingue das outras espécies e de sua história. Em *Malaise dans la civilisation* (Mal-estar na civilização), Freud, no mesmo espírito, associa o distanciamento cultural do olfato ao desenvolvimento da civilização. "Não obstante o confinamento ao segundo plano do poder excitante do odor, ele parece resultante do fato de o homem ter-se erguido do solo, de ter decidido pôr-se de pé, posição que, tornando visíveis os órgãos genitais até então disfarçados, fez com que eles demandassem proteção, e engendrou assim o pudor. Consequentemente, o endireitamento ou a 'verticalização' do homem seria o fundamento do processo inelutável da civilização. A partir daí desenrola-se um encadeamento que, da depreciação das percepções olfativas ao isolamento das mulheres por ocasião de suas menstruações, levou ao predomínio das percepções visuais, à visibilidade dos órgãos genitais, depois à continuidade da excitação sexual, à fundação da família e da espécie ao limiar da civilização humana" (1971: 50). Freud constrói uma grandiosa utopia das origens sensoriais do homem. Sua análise é significativa de um tempo e de uma cultura que inscrevem o olfato e a visão aos extremos da hierarquia sensorial. Esta sensibilidade ao odor é promovida em contraste com uma animalidade de origem insuportável, mais vale deixá-la aos "primitivos".

R. Winter evoca uma experiência significativa feita por pesquisadores californianos sobre as relações entre odor e "proxemia". Participantes mais ou menos perfumados percorrem um jardim público observando as reações suscitadas à sua passagem. Eles sentam-se num banco, solicitam informações, misturam-se às conver-

---

2. JÜNGER, E. *Le contemplateur solitaire*. Op. cit., p. 107.

sas. Os que são olfativamente neutros passam despercebidos, os perfumados afastam os transeuntes, não obstante o odor ser agradável (WINTER, 1979: 10). A mulher "muito" perfumada é uma pessoa de "costumes fáceis", ou é evocada com um sorriso maroto. O homem perfumado está mais exposto, já que contradiz uma norma implícita que associa a masculinidade à ausência de enfeites exteriores. Ele injuria sua virilidade e presta-se à desconfiança[3]. O perfume só obtém aprovação, só é decisivo no jogo da sedução, desde que utilizado por uma mulher e moderadamente.

Disperso em lugares-chave do corpo (pescoço, lóbulos da orelha, côncavo dos seios, punhos etc.), seu charme vincula-se à sutileza de seu uso. Suplemento sensorial para embelezar a presença, artimanha olfativa destinada a seduzir, mas também a criar bem-estar e a oferecer uma imagem conveniente de si, o odor aumenta o poder da relação estética com o mundo e indica uma disponibilidade, prelúdio aos outros prazeres almejados dos amantes. Para além da aparência do vestuário, da maquilagem, do penteado, do estilo de presença junto aos outros, o perfume acrescenta sua nota sutil a uma apresentação de si mais propícia. Ele é uma espécie de assinatura olfativa de si escolhida deliberadamente num vasto leque, uma revelação de si, mas também uma afirmação lúdica e volátil. A oferta de perfume é hoje considerável. Como qualquer questão de moda, trata-se para a mulher (às vezes para o homem) de encontrar uma maneira pessoal de afiliar-se à multidão e, portanto, de sobressair-se discretamente aos olhos daqueles cujo olhar importa. Os perfumes ou os "*kits toilette*" dão uma presença, uma carne àquele que teme passar despercebido e que não ignora a

---

3. Trata-se aí de um traço puramente cultural. Os homens se perfumaram na Europa até o início do século XVIII. E em muitas sociedades homens e mulheres se perfumam.

pouca confiança de nossos contemporâneos diante das emanações naturais do corpo[4].

I. Illich lembra que A. Kutzelnigg, um historiador, enumera em média 158 termos alemães para designar os odores junto aos contemporâneos de Düre. Somente 32 subsistem hoje, geralmente ligados aos dialetos locais (ILLICH, 2004: 97). Em contrapartida, sem ser exaustivo, F. Aubaile-Sallenave enumera aproximadamente 250 termos relativos às noções de odores ou perfumes no mundo árabe e muçulmano, nitidamente mais hospitaleiro à olfação. Os odores "fornecem metáforas em todos os domínios da vida social, moral, intelectual e religiosa, oferecendo um leque semântico muito amplo, desde os sentidos mais triviais às imagens mais elevadas da cosmologia religiosa e mística" (1999: 115).

Contrariamente a outras sociedades que avançaram muito na arte dos odores, e cujas ruas ou casas são repletas de exalações de toda sorte, as sociedades ocidentais não valorizam o odor. O discurso social antes estigmatiza os odores. Apesar de sua posição eminente na vida pessoal, o olfato é socialmente afetado pela desconfiança e submetido ao rechaço. Ele é aquilo sobre o qual não se fala, a não ser para estabelecer uma conivência em torno do fedor. Os odores dependem menos de uma estética que de uma estesia, eles muitas vezes atuam fora da esfera consciente do homem, orientando seus comportamentos mesmo à sua revelia.

Inúmeros autores escreveram sobre a desqualificação do olfato na cultura americana, notadamente na cultura Wasp, reproduzin-

---

4. A própria história não deixou passar em branco alguns personagens singulares que se perfumavam o corpo inteiro. "Os *clisteres* foram utilizados por voluptuosas perversões olfativas: o Cardeal Moncada conquistou a celebridade fazendo-se administrar *clisteres* de águas odoríferas para poder saborear, através de canais inabituais, a voluptuosidade de sentir-se perfumado interna e externamente" (CAMPORESI, 1995: 89).

do um imperativo puritano de higiene e de assepsia. Simbolicamente, nesta cultura, o odor faz apelo ao corpo ou tudo aquilo que o sinaliza, e no espaço público ou mesmo privado ele é obsceno. Ele é a parte ruim de outra parte também ruim, que é o próprio corpo (LE BRETON, 1999). "No uso de seu aparelho olfativo, diz Hall, os americanos são culturalmente subdesenvolvidos. O recurso intensivo aos desodorantes em lugares públicos ou privados faz dos Estados Unidos um país olfativamente neutro e uniforme, cuja busca de um equivalente alhures seria inútil. Esta insipidez contribui à monotonia dos espaços e priva nossa vida cotidiana de uma fonte apreciável de riqueza e de variedade" (HALL, 1971: 66).

Nos idos de 1970, uma universidade americana expediu um decreto proibindo qualquer tipo de perfume em seu campus. As fontes de sensualidade foram enquadradas e cuidadosamente controladas. O que procede do corpo presta-se à desconfiança e ao risco. H. Miller encontra mais um motivo para censurar a América: "Eles não nos deixam cheirar o odor real, nem degustar o sabor verdadeiro do que quer que seja. Eles esterilizam tudo, e embalam tudo em plástico ou celofane. O único odor admitido, e reconhecido como tal, é o mau hálito, e neste particular os americanos alimentam uma obsessão mortal. É o autêntico odor da decomposição. Ao estar morto, um corpo americano pode ser lavado e desinfetado. Mas um corpo americano vivo, no qual a alma se decompõe, sempre cheira mal, todos os americanos o sabem e é por isso que preferem ser americanos cem por cento, solitários e gregários ao mesmo tempo, antes que encarar de frente o grupo social"[5]. O controle dos odores pessoais é uma preocupação crescente de nossas sociedades ocidentais, sob pena de ostracismo ou de uma vergonhosa reputação. Nada deve transparecer do corpo natural.

---

5. MILLER, H. *L'oeil qui voyage*. Paris: Buchet-Chastel, p. 144.

O indivíduo, aprisionado em sua bolha olfativa (que nem ele mesmo sente), não tolera muito a intrusão de um odor corporal outro em seu espaço íntimo além do seu. A menos que seja um odor conhecido e familiar, ou em se tratando de uma relação de sedução. Os odores desagradáveis são os dos outros, não os seus, mesmo que desconfie que seu cheiro pessoal incomode os outros. A publicidade adverte permanentemente sobre este ponto. O corpo é fonte de desconfiança: "embora não os percebas, teus maus odores são sentidos pelos outros, mesmo à tua revelia". A publicidade estigmatiza as exalações corporais convidando a desvencilharmo-nos delas graças a inúmeros desodorantes ("Ao meu nariz, são cinco horas" etc.). Odor de suor, hálito, urina etc. Não se suporta mais cheirar o outro do que ser cheirado por ele. Perfumar ou neutralizar o cheiro do próprio corpo é uma forma de torná-lo mais aceitável à apreciação alheia.

As mulheres são as mais visadas por este tema incriminador que faz do corpo um lugar naturalmente malcheiroso. Nos imaginários ocidentais a mulher é "mais corpo" do que o homem, com risco, portanto, de ser mais malcheirosa. Convém que seu odor natural seja neutralizado, portanto, pelo uso de perfumes. Estratégia honrável de compor com a adversidade! A profusão de odores lançados hoje no mercado para os cuidados do corpo ou para a melhoria olfativa das residências visa menos a acrescentar novos odores do que a neutralizar ou a retificar os perfumes "naturais" tidos por desagradáveis, mesmo que o suplemento de prazer aportado por tais corretivos não seja bem-vindo junto aos usuários. A química sintética avança a passos largos sobre as ambiências olfativas naturais. Por estratégias olfativas ela visa a domesticar as qualidades morais, por vezes nefastas, associadas a um produto: um odor de frescor ou natural para uma pintura ou para um detergente etc. A mensagem atribui assim uma virgindade simbólica a produtos cujo uso é nocivo.

Em nossas sociedades ocidentais busca-se metodicamente eliminar os odores da vida cotidiana. Não se medem esforços em dissimular ou travestir os odores naturais, em perfumar objetos usuais, em implementar um novo arranjo olfativo aos locais de convivência. Nos últimos anos uma miríade de lojas abriu suas portas propondo perfumes, cosméticos, incensos, produtos de higiene pessoais, utensílios de aromaterapia etc. Um formidável comércio de odores fez sua aparição, visando a recobrir com seu artifício hedônico os odores reais do mundo. Uma experiência pioneira de Laird, em 1940, propôs às mulheres três pares de meias de *nylon*, uma perfumada com essência de frutas, outra com essência de flores, a terceira conservando seus odores naturais. A maioria das mulheres optou pelas meias de odores florais, argumentando que seu *nylon* parecia mais sedoso (WINTER, 1978). Experiência deveras banal hoje em dia!

Especialistas cuidadosamente elaboram odores de produtos mais adaptados à sedução, focando em seus consumidores potenciais. Os objetos relativos à cosmética ou à higiene pessoal são perfumados para proclamar a inocência de seu uso. Papel higiênico cheirando a lavanda, sabonete exalando fragrâncias de laranja, de pino ou de rosas etc. O *marketing* olfativo não poupa nenhuma mercadoria: veículos de segunda mão exalam perfumes requintados ou "cheiram a carro novo"; empresas privadas ou públicas valorizam seus locais ou produtos com perfumes sintéticos julgados proporcionar apaziguamento ou serenidade; estacionamentos são agradavelmente perfumados para eliminar o sentimento de insegurança dos usuários e para dissipar o cheiro dos escapamentos ou de combustível; academias difundem perfumes com cheiro de limão para sanear o ambiente; centros de talassoterapia disponibilizam odores marinhos ou campestres para nutrir o sentimento de bem-estar dos clientes; exalações judiciosas são concebidas para incitar os consumidores à compra, por exemplo, um odor de arábica nos corredores de um supermercado etc.

O mercado industrial dos odores mira inclusive na produtividade dos empregados, como uma empresa japonesa que recorre a fragrâncias cheirando a limão para estimular o trabalho no início da manhã e da tarde, a fragrâncias calmantes antes do almoço ou em fim de jornada de trabalho, ou a fragrâncias florais para aumentar a concentração em determinados setores. Em outros momentos, odores arbóreos são julgados dissipadores da fadiga (SYNNOTT, 1993: 203). Exemplo paradigmático destas tentativas de "conduzir pela ponta do nariz" os empregados ou os consumidores através de um uso interesseiro da aromaterapia.

A produção industrial do mundo é hoje uma incansável fábrica artificial de odores. Ela preenche uma função de *marketing*, a de fortalecer o cliente e incitá-lo a retornar e a consumir. Estas atividades de produção deliberada de odores de síntese estão sempre entre o fio e a espada, já que devem harmonizar as ambiências olfativas às significações dos objetos, sem jamais virar as costas à sua dimensão simbólica, senão o cliente se desorienta (HOLLEY, 1999: 216). É impensável supor um odor de cozinha despejado habilmente nos bancos de um carro esportivo. Aromas sintéticos recriam odores "naturais" ausentes dos produtos ou os transformam, já que julgados insuficientemente atraentes: odor de *croissants* fresquinhos exalando nas imediações de uma padaria ou de uma cafeteria pela manhã; odor de rosa ou canela em tapetes; odor de couro em roupas plásticas; odor sintético de morango, de damasco para frutas insípidas; pneus exalando perfume de rosas; roupas com odores suaves e sedosos; odor de pão fresco em produtos congelados etc. Muitos produtos atualmente consumidos,

dos medicamentos às viaturas, dos cosméticos aos utensílios de cozinha, do alimento ao mobiliário, são dotados de um adereço olfativo tornando-os atraentes e dissipando qualquer temor graças a um perfume agradável. O odor é a "alma" da mercadoria para os imaginários ocidentais. Um produto cujo odor é conotado positivamente em termos de frutas, natureza, grandes descampados, expurga qualquer desconfiança, ou seja, ele passa a ser olfativamente purificado. Um princípio antropológico do odor é oferecer-se como revelador de uma interioridade, verdade intrínseca que nada dissimula. Se ele só goza de um modesto estatuto cultural em nossas sociedades, em contrapartida ele se beneficia de uma atenção esmiuçadora no *marketing* como vontade de orientação dos comportamentos.

O odor como atmosfera moral

Difuso no espaço, sopro tênue revestindo os objetos, sem extensão real nem lugar preciso, atmosfera espalhando-se ao redor de uma zona simultaneamente localizada e indeterminada, o odor não está enclausurado nas coisas como o sabor, nem à sua superfície como a cor, mas é um invólucro sutil. Desmembrado de sua fonte como um som, flutuante no espaço, ele penetra o indivíduo indefeso. Identificar sua fonte exige dar voltas, procurá-lo na incerteza. Se fecharmos os olhos para fugir a um espetáculo aflitivo, se deixarmos de comer ou de beber para evitar sabores detestáveis, se evitarmos tocar uma substância decomposta, mesmo assim não nos livramos de um odor que torna a vida desagradável. "Contrário à liberdade", segundo a expressão de Kant, ele invade aquele que o cheira, seja ele agradável ou ruim. Ele determina a ambiência afetiva de um lugar ou de um encontro por ser uma moral aérea mais poderosa em seus efeitos, mesmo que sempre mesclado de imaginário e principalmente revelador da psicologia do homem que cheira. Menos pelo odor ele cheira do que pela significação que lhe empresta.

O odor é um delimitador da atmosfera, ele imprime a tonalidade afetiva a um momento que se deseja isolar dos outros, separando-o do ordinário. Assim, por ocasião dos ritos religiosos ou profanos, ele é invocado como balizador da ambiência vindo a demarcar a situação, uma escansão olfativa sublinha o valor engajado. Ele comporta um sentido de transição (HOWES, 1991). Em Provença, por exemplo, por ocasião do nascimento de uma criança, as pessoas mais próximas colocam tradicionalmente à sua cabeceira buquês de eflúvios protetores. Se o limiar da existência se oferece sob um auspício odorífero propício, nenhuma razão para que ela não prossiga ainda nesta mesma continuidade olfativa. Tanto para meninos quanto para meninas, em Provença, por exemplo, oferendas odoríferas acompanhavam seus encaminhamentos rumo à idade adulta. Assim, por ocasião da nubilidade a adolescente recebia de sua madrinha uma joia de proteção, a *caçoleta*. Tratava-se de "pingentes ovoides, geralmente em prata, que continham cânfora e ervas aromáticas, concebidos simultaneamente como bijuterias de proteção decorativas e profiláticas" (ROUBIN, 1980: 252).

Muitas passagens ligadas ao avançar da existência demandam o recurso à aromática. Em maio, continua Roubin, o garoto adolescente pendurava um galho de manjericão ou um ramo de alvar na porta da casa da garota por ele cobiçada. A exposição de um galho de cipreste ou de cardo, ao contrário, sinalizava a ruptura. Um galho de tomilho dizia a intensidade do amor. A garota, ao reconhecer-se na declaração, respondia com um ramo de alecrim (p. 257).

Na alta Provença tradicional, do nascimento à morte, redes de odores acompanham a passagem de uma dimensão da existência à outra. "Alguns lugares livres ao *spatio temporial* banal são ligados a uma ambiência olfativa que os isola do normalmente vivido. Tais são os odores de incensos dos santuários, a 'fumaça dos holocaustos', o odor da pólvora, embriaguez do herói, cuja função não é de um simples tempero. Efetivamente os odores, pelo desbloqueio que provocam, são, em tais casos, o elemento determinante da ambientação" (LEROI-GOURHAN, 1965: 116).

A escansão olfativa de momentos simbólicos da existência individual ou coletiva é um dado corrente nas culturas. Assim, as crianças *waanzis* do sudeste do Gabão são submetidas a ritos de purificação e de aperfeiçoamento de si pelo odor. Sobre seus leitos ou nos cantos da habitação são dispostos vegetais ou recipientes nos quais se esmagam folhas misturadas com raspas de cascas de árvores. Estes produtos odoríferos envolvem a criança e a protegem. Além disso, "muito frequentemente a criança é revestida de adornos ou roupas pertencentes a indivíduos reputados bons e sábios, a fim de que se impregne de seu odor e, assim, incorpore as mesmas qualidades ao largo de sua existência" (MOUÉLÉ, 1997: 214).

Da mesma forma, uma pluralidade de odores acompanha tradicionalmente com suas virtudes purificadoras ou protetoras o desenvolvimento da criança magrebina, via fumigações, unções ou massagens. O próprio parto exige a criação de uma atmosfera específica, voltada para a proteção da mãe e do nascituro. Um pequeno braseiro colocado nas imediações do leito exala odores fortes de fumigações, cuja função presta-se a afastar os espíritos maléficos e proteger contra o mau-olhado (AUBAILE-SALLENAVE, 1997: 186). As fumigações contribuem na ritualização da passagem de momentos fortes da existência como a noite de núpcias, a circuncisão, a primeira enfermidade da criança etc. São formas de afastar os *djinns* do caminho presentes nos rituais de bruxaria ou de exorcismo. O odor é proteção e propiciação: ele erige uma barreira moral entre o indivíduo e a adversidade, ou a alteridade.

O odor imprime uma tonalidade particular à relação com o mundo. Ele desperta o desejo de instalar no mundo uma morada ou evadir-se dele, incita ao abandono ou à desconfiança, induz à inquietação ou à descontração. As exalações de um local dizem sua dimensão moral e o clima afetivo que o envolve. "Em quase toda experiência dos sentidos, diz Tellenbach, encontramos um *mais* não expresso. Este *mais* que ultrapassa o fato real, mas que é sentido, podemos denominá-lo atmosférico" (1983: 40). Mais que os outros sentidos, o odor participa da atmosfera ao mesmo tempo física e moral de um lugar ou de uma situação. A aliança olfativa prepara os espíritos segundo expectativas específicas. Assim, dentre outros exemplos, pacientes à espera de um eventual diagnóstico de câncer são expostos, sem sabê-lo, a um odor de heliotropina. Um teste de ansiedade subsequentemente realizado com estas pessoas revela uma menor angústia em relação às outras. Posteriormente elas julgam este odor prazeroso e relaxante (HOLLEY, 1999: 184). A aromaterapia é fundada no princípio que o odor exerce uma influência moral sobre o indivíduo que o inala. Escolhido com conhecimento de causa, ele acompanha desde então um melhor sentimento de si e ajuda a lutar contra o estresse, a angústia etc.

O olfato é ao mesmo tempo o sentido do contato e da distância, ele imerge o indivíduo numa situação olfativa sem deixar-lhe escolha, seduzindo-o ou atraindo-o, mas às vezes também provoca rejeição e desejo de afastar-se o mais rapidamente possível de um lugar ofensivo ao nariz. O odor nunca deixa indiferente, é acolhido de bom grado ou não. Se agradavelmente imprime uma ambiência, igualmente ele infecta os ambientes, poluindo-os ou degradando-os. Todo odor fora de seu "habitat" provoca constrangimento e estranheza, já que a interioridade que exprime não se coaduna com as expectativas apropriadas às circunstâncias. Toda ruptura olfativa induz a uma destruição da atmosfera almejada. Um odor desagradável penetrando um santuário, por exemplo, rouba-lhe toda espiritualidade.

Relatividade da apreciação dos odores

A apreciação dos odores é uma questão de circunstância. Os eflúvios não constituem uma linguagem cujo sentido deduz-se de relações significativas com os outros. Somente o contexto em que eles surgem lhes confere um valor e um sentido. O contexto de um odor não é outro odor, mas o mundo em que ele aparece e no qual ele é típico (GELL, 1977). Não é o odor do perfume que importa, mas o fato de ele criar uma atmosfera específica. Sébastien Chamfort, um gentil-homem provinciano retornando ao seu castelo após uma estadia em Versalhes, no século XVII, apressa seus domésticos a urinar nos muros de seu castelo a fim de conferir-lhe esta aura aristocrática que o deslumbrou em Versalhes. Mesmo o cheiro de urina, em determinado contexto, torna-se o mais suave dos odores pela significação com que é revestido.

A relatividade simbólica de sua afetação muitas vezes se vincula às definições sociais dos sexos. Junto aos Waanzis, por exemplo, interditos especiais separam os homens das mulheres, e a hierarquia dos odores lhes é subordinada: "Um bom número de interdições vincula-se à idade, ao sexo ou ao totem dos indivíduos, sendo a apreciação do odor de um ser vivo ou de uma coisa totalmente dependente destes parâmetros. Por exemplo: nas imediações do cozimento de um antílope de lombo amarelo, todo sujeito macho sentirá um aroma requintado, ao passo que as mulheres, para quem esta carne faz parte de um tabu, falarão de um odor nauseabundo" (MOUÉLÉ, 1997: 216). Junto aos Waanzis não existe bom ou mau odor que não passe antes pelo estatuto social.

M. Mouélé testemunha igualmente, referindo-se a esta mesma sociedade, como o odor dos pescadores é considerado bom, enquanto a pescaria durar, simbolizando a sorte que os acompanha. Entretanto, uma vez encerrada a pesca, repentinamente ele se torna insuportável, inconveniente, e o pescador deve então lavar-se para evitar a zombaria dos outros. A mudança de contexto transforma o estatuto do odor, já que não é ele em si que incomoda, mas seu sentido, e em momento preciso. A experiência mostra também que o médico ou a enfermeira, em ambiente de trabalho, perdem parcialmente a repugnância aos odores corporais do excremento, bem como a repulsa à ausência de higiene ou ao mau cheiro de um paciente. O exercício da profissão é um biombo protetor, mas, em contrapartida, este anteparo desaparece quando o profissional encerra seu expediente.

De maneira geral os odores emanando do corpo humano (suor, hálito, urina, excremento, esperma...) são desagradavelmente percebidos pela maioria das culturas, sobretudo tratando-se de odores reais ou supostamente provenientes de indivíduos de outro grupo social. Mas esta constatação não é universal: se as crianças de um determinado grupo social dão sinais de como a repugnância aos odores corporais é sofrivelmente adquirida, as de outras sociedades sequer lhe dão atenção. Inúmeros ritos de saudação consistem em cheirar o rosto ou as axilas do outro. Junto aos Kanum-Irebe da Nova Guiné, por exemplo, é de praxe "guardar para si" um pouco do odor da pessoa que se despede. Quem a hospeda costuma passar sua mão na axila da hospedada, cheira a própria mão e a esfrega em seu corpo. Da mesma forma, para inúmeras sociedades, o beijo não se resume a um leve contato labial na face ou nos lábios de outrem; trata-se antes de um contato olfativo, de uma maneira de impregnar-se da intimidade do outro, de rubricar o encontro através do contato com alguns de seus pontos de emissões odoríferas.

304

Na cultura birmane, por exemplo, beijar significa "respirar-aspirar" (BERNOT & MYINT, 1995: 172). Em nossas sociedades, o beijar, se ele implica uma aproximação física, consiste em primeiro lugar na inalação do odor e do calor do outro. Ronsard associa o beijar ao "hálito de rosa" da bem-amada. Ele não a sente somente com seus lábios pousados sobre os dela, ela "sopra com (sua) boca um odor de arábica a quem se aproxima dela".

Os odores da existência

Os odores são formas elementares do indizível. A descrição de um odor a alguém que não o sente ou não o conhece é um desafio. Nas línguas ocidentais o vocabulário olfativo é pobre, e ele depende antes do julgamento de valor (é cheiroso ou malcheiroso), de uma ressonância moral (odor feiticeiro, penoso, nojento), do eco de outro sentido (odor doce, suave, com sabor de fruta, carinhoso, penetrante, pastoso, picante), da evocação de alguma coisa (de rosa, de jasmim), de uma comparação: "Isso cheira a..." A referência a um odor convoca a metáfora ou a perífrase. Fala-se da aura do odor circunscrito a um espaço, mas nunca de sua singularidade.

Falar de um "bom" ou de um "mau" cheiro é uma opinião largamente pessoal. Trata-se de uma percepção eminentemente subjetiva, tanto no valor de sua percepção quanto em sua identificação ou evocação. Ele mobiliza uma geografia e uma história interiores, uma narrativa pessoal mais difícil de fazê-la coincidir com a fala do outro, quer se trate de uma cor ou de um som. O odor partilha com o paladar uma individualização do vivido. Ele reduz a linguagem à impotência, quando muito a uma mera aproximação. Nas línguas ocidentais, pelo menos, nenhum vocabulário próprio designa um odor em sua especificidade, contrariamente, por exemplo, a algumas línguas africanas que comportam um léxico olfativo preciso. Junto aos Waanzis 14 termos designam odores, sem referência à sua fonte ou ao seu objeto (MOUÉLÉ, 1997).

Obviamente existe o vocabulário autônomo da perfumaria ou da indústria aromática, mas ele nada acrescenta ao vocabulário profano. O olfato é o sentido menos diversificado na língua. Mesmo sendo o homem suscetível de discriminar milhares de odores, ele tropeça nos termos ao descrevê-los ou ao transmiti-los aos outros. O sentido olfativo permanece íntimo, embora permanentemente agindo sobre os comportamentos e desbloqueando uma ambiência moral particular. Ele suscita em nossas sociedades uma atitude pudica, recalcada, uma reticência que constrange sua evocação.

Para sentir um odor impõe-se o contraste e a diferença entre uma ambiência olfativa e outra. Volátil, o odor se enfraquece na medida em que o homem se demora nos mesmos lugares ou em suas proximidades. Bastam alguns minutos para que a consciência de sua presença desapareça. O odor é igualmente protetor, ele sinaliza notadamente a corrupção dos alimentos, a nocividade de um local. O perigo de certas substâncias mortais é redobrado por sua ausência de odor. A prudência exige "faro". Um "bom" odor é julgado indicador de um alimento ou de uma ambiência propícia, um "mau" odor, ao inverso, indica uma ameaça, uma contrariedade. Uma espécie de moral alimenta um saber popular frequentemente em ação nas práticas sociais, cujo poder imaginário pode ser visto no racismo ou no desprezo do outro.

Segundo as ecologias e as ambiências sociais, uma miríade de odores acompanha permanentemente os movimentos individuais ao longo do dia[6]. De um momento ou de um lugar ao outro, o in-

---

6. Cf., p. ex., o inventário olfativo de R. Dulau em Pondichéry, ou os de Grésillon (o Bairro de La Huchette em Paris), S. Lignon-Darmaillac (Sevilha), N. Mainet-

divíduo atravessa camadas de odores: das vestimentas, dos lençóis, da roupa, da casa, de cada compartimento residencial, do celeiro ou da cantina, da cozinha, do jardim, da rua, das lojas, dos lugares públicos etc. Odores disseminados ao longo do dia dos produtos de limpeza, do café, do chocolate, do pão torrado, do fumo, das panelas que cozinham lentamente ao fogo brando, dos vasos de flores colocados sobre as mesas etc. Cada região possui seus odores próprios ligados à vegetação, às estações, aos animais ou às indústrias locais que impregnam o espaço com seus eflúvios propícios ou nefastos. Odor de litoral, de iodo, dos peixes, do porto, do lodo, das algas, da areia, da montanha, da floresta, das pradarias etc. Variações sazonais de odores liberados pelas árvores, pelos frutos, pelas flores, pelos diversos ambientes etc. Mas também da chuva e da terra molhada, das árvores secas do verão, dos campos segundo os ciclos de trabalho do outono ao verão. Existem paisagens olfativas (*smellscapes*) (PORTEUS, 1990) que mudam segundo as estações e as condições meteorológicas. L. Roubin fala de "campo olfativo preferencial" designando "fluxos de partículas de estimulações odoríferas que dependem de atividades implementadas ou de locais que forjam maneiras específicas de agir ou formas de sensibilidade perfazendo o estilo de vida das pessoas" (ROUBIN, 1989: 185).

Além dos odores de cozinha invadindo às vezes a casa, a odorização dos lugares de vida, notadamente de alguns espaços da habitação, é uma prática corrente em muitas sociedades: varetas de incenso, papéis de Armênia, aromas, ervas secas, açúcar refinado lançado na lareira e dispensando um odor de caramelo etc. As

---

Delair (Brest), L. Marrou et al. (La Rochelle), apud Dulau e Pitte (1998). Cf. igualmente Roubin (1989) sobre os odores da Haute-Provence, ou mais geralmente Porteus (1990).

casas japonesas exalam aromas de madeiras aromáticas ou incensos. Segundo sua assimilação no século XV às palavras de Buda, perfumadas, como tudo aquilo que lhe concerne, é possível "ouvir" estes odores difusos em sua evocação do ritmo das estações ou das ambiências particulares. Elas propiciam uma sensação de bem-estar, de relaxamento, de fruição olfativa unindo estreitamente os indivíduos presentes numa atmosfera comum de bem-querença. As variedades de incensos propostas passaram de 400 na era Meiji (1868-1912) para 600 atualmente. Elas conheceram um sucesso crescente. O *Kôdô*, uma prática estética tradicional, reúne uma dezena de pessoas sob a égide de um mestre de cerimônia e de um preparador. Os feitos e os gestos dos participantes são cuidadosamente codificados. Cada qual "ouve" os diferentes incensos e se esforça para reconhecê-los. S. Guichard-Anguis (1998) descreve uma reunião, em Kyoto, tendo por tema o frio da estação. "Três incensos diferentes evocam o congelamento, a neve e o gelo. Todos os participantes os cheiram. Em seguida são misturados a um quarto incenso: a lua." Os recipientes contendo cada um destes perfumes são em seguida apresentados em desordem aos participantes, que devem identificá-los e escrever seus nomes em sua ordem num papel destinado a tal fim.

Aprendizagem do universo odorante

A criança não sente por longo tempo qualquer repulsão pelos próprios excrementos ou por sua urina: ela adora cheirá-los, brincar ou divertir-se com eles, e o chamamento à ordem dos adultos a este respeito geralmente é brutal. Lentamente, pressionada pela educação e pela imitação dos adultos, a criança interioriza o sentimento de repugnância e começa por sua vez a desprezar os odores corporais, a principiar pelos alheios. Por volta dos quatro ou cinco anos ela começa a reproduzir por conta própria as prevenções dos adultos, mas ela ainda está a caminho, e diverte-se empregando termos proscritos, reenviando a assuntos corporais que repugnam os adultos. A evocação de um pum é flamejante. O folclore obsceno das crianças estudadas por C. Gaigneber (1980) faz incontáveis referências aos odores escatológicos que enchem de repugnância o adulto, notadamente se está em um ambiente público, mas em proporção nitidamente menor se está só, ou quando se trata de seus próprios odores. *Stercus cuique suum bene olet* (o excremento só não tem mau cheiro para quem o produz), o lembra Montaigne[7].

Alguns odores não gozam do direito de cidadania em nossas sociedades, mesmo se, em nível pessoal, são admitidos como não repugnantes. A criança o lembra sem rodeios por seu ludismo excrementício; ela encontra-se no limiar das normas da repugnância, então se diverte a distância, mesmo sentindo-se implicada pelas normas. Mas ela resiste longamente antes de ceder à repulsão: "A criança sente-se antes orgulhosa com as próprias excreções, colocando-as a serviço de sua autoafirmação diante dos adultos", escreve Freud, em seu prefácio à obra de Bourke (1981: 33). "Sob a influência da educação, as pulsões excrementícias e as tendências da criança assumem pouco a pouco a via da repulsão; ela aprende a guardá-las secretas e a ter vergonha delas. Mais especificamente, a repugnância nunca é aplicada às próprias excreções da criança, que apenas as rejeita quando procedem dos outros." A aprendizagem da significação e das condutas diante das secreções corporais explica que a repugnância, embora universal em sua forma, não o é em seu conteúdo. "Nós acreditamos que uma dejeção nos enoja em

---

7. MONTAIGNE. *Essais*, III. Paris: Granier-Flammarion, 1969, p. 144. Em seus *Adages*, Erasmo (III, IV, 2) escreve: *"Suus cuique crepitus bene olet"* ("Cada qual acha que seu pum cheira bem").

razão de seu fedor. Mas ela o seria se primeiramente não tivesse se tornado objeto de nossa repugnância? Rapidamente nos esquecemos da dificuldade que tivemos para comunicar às nossas crianças as aversões que nos constituem e que nos fizeram seres humanos" (BATAILLE, 1967: 65).

A criança que cresce em um contexto social e cultural particular recebe uma educação olfativa própria aos valores de seu grupo, incidindo não somente sobre os "bons" ou "maus" odores, mas também sobre a aprendizagem meticulosa das significações do mundo. Junto aos Umedas, por exemplo, o caçador desenvolve uma acuidade que o ajuda a reconhecer a presença de porcos selvagens, e até mesmo a identificar sua idade. Esta sensibilidade é adquirida pelos jovens ao acompanhar os mais velhos na floresta, da mesma forma que aprendem a identificar de longe o menor odor de fumaça vindo de um acampamento (GELL, 1977: 126). Produto da aprendizagem, essa sensibilidade se desenvolve com uma acuidade tanto maior quanto mais essencial for à identificação do animal.

A discriminação dos odores muitas vezes impõe-se numa ecologia ou simplesmente por um exercício particular. Assim, a virtuosidade dos perfumistas ou dos enólogos é feito de homens ou de mulheres tendo aprendido a servir-se de seu olfato, e de seus outros sentidos, após uma longa formação profissional e pessoal. As diferenças em matéria de olfação dependem menos das desigualdades de sensibilidade que da formação. Qualquer indivíduo, desde que demonstre suficiente engajamento, pode aprender a discriminar os odores ou a degustar os vinhos, e alcançar assim um bom nível de apreciação de seu objeto.

Em razão do progresso da química, a composição do perfume tornou-se uma arte ao longo do século XIX. Em 1884, Huysmans descreve no personagem de *Des Esseintes* um modelo destes novos criadores: "Há anos ele mostrava-se hábil na ciência olfativa, e pensava que o olfato podia valer-se de sensações iguais às da audição e da visão, cada sentido sendo suscetível de perceber, em consequência de uma disposição natural e de uma erudita cultura, impressões novas, decuplá-las, coordená-las, compor-lhes este todo que constitui uma obra; e não se tratava, em suma, descobrindo fluidos odorantes, de uma arte mais anormal existindo ao lado de outras que separam ondas sonoras ou que afetam por raios diferentemente coloridos a retina do olho [...]. Na arte da perfumaria o artista aperfeiçoa o odor inicial da natureza, cortando-lhe o mau cheiro e assim a monta da mesma forma que um joalheiro lapida uma pedra preciosa agregando-lhe valor"[8]. Um perfume concentra dezenas de ingredientes e fixadores que modulam sua durabilidade e sua instantaneidade, mas cada fragrância só adquire um sentido em relação a um conjunto ao qual ela se mistura, modificando assim suas qualidades particulares. Sua criação assemelha-se à arte da composição, a uma forma volátil de musicalidade. Se o cozinheiro se esforça para revelar o melhor sabor dos alimentos, o inventor de um perfume busca as assonâncias olfativas que respondam maximamente à intencionalidade do momento. Ele, a exemplo de um músico, reúne os arranjos até alcançar o acorde desejado. "Para decidir intuitivamente trinta ou cinquenta palavras e sua concatenação para que os acordes, as afinidades, as intensidades, os momentos de eficácia, as durações etc., se imbriquem harmoniosamente no efeito desejado", o criador reporta-se à sua memória, à sua experiência, à sua imaginação (ROUDNITSKA, 1987: 22). Uma escala de aproximação lhe permite ordenar suas impressões e agir com eficácia sobre uma composição.

---

8. HUYSMANS, J.K. *A rebours*. Paris: Folio, 1977, p. 216-217.

Roudnitska oferece alguns exemplos que fogem à intuição olfativa do homem ordinário: "Em tal perfume de rosa, podemos encontrar frescores, floridos, capitosos, loções frutadas (ou ácidas), uma consistência, uma doçura suave, ou uma acidez verde e apimentada, ou etérea e pesada etc." (ROUDNITSKA, 1980: 27). Se a experiência corriqueira dos odores é antes limitada, mal caracterizável, senão através de um vocabulário moral ou referindo-a a alguns objetos, o perfumista conhece com minúcia milhares de odores (3.000 odorantes sintéticos e aproximadamente 150 essências naturais) que compõem o "teclado" com o qual fabrica seus perfumes, uma vasta matéria-prima cujo agenciamento particular de alguns componentes lhe confere uma fórmula única. Confrontado a um odor ou a outro perfume, ele consegue identificar seus elementos e suas devidas porcentagens. Apesar de renomado, E. Roudnitska (p. 174) confessa sua humildade face à pluralidade de opções na fabricação de um perfume. "Em face de bilhões de combinações possíveis entre nossas centenas, leia-se milhares, de componentes utilizáveis, desconfiamos o quanto é pobre, mesmo no final de uma longuíssima carreira assaz dedicada, a experiência prática que o compositor pode ter do complexo jogo destas combinações." Mestres dos eflúvios como os cozinheiros o são para os sabores, ou os músicos para os sons, os perfumistas são estetas do olfato. Como numa música, os tons agudos impressionam à primeira vista, são abertos, mas rapidamente desaparecem; os tons médios vêm em seguida, dando corpo ao perfume; os tons graves desenham a trajetória, sustentando os acordes médios (VIGNAUD, 1982: 158). Uma composição olfativa desdobra uma série de notas simultâneas ou sucessivas que se anulam, se ajuntam, se misturam em uma variada combinação.

A aprendizagem dos "narizes", isto é, dos perfumistas, é uma empresa de fôlego. Nos anos de 1980, L. Roubin descreve a formação dos alunos perfumistas de Grasse. A iniciação começa na mais tenra idade para a maioria dentre eles, quase todos oriundos de famílias já traquejadas nesse ofício. Os pais ensinam suas crianças a reconhecer e a armazenar uma memória dos odores. Mas estas crianças, por sua vez, crescem num ambiente odorante, e frequentam laboratórios onde se fabricam perfumes. Elas aí adquirem uma acurada discriminação olfativa. "Existe, para as pessoas nascidas em Grasse, uma vocação quase natural à multiplicidade dos odores", diz um perfumista local (ROUBIN, 1989: 171). O perfumista interioriza um vocabulário, uma gramática e um estilo que constituem seu capital cultural próprio. A aprendizagem do ofício começa pelo aprimoramento de uma sólida memória olfativa a fim de instantaneamente poder determinar um vasto leque de odores. Trabalho incansável de memorização, incontáveis vezes repetido, visando a dominar sem erro as substâncias odorantes. Exercícios visando igualmente a unir odores, no intuito de dar-lhes a tonalidade odorífera almejada. Ou, ao inverso, a fim de decompor os ingredientes que constituem sua fórmula: "No âmago dessas experiências, e por uma série de operações dedutivas, o perfumista interioriza uma representação mental das diversas substâncias odorantes. A partir dessas imagens não consecutivas ele elabora sua escala pessoal de odores e, por essa via, sente-se em condições de evocar um dado odor, mesmo na ausência da sensação correspondente" (ROUDNITSKA, 1980: 16).

Longe da opinião corrente de seu descrédito, a olfação é uma memória profissional que escolhe diversos exercícios aparentemente afastados desse registro sensorial: nesse rol podemos incluir aromatizadores, bacteriologistas, funcionários de companhias de gás, padeiros, queijeiros e tantos outros. Incontáveis profissões encontram no odor um indicador dando asas às especificidades particulares. Não obstante isso, o aprendizado de seu requinte depende muito pouco de procedimentos formais, visto que o manejo dos odores é construído ao largo do tempo, e através de uma experiência acumulada (CANDAU, 2000, 2002). "Da mesma forma que um comerciante de vinho reconhece a impropriedade de seu objeto ao engolir uma única gota; que um vendedor de lúpulo, pelo simples farejar de uma saca determina instantaneamente seu exato valor; que um negociante chinês pode imediatamente revelar a origem dos grãos que ele cheira, e dizer em quais fazendas dos montes Bohées ou em qual convento budista foram cultivados [...]: assim *Des Esseintes* podia dizer imediatamente, ao respirar um bocadinho de odor, as doses de sua mistura, explicar a psicologia de sua mixórdia, quase citar o nome do artista que o elaborou, imprimindo-lhe a marca pessoal de seu estilo"[9].

Algumas profissões, além obviamente dos perfumistas ou dos enólogos, encontram no odor uma espécie de balanceiro profissional. Assim, para os cozinheiros o olfato é um vetor de apreciação da qualidade dos ingredientes, do grau de cozimento etc. Um cozinheiro pode comparar os odores às "notas musicais". Outro pode controlar seus complementos, prestando atenção aos odores de um tempo de cozimento exagerado. Dessa forma ele sente de imediato os odores indesejáveis que nascem de um bom ou de um mau cozimento, ou de um ingrediente de pífia qualidade. A elaboração adequada de um prato não depende exclusivamente da visão, mas principalmente das emanações olfativas que ele libera. A escolha dos ingredientes também depende de uma competência olfativa aprimorada pela experiência. Um bom cozinheiro cheira o grau de frescor de uma concha, de um peixe, de uma carne, de uma fruta, de um legume (CANDAU, 2002: 99-100). Os cozinheiros confessam sem rodeios seu uso puramente moral do olfato, bem como

---

9. Ibid., p. 219-220.

o fato de "farejarem" dados essenciais na elaboração de um prato, muito embora se saibam fracassados na arte de nomear com precisão os odores percebidos. "Cheirando, chegamos àquele conhecimento tão difícil de descrevê-lo em palavras" (p. 101).

A qualidade do indício revestido de odor em determinadas circunstâncias é igualmente preciosa para os médicos legistas, mesmo que seus saberes experienciais não dependam de uma aprendizagem universitária. Alguns profissionais, através de informes olfativos emanando do cadáver, reconhecem de imediato se o indivíduo ingeriu bebidas, e quais; se ele absorveu psicotrópicos; o momento presumível de sua morte; as eventuais causas de seu óbito etc. Nisso tudo, obviamente, a competência olfativa necessita da confirmação da autópsia. Além disso, é bom lembrar que esse saber olfativo é desigualmente compartilhado nessa profissão. Alguns médicos legistas não o desenvolvem adequadamente, sem falar daqueles que sequer lhe dão atenção.

Memória olfativa

A visão, o paladar, o tato e a audição são provedores da memória. Entretanto, independentemente dos contextos, o odor concentra um raro poder de evocação. Não por sua convocação imaginável, já que o indivíduo, descontados seus esforços, só consegue fixar uma imagem visual, e é incapaz de suscitar nele um odor. Em contrapartida, quando, num dado momento da existência, um odor relembra fortes emoções, mesmo num frasco ou aspirado ao largo dos caminhos, ele pode fazer o indivíduo voltar no tempo. Mesmo uma simples lingueta de papel perfumada pode conter um poder de convocação, e transportar de uma só assentada um indivíduo à sua infância. É o caso de um paciente em coma que repentinamente reagiu a um odor de laranja: seu nariz acompanhava a lingueta de papel impregnada desse odor, e seus olhos respondiam com algumas lágrimas. Horas depois, ele morreu em paz, apaziguado por esse odor familiar que lhe trouxe à memória a infância vivida num vilarejo das Guianas. M.-T. Esneault evoca outro paciente, internado na UTI de uma penitenciária, mas consciente. Este paciente lhe pedia que, em suas visitas, trouxesse consigo linguetas de papel cheirando à lilás, que o próprio doente prontamente as colocava ao lado de seu ouvido. Em suas últimas semanas de vida ele aferrou-se a este odor. E Esneault testemunha: "Eu acabei deixando em seu quarto um pequeno frasco com essa essência, a fim de que as enfermeiras, de tempo em tempo, embebessem novamente a lingueta de papel, como se substituíssem um frasco de soro alimentando um paciente. Este, de alguma forma, nutria-se desse odor. Assim, até seu último suspiro, seu quarto permaneceu impregnado desse odor lilás" (GAULIER & ESNEAULT, 2002: 94).

Outro paciente, noutra ocasião, lhe solicitou um frasco de menta. "Fiquei estupefato ao vê-lo chorar e dizer: 'Vejo, a perder de vista, campos de menta. Isso me faz voar. Na Argélia, esse chá cheira à minha mãe'. Era-lhe então possível voltar a este recanto interior tão profundamente fugidio e difícil de exteriorizar. Na semana seguinte, radiante, ele me disse que iria ter alta, ao passo que os médicos não lhe diagnosticavam mais que três meses de vida" (p. 135). Esse homem estava convencido de que cada inspiração do odor de menta fortificava seus pulmões doentes. Cada injeção de memória avivava seu gosto de viver.

Esneault relata numa obra escrita em parceria com um detento o trabalho realizado à base de odores no hospital penitenciário de Fresnes. Esses odores passavam de mão em mão, provocando emoções, alegrias, gritos de surpresa, reavivando repentinamente a memória, liberando a palavra e o intercâmbio. Evasão sensorial para homens privados de estimulações felizes e corpos escondendo a verdade, presos a odores de desinfetantes, de umidade, de urina, de tabaco etc. A abertura de diferentes frascos suscita junto a M. Gaulier uma evocação imediata de lugares e momentos outrora cheios de sentido. "Nossa cela se transformou em cabine de farol desde que levei esta pequena lingueta de papelão embebida de mar. Não havia um momento em que sob a passagem de uma brisa, de abertura de alguma janela, os borrifos não se elevassem, para nossa estupefação". Com distanciamento, ele escreve: "Se devesse fazer um balanço daquilo que o mais frequentemente voltava à minha memória, na maioria das vezes tratava-se de lembranças da infância, personagens muito próximos (pais), lugares e situações que marcaram tal e tal instante, e isso recheado de detalhes" (p. 123).

A memória olfativa se inscreve duravelmente no tempo, ela é um traço de história e de emoção reavivado pelas circunstâncias. O odor, sempre impregnado de afetividade, é uma forma de viajar no tempo, de arrancar do esquecimento fragmentos de existência. Ele convoca a memória, se associa, de perto ou de longe, a um acontecimento da história individual. E mesmo que às vezes ele demande uma reflexão reavivando circunstâncias específicas, ele continua sendo uma incisão no tempo. Ele suscita uma emoção imediata de felicidade ou de tristeza segundo a tonalidade das lembranças. Mesmo fechado num frasco, ou associado a um objeto, ou a um dado lugar, ele é instrumento de memorização. Num romance de C. MacCullers, Biff pensa frequentemente em sua mãe, recentemente falecida. Ele ressuscita sua lembrança abrindo um frasco de perfume por ela usado. "O odor o havia petrificado [...], imobilizado pelas lembranças suscitadas pelo perfume. Não por causa de sua vivacidade, mas porque as lembranças religavam conjuntamente a longa sequência de seus anos [...]. Ele reviveu cada minuto passado com ela [...]. Frequentemente ele abria o frasco de Água Florida e deslizava sua rolha no lóbulo das orelhas ou nos punhos. O perfume misturava-se às suas lentas meditações, o passado assumia forma, as lembranças acomodando-se numa ordem quase arquitetônica"[10].

O odor desdobra o tempo segundo a decisão do indivíduo; ele vem negar a morte ou a ausência; ele convoca os fantasmas do tempo passado. E fala de coisas aparentemente sem nexo: "Olhos fechados, ouvidos vedados, pés e punhos atados, lábios serrados, nossas elisões entre mil, e anos depois, tal gramínea nesta estação ao pôr do sol, antes da chuva, esta parte do todo, do outono à primavera, uma mulher..." (SERRES, 1985: 184). A coletânea *À la recherche du temps perdu* (Em busca do tempo perdido. 8 vols.), de Proust, apoia-se em infinitesimais sensações cujo desdobramento é uma fonte incansável de memória: "Mas, quando nada subsiste de um passado antigo, depois da morte dos seres, depois da destruição das coisas, sozinhos, mais frágeis, porém mais vivazes, mais imateriais, mais persistentes, mais fiéis, o aroma e o sabor permanecem ainda por muito tempo, como almas, chamando-se, ouvindo, esperando, sobre a ruína de tudo o mais, levando sem se submeterem, sobre suas gotículas quase impalpáveis, o imenso edifício das recordações"[11].

Osmologias, cosmologias

Às vezes o odor serve culturalmente para pensar o mundo, para agir sobre ele. Longe de uma "visão" do mundo, uma "olfação" do mundo impõe-se então: uma osmologia antes que uma cosmologia. A carne de seu universo emite uma pluralidade de odores sobre

---

10. MacCULLERS, C. *Le coeur est un chasseur solitaire.* Paris: Livre de Poche, 1947, p. 282-283.

11. PROUST, M. *Du côté de chez Swann.* Paris: Livre de Poche, p. 55.

a qual os homens tentam exercer seu controle. Culturas olfativamente orientadas, aí aonde a maioria privilegia a visão. Os Umedas da Nova Guiné fazem do odor um princípio agindo sobre o mundo. Os que emanam de preparações mágicas possuem um poder de ação própria. O *Oktesap* é um perfume carregado num saquinho pendurado ao pescoço cujo aroma possui a propriedade de atrair os porcos selvagens para perto do caçador. Pensa-se igualmente que este odor suave que o acompanha ao longo do dia age também de noite. Nutrindo os sonhos do caçador, o perfume lhe traz sorte. Porta entre os mundos, ele opera tanto sobre os sonhos quanto sobre as atividades diurnas. Seu uso propicia ao indivíduo e a seu entorno "menos uma chance de sorte, de felicidade ou de vida tranquila, do que a condição mesma desta existência" (GELL, 1977: 33).

Para os Ongees das Ilhas Adaman, no Golfo de Bengala (CLASSEN, 1993: 125, 1994: 152), o odor é uma fonte de identificação e um princípio organizador da vida social, ele provoca e alivia os males, comanda os movimentos de vida e de morte. Os indivíduos são compostos de odores, os ossos sendo sua materialização. O processo de maturação descreve um crescimento olfativo. Junto à criança, o movimento progressivo do odor nos ossos e nos dentes dá vida ao corpo cristalizando a matéria. A aparição dos dentes marca sua acessão à humanidade tal como os Ongees a concebem. Para as pessoas idosas, o odor conhece uma diminuição progressiva que engendra a doença, a fragilidade crescente dos ossos e principalmente a perda dos dentes. O velho morre por falta de reserva suficiente, ele torna-se então espírito, ser inodoro e suscetível de retomar o ciclo do odor através de outro nascimento. A morte sela o esgotamento sem retorno do odor pessoal ou de sua absorção por um espírito (*tomya*). Esta inalação, se provocar a morte de um homem, simultaneamente ela gera um novo espírito. E se o espírito é absorvido por uma mulher, ele fecunda um ser humano que em breve nascerá. O odor condensado em si serve para medir o grau de saúde de uma saudação usual local. A expressão "como vai você?", por exemplo, poderia significar "como está seu nariz?" Se a pessoa responde que se sente *heavy* (aflita), então ele se aproxima da pessoa que pergunta e esfrega seu nariz em sua bochecha a fim de livrar-se deste acréscimo de odor que provoca o sentimento de aflição (*heaviness*).

A vida comum reúne os odores pessoais e impede os indivíduos de serem muito facilmente "cheirados" por um espírito, tornando--os doentes ou moribundos. Astúcias concorrem à proteção mútua: em caso de deslocamento, cada indivíduo segue a trilha de um homem que caminha à frente protegido por uma fumaça liberada por um pedaço de madeira fumegante. Este subterfúgio leva os Ongees a alimentar incessantemente o fogo de seu acampamento provisório. Pinturas de argila sobre o corpo retêm eficazmente o odor pessoal em suas malhas. Após uma refeição à base de carne, tais pinturas evitam igualmente a propagação do odor do animal, já que esta pode alertar seus congêneres da floresta de que um deles foi morto e consumido.

Quando um homem dorme, seu espírito, que reside nos ossos, reúne os odores liberados ao longo do dia, levando-os de volta ao interior do corpo para dar continuidade à existência. A doença traduz a diminuição ou o aumento da qualidade do odor encarnado pelo indivíduo. O calor é responsável por sua diminuição, ele dissolve o odor solidificado que constitui o esqueleto. Assim o indivíduo perde peso, a não ser que esta hemorragia seja estancada através de desenhos cutâneos feitos à base de argila que retém o odor. O frio, por sua vez, o condensa, resultado igualmente prejudicial. O tratamento consiste em reaquecer o paciente a fim de restaurar a fluidez momentaneamente perdida. Um ferimento provoca a perda do odor contido nos ossos. O corte é então revestido de almagre branco para gerar uma sensação de frio e frear o escoamento olfativo. A terapêutica visa a restabelecer o movimento do odor entre o homem e o mundo.

Os Ongees enterram seus mortos, mas é somente na primeira lua cheia que exumam o cadáver, retirando-lhe a mandíbula inferior e misturando-a ao resto dos ossos. A mandíbula com os dentes ainda fixos é fator de perigo, já que ainda conserva o odor do indivíduo. Sobretudo o odor de antigas carnes mastigadas. Sua subtração torna inofensivo o espírito do morto, tornando-o incapaz de mastigar e suscetível desde então de cooperar com os vivos. O retorno dos ossos ao acampamento sinaliza o fim do período de luto. Os próximos do defunto amarram galhos de árvores secas ao redor dos ossos e os impregnam de argila a fim de resfriá-los e preservar seus odores. Conservados num cesto, os ossos odoríferos são uma forma de continuidade da comunicação com os ancestrais, por exemplo, ao serem solicitados na cura de um doente.

Os ritos de iniciação igualmente demandam sua cooperação, já que os jovens devem realizar uma viagem ao mundo dos espíritos. Nesta ocasião, longe dos usos habituais, os jovens Ongees atraem a atenção dos espíritos eliminando o próprio odor corporal. O grupo inteiro participa desta efusão deliberada. As pinturas de argila são momentaneamente apagadas e cestos de carne assada são suspensos nos galhos das árvores. Somente os homens casados fazem esta viagem ao além, mas as mulheres os auxiliam inalando seu odor numa espécie de descarrego e massageando-os a fim de direcionar o odor para a parte inferior do corpo e propiciar-lhes uma leveza de espírito. Ao longo de dois dias, tempo em que os iniciados permanecem "entocados", eles aprendem a conhecer o mundo dos espíritos e notadamente os meios de apaziguá-los. Ao retornar, as mulheres os massageiam e seus corpos são resfriados a fim de restabelecer o equilíbrio dos odores. O mundo e o mundo dos espíritos não são radicalmente separados: um entrançado de relações, notadamente olfativas, os une, mas cuidadosamente delimitados pelos ritos. Os dois universos são dependentes um do outro. Para os Ongees, o mundo é uma respiração, ele se inala e se exala, ele é constituído de odores cristalizados ou flutuantes, animados por um movimento incessante que a cultura não mede esforços em manter o seu controle. Da boa execução dos ritos depende a boa circulação dos odores e a conservação do cosmos.

Os Dassanetchs do sudoeste da Etiópia formam uma comunidade cultural dividida em dois grupos: um de pastores, outro de pescadores. Suas relações são hierarquizadas não obstante complementares. A organização social é fundada sobre os valores pastoris, tornando a comunidade dos pescadores dependente e subalterna. E a ordem do mundo no qual vivem os homens é uma osmologia: são os odores atribuídos aos diferentes membros do grupo em função de suas "ocupações jornaleiras" que determinam o conjunto das relações sociais (ALMAGOR, 1987). Entretanto, os homens enquanto tais não sentem, ou ao menos não emitem *a priori* qualquer odor negativo ou positivo, são as tarefas que definem tais odores e que identificam seus portadores. Os pescadores são percebidos pelos pastores como emissores de maus odores. E quando os pastores se aproximam da choupana dos pescadores, eles tapam o nariz temendo que estes odores nauseabundos contaminem seu rebanho ou a fertilidade da tropa. Muitos outros povos vivem nestas regiões, mas seu odor é bom, somente o dos pescadores é nocivo e repugnante. O bom odor acompanha culturalmente a vitalidade, a criação; o mau odor, a corrupção progressiva dos elementos. Para os pastores, suas vacas encarnam justamente a fertilidade, o movimento sem fim da natureza, liberando um "bom" odor. Elas não são apenas uma dádiva de Deus, mas o próprio princípio de sua existência. Elas são a tal ponto insígnia do bom odor que os homens lavam suas mãos em suas urinas, se besuntam com seu esterco ou espalham manteiga filtrada (*ghee*) sobre os ombros, a cabeça, os cabelos e o peito de suas filhas núbeis para favorecer sua fecundidade. Além disso, o odor da *ghee* serve para atrair os homens, é um perfume do amor inquestionável (ALMAGOR, 1987: 109).

Neste contexto em que o centro de gravidade do mundo é pastoril, o peixe é um animal antitético. Para os Dassanetchs, o odor é para as vacas uma maneira de orientar-se no rebanho, de cuidar das crias e, para o touro, de farejar a vaca antes do acasalamento. O peixe é visto como animal destituído de órgão sexual, sem olfação, e, portanto, nessa visão de mundo, sem sexualidade. Ele está do lado da imobilidade, é fedido, e os que passam a vida pescando-o são por ele afetados. Este odor de morte é simbolicamente suscetível de alterar a fecundidade do rebanho e impõe ritualizar com cuidado as relações entre os dois grupos. Na mesma lógica cultural, a vagina de uma mulher na menopausa é tida por "cheirar a peixe". A infecundidade cheira mal!

Que os pescadores passem horas lavando-se no rio ou no lago não altera o centro da questão. O odor é um fato de apreciação cultural. São os valores culturais que "cheiram", e não os homens enquanto contaminados por suas tarefas. Os pescadores fedem em razão de sua associação infeliz a um animal de estatuto ambíguo, congelado num presente sem fim. Impregnados de valores pastoris, eles mesmos lamentam seu odor, embora apreciando o do rebanho. Esta associação a uma referência olfativa duplicando uma diferença social não faz da cultura dassanetch uma sociedade dualista. Incontáveis intercâmbios entre os dois grupos ocorrem, mas sempre sob a égide de ritos limitando as ameaças.

Os Suyás do Mato Grosso (Sociedade Jê) distinguem uma hierarquia de odores segundo os valores da sociedade masculina e adulta. Um homem é efetivamente considerado uma mistura de odores ou sem odor. Ele encarna o "bom" odor das relações sociais, o da cultura ao encontro das outras categorias. As pessoas idosas emanam um odor acre, os meninos ou meninas um odor forte, as mulheres um odor ainda mais forte. As classes olfativas se ordenam em função dos homens que encarnam a perfeição social e olfativa, ao passo que os jovens são inacabados, próximos ainda da natureza, e as mulheres, imersas no mundo biológico das regras e da gestação, encarnam certa desordem. As mulheres idosas perderam seu forte odor, justamente pela perda de fecundidade e por não atrair mais os homens, deixando de ser assim um elemento perturbador no seio da comunidade. Uma vez concluído o rito de passagem conduzindo à idade adulta, os meninos perdem todo odor. Contrariamente das meninas cuja puberdade provoca a aparição simbólica de um "fortíssimo odor". O chefe da comunidade igualmente emana um "fortíssimo cheiro", mas seu estatuto o diferencia dos homens ordinários. Seu espírito, habitando o coração dos animais e plantas específicas, o aproxima da natureza. Da mesma forma "seu poder de provocar desordens" (CLASSEN, 1993: 86).

A morte também tem um odor que não se resume ao da putrefação, como o lembra uma comunidade javanista da Ilha de Surakarta. Nesta sociedade, os familiares enlutados adotam uma postura de distanciamento do falecido (*iklas*). O defunto, para ela, é alguém que foi chamado por Deus, que não sumiu, mas que habita um mundo alhures velando pelos seus. Dessa forma, emoções fortes manifestadas por seus próximos o desorientariam. Daí a razão de não perturbar sua caminhada para o além. O fato de ser *iklas* manifesta uma ruptura da lembrança com o defunto. O mestre de cerimônia desfia os elementos de sua história descolando-a de seus próximos, como se ele fosse um estranho. Fotografias são feitas do cadáver, não para guardar a memória do defunto, mas o seu estado definitivo, abolindo toda história, todo acontecimento.

Convém cortar essa imagem de toda referência com ele, guardá-la numa sideração da duração. O corpo em decomposição é fadado ao tempo, à destruição. O odor cadavérico rompe o acordo e altera sua imagem ao remetê-lo à temporalidade. Ele é contagioso e deve ser combatido em vista de uma percepção positiva do defunto, mas também para proteger os próximos de toda ameaça de morte. Os maus odores da degradação do corpo são conjurados por nauseabundos odores de incensos julgados destruidores da memória (SIEGEL, 1983).

Junto aos Canacos (melanésios da Nova Caledônia), o "odor de vida" e o "odor de morte" distinguem "os humanos que vivem positivamente a vida e os que continuam existindo num estado negativo" (LEENHARDT, 1947: 107). "O odor de morte" "não é constituído exclusivamente dos maus odores da putrefação, mas também dos conservados nos ossos dessecados, ou do que é irremediavelmente privado de vida, como um esqueleto abandonado na montanha, que eles chamam de 'ossos dos deuses', que é simultaneamente odor dos defuntos e dos deuses. Este odor continua impregnando os esqueletos, já que nos discursos do organizador das 'festas do algodão' que encerram o período de luto, três ou quatro anos após sua morte, estes *baos* ainda são designados pessoas com cheiro de 'ranço'" (p. 105). E a morada dos mortos banha-se efetivamente desse odor. O odor que marca o defunto é mais ou menos forte segundo a antiguidade de seu falecimento. Encaminhando-se na direção do mundo dos mortos, onde estão os deuses, o defunto conserva traços de seu "odor de vida". Este odor incomoda os deuses, que buscam por sua vez propiciar ao falecido um alimento próprio a transformar este estado olfativo.

Em contrapartida, mais ao norte, nas Ilhas Salomão, não se fala "em odor de morte", tampouco ela é combatida. "Se ervas odoríferas, citronela ou outras sejam usadas, a intenção não é eliminar a pestilência, mas prover-se de ervas amadas pelos defuntos, tornando-os assim favoráveis. Nas Ilhas Salomão, os arqueiros carregam em suas costas tais ervas. Da mesma forma, o xamã que desce à morada subterrânea dos mortos, e que deve despistar a vigilância dos deuses, não se molha em água pútrida como é costume nas Ilhas Novas Hébrides (hoje Nação Vanuatu), mas banha-se com eflúvios de plantas preferidas pelos deuses" (p. 106).

Para os Sereer Ndut do Senegal, todo indivíduo dispõe de dois princípios de vida, um e outro caracterizado e identificado por odores próprios. Um é físico e testemunha o odor específico do corpo, o segundo é espiritual e representa a alma imortal. Esta abandona o indivíduo pouco antes de sua morte, mas permite ao adivinho reconhecer um ancestral encarnado numa criança que acaba de nascer, ou pressentir um indício que favorece o desenvolvimento de certas doenças (DUPIRE, 1987: 6). Um rito funerário atesta a presença temível desse "odor de alma". Assim, por exemplo, "os padioleiros que carregam o cadáver de um ancião costumam depositá-lo na soleira da porta de sua casa e convidam seus filhos, meninos e meninas, para que o façam entrar e sair pela porta, de uma só passada, e por três vezes consecutivas. O que está por detrás desse ritual é o temor de que o defunto carregue consigo, para o além, para fazer-lhe companhia, suas crianças. Dessa forma, por um rito ilusório, busca-se convencê-lo de estar levando consigo, de fato, suas crianças. E inclusive se pede desculpas por tal enganação: "Perdoe-nos, mas tuas crianças te estão acompanhando" (p. 12). Para algumas comunidades humanas, o odor tem o poder de organizar social e culturalmente algumas dimensões da existência coletiva.

Odor de si

Todo homem emite odor, indiferentemente da forma como se lava ou se perfuma, um odor único que emana dos poros, e que sem dúvida interfere nas relações interpessoais. Se o odor conhece modulações ao longo do dia ou da vida, uma fórmula de base perdura, semelhantemente a um rosto. Suas diferenças são variações sobre um mesmo tema. O odor de cada pessoa é sua rubrica circulando no ar. Da mesma forma que suas digitais, este traço olfativo lhe pertence exclusivamente. A pessoa que permanentemente carrega este odor geralmente desconhece sua tonalidade. Seus odores íntimos não lhe causam tanta repugnância quanto os alheios. N. Kazantzaki lembra-se de que outrora, "quando eu tinha dois ou três anos, diz ele, toda pessoa possuía um odor próprio e, antes mesmo de erguer meus olhos para vê-la, podia reconhecê-la por suas exalações. Minha mãe tinha o seu odor, meu pai o seu, meus tios e vizinhos também. E era em razão desse odor que eu adorava que me tomassem em seus braços, ou, ao contrário, que os rejeitasse, os recusasse. Com o tempo essa faculdade se enfraqueceu, os odores foram se confundindo, e todos os homens mergulharam no mesmo fedor de suor, de tabaco, de essência"[12].

Os cegos de nascença dispõem de um sentido superagudo do olfato que lhes permite identificar seus interlocutores. Helen Keller, não dispondo senão de dois sentidos, o tato e o olfato, consegue reconhecer suas visitas pelo odor pessoal. Ela inclusive desenvolve uma espécie de caracterologia fundada nas informações olfativas que recebe: "Às vezes, escreve ela, ocorre-me reencontrar pessoas destituídas de um odor individual distintivo: raramente as percebo animadas e agradáveis. Inversamente, as pessoas cujo odor é

---

12. KAZANTZAKI, N. *Lettre au Greco*. Op. cit., p. 34-35.

fortemente acusado possuem muito mais vigor vital, energia e inteligência. As exalações dos homens são em geral mais fortes, mais individuais, que as das mulheres. No perfume das pessoas mais jovens há algo de elementar, de fogo, de vulcânico, de vaga marinha. Nelas se percebe pulsações de força e desejo de viver. Adoraria saber se os outros, assim como eu, se dão conta de que todas as crianças possuem o mesmo odor, um perfume puro, simples, tão indecifrável quanto sua personalidade ainda adormecida. Não é senão aos seis ou sete anos que elas começam a ter um perfume particular perceptível. Ele se desenvolve e amadurece paralelamente às suas forças físicas e intelectuais" (VILLEY, 1914: 241).

P. Henri, num texto antigo, revelador de outro universo sensível[13], resume as capacidades de dedução que as emanações olfativas conferem aos que a elas se acostumaram em razão da cegueira. "Eles têm o nariz terrivelmente indiscreto: ele os ensina sobre a saúde (odores de pastilhas, de poções, de curativos), sobre paladares culinários (especiarias, café, excesso de vinho, de licores), sobre vestimentas (agasalhos de pele ou tecidos de lã impregnados de naftalina, luvas de pele, emborrachados); ou sobre outros (perfumes, tabacos), sobre asseios pessoais ou negligências, sobre a profissão (odores de maravalhas, de gesso, de produtos farmacêuticos, de óleo lubrificante) etc." (HENRI, 1944: 46). Obviamente, nem todos os cegos dispõem de um sentido olfativo a tal ponto desenvolvido. Como para o tato ou a audição, importa primeiro refinar as capacidades e, ao longo da experiência, estar à altura de um sólido conhecimento do mundo por essa via. Mas nem todos dispensam este esforço que começa na mais tenra idade pelo encorajamen-

---

13. Durante séculos, os homens eram de fato largamente identificáveis aos odores ligados ao exercício de seus ofícios. O uso de ferramentas ou de matérias particulares, a confrontação com os animais etc. os expunham ao longo do dia a emanações olfativas específicas.

to dos pais, dos professores, dos próximos, e principalmente pela vontade da criança de livrar-se de seu isolamento e de sua dependência. O poder de discriminação dos odores não é privilégio de todos os cegos, mas apenas de uma parte deles (FERDENZI et al., 2004: 126).

Um jovem paciente de O. Sacks faz eco ao poder singular de H. Keller. Por detrás dos efeitos secundários dos psicotrópicos que ele ingere para se drogar, ele se descobre portador de uma impressionante faculdade de decodificar o mundo através dos odores. Ele reconhece seus amigos ou outros pacientes da clínica por seu odor. Inclusive percebe suas emoções: medos, angústias, satisfações. À imagem do personagem de P. Süskind, ele conhece a "fisionomia olfativa" de cada indivíduo que cruza seu caminho, dos lugares e mercados por onde passa. E chega a dizer que "nada era verdadeiramente real antes que eu o cheirasse". Mas três semanas mais tarde seu olfato volta à normalidade, causando-lhe um irremediável desgosto: "Sei agora a que renunciamos sendo civilizados e humanos" (1988: 203). P. Villey dá testemunho igualmente de um cego que nunca confunde a identidade de seus interlocutores: "Seu odor é tão sutil que o leva a reconhecer as pessoas antes mesmo de tocá-las. Parece, de fato, que cada uma tenha um odor particular, um sinal distintivo, assim como cada flor só exala seu próprio perfume" (VILLEY, 1936: 74).

Um homem, uma mulher ou um objeto deixam às vezes algum traço olfativo no espaço ou numa veste. Montaigne o testemunha com um requinte um tanto quanto inusitado: "Seja qual for o odor, é inexplicável a forma com a qual a mim se apega, bem como a maneira maravilhosa como minha pele abebera-se dele. Quem reclama da própria natureza, dos maus odores provados por suas narinas, comete um grande erro, já que eles simplesmente são o que são. Para mim, particularmente, meus bigodes longos me satisfazem. Se deles aproximo minhas luvas ou meu lenço, seu odor aí permanecerá ao longo de uma jornada inteira. Eles me remetem às origens, aos saudosos beijos de minha juventude, saborosos, gulosos, viscosos, misturando-se novamente à vida, permanecendo ali por instantes infindos" (MONTAIGNE, 1969, I: 374). Um espaço físico às vezes pode conservar a presença invisível de uma pessoa que acabou de partir, sobretudo pelos odores deixados nas adjacências: um perfume particular, um odor específico, um cheiro de cigarro, de um sabonete, suor etc. Essa memória alusiva, não obstante impalpável, constitui-se em indício precioso aos criminalistas: é um rastro acusativo deixado nos locais do crime sinalizando a passagem de algum indivíduo. O perfume evocado no filme *A viúva negra* é inequívoco.

Pesquisas realizadas com crianças mostram a facilidade com que elas identificam o odor da própria mãe. Confrontados ao odor do seio materno, os lactentes giram a cabeça em sua direção e às vezes assumem uma postura típica do aleitamento: braços flectidos sobre o peito, mãos fechadas (SCHAAL, 1995). Crianças entre 27 e 36 meses, dispostas em condições de escolher entre duas blusas de tricô idênticas, inclusive na cor, uma delas tendo sido usada pela mãe, de sete sobre dez vezes reconhecem a blusa da própria mãe. A criança de uma creche submetida ao cheiro da blusa de tricô da própria mãe mostra-se mais relaxada e apaziguada: se antes ela andava agitada e agressiva, rapidamente se acalma, às vezes se deita sobre essa blusa, a aperta contra si ou a leva à boca. Se antes ela se recusava a comer, agora o apetite retorna. Objeto transicional pelo odor que conserva, a blusa é um garante simbólico da presença da mãe, um motivo de apaziguamento. Espontaneamente a criança diz à babá o que o objeto representa: "Ele cheira gostoso, cheira à mamãe". Devendo várias vezes escolher dentre três casaquinhos, um deles tendo sido anteriormente usado pelo filho mais velho ao longo de uma dezena de dias, as mães geralmente não se enganam.

Entretanto, as modalidades de contatos anteriores são determinantes: se as mães nutriram com o filho uma relação de proximidade afetiva, elas praticamente não se enganam nunca, diferentemente das mães que mantêm uma relação distanciada do filho. A alteração olfativa da criança testemunhando uma longa passagem nos braços de outra pessoa (babá, familiares etc.) constrange algumas mães, que logo se apressam a dar-lhe um banho, a perfumá-la, a trocar sua roupa, aumentando a ternura para regenerar o odor perdido (SCHAAL, 2003: 63). O odor é uma baliza sinalizando a qualidade do intercâmbio, uma fruição compartilhada, uma referência, mas se o contato não se instaura e as dificuldades no restabelecimento das relações subsistem, algumas mães costumam afirmar não mais sentir o odor do filho. Dessa forma, as mães cujo vínculo com o filho é menos intenso sentem dificuldades de identificar seu odor. Além disso, as emanações desagradáveis de um lactente em consequência de uma doença às vezes induzem alguma mãe a rejeitá-lo.

A assimilação do sujeito a uma impressão olfativa conhece seu auge quando certos pacientes, em ruptura com seu entorno, provam sua rejeição real ou fantasmagórica pelos outros, se sentem pessoalmente desvalorizados, cedem a um delírio do próprio odor e se convencem de estar exalando eflúvios nauseabundos. Com ou sem razão eles percebem situações de repugnância em seu entorno, e, mesmo que a discrição pareça tomar conta de seus vizinhos, eles não alimentam dúvidas de que os outros percebem seu fedor, mesmo que não o manifestem, por medo de feri-los. O delírio quanto às próprias emanações fétidas turva a relação com o mundo, ele dá um conteúdo imaginário a uma vergonha mais ou menos lúcida, a uma perda da capacidade de se projetar no devir em razão de um sentimento depreciativo de si (BRILL, 1932; TELLENBACH, 1983: 106).

Odores do erotismo

Na relação amorosa, o intercâmbio de odores participa do intercâmbio dos corpos. Ela mistura os corpos sem a proteção dos ritos de interação que demarcam a distância e implica uma ressonância harmoniosa dos odores mútuos do casal. A repugnância pelo odor do outro é um entrave radical à ternura, à entrega. H. Ellis cita várias páginas de Casanova afirmando seu deleite com o odor das mulheres que conheceu. "Quanto às mulheres, eu sempre achei suave o odor das que amei [...]. Existe alguma coisa no quarto da mulher que se ama, algo de tão íntimo, de tão perfumado, emanações tão voluptuosas, que um apaixonado não hesitaria um momento sequer, se tivesse que escolher entre o céu e este lugar de delícias" (ELLIS, 1934: 132)[14]. O odor pessoal é um ingrediente do desejo enquanto fator de repulsão ou de atração. Em *Guerra e paz*, o Conde Pierre decide casar-se com a Princesa Helena após ter sentido seu odor por ocasião de um baile. Lá também o odor é percebido como uma emanação da interioridade, uma prova da contiguidade moral realçando a acuidade do encontro físico.

O amor ou o erotismo se nutrem do odor amado do outro, da mesma forma que o ódio se alimenta de seu mau odor, real ou

---

14. Referindo-se aos imaginários do século XIX, A. Corbin observa o quanto o "modelo do cio animal obsede; os médicos não conseguem livrar-se dele; eles estão convencidos de que a sedução deve muito ao odor das regras [...]. Na ótica do círculo de Montpellier, neste momento do ciclo, a mulher traduz a vitalidade da natureza, ela despeja os produtos de uma forte animalização; ela lança um convite à fecundação, dispersa eflúvios de sedução". Daí a mitologia ao redor das mulheres que não cheiram bem, sempre odorantes e presumidas dependendo de uma sensualidade permanente. Mas se as "menstruações atiçam a sedução da jovem menina púbere, elas lembram sua missão genésica, porém elas lhe conferem apenas um odor descontínuo; o que propicia à mulher um selo olfativo é o esperma masculino, assim como a prática do coito impregna de um odor particular a carne das fêmeas de muitos animais. É o comércio sexual que, em todos os domínios, acaba com a mulher" (CORBIN, 1982: 52-53).

fantasmagórico. Uma mãe rejeita a criança por não reconhecer seu odor, amantes que se desentendem olfativamente correm o risco de romper as relações, odores nefastos lembram permanentemente uma desarmonia essencial. As afinidades eletivas são em primeiro lugar afinidades olfativas.

O Cântico dos Cânticos, atribuído ao Rei Salomão, apaixonado pela Sulamita, descreve o perfume como uma celebração erótica, uma embriaguez olfativa que acresce sua nota sensual ao canto sensorial dos corpos envolvidos. Quer se trate da amante para o amado: "A fragrância de teus perfumes é um primor; teu nome é um perfume refinado [...]. O meu amado é para mim como uma bolsinha de mirra entre os meus seios [...], suas faces canteiros de bálsamos, tufos de ervas aromáticas, seus lábios lírios a destilar um fluido de mirra virgem"; ou do amado para a amante: "E o aroma de teus perfumes são mais aromáticos que todos os bálsamos [...], teus eflúvios um pomar de romãzeiras, com frutas deliciosas: nele há alfena, nardo e açafrão, canela e cinamomo, e toda espécie de árvores de incenso, mirra e aloés, com seus mais requintados aromas".

Quando o poeta faz Salomão entrar na narrativa, ele se pergunta: "O que vem a ser aquilo que sobe do deserto, como coluna de fumaça, exalando mirra e incenso e todos os perfumes dos mercadores?" Canto de amor de um erotismo flamejante, celebração de um vínculo privilegiado de um povo com seu Deus, ou, para outros, antecipação da relação de alma com Cristo, difusão aérea do perfume, dos aromas e do seu poder de atração, valendo tanto para as relações carnais como espirituais. "Perfumei meu leito com mirra, aloés e cinamomo", diz a mulher adúltera dos Provérbios (7,17). Os usos profanos não recorrem aos mesmos produtos, mas os óleos odorantes e os perfumes também são usados na sedução, na acolhida das visitas, na unção dos cadáveres, como o lembra o Cântico dos Cânticos. Jerusalém é um lugar memorável da perfumaria na Antiguidade, e o Cântico dos Cânticos a denomina "colina dos incensos".

Alguns odores ou determinados perfumes são associados a um reforço do poder erótico. Beach descreve em uma sociedade do sudeste do Pacífico a existência de um afrodisíaco fundado na analogia entre o odor de peixe e de vagina. "Os homens usam cerejas vermelhas amarradas a um anzol para atrair os peixes. Após a pescaria, as cerejas são julgadas eficazes em igual medida na 'captura' de mulheres. Suas vaginas, à imagem dos peixes capturados, serão atraídas pelo detentor das cerejas [...]. Outros odores são reputados igualmente eficazes no jogo da sedução. Um dos mais poderosos é a folha almiscarada, só usada pelos homens por ocasião de uma dança; outro odor, um pouco adstringente, é o óleo de coco misturado a outra substância, que os homens passam nos cabelos" (1965: 183-184).

Junto aos Iakas, observa R. Devisch, a atração sexual repousa menos num intercâmbio de toques do que no intercâmbio de odores. "É como se a inspiração e o odor, genital em particular, atraíssem e envolvessem muito mais o parceiro que suas palavras ou seu olhar. No encontro amoroso, neste contato por envolvimento, as pessoas se deixam cegamente levar. Na união sexual, o odor é alternadamente fonte e testemunho de apetência sexual do parceiro. O termo para a comunicação sexual é *nyuukisana*, ele mesmo composto de um sufixo causativo – *isa* – e de uma forma recíproca – *ana*. Este termo significa "fazer-se farejar mutuamente o odor que excita um ao outro" (DEVISCH, 1990: 53). Uma dissensão insuperável junto a um casal é explicada pela "incompatibilidade de odores" (p. 54). E da mesma forma o incestuoso "torna a engolir a espuma de sua própria fermentação [...]. Incesto, lepra e a promiscuidade sexual são analogamente associados como violação de fronteiras físicas, sociais e morais. A repugnância pelo incesto, como para a lepra, depende do registro olfativo" (p. 55).

334

A olfação é uma moral intuitiva

O odor é uma reflexão imediata do mundo, uma instrução usual das circunstâncias onde ele é sentido. Ele é agradável ou detestável, dito outramente, trata-se de um argumento inapelável. Uma moral natural desprende-se do homem ou das coisas, moral obviamente temível, já que na maioria das vezes interina julgamentos prévios. Às vezes um acontecimento "cheira a ranço" ou "não cheira bem", causando preocupação. O odor revela uma interioridade inapelável e denuncia os estados de alma do indivíduo, dos acontecimentos ou dos lugares. Se a fedentina sinaliza a malignidade d'alma nos imaginários sociais, ela marca igualmente, quando dependente de uma iniciativa social, a reprovação ao encontro de um homem ou de uma mulher que infringe as regras tácitas da comunidade. Os *charivaris* sonoros eram duplos em determinadas regiões da baixa ou da média Provença Francesa; ou, no norte da Espanha, eles eram malcheirosos. O uso deliberado da repugnância sinalizava a desordem social, a ruptura de leis não escritas da comunidade. Se um estrangeiro buscava uma mulher no país, se uma distância etária importante diferenciava o homem da mulher com quem ele se casava, se um viúvo ou uma viúva desejava casar-se novamente, eles eram efetivamente submetidos pela juventude do vilarejo a uma contestação simbólica, expondo-se aos eflúvios terríveis de uma carniça de asno queimada perto de sua residência. O mau cheiro olfativamente significava a ruptura com a atmosfera habitual do vilarejo. Entretanto, se os esposos se arranjavam previamente graças a uma doação substancial, e se a juventude concordasse, a desculpa era aceita e os jovens podiam inclusive retribuir a oferenda cobrindo as ruas com flores aromatizadas. A penalização malcheirosa de um casal que transgride as normas implícitas do grupo era corrente em algumas regiões espanholas, seja por uma "defumação de deboche" do casal, ou, como em Navarra, por exemplo, onde habitualmente jogava-se objetos fedorentos contra a casa dos imputados (ROUBIN, 1989: 262-263). O odor é uma metáfora da intimidade, um desvelamento de si. P. Süskind dá um exemplo disso. O jovem Grenouille, ao mesmo tempo em que cheira o abade que o acolheu, parece apropriar-se de sua 'essência' como se a destilasse a cada baforada aspirada. E Terrier é a tal ponto tomado de terror que ele parece identificar seu odor à sua alma e temer sua perda ou ser desnudado se o lactente prosseguir por mais tempo seu exame. "Parecia, para Terrier, que a criança o olhasse com suas narinas e o examinasse sem complacência, mais implacavelmente do que o fariam os olhos, que ela engolia com seu nariz alguma coisa que emanava de Terrier sem que este pudesse detê-la ou dissimulá-la... Ele teve o sentimento de ser nu e feio, entregue aos olhares de alguém que o fixava sem nada exalar de si mesmo"[15]. Este desvelamento olfativo evoca um insuportável exame de consciência.

Odor pessoal como parte sensorial da alma? Em muitas culturas o odor de si é assemelhado a um odor de alma, ele se exala e é exalado, é respirado e penetra o mais íntimo, dando o sentimento de abandonar-se ao outro, tanto em relação ao odor pessoal quanto o de outrem. Para os Dogons, a volatilidade do som assemelha-se à do odor. Eles "ouvem" os odores e "cheiram" a palavra, já que, para eles, esta é um odor. Um discurso de qualidade, por exemplo, "possui um odor vivo, um odor de óleo e de cozinha, que é, segundo os Dogons, o mais delicioso dos perfumes, já que evoca ao mesmo

---

15. SÜSKIND, P. *Le perfum*. Paris: Livre de Poche, p. 26. Este impressionante relato faz do real uma pura emanação olfativa. Aos olhos de Grenouille só existe o imaterial dos odores liberados pelas coisas, pelos animais ou pelos homens. Sua exalação vale por sua própria razão de ser. Quando ama, Grenouille deve despir a mulher de seu corpo para apossar-se de sua essência olfativa.

tempo comida e fecundidade, duas formas da vida" (CALAME-GRIAULE, 1965: 56).

Nos imaginários sociais o odor é associado à sagacidade, à intuição. "Sente-se" o outro graças a uma espécie de "farejo". "Ter faro" é manifestar uma intuição que ultrapassa as aparências visuais para colher indícios impalpáveis que revelam uma dimensão escondida, invisível aos outros. Os "farejadores" observam e pressentem as tendências vindouras do mercado ou de um acontecimento. O odor foge à vontade, presumivelmente é livre de toda hipocrisia, de toda dissimulação possível. É um desmascaramento, um desvelamento. Sem dúvida ele depende principalmente do fantasma em sua percepção, e mais ainda das conclusões, impondo-se da maneira a menos racional.

Odor de santidade

O cristianismo em parte prolonga em seus cultos e cerimônias a paixão pelo perfume e aromas oriundos da Antiguidade[16]. Ele se instaura sobre o fundamento cultural do mundo semítico para o qual os perfumes, as iguarias, os aromas ou os unguentos ocupam um lugar central. Mateus conta o episódio evangélico da adoração dos Reis Magos. Mesmo o nascimento de Cristo está sob os auspícios dos bons odores. Os reis o presenteiam com ouro, incenso e mirra: "O ouro conviria ao rei, os incensos a Deus, a mirra àquele que de-

---

16. Sobre a mitologia cristã dos aromas, reenviamos ao livro de J.-P. Albert (1990). W. Deonna lembra que na Antiguidade não são somente os deuses ou os mortais eleitos que exalam maravilhosos eflúvios, mas também os homens ou as mulheres agraciados pela honra de suplicar aos deuses. É o caso da rainha e do rei do Egito. Os deuses gregos dotam seus protegidos de ambrosia e néctar (DEONNA, 1939). Além disso, escreve Montaigne: "Diz-se de alguns, como Alexandre o Grande, que seu suor exalava um odor suave por alguma rara e extraordinária complexão" (I: 391).

veria conhecer a morte, isto é, não somente ao homem, obviamente, mas também ao Redentor" (ALBERT, 1990: 209). Mesmo os excrementos de Jesus menino são delícias odoríferas. J.-P. Albert cita uma narrativa catalã do início do século: "A Virgem estendeu sobre uma camada de alecrim as faixas do Menino Jesus. Diz-se que através do odor suave do alecrim ainda sente-se o perfume dos excrementos do bom Jesus" (ALBERT, 1990: 145).

A figura de Maria Madalena frequenta habitualmente o Evangelho com sua presença devotada e amável junto ao Cristo. Em Lucas e João ela unge os pés de Jesus com um perfume precioso, cena que lhe vale o desprezo de Judas. Este último pergunta a razão pela qual não se vendeu tal perfume e não se deu o dinheiro angariado aos pobres. Jesus lhe responde: "Deixa-a. Ela reservou esse perfume para o dia de minha sepultura. Sempre tereis pobres convosco, mas a mim nem sempre tereis" (Jo 12,7-8). De certa maneira, a lustração de Maria Madalena prefigura a morte. Imagem do devotamento, do amor desinteressado por Cristo, a jovem mulher recebe a graça e a remissão de seus pecados. Os perfumes ultrapassam sua materialidade, sua significação é primeiramente metafísica; eles elevam a alma a Deus, remetendo-a assim à contemplação das coisas celestes.

No uso profano, eles são pesadamente enraizados na sedução ou no erotismo, na vanidade da carne. Maria Madalena, antiga pecadora, que muito fez uso deles para o pior, os restitui à sua destinação primeira: Deus[17]. Em troca, o homem passa a fazer parte da alegria suprema dispensada pelos odores divinos. "Ungi Jesus,

---

17. No século II, Clemente de Alexandria escreve em seu pedagogo: "É absolutamente necessário que os homens de nossa casa exalem não o odor dos perfumes, mas o das virtudes, e que a mulher respire o Cristo, o unguento real, e não o pó de arroz e os odores, e que ela se revista do unguento imortal da temperança, cujo deleite se encontra no santo odor do espírito" (apud FAURE, 1998: 247).

e Ele vos ungirá", resume agradavelmente J.-P. Albert (1990: 239). A Virgem exala um maravilhoso odor celeste que nem mesmo os aromas de sua morte puderam atenuar. Os anjos dispensam seu odor suave aos santos mártires, aos quais aparecem.

J. de Voragine apresenta o próprio Cristo como um aroma a ser quebrado, para que dele emane o odor propício a dissipar a fetidez que desde o pecado original envolve o homem. Cristo é o perfume divino se exalando sobre o altar do sacrifício. "O homem era cativo, ferido, fétido. Por isso Cristo quis ser ferido para que todo grilhão fosse extirpado e seu tesouro aparecesse, e para que todo cativo fosse redimido. [...]. Cristo, envolto em unguentos, como um vaso de alabastro, quis ser ferido de incontáveis ferimentos para que esta preciosidade viesse à tona, e todo ferido fosse assim curado [...]. O corpo de Cristo foi embalsamado, e quis que essa reserva fosse aberta a fim de que ela se exalasse sobre as feridas do mundo e, por essa via, todas fossem curadas. Este depósito foi efetivamente aberto quando um soldado abriu o flanco de Jesus com uma lança. Do odor desse bálsamo escreve-se: versei meu perfume como um cinamomo ou um bálsamo odorante" (apud ALBERT, 1990: 174).

A própria cruz é perfumada, já que oriunda de uma árvore paradisíaca. "Enquanto o rei repousava, afirma-se no Cântico I, o nardo com o qual eu me perfumava, isto é, a Santa Cruz, exalou seu perfume" (DE VORAGINE, II, 1967: 192). Sempre segundo De Voragine, Helena, ao aproximar-se do lugar onde a cruz estava plantada, "de repente a terra tremeu e espalhou-se uma fumaça de um odor admirável" (DE VORAGINE, I, 1967: 194). Os vestígios da cruz continuam exalando um odor suave, o de Cristo, cuja presença antiga ainda embalsama. Desde o século VIII, as igrejas do Oriente passaram a introduzir na liturgia o costume de ungir as cruzes oferecidas à adoração dos fiéis, a fim de tornar sensível a aliança com o divino.

O odor é um marca-texto moral, ele revela a interioridade do indivíduo não obstante os subterfúgios dissimulando sua "verdadeira" natureza. A presença de Jesus é um bálsamo, é perfume divino iluminando os homens. O "bom odor de Cristo" se transforma em odor de santidade junto aos fiéis animados por uma fé ardente e infalível. Do ainda vivo Felipe Néri diz-se que ele "emanava um perfume tão agradável, tão raro, tão insólito, que todos o nomeavam odor de virgindade: aspirando-o, alguns de seus penitentes imediatamente sentiam morrer neles todo apetite carnal, como ao odor da mirra morrem os vermes, do âmbar os abutres, do cedro as serpentes". O santo dispõe inclusive da faculdade de sentir a "fedentina" dos que, marejados de pensamentos impuros, se aproximam dele. No confessionário, atendendo os penitentes, e incomodado pelos eflúvios do pecado, Felipe Néri sempre tinha em suas mãos um lenço, símbolo de sua aversão à ignomínia (CAMPORESI, 1989: 164). Alhures, mais especificamente em Praga, um monge gozava da reputação de reconhecer o grau de castidade das mulheres simplesmente orientando-se pelo odor delas emanado (ELLIS, 1934: 108 e 110). Inumeráveis santos testemunham eflúvios maravilhosos: Catarina de Sena, Ambrósio, e tantos outros.

Para a tradição cristã, a não corrupção do corpo e as fragrâncias indizíveis que dele emanam oferecem uma pré-degustação (um odor prévio) do paraíso. "Não permitas, meu Senhor, que teu santo conheça a corrupção", diz Davi num salmo. *La legende dorrée* (A lenda dourada) desfia histórias inumeráveis de mártires cujos corpos cheiram a bálsamo após a morte[18], revanche metafísica so-

---

18. Às vezes, excepcionalmente, alguns santos liberam odores infectos, como Santa Rita, padroeira das prostitutas e das causas perdidas. Os estigmas que adornavam sua fronte, suas mãos e seus pés exalavam uma fedentina da qual a santa jamais conseguiu livrar-se, não obstante as orações. Lydwine alterna segundo os momentos de sua existência fedores ou odores maravilhosos.

bre sua sorte profana. Seus suaves aromas testemunham a presença simbólica de Deus à sua volta. A abertura das tumbas ou dos relicários inunda os espectadores de uma manifestação olfativa da qual não conhecem nada equivalente. Quando o venerável Beda morreu, "um odor tão grande de bálsamo espalhou-se pela igreja que todos se acreditavam no paraíso" (II: 434). Por ocasião da retirada do corpo de Marcos, "um odor tão penetrante espalhou-se sobre Alexandria que todos se maravilhavam perguntando-se de onde poderia vir semelhante suavidade" (I: 305). Um mesmo odor acompanha as transladações das relíquias de Étienne (p. 59) etc.

Dois anos após sua morte, a tumba de Stanislas Kotska foi aberta, e eis que surge "o jovem santo, não somente intacto e inteiro, como se tivesse sido sepultado poucas horas antes, mas exalando um odor, uma fragrância paradisíaca". O sacristão apoderou-se de um osso de sua coluna vertebral e o colocou na sacristia, e imediatamente um maravilhoso perfume invadiu o recinto e difundiu-se igreja afora (CAMPORESI, 1995: 85)[19]. Quanto à bem-aventurada Beatriz II, sua tumba exalava "um frescor sobrenatural tão odorante e tão suave, em nada semelhante ao odor de qualquer coisa terrestre, que regozijava, consolava e reavivava todos os que se aproximavam desta santa sepultura" (apud CAMPORESI, 1986). Se diante da multidão um descrente duvida da suavidade do odor que exala dos despojos mortais, sua punição não tarda. Um homem ousa assim declarar que o cadáver de Ladislas cheira mal. Seu pes-

---

19. Porém, os tempos mudam e, mesmo que os místicos sejam frequentemente vistos como doentes sofrendo de um delírio, desde o início do século o odor de santidade é analisado por H. Ellis como uma anomalia da secreção corporal: "O perfume exalado por inúmeros santos ou santas é sem nenhuma dúvida devido às condições nervosas anormais, já que é bastante sabido que tais condições afetam o odor, e na loucura, por exemplo, conhece-se a presença de odores e inclusive eles são considerados elementos de diagnósticos importantes" (ELLIS. *Psychology of sex*. T. I, p. 62).

coço é imediatamente torcido, dando meia-volta sobre si mesmo, só voltando ao seu estado natural após este homem ter confessado seu erro. Embora sua cabeça tivesse retornado à posição normal, ele carregou para o resto da vida uma cicatriz como lembrança de seu sacrilégio (DEONNA, 1935: 206). A dimensão simbólica do odor é atestada por muitos incrédulos que não a sentem, e que se veem numa situação falsa em face de uma multidão que comunga de suas delícias.

Os adjetivos dizem a metafísica de um odor em nada identificável a um mundo terrestre. Ele é "celeste", "angélico", "divino", "paradisíaco", sua origem ultrapassa uma humanidade derrisória. Ele lembra ao homem que sua passagem terrena nada mais é senão um universo de provações e que suas raízes estão plantadas no céu. Os odores dos santos prefiguram os do paraíso. Alguns hagiógrafos repetem à exaustão que estes eflúvios nutrem e fortificam a alma. Ao entrar em contato com os eflúvios de Lydwine, "era como se tivéssemos comido gengibre, cravo ou canela; o sabor ardente e forte mordia a língua e o palato com doçura, e os assistentes não sentiam nenhuma necessidade de alimentar-se" (apud DEONNA, 1935: 205).

Não são somente os despojos dos santos que liberam este perfume celeste, mas igualmente os objetos que eles tocaram ou lhes pertenceram: suas relíquias, suas vestes, a água na qual se lavaram etc. O peregrino russo, em uma noite de inverno, passava por uma floresta para ir pernoitar em um vilarejo cujas luzes já avistava. De repente, um lobo se precipitou sobre ele. O peregrino segurava em suas mãos um rosário de lã de *stárets,* com o qual golpeou o animal. O rosário escapou-lhe das mãos e enroscou-se no pescoço do animal que, recuando, caiu sobre um arbusto espinhoso, prendendo com o rosário suas patas traseiras no galho de uma árvore morta. O peregrino aproximou-se, e com cuidado o livrou do tormento. O lobo fogiu então em disparada. Chegado à pousada, o peregrino narra o episódio a um professor e a um juiz de paz que lá se hospedavam. O juiz ridicularizou sua história e a colocou no rol da superstição religiosa. O professor, porém, adiantou-lhe uma explicação. Ele o lembrou de que, quando o primeiro homem, Adão, vivia em estado de inocência, todos os animais lhe eram submissos, aproximavam-se dele com temor e ele os nomeava. E que o *stárets*, a quem pertenceu este rosário, era um santo ressuscitando no peregrino o velho Adão, com a mesma pureza de alma. "O rosário sempre esteve nas mãos de algum santo e, portanto, através do contato permanente com suas mãos e com suas emanações, esse objeto fora impregnado de uma força santa, a força do estado de inocência do primeiro homem. Eis o mistério da natureza espiritual. Essa força é naturalmente sentida por todos os animais, sobretudo através do olfato, pois o focinho é o órgão principal entre os sentidos de um animal. Eis o mistério da natureza sensível"[20]. Perguntamo-nos por que o lobo não sentiu este odor antes de atacar o peregrino.

A pureza, a santidade ou a harmonia são simbolizadas por um odor agradável, suave; o mal, a impureza e a desordem exalam odores pútridos ou repulsivos. O paraíso das religiões monoteístas é um jardim das delícias, de maravilhosos aromas, um lugar da exacerbação encantadora dos sentidos. "Aí, escreve São Boaventura, todos os sentidos serão convidados a entrar em ação. O olho verá um esplendor que ultrapassa toda beleza; o paladar saboreará um sabor que supera toda doçura; o olfato cheirará um aroma que suplanta todo perfume; o tato apanhará um objeto que é superior a toda delícia; o ouvido será renovado por um som que extrapola todo consentimento."

---

20. *Récits d'un pèlerin russe*. Paris: Seuil, 1978, p. 74-75 [Em português: *Relatos de um peregrino russo*. 4. ed. Petrópolis: Vozes, 2013, p. 73-74].

Para Santo Antônio, o paraíso é a exaltação dos sentidos, e o inferno sua execração. No inferno "os olhos bradarão suplicando luz, embora eternamente constrangidos a contemplar terrores, trevas e vapores. Os ouvidos bradarão suplicando o prazer da harmonia, embora não ouvirão senão gemidos, gritos estridentes, tumultos, blasfêmias e maldições [...]. O paladar desejaria ardentemente consolar o ardor de sua sede e sua fome, entretanto aí não haverá modo de contentá-lo, nem mesmo com as imundícies da latrina. O olfato solicitará perfumes, no entanto aí não os obterá, salvo um aroma de putrefação, uma fedentina pestilenta, cuja única baforada seria suficiente para infestar o orbe da terra" (CAMPORESI, 1989: 77). O inferno é um lugar reputado fétido, atormentado por diabos e bodes espalhando seus odores infestados de enxofre, de decomposição, à imagem de sua repugnância moral.

Em inúmeros relatos mitológicos, monstros e dragões envenenam a atmosfera com seus eflúvios pestilentos. Os feiticeiros que os representam no mundo terrestre emitem igualmente um odor nauseabundo. Seus ritos maléficos demandam produtos de odor fétido, por exemplo, carniças animais ou fumigações fedendo a espíritos infernais. Quando Jó é submetido por Deus à provação da miséria e da doença, sua desgraça se traduz pelas emanações pútridas de seu corpo. No texto famoso de Dostoievski, o odor horrível emitido pelo cadáver do *stárets* Zossima é uma terrível objeção à santidade, mas também à existência de Deus. Este homem viveu devotamente, na doação, na pureza. Ao redor de seu caixão, logicamente a multidão aguarda a manifestação de uma vida aureolada de Deus: a suavidade de seu cadáver antes de seu enterro, sua santidade olfativamente confirmada. Mas o cheiro ruim emanando da pele em decomposição testemunha contra Zossima, cuja existência inteira é repentinamente varrida pela ausência de confirmação olfativa. A tradição ortodoxa quer que o corpo de um justo exale um

344

odor delicioso. A multidão se lembra de outro *stárets* cujo cadáver cheirava a bálsamo após sua morte. E sente-se transtornada: "Deus quis, portanto, fazer uma advertência". Um monge, velho inimigo de Zossima, apressa-se em lançar óleo sobre o fogo: "Ele prescrevia uma purgação contra os diabos. Assim fervilham eles junto a vós como aranhas nas paredes. E hoje ele mesmo fede. Nisso vejo uma grande advertência do Senhor"[21].

O Profeta nasce em Meca, cidade que, à época, destacava-se no comércio dos aromas. A tradição muçulmana também celebra o delicioso odor que emana das tumbas de alguns santos. O Profeta separava o bom companheiro do ruim em termos olfativos: "É como um transportando perfume e outro soprando o forno. O que transporta perfume pode te oferecê-lo e podes comprá-lo, ao passo que o outro pode jogar tuas roupas ao fogo e finalmente respirarás seu ar sufocante do forno" (apud AUBAILE-SAL-LENAVE, 1999: 96). A fetidez acompanha os *djinns* e expõe ao mau-olhado. Ao contrário, os bons odores do manjericão, das espirradeiras (*lauriers-roses*), da mirra ou da hena protegem os homens. Se o amigo é associado ao perfume e ao frescor, o inimigo é sempre fedorento. Um *hadith*[22] coloca na boca do Profeta três coisas que ele mais ama no mundo: as mulheres, as crianças e os perfumes. "Perfumei o Enviado de Deus com os perfumes mais odorantes que pude encontrar, até ver nele a explosão desses odores sobre sua cabeça e sua barba", diz Aïcha, a mais jovem das esposas do Profeta.

---

21. DOSTOÏEVSKI, F. *Les Frères Karamazov*. T. I. Paris: Livre de Poche, 1972, p. 424.

22. Coletânea de atos e palavras do Profeta Maomé [N.T.].

Odor do outro

Para além dos eflúvios realmente percebidos, o olfato é um sentido forte da discriminação. Ele define de uma assentada a aliança ou a ruptura, a simpatia ou o ódio, abole a distância ou a aumenta ao infinito. A olfação, dizia Rousseau, é o "sentido da imaginação". A imaginação é menos afetada por aquilo que ela sente do que por aquilo que ela espera cheirar (1966: 200). Existe um odor de alteridade, uma linha olfativa que demarca o *entre-si* e os outros. Em nossas sociedades os negros, os judeus, os árabes, os pobres, as prostitutas, os desconhecidos etc., são olfativamente estigmatizados, e às vezes julgam-se mutuamente malcheirosos. Todo homem emite uma auréola olfativa ao seu redor, e nenhuma é igual à outra. A ideia de um odor "étnico" ou de raça é duvidosa, e até racista, a não ser que se imagine uma rara homogeneidade social dos indivíduos. Mas o odor é antropologicamente um divisor moral. Não é mais de visão do mundo que convém falar aqui, mas de uma olfação do mundo, uma osmologia, à medida que o odor categoriza o real segundo sua dimensão própria para os imaginários coletivos. Aquele que "cheira bem" inspira confiança, o que "cheira mal" é trapaceiro e perigoso, ou, ao menos, ainda desconhecido e ameaçador. Entretanto, a definição de "cheirar bem" ou "cheirar mal" é singularmente cambiante. No Magreb, o estrangeiro, antes de receber o estatuto de hóspede, é "alguém que fede". O questionamento de seu odor remete à essência do indivíduo. É como se uma moral "natural" indicasse o caminho a seguir. O odor, mesmo sendo o mais frequentemente imaginário, participa das fronteiras simbólicas entre o si e o outro.

No início do século, um menino, Manuel Cordova, é capturado por uma tribo ameríndia na Amazônia. Se o odor almiscarado dos índios inicialmente o incomoda, o mal-estar é partilhado, já que os

próprios índios se sentem incomodados com sua presença. Falta-
-lhe o "bom" odor. Ele é purificado com ervas e líquidos odorantes.
E desde então passa a compartilhar dos traços olfativos da sociedade na qual é obrigado a viver. Com o tempo seu odor pessoal já não se propaga mais. Anos mais tarde, quando sua estada junto aos índios lhe pesa e já se sente em condições de voltar para casa, ele volta a sentir novamente seu odor "original". E deixou assim de "sentir-se" entre os índios. Um ciclo se fechou (CLASSEN, 1993: 97).

O odor do outro às vezes não passa de uma diferença olfativa nascida de um modo de vida, de uma alimentação particular, da natureza das vestimentas usadas, do uso habitual de óleos ou unguentos, ou de um trabalho em condições particulares; ele é conotado pejorativamente sem necessariamente apresentar traços de racismo, testemunhando antes um etnocentrismo. Um viajante francês que percorria a China sentia-se sem cessar indisposto pelos odores ambientes. Convidado, numa viagem de trem, a juntar-se a um grupo de chineses, ele sentia-se constrangido pelo odor, que nem mesmo o tabaco podia amenizar. E quanto mais o tempo passava, mais suas náuseas aumentavam. Chegados ao final da viagem, os chineses se apertam ao redor da única pessoa que falava inglês. Nosso viajante desejava saber qual era o propósito da "reunião". O intérprete resiste, mas acaba confessando: "Se nós todos jogávamos mah-jong[23], era para trocarmos algumas ideias. O odor... o odor nos impedia de dormir. É que... o senhor fede demais"[24]. O mau cheiro sempre é o dos outros, embora sempre sejamos o outro de alguém.

---

23. O mah-jong, ou majongue, é um jogo chinês semelhante ao dominó [N.T.].
24. PLANQUE, F. Dans le train du Nord, apud "Odeurs, l'essence d'un sens". *Autrement*, n. 92, 1987.

D. Jenness, um explorador canadense, viveu um período com os Inuits por ocasião de uma exploração no Ártico, no início do século XX. E testemunha: "Eles me pareciam ter um odor corporal distinto do nosso. Certa feita, uma mulher idosa me perguntou se, chegado aos seus territórios, eu havia percebido um odor particular neles. Ao confirmar-lhe minhas observações, ela me respondeu: "É estranho, nossa percepção em relação a vocês é a mesma" (SYNNOTT, 1993: 201). Numa de suas andanças, Carpenter hospeda-se na casa de uma mulher aivilik. Ela, sem rodeios, lhe propõe: "Que tal nos cheirarmos? – Sim, prontamente responde Carpenter. – Meu odor te ofende? – Sim, retruca o hóspede. Momentaneamente ela silencia, mas logo retoma a conversa: o senhor sente nosso odor e este o constrange. Há pouco nos perguntávamos se sentíamos o cheiro um do outro, e se isso lhe causava incômodo... com frequência ouço comentários dos brancos sobre o odor dos esquimós, mas nunca ouvi estes últimos fazer qualquer lisonja ao odor dos brancos" (CARPENTER, 1973: 64). Os Nduts, que vivem na região entre o Deserto do Saara árabe e o Sudão, são cuidadosos quanto à limpeza (no sentido físico) e à pureza (no sentido simbólico). Em relação aos padrões de limpeza e pureza, para os Nduts os brancos sequer lhes chegam aos pés. Uma mãe asseando um filho rebelde ao banho, por exemplo, o ameaça com o castigo de "ter que submeter-se ao cheiro de urina dos brancos" (DUPIRE, 1987: 8).

O odor é um transbordamento sensível do corpo que ultrapassa as fronteiras da pele, ele atinge o outro numa conotação sexual, ele provoca uma sensação de invasão e violação. Ele reúne sob o mesmo orbe olfativo e íntimo indivíduos diferentes. Daí o constrangimento frequentemente evocado nas prisões, nos dormitórios comuns, nas enfermarias coletivas dos hospitais, obrigando o indivíduo a cheirar o odor dos que estão à sua volta. Não tendo a opção de evadir-se, o indivíduo vive essa intolerável presença volátil e insistente, invadindo ininterruptamente seu espaço íntimo. O odor transforma-se então em fixação, em uma obsessão pessoal que torna a promiscuidade insuportável. Projeção de sentido acima de tudo, o odor é urdido de imaginário. Versão aérea e sutil da moral, ele é vivido como invasão da intimidade do outro, imersão numa organicidade que ordinariamente a pele dissimula. Cheirar alguém é de alguma forma provar sua animalidade, já que é cheirar sua carne, descobrir os arcanos fisiológicos do outro que outrora se doou antes como sujeito. O odor é ameaçador, sobretudo o do outro, pois impregna a intimidade à revelia do indivíduo que o inala. Forma de possessão, ele expulsa de si para aí instalar um outro. Se desagradável, o odor é um antirrosto, ele revela parte de uma carne destituída de toda espiritualidade.

Essa emanação do outro é mais ou menos tolerável segundo o estatuto conferido ao odor nas sociedades. Hall lembra o quanto os árabes são sensíveis a esse tema, eles adoram "os odores agradáveis, que são parte integrante de seus contatos com os outros. Respirar o odor de um amigo é não somente agradável, mas desejável [...]. Banhar outrem com o próprio bafejo é uma prática corrente dos países árabes. Um americano, ao contrário, aprende a não projetar seu bafejo sobre outrem. É por isso que o americano sente-se constrangido quando se encontra num campo olfativo de uma pessoa com quem não está em relação íntima, sobretudo em lugares públicos. Ele é tomado pela intensidade e pelo caráter sensual dessa experiência que o impede ao mesmo tempo de prestar atenção ao que lhe é dito e dominar seus próprios sentimentos" (HALL, 1971: 196 e 71).

O odor suscita um imaginário de mistura de corpos que, segundo as circunstâncias e os indivíduos implicados, provoca o prazer de partilhar uma intimidade que atiça o desejo, ou, ao inverso, o desprazer de estar fisicamente atravessado pelas emanações de outrem cujo estado se reprova ou cuja pertença à determinada categoria social se despreza (como no racismo). "O odor de um corpo, escreve Sartre, é esse corpo ele mesmo que aspiramos pela boca ou pelo nariz, que possuímos de uma assentada, como sua substância a mais secreta e, numa palavra, sua natureza. O odor em mim é a fusão do corpo do outro com o meu. Entretanto, é esse corpo desencarnado, vaporizado, restado incólume, que subsiste, não obstante transmutado em espírito volátil" (SARTRE, 1963: 221). O odor é o outro reduzido a uma fórmula olfativa, penetrante, insidiosa. É uma fórmula reduzida a eflúvios. O odor revela sem ambiguidade sua natureza: as que suas proezas dissimulam sob um véu enganoso. Cheirando-se um indivíduo, dissipam-se todas as dúvidas sobre o que ele realmente é.

O odor é a reviravolta olfativa de uma aparência enganosa, ou confissão "de uma interioridade". Enquanto quintessência de um indivíduo, o odor não saberia induzir ao erro. Em relação a uma pessoa sobre a qual pairam dúvidas costuma-se dizer: "Esse cara não cheira bem". Dessa forma, a designação olfativa confere um estatuto moral à pessoa implicada. A subjetividade dessa percepção, a interpretação imediata que ela opera sobre o mundo, os estereótipos que ingenuamente ela alimenta à sua revelia, a espécie de rigor que ela parece arvorar designam por excelência o odor como elemento do discurso racista ou da expressão do preconceito de classe. O homem bom cheira necessariamente bem, à imagem do racismo. O malvado cheira mal, à imagem de sua intenção. A natureza fez perfeitamente todas as coisas ao disponibilizar um gião olfativo sobre cada indivíduo para evitar enganos. O bem e o mal dispõem de uma sinalética incontestável. Uma ingênua bússola de odores agradáveis dispensa a linha de conduta a ser adotada segundo as circunstâncias.

O odor é um ingrediente indispensável ao ódio do outro. "A questão social não é só uma questão moral, ela é também uma questão de olfato", escreve Simmel (1981: 236). Associado a uma moral, o odor se transforma em marca registrada da identidade individual ou coletiva através de uma hierarquia sutil em que a pessoa que julga não duvida um só instante da suavidade por ela exalada. Bem ou mal, o odor aprisiona o outro em seu inelutável destino olfativo. Todas as categorias desprezadas ou inferiorizadas são olfativamente depreciadas. Tendo cortado e exposto 4.600 cabeças dos Almohades vencidos em Marrakech, o califa Al-Mamoun de Sevilha replica com serena brutalidade aos que se queixam de seus maus odores planando sobre a cidade: "O odor dos cadáveres dos que amamos é suave como o perfume, o dos cadáveres inimigos fedem" (AUBAILE-SALLENAVE, 1999: 96). "Existe uma diferença tão semelhante entre um amigo virtuoso e um amigo malvado quanto entre um homem cheiroso e outro que cheira a ferreiro", teria dito o Profeta. "Só o inimigo cheira mal", diz um provérbio árabe. *Ich kann ihn nicht riechen*, dizem os alemães, ou seja, é um tipo *fedorento*, um *esterco*, um *sujo*, um *lixo*, um *podre*, um *saco de estrume* etc. Impossível *suportá-lo* ou *ir com sua cara*, se ele está bem *debaixo de nosso nariz*. Os americanos ou os ingleses falam de *stinker*, de *stinkoe* ou de *stinkpot*. O outro é sempre malcheiroso quando não está *em odor de santidade*. Simmel qualifica o olfato como "sentido desagregador ou antissocial por excelência" (1981: 237).

Os antigos soldados norte-vietnamitas explicam que eles "cheiravam" os americanos bem antes de vê-los fisicamente. Um veterano americano está convencido de ainda estar vivo graças ao seu "nariz": "Era impossível enxergar uma camuflagem inimiga, mesmo estando debaixo do seu nariz. Mas não era possível dissimular seu odor. Eu podia 'cheirar' os norte-vietnamitas antes mesmo de ouvi-los ou vê-los. Seu odor não era como o nosso, ou como o dos filipinos ou o dos sul-vietnamitas. Se hoje eu ainda os cheirasse, os reconheceria" (GIBBONS, 1986: 348). O outro é de uma natureza física à margem da humanidade normal, e suas emanações o acompanham simbolicamente à maneira do excremento de um animal.

Toynbee evoca a repugnância às vezes ressentida pelos japoneses vegetarianos ao sentir "o odor fétido e rançoso dos povos carnívoros do Oeste"[25]. Shusaka Endo fala do "odor corporal sufocante, esse odor de queijo particular dos estrangeiros". Os termos *bata kusai* (literalmente cheirar a manteiga) designam essas exalações desagradáveis dos europeus (BORELI, 1987). Mas às vezes basta ter uma particularidade física ou moral para merecer uma atenção olfativa. O imaginário popular suspeita os ruivos de uma vitalidade sexual transbordante; eles testemunhariam, segundo Virey, "um odor amoniacal viril, e que atrairia principalmente as mulheres, cujo gênero nervoso é muito sensível, causando-lhes inclusive afeições histéricas. Este cheiro de bode velho se dissipa quando o homem se entrega libertinamente às mulheres, já que ele depende, sobretudo, da reabsorção do sêmen na economia animal. Dessa forma, à época do cio, os animais possuem uma carne muito desagradável ao paladar, que revira o estômago"[26].

A hierarquia social é duplicada de uma hierarquia olfativa. O preconceito de classe nutre-se da presunção de mau odor do outro, do operário ou do camponês, molhados de suor e julgados pouco inclinados ao banho (SIMMEL, 1981: 235). A ideia de que os po-

---

25. TOYNBEE, A. *A study of history*. T. 1. Oxford: Oxford University Press, 1935, p. 231.

26. VIREY, J.-B. *Histoire naturelle du genre humain*. T. 2. Bruxelas, 1826, p. 111.

bres cheiram mal é um lugar-comum na literatura burguesa desde o início do século XIX (CORBIN, 1982). Os homossexuais não fogem à discriminação olfativa: "Símbolo da analidade, instalada nas proximidades das latrinas, eles igualmente participam da fedentina animal [...]; os odores do pederasta, amante de pesados perfumes, manifestam uma proximidade olfativa do almíscar e do excremento", resume A. Corbin (1982: 172). A mulher que muda de meio de vida, a puta (*putida*: a que cheira mal) ou a *cocotte* (mulher de costumes levianos) são referidas a um odor terrível.

O mau odor da mulher, sobretudo por ocasião de suas regras, é um *leitmotiv* da literatura etnológica, lá onde seu estatuto é subordinado ao do homem e colocado ao lado da natureza, lá onde a cultura sempre é questionada. Enquanto outro desprovido do poder de escolha, a mulher está olfativamente em desvantagem. Assim, junto aos Tukanos da Floresta Amazônica, pensa-se que suas exalações fétidas são próximas às do caititu, animal desprezado em razão de seu odor infecto, de sua promiscuidade e de sua atividade permanente de revirar a terra com o focinho (CLASSEN, 1993: 90). O odor das menstruações é o pior de todos, ele atrai serpentes e outros animais venenosos, altera os produtos da colheita e incomoda os animais domésticos. A mulher é assim provisoriamente mantida afastada da comunidade (p. 87). Junto aos Desanas, outra sociedade indígena amazonense, a primeira menstruação de uma adolescente a leva a separar-se do grupo e a uma cerimônia de purificação pelo xamã, que regularmente vai à sua cabana baforar sobre ela a fumaça de um charuto. É somente após ter sido simbolicamente lavada dos maus odores de suas regras que ela recobra seu espaço na comunidade. O sangue menstruado libera um odor nojento e poluente para o olfato dos Desanas. Ele assemelha igualmente a mulher a um animal, à imprevisibilidade da natureza que biologicamente impõe-se nela.

O cenário racista do odor do outro

Se o outro libera um mau odor, ele força o desprezo e justifica no imaginário a violência simbólica ou real da qual é objeto. O racismo frequentemente sustentou seu ódio ou um sentimento de inferioridade biológica de sua vítima pela evocação convencional de seu odor fétido. Na literatura colonialista e/ou racista, os negros foram correntemente descritos como portadores de um odor característico que acentua, aos narizes de seus detratores, sua proximidade particular com o animal. Buffon diz que as mulheres do norte do Senegal "têm um odor desagradável quando suadas, muito embora o odor dessas negras do Senegal seja muito menos forte que o de outras negras". As mulheres de Angola ou Cabo Verde "cheiram tão mal quando suadas que o ar dos lugares por onde passam fica infectado por um quarto de hora"[27].

Virey não fica devendo a outros escritores, e afirma que "quando as negras estão suadas, sua pele se cobre de um líquido oleoso e enegrecido que mancha a roupa e que, para o ordinário, exala um odor de alho-poró fortemente desagradável". Ele retoma por sua vez a imagem de Buffon relativa aos eflúvios persistentes após sua passagem, mas aplicando-a às "senegalesas e às negras de Sofala"[28]. Quando os africanos se deslocam, escreve R. Demaison em *Les oiseaux d'ébène* (Os pássaros de ébano), em 1925, "uma onda odorante [...] de estranhos odores" os acompanha. "O que existe de desagradável na pele do negro, escreve L. Figuier, é o odor nauseabundo exalado quando o indivíduo é aquecido pelo suor ou pelo exercício. Essas emanações são tão difíceis de suportar quanto às

---

27. BUFFON. Op. cit. T. 3, p. 299 e 306. Esboço aqui em algumas linhas um tema inesgotável.

28. VIREY, J.-B. Op. cit. T. 2, p. 110.

exaladas por alguns animais"[29]. "O odor particular do negro, escreve Hovelacque, às vezes extremamente penetrante, não parece depender da transpiração, mas da matéria que a produz, isto é, das glândulas sebáceas"[30]. Virey explica com conhecimento de causa que "o leão prefere devorar antes o hotentote do que o europeu, já que o primeiro tem um odor mais forte e que, ensebado, parece ser uma presa mais saborosa" (p. 111).

Em 1931, P. Reboux explica sabiamente que "a brevidade dos crepúsculos tropicais é tão real quanto o odor do negro. Faríamos figura de alguém que nunca viajou se nos aventurássemos a falar diferentemente do viajante. Eu afirmo, portanto, que sobre o Mar do Caribe a passagem do dia para a noite é instantânea, assim como afirmo que o odor do negro é fortíssimo e intolerável" (apud JARDEL, 1999: 88). As mulheres africanas não fogem a esse desprazer: "De seu corpo suado sobe um odor nojento", "um odor insosso", "e vos confesso que o odor dessas damas me tira qualquer vontade de desfrutá-las", afirma um branco (apud MARINKUS-KEMP, 1975: 186-187). Faulkner, no L'Intrus (O intruso), oferece uma terrível ilustração desse tema racista no olhar de um jovem branco entrado na casa de um velho negro: ele encontrava-se agora "totalmente enclausurado neste inegável odor dos negros [...], não o odor de uma raça, nem mesmo positivamente o da pobreza, mas talvez o de uma condição: uma ideia, uma crença, uma acepção passiva por eles mesmos da ideia que, pelo fato de ser negros, eram julgados não ter o gosto de lavar-se conveniente nem frequentemente, nem de tomar banhos frequentemente, mesmo sem a possibilidade de fazê-lo, e que, na realidade, deveríamos até preferir que não o fi-

---

29. FIGUIER, L. Op. cit., p. 553.

30. HOVELACQUE, A. Les nègres de l'Afrique Subéquatoriale. Paris, 1889, p. 248.

zessem [...]. O velho negro nem sequer podia imaginar uma existência desprovida desse odor. Ele sempre o havia sentido, o sentiria sempre; era parte de seu inevitável passado; era uma parte preponderante de sua herança de homem do Sul"[31]. Com um humor incisivo, M. Weber, em 1912, denuncia esse imaginário olfativo. Ele leu dos racionalistas alemães que os "instintos raciais" dos americanos brancos se traduzem notadamente pelo fato de que eles não podem "cheirar os negros", cujo odor seria desagradável: "Posso me referir ao meu próprio nariz: ele não constatou nada disso, apesar de contatos muito estreitos mantidos por mim. Tenho a impressão de que o negro, ao negligenciar seu banho, cheira tanto quanto o branco e vice-versa. Eu posso contar a meu favor com o espetáculo corrente, nos estados do Sul americanos, de uma *lady* sentada em seu *cabriolé*, rédeas às mãos, ladeada por um negro; é evidente que seu nariz não percebeu nenhuma estranheza. Até onde sei, o odor do negro é uma invenção recente dos estados americanos do Norte, destinada a explicar seu recente 'distanciamento' dos negros" (1974: 120). J. Dollard, por sua vez, confirma a observação de Weber. Apesar de seus esforços, ele confessa jamais ter conseguido perceber um odor particular junto aos negros, diferenciando-os dos brancos. Ele imagina que "a extensão desse prejulgamento deve levar a uma sensibilidade exacerbada quanto ao odor corporal dos negros, não comentado quando se trata do odor dos brancos" (1957: 381).

A fedentina do outro, objeto do ressentimento, é um fato consumado. O racista ordinário evoca tranquilamente o odor "árabe" que começa a sentir tão logo ultrapasse uma linha simbólica dividindo uma cidade, uma rua, um bairro. O *foetor judaïcus* é um *leitmotiv* do discurso antissemita, da Idade Média aos nossos dias,

---

31. FAULKNER, W. *L'Intrus*. Paris: Folio, 1973, p. 19 e 20.

motivando uma farta literatura. Alguns exemplos paradigmáticos: um tratado de medicina do século XIV retoma o lugar-comum cristão da época: "Tamanho é o fedor e a imundície aos quais todos os dias eles se expõem em suas casas, que mais perecem pocilgas, tornando-os suscetíveis às escrófulas, às amidalites, ao fluxo de sangue e outras doenças fétidas com as quais se resignam" (apud FABRE-VASSAS, 1994: 120). Para Bérillon, "o *foetor judaïcus* faz--se muito presente em grandes aglomerações de judeus, como na Polônia e na Holanda". Por ocasião do *Front Populaire*, a imprensa antissemita encarniçou-se contra Léon Blum e o assemelhou a "um monte de imundícies", a "um saco de putrefações". Marras o trata como "detrito humano", comparando-o a um "camelo fedido": "Ele transpira essa espécie de vapor oriental que exalam todos os seus congêneres, essa suarda lanosa muito característica" (PHILIPPE, 1979: 216-218).

A mesma raiz latina torna solidários o *odor* e o *odium*. Manifestamente, ninguém escapa à depreciação olfativa quando o odor provoca uma situação desconfortável. Daí o aspecto estranhamente reversível do "mau" odor, em certas circunstâncias, quando o outro aceita ser subjugado. Na Idade Média o judeu não vivia "em odor de santidade" aos olhos da Igreja, e o rumor público atribuía--lhe um odor nauseabundo. Mas este tinha a particularidade de desaparecer após sua conversão e ao ser batizado na fé cristã.

A bromidrose fétida da raça alemã segundo Bérillon

O médico Bérillon oferece exemplos deletérios dos imaginários levantados pela categorização olfativa do outro. Inventor de uma ciência duvidosa, a "etnoquímica", ele propõe-se a estudar comparativamente as "raças humanas" sob o ângulo da composição de seu organismo. "A continuidade da personalidade química perpetua-se, por transmissão hereditária [...], junto aos indivíduos da mesma raça, com a mesma fixidez e a mesma regularidade que a da personalidade anatômica. Ora, as características químicas apresentam, por sua especificidade e por sua estabilidade, a dupla vantagem de serem mensuráveis, e permitem estabelecer por fórmulas precisas as características indeléveis e indiscutíveis da disparidade das raças. As divergências nas constituições químicas das raças são, aliás, reveladas pela especificidade de seus odores [...]. Sabe-se que o odor de determinadas raças é tão forte que impregna longamente os locais em que representantes destas raças se hospedaram por algumas horas. Esse é o caso na maioria das raças negras, chinesas e igualmente os alemães do Norte" (BÉRILLON, 1920: 7).

Este mesmo autor redige em 1918 um opúsculo sobre uma doença particular e eletiva: *a bromidrose fétida da raça alemã*. Estas poucas páginas são um modelo do gênero. Bérillon assume a pose de cientista neutro e amável, sublinhando, a contragosto, uma anomalia física própria a determinadas populações. Assim ele acredita perceber o lugar de destaque dos remédios e das receitas de farmacêuticos sábios e populares alemães contra os maus odores, ao passo que seus pares franceses sequer os mencionam. Por sorte, junto aos franceses, a fisiologia ignora os maus odores, e dessa forma eles não precisam defender-se de tal acusação. De cara Bérillon afirma, com a tranquila objetividade do sábio guiado pelo rigor científico, que a bromidrose fétida (de raízes gregas: fedor e suor) é uma das afecções mais difundidas na Alemanha" (p. 1). "Afecção originariamente prussiana", ela atinge severamente o Brandebourg, o Mecklembourg, a Pomerânia e a Prússia oriental. A afirmação não se sustenta por si mesma, já que nenhuma estatística evidencia seu embasamento. A família reinante é suposta sempre ter-lhe rendido um pesado tributo, e notadamente "o chefe atual dessa dinastia" que fracassa "a subtrair-se à percepção olfativa, particularmente indiscreta, de seus familiares" (p. 2). Segundo Bérillon, os médicos franceses que "cuidavam dos feridos alemães reconheciam espontaneamente que um odor especial, muito característico, emanava dos feridos, unanimemente afirmando que esse odor, por sua fetidez, afetava terrivelmente o olfato". Aliás, ele diz ainda que um único alemão ferido, por ocasião da Grande Guerra, bastava à propagação tenaz desse odor nos locais por onde esse infeliz passasse. Bérillon, em diversas passagens, evoca as próprias pesquisas sobre o tema, que o teriam levado a concluir que esse odor é simultaneamente "fétido, nauseabundo, penetrante e persistente" (p. 3).

Obviamente, Bérillon não para por aí, e sua imaginação olfativa o faz divagar. Para ele os feridos alemães cheiram inoportunamente, mas os sadios não fogem à regra. É a "raça" que libera um odor tão fétido. Ele se apressa em citar o testemunho de oficiais franceses encarregados da terrível tarefa de acompanhar os prisioneiros, dizendo que eles se viam sem cessar constrangidos pelo odor dos prisioneiros, virando-lhes as costas, a fim de evitar incômodos nauseabundos. As cédulas bancárias encontradas no bolso dos prisioneiros desmentem o adágio segundo o qual o dinheiro não tem cheiro, pois, explica-nos Bérillon, era necessário desinfetar tais notas antes de usá-las. E não somente elas, mas qualquer papel que lhes pertencesse. Inclusive as casernas onde se hospedavam as tropas alemãs continuavam malcheirosas por anos a fio, não obstante as constantes tentativas de detetização.

Ele diz ter sido informado que empregados domésticos alemães que trabalhavam na França carregavam consigo a detestável inconveniência de uma "transpiração fétida dos pés" (p. 5). Hoteleiros franceses, do pré-guerra ainda, lamentavam ter que desinfetar, com pífios resultados, os quartos ocupados por clientes alemães, após tê-los desocupado. Este triste aroma que persiste como erva daninha felizmente permite identificar, "algumas semanas antes da guerra, um empregado alemão que, fazendo-se passar por Alsacien-Lorrain, conseguiu ser admitido no estabelecimento médico-pedagógico de Créteil" (p. 7). Esse odor pestilento não poupa nem mesmo o espaço aéreo. "Vários aviadores me afirmaram que ao sobrevoarem aglomerações habitadas por alemães são advertidos por um odor afetando suas narinas, mesmo em altitudes consideráveis..." (p. 3). Obviamente, os franceses são poupados dessa desvantagem. Ao contrário, "um representante do Estado que acompanhou as juntas de saúde em diferentes departamentos franceses me dizia que, apesar do rigor dessas eliminações, não encontramos mais que um caso excepcional sobre quatro ou cinco mil conscritos. E ele se lembra, inclusive, que a fisionomia desses excluídos se aproximava do cara que atualmente costumamos designar sob o nome de 'boche', ou seja, alemão" (p. 4).

Bérillon afina mais seu diagnóstico: "O alemão que não desenvolveu o controle de suas impulsões instintivas deixou de cultivar o domínio de suas reações vasomotoras. Destarte, ele se aproximaria dessas espécies animais junto às quais o medo ou a raiva têm por efeito provocar a atividade exagerada das glandes produtoras de secreções odoríferas" (p. 5-6). Uma "transformação hereditária da química orgânica" diferenciaria os alemães de outras "raças". Aliás, explica-nos Bérillon, em termos de volume, as eliminações fecais dos alemães são incomparavelmente superiores às de outros povos. E, além disso, a urina deles dispõe de uma particularidade fisiológica que explica seu odor nauseabundo: "Os tratados especiais sobre essa questão indicam que, na Alemanha, a proporção de nitrogênio não urético chega a 20%, ao passo que, na França, ele não passa de 15% [...]. Destarte, o coeficiente ureico dos alemães é, ao menos, quatro vezes maior que o dos franceses" (p. 7). À função renal "excessiva e incapaz de eliminar os elementos úricos" deve-se somar a particularidade de sua "sudorese plantar". "Esta concepção, precisa enfim Bérillon, leva à afirmação de que o alemão urina pelos pés" (p. 11). De fato, o alemão é uma criatura "fedorenta". O propósito delirante de Bérillon culmina na animalização e no rebaixamento do outro por sua eliminação excrementícia.

No mesmo período, escritores de renome ingressam na mesma lógica imaginária. Maurice Genevoix é um deles. Seu grupo, em plena noite, se apossa de uma granja que os alemães acabavam de abandonar num vilarejo da Meuse. "A porta se abre com um longo grunhido. Nossa!... que fedor! Isso cheira a soro de leite, a rato, a suor de axilas. É agro e insípido, baqueia o coração. O que será que cheira tanto? E, de repente, uma lembrança já antiga surge em mim, despertada por esse odor: revejo o quarto do 'assistente' alemão no liceu Lakanal. Algumas vezes eu passava por lá uma meia hora, para reforçar meu alemão escolar. Foi durante um verão tórrido; o assistente desvestia seu paletó, ficando assim mais à vontade. E tão logo a porta de seu gabinete se abrisse, esse mesmo fedor invadia-me o nariz, agarrava-me pela garganta. Ele sorria, metade de seu rosto empolado atrás dos óculos aconcheados... E eis que agora devo dormir com esse cheiro de *boches*" (alemães)[32]. Genevoix não pensa um só instante que as condições higiênicas desastrosas do lado alemão ou francês são as mesmas. Seu imaginário o remete pela via mais curta ao declive racista.

Se Bérillon oferece um exemplo radical de uma desqualificação do outro pelo recurso a um imaginário olfativo, ele não faz senão perseguir uma lógica racista elementar. Do outro lado do Reno também se encontram soldados ou ideólogos que olfativamente estigmatizam os franceses (BRILL, 1932: 34).

---

32. GENEVOIX, M. *Ceux de 14*. Paris: Flammarion, 1950, p. 66.

O grau de ódio contra um grupo ou um indivíduo determina a soma dos maus odores que ele exala. O odor do outro é uma metáfora de sua alma, ele designa um valor social. O mau cheiro físico não é senão a consequência da convicção de seu mau cheiro moral, uma licença outorgada ao desprezo. A suputação do mau odor do outro, de sua proximidade simbólica com o animal, autoriza a prevalecer-se de um argumento para justificar a rejeição; ela tem a vantagem de interinar situações de desigualdade social ao mostrar a necessidade de manter o outro a distância, fora das interações sociais ordinárias. Se o outro cheira tão mal, que fique entre os seus, que não venha contaminar-nos com seus terríveis eflúvios! Daí o tema racista, ao encontro dos negros, notadamente nos estados (DOLLARD, 1957: 380), daí a recusa à coabitação e a necessidade de manter para uns e outros espaços separados[33]. Obviamente, o vimos com M. Weber, o caso das domésticas está no mesmo barco dos judeus da Idade Média que cessavam de cheirar mal após sua conversão ao cristianismo: sua profissão subalterna restituía-lhes magnificamente uma virgindade olfativa.

Odores de doença

O odor corporal ligado ao metabolismo não é o mesmo segundo os momentos do dia e o estado de saúde do indivíduo. O homem à mercê da doença não sente mais seu odor como de costume[34]. E

---

33. A interiorização da violência simbólica do julgamento depreciativo do outro leva alguns negros a recorrer aos perfumes, assumindo ingenuamente ao pé da letra a ideia de seu desagradável odor corporal: "Este perfume é um meio de fugir ao mau odor estigmatizado do qual o negro sabe ser uma queixa dos brancos em seus confrontos" (DOLLARD, 1957: 381).

34. Ele pode inclusive ter seu sentido olfativo alterado pela doença. A cacosmia é um distúrbio que leva a sentir um odor infecto exalando de determinados alimentos. Alguns alcoólatras sofrem com isso e se abstêm então de comer por

cada afecção tem sem dúvida seu odor próprio, que se mistura ao odor do doente, modificando seu teor. Quando percebemos não "cheirar bem", é porque estamos doentes. F. Dolto dizia reconhecer por seu odor um paciente mergulhado numa crise de angústia. Alguns psiquiatras sublinham o odor particular dos esquizofrênicos, aumentando ou diminuindo segundo o estado moral do paciente (WINTER, 1978: 123). Para D. Anzieu, o invólucro olfativo, emanação sensorial do *mim-pele*, em determinadas circunstâncias se modifica e traduz em uma linguagem de odor os estados psicológicos do paciente. Movimentos complexos o animam à sua revelia por ocasião de diferentes fases da cura ou de sua existência. "Este *mim-pele*, escreve Anzieu, principalmente olfativo, constitui um invólucro que não é nem contínuo nem estável. Ele é perfurado por uma multidão de furos, correspondendo aos poros da pele e que são desprovidos de esfíncteres controláveis; estes furos deixam ressumar o excesso de agressividade interior por uma descarga automática reflexa que não deixa espaço para o pensamento intervir; trata-se, pois, de um *mim-pele* coador" (ANZIEU, 1985: 185).

A confrontação regular da enfermeira ou do médico com doentes acometidos de afecções particulares suscita o desenvolvimento de uma competência olfativa ou de uma forte intuição sobre o estado de saúde de seus assistidos. Infecções da pele liberam às vezes um odor putrefato dos tecidos. Um aroma adocicado de uma pessoa em coma sugere a diabete. "Os traquejados em seu ofício distinguem muito bem o odor que emana de úlceras complicadas de gangrena, escreve Kirwan em 1808, cada odor particular dos tísicos, de pessoas atacadas por disenterias, de febres pútridas, malignas; e esse odor de camundongo próprio aos hospitais e prisões"

---

repugnância, correndo o risco da desnutrição. A anosmia é uma incapacidade de sentir os odores (e, portanto, os sabores).

(apud CORBIN, 1982: 48). O personagem de Lars Gustafsson, na obra *Mort d'un apiculteur* (Morte de um apicultor), afetado por um câncer em fase terminal, vê o cão com o qual ele nutre de longa data uma relação afetuosa fugir dele: "Como ele tinha medo! Só Deus sabe a razão. Eu me comporto com ele exatamente como nos últimos onze anos sempre me comportei. Diria que ele não me reconhece mais. Ou, mais exatamente, que ele me reconhece, mas unicamente de perto, de muito perto, quando o obrigo a olhar-me e a escutar-me, ao invés de ele apenas seguir meu odor [...]. Será que, de repente, meu odor mudou tão sutilmente que somente o cão seria capaz de dar-se conta?"[35] Da mesma forma, Freud, afetado por um câncer no maxilar, sofre ao ver seu cachorro voltar-lhe as costas por causa do odor que emana de suas carnes deterioradas.

Há tempos que a medicina funda uma parte de seu diagnóstico sobre os odores do doente, ou aqueles, particulares, de suas urinas ou excrementos, que oferecem uma indicação preciosa sobre seu estado físico. Avicena, por exemplo, aconselha o médico a exercitar bem seu faro. Segundo ele, o odor da urina de um doente revela sua patologia. Ele descreve diferentes tipos desses odores vinculando-os a doenças específicas. Mas o olfato é apenas um elemento do diagnóstico, já que é necessário ouvir o doente. A. Corbin cita inúmeros autores que estabelecem catálogos de semiologia olfativa ao longo do século XVIII (1982: 48).

H. Cloquet escreve em 1821 que um clínico, ao entrar no quarto de um paciente, deve ser capaz de discernir, segundo o odor agro ou amoniacal do compartimento, se a secreção do leite está em bom estado ou se uma febre puerperal está em vias de deflagrar-se. "Toda doença tem odor desagradável", escreve o biólogo

---

35. GUSTAFSSON, L. *Mort d'un apiculteur*. Paris: Presses de la Renaissance, 1983.

alemão G. Jaeger, convencido, por outro lado, de que o odor está na origem da noção de alma (KERN, 1975: 50). Em 1885, o médico E. Monin publica, em Paris, *Les odeurs du corps humain* (Os odores do corpo humano), onde erige um inventário das emanações olfativas ligadas a doenças segundo os diferentes lugares do corpo. Mas ao longo do século XIX multiplicam-se as observações mais ou menos fantasmagóricas sobre os odores próprios às "raças" (infra), ou às diferentes classes etárias, do lactente ao ancião, através de um itinerário olfativo inelutável ao "faro" de alguns especialistas (CORBIN, 1982: 45). No final do século XIX o diagnóstico olfativo perde sua ascendência, mas não o preconceito quanto aos odores das doenças.

Os dois gumes do odor

Segundo uma velha tradição pitagórica, a volatilidade do odor não o torna menos material em seus efeitos. Dotado de um poder de penetração, ele tem a faculdade de suscitar ou de curar doenças segundo sua fórmula ou seus usos. Os perfumes, as fumigações, os odores de ervas ou aromas específicos participam, segundo sua fórmula cultural própria, da farmacopeia corrente de inúmeras sociedades. Hipócrates fazia uso deles para sanear o ar viciado. Desde a Antiguidade, e em muitas sociedades humanas, a medicina dos odores é largamente difundida. A começar pelas fogueiras de madeiras odorantes para caçar os miasmas deletérios. "A cidade está completamente tomada pelos odores dos incensos e por hinos misturados aos lamentos", diz Édipo ao sacerdote, ao entrar triunfalmente numa Tebas açoitada pela peste.

Inúmeras plantas medicinais são aromáticas, e não servem apenas como condimentos ou afrodisíacos. Seu odor é intuitiva ou diretamente visto como um acompanhamento da medicação, acrescentando-lhe com sua eficácia seu suplemento. Assim, no Egito, para reduzir as perturbações imaginadas, acompanhar os movimentos do útero, os médicos tentavam ao mesmo tempo atrair a matriz para baixo, submetendo as partes sexuais da mulher a fumigações perfumadas, e simultaneamente fazendo-a ingerir ou respirar odores nauseabundos a fim de atrair o órgão para baixo e remetê-lo ao seu lugar de origem (VEITH, 1973: 13). No século XVI ainda, Ambroise Paré introduziu um pessário na vagina da paciente, aplicou uma ventosa no baixo-ventre e fez fumigações em vista de uma "cura de sufocação da matriz" (p. 119). Para o próprio Paré, as exalações dos remédios agem entrando nos pulmões, daí sua rejeição aos antídotos sem odores nem aromas, como os que implicam ouro, pedras preciosas ou chifre do unicórnio (LE GUÉRER, 1998: 89).

O odor gera um sentimento de invasão do corpo deixando o indivíduo sem defesa, impossibilitado de afastar-se de sua impregnação. Para as representações sociais, a força de efração não é menor que a dos medicamentos ingeridos oralmente. A associação dos maus odores a um sentimento pesaroso ou a um mal-estar orgânico, ou os bons odores ao bem-estar ou à descontração, oferece aos imaginários sociais uma ilustração simples do poder de ação do odor. "Os médicos, acredito eu, poderiam tirar mais proveito dos odores do que normalmente o fazem; já que às vezes percebo que eles me transformam, e agem em meus espíritos de acordo com o que eles são", escreve Montaigne. Ele parece estar lúcido sobre a eventual eficácia simbólica dos odores na produção de uma ambiencia ou de um estado de espírito (1969, I: 374). Para a medicina, até o século XIX, os odores, de acordo com sua composição, tornam o ar salubre ou agem sobre o corpo para restaurar uma saúde deficiente. Odores poderosos e adequados afastam os miasmas portadores de doença. Da mesma forma a medicina árabe recorre às virtudes apaziguadoras, fortificantes, calmantes e refrescantes dos odores, inspirando-se na medicina dos humores oriundos de Hipócrates. Eles regulam os movimentos interiores do corpo e ajudam a restituir-lhe a saúde.

O bálsamo que perfuma notadamente o óleo dos sacramentos e dos sacramentais cristãos foi longamente utilizado como uma medicina eficaz, que o discurso social tornou plausível na linguagem popular: "É um bálsamo contra..." A formulação já figura nos hábitos de linguagem do final do século XVI, como no-lo atesta Prosper Alpin numa obra sobre o tema: "Lê-se que a planta do bálsamo foi de tal forma louvada entre os médicos antigos e modernos que seu óleo ou seu suco foi considerado e celebrado em todo orbe como um auxílio divino. A linguagem popular tem inclusive o costume de chamar de bálsamo qualquer coisa apta a favorecer a saúde" (ALBERT, 1990: 109). Os aromas, por sua qualidade sensível, há muito tempo são postos em oposição aos fenômenos de putrefação ou de mau cheiro dos corpos. Utilizados para estancar a corrupção dos cadáveres desde a Antiguidade no Egito, na Grécia ou junto aos semitas, se lhes emprestam as mesmas virtudes para conjurar as afecções dos vivos[36] ou para celebrar os deuses.

Entre os séculos XIV e XVIII, as denominadas *pommes de senteurs* (maçãs aromáticas), recipientes em forma de maçã frequentemente decorados com matérias preciosas, são utilizadas. Peças de ourivesaria, elas contêm perfumes próprios a sanear a atmosfera viciada ou a conferir aos lugares uma ambiência agradável aos sentidos. Elas exalam um odor de almíscar ou de âmbar. A *pomme d'ambre* (maçã de âmbar), na Idade Média, servia como

---

36. Não abordarei a questão, imensa ela também, das fumigações destinadas a tornar propícias as relações entre os homens e os deuses através de um sacrifício regular. Para tanto, cf. Albert, 1990; Detienne, 1972; Le Guérer, 1998.

repelente soberano da peste e simultaneamente como instrumento de tonificação do corpo. Se a doença se difunde pelos odores, um dos meios de combatê-la é servir-se de outros para neutralizá-la. Alguns odores são usados como contravenenos eficazes e servem igualmente para proteger os médicos. No quarto tornado mais salubre pelas fumigações ou pelos braseiros, a consulta médica começa com a seguinte recomendação: "Tendo na boca um pouco de *massapa* (pasta perfumada), uma mão junto ao nariz com tal perfume e segurando na outra um toco de zimbro aceso, você deve olhar seu paciente a distância, interrogá-lo sobre sua doença, se sente dor, ou se tem algum tumor em alguma parte do corpo. Depois, aproximando-se dele, vire-o de costas e incense-o com o bastão fumegante de zimbro. E com as costas da mão toque o pulso do doente, sua cabeça, e a região do coração, sempre mantendo algum aroma junto ao nariz" (apud LE GUÉRER, 1998: 90). A tarefa não terminou, resta ainda o exame da urina e das matérias fecais.

Por aspersão e fumigação os odores agradáveis purificam a atmosfera, aumentam a resistência do organismo, protegem os médicos. Para premunir-se dos miasmas nocivos, os médicos, ou os que quiserem ter a sorte do seu lado, respiram uma esponja banhada de vinagre com uma mistura de fragrância de rosa, de vinagre rosado, de vinho de Malvasia[37], de raiz de zedoária ou de casca de limão. Aconselha-se igualmente a impregnar o lenço de bons odores: incensos, mirra, violeta, menta, estoraque, sândalo, melissa etc.; saquinhos perfumados colocados sobre o coração o fortificam. Também é aconselhável carregar consigo buquês de flores ou ervas aromáticas: arruda, melissa, manjerona, menta, alecrim etc., bem como atar ao redor do pescoço outro saquinho de aromas. A roupa deve ser constantemente trocada a fim de livrar-se dos miasmas. A casa deve estar

---

37. Vinho grego doce e licoroso [N.T.].

limpa, arejada, saneada pelo vinagre e pelo uso de bons odores dispersados pelos *brûle-parfums* (espécie de turíbulo) ou pelas *cassolettes aromatiques* (tigelinhas aromáticas) (com gengibre, pinho, louro, mirto, alecrim...); e por fumigações de estoraque, láudano, benjoim, braseiros de madeiras aromáticas, baforadas de essências e exposições de *pots-pourris* aromáticos etc. A purificação olfativa das casas não conhece trégua em tempos de epidemia. Evita-se sair de casa para não expor-se aos odores mortíferos. O confinamento em lugares tradicionalmente fechados e destinados à promiscuidade, como os barcos, as cadeias, os hospitais, é temível em razão dos miasmas que aí se proliferam.

Os agentes mórbidos ou benéficos são transportados por odores dotados de um poder de penetração particular. A. Le Guérer (1998) mostra como a peste, mas também a disenteria ou as febres malignas são associadas a um odor nauseabundo, insinuante e ameaçador para quem quer que venha a cheirá-lo. As águas pútridas, os esgotos, a corrupção das carnes ao sol e os excrementos são lugares de maturação da peste. A crença de que as exalações pestilentas transmitem doenças é um alerta vermelho que acompanhou a história da peste da Antiguidade ao século XIX. Por ocasião das epidemias, o ar "empesteia". "Tudo elanguesce. Nas florestas, nos campos, nas estradas, abandonam-se cadáveres hediondos que infectam os ares com seu cheiro. Coisa impressionante: nem os cachorros, nem as aves de rapina, nem os lobos os tocam; eles viram pó, se decompõem por si, e exalam miasmas funestos que espalham mundo afora a contaminação", já escrevia Ovídio em suas *Metamorfoses* (apud LE GUÉRER, 1998: 91). O odor de peste é um invólucro de morte que separa o doente ainda vivo dos seus, carregando a ameaça em sua intimidade, mas esta ameaça também ronda a terra inteira, espalhando mundo afora seus germes de destruição. Em tempos de epidemia o olfato torna-se a via de entrada da peste num foro íntimo indefensável, já que impossível não respirar e inalar um ar corrompido pelos miasmas. O distanciamento do outro é conveniente, sob pena de cheirar suas eventuais pestilências e veiculá-las em si, e, consequentemente, contrair sua doença. Os doentes são entregues a si mesmos ou visitados a distância pelos médicos.

Antes de entrar nas casas dos empestados, portas e janelas são abertas, e os locais são saneados por fumigações. No século XVI, a preocupação profilática de sanear a cidade de suas pestilências culminou, por exemplo, em Gap, em 1565, em medidas draconianas. Proíbe-se deixar na rua cadáveres de animais, esterco, excrementos, urinas, águas sujas etc. As putas (do latim *putida*, fedorentas) são intimadas a abandonar a cidade. "Uma vez posta em vigor essa medida simbólica, as autoridades se concentram nos fedores mais reais: operários trabalhando com couros, peles, lãs, em razão de suas atividades nauseabundas serão reenviados à periferia, devendo aí permanecer se quiserem evitar multas e o confisco de suas mercadorias. Intolerância olfativa e repugnância social, aliás, vão de par" (LE GUÉRER, 1998: 42). Em Nîmes, em 1649, a criançada era reunida e trancada em arenas até que a epidemia fosse erradicada.

Se os fedores têm um caráter incisivo em termos de nocividade e favorecem a propagação da doença, eles dispõem de outro elemento propício a eliminá-la. Aromas, perfumes, mas igualmente odores nauseabundos são instrumentos de luta contra a doença. O recurso aos odores agradáveis dos aromas às vezes é duplicado por outra estratégia olfativa. No século XVII, médicos os consideram doces demais para opor-se eficazmente aos temíveis miasmas pútridos. A epidemia é "uma infecção tão maligna e veemente que ela já não pode mais ser domada por odores de rosas, de viletas, de flores de laranjeiras, de íris, de estoraque, de sândalo, de cinamomo, de almíscar, de âmbar, de cebolinha ou outras substâncias odorantes; (impossível controlar) a força do leão com a do carneiro, (ou a força) maligna do arsênio com açúcar cristalizado", diz, em 1617, A. Sala (apud LE GUÉRER, 1998: 92). Os odores suaves têm pouco peso diante das pestilências, portanto, urge investir mais contra a fetidez. O poder de ação dos odores pútridos é superior ao que emana dos perfumes delicados. Desde então o aroma passa a ver seu lento declínio terapêutico. A luta odorífera contra as pestilências usa as mesmas armas repulsivas. A preocupação é a de atrair e neutralizar os odores perigosos numa espécie de armadilha olfativa em que eles se corrompem. A cidade atormentada pela peste é enfumaçada por fogueiras e fumigações. O fogo libera os odores infectos de resina, de enxofre, de antimônio, de salitre, de ossadas e carcaças de animais, de excrementos, de calçados velhos etc. As pestilências são combatidas por outras que incomodam os habitantes, mas que possuem virtudes protetoras. Urge sacrificar uma parte do conforto para continuar vivo. Disparam-se inclusive rajadas de canhão, emprestando-se ao odor acre da pólvora a virtude de purificar o ar infestado, ou visando a ventilar a estagnação dos miasmas. "O 'forte' ou 'violento' comporta grandes quantidades de produtos cáusticos, acres e fedorentos. Faz-se uso dele principalmente para matar os miasmas que viciam a atmosfera das habitações onde morrem os acometidos pela peste. O 'comum' ou 'medíocre' é fabricado com menos componentes corrosivos e preferentemente de materiais aromáticos. Ele é utilizado essencialmente para tratar os adultos em bom estado de saúde, para lavar roupas e estofados, e para purificar as correspondências. Quanto ao 'doce', unicamente composto de substâncias odoríferas, ele é destinado à detetização final das casas e a perfumar as crianças e as pessoas frágeis" (LE GUÉRER, 1998: 96).

Ao longo do século XVIII alastra-se a obsessão relativa às atmosferas confinadas, suscetíveis de conter miasmas estagnados, fétidos e perigosos ao homem. G. Vigarello lembra um acontecimento bastante conhecido à época. Em Saulieu, na Borgonha, num dia de junho de 1774, crianças se reúnem na igreja para sua primeira comunhão. "Uma 'exalação maligna' eleva-se repentinamente de uma tumba cavada no mesmo dia sob as lajes da igreja." O eflúvio se espalha e provoca uma catástrofe: "O pároco, o vigário, 40 crianças e 200 paroquianos que lá estavam morreram" (VIGARELLO, 1985: 157). A deterioração que reina nesses lugares fechados, sem circulação do ar, doravante torna-se inquietante. O acúmulo de imundícies nas ruas, águas estagnadas, abatedouros, cemitérios, hospitais, tudo passa pela suspeição de propagar germes, doenças e morte. E bairros pobres são particularmente visados, sugerindo a ideia de um remanejamento da estrutura urbana.

Outras patologias julgadas emanar odores, particularmente as relacionadas às vítimas da cólera, induziram os médicos ingleses, na segunda metade do século XIX, a arejar melhor os hospitais, as fábricas, as escolas ou as casas, visando a dissipar os miasmas. Entretanto, nas correntes de pensamento do século XIX, as substâncias aromáticas aos poucos deixaram de ser consideradas eficazes no tratamento e na prevenção da peste. As descobertas de Pasteur as relegaram à obsolescência. Não obstante isso, elas continuaram presentes na medicina popular, notadamente através da paixão devotada à cânfora e à babosa, consideradas suscetíveis de curar afecções as mais disparatadas (anginas, anemias, catarro, hemorragias, indigestões etc.) (LE GUÉRER, 1998: 111). Cânfora e babosa são depositadas nas frestas dos assoalhos, nos colchões, nos armários... Acreditava-se também que o álcool canforado espalhado sobre a pele revitalizava o corpo; o pó da cânfora, reputado cortar instantaneamente os odores sexuais do homem, era abundantemente utilizado nos colégios ou versado notadamente sobre as roupas de cama.

372

Desodorizar para civilizar

Por longo tempo os odores impregnando as casas, as fazendas, as ruas ou os vilarejos interioranos quase não incomodavam seus moradores. Emanações desagradáveis às vezes eram apontadas, as de excrementos, por exemplo, mas a moralização dos odores do cotidiano não fazia parte da ordem do dia. Nas casas interioranas, no inverno, as famílias se beneficiavam do calor dos animais, apenas separados por algumas divisórias. Mas, entre os séculos XVIII e XIX, a sensibilidade olfativa se transforma, o "cheiro" da cidade torna-se insuportável e motivo de mobilização dos estudiosos do fenômeno para chegar a conclusões promissoras. A. Corbin retraçou os episódios dessa "hiperestesia" que transformou profundamente a sensibilidade olfativa de nossas sociedades e desencadeou um processo que não cessou de se acentuar. A corrupção do ar provoca inquietação, ela traz a ameaça do contágio e o mau odor torna-se insuportável: vapores elevando-se dos pântanos ou da lama, coexistência com animais inclusive na cidade, odor asfixiante de cadáveres proveniente dos cemitérios, de esterqueiras, de imundícies deixadas nas ruas ou amontoadas nos arrabaldes, esgotos a céu aberto correndo na frente das casas, carcaças de animais em decomposição, regatos ou rios transformados em latrina exalando fermentação e putrefação. Igrejas e incensos se misturam aos odores de corpos decompostos dos cadáveres. Infecções em presídios, em hospitais, em algumas indústrias, ou uma infinidade de odores pútridos se conjugam. Excremento e urina espalham-se pelas ruas numa época em que as latrinas eram raras. Ao longo de todo o século XIX os químicos se esforçavam em busca de um meio de desodorizar os excrementos (CORBIN, 1982: 145). Os limpadores de fossa empesteavam as ruas. As classes populares eram reputadas exalar odores fétidos.

Os períodos de calor eram intoleráveis, provocando uma atmosfera insalubre e um odor nauseabundo paralisante, do qual ninguém conseguia se livrar. A cidade atormentava os higienistas que tentavam reformá-la. Mercier levanta questões válidas para muitas cidades de seu tempo: "Se me perguntam como é possível permanecer [...] em meio a um ar envenenado por mil vapores pútridos, entre açougues, cemitérios, hospitais, esgotos, riachos de urina, montes de excrementos, lojas de tinturarias, de curtidores; em meio à fumaça contínua dessa quantidade incrível de madeira queimada e desse vapor carbonífero; em meio a essas partículas arsênicas, sulfurosas, betuminosas que não cessam de exalar das fábricas onde se funde cobre e metais; se me perguntam como é possível viver nesse buraco negro, cujo ar pesado e fétido é tão espesso que pode ser visto a olho nu, e cuja atmosfera cheira-se a léguas de distância, ar estagnado e que não faz senão rodopiar entre o labirinto de todas essas casas; se me perguntam, enfim, como o homem se acomoda voluntariamente a essas prisões, eu responderia: basta que ele conceda alforria aos animais que ele mesmo domesticou em proveito próprio, que os observe, para perceber que, guiados exclusivamente por seus instintos, eles simplesmente debandariam para os descampados mais próximos, em busca de um ar respirável, da verdura dos prados, de uma terra livre e embalsamada de perfumadas flores. Os hábitos simplesmente familiarizaram os parisienses aos seus nevoeiros úmidos, aos seus vapores maléficos e ao seu lamaceiro infecto" (apud CORBIN, 1982: 63-64).

P. Camporesi, italiano, acusa uma situação similar em sua península (1995). Doravante, a atenção ao pútrido, ao mefítico, aos miasmas, mobiliza higienistas que, entre 1760 e 1840, segundo Corbin, se arvoram em novos paladinos contra os odores fétidos. E assim a olfação passa a exercer uma função essencial na definição do saudável ou nocivo, até que as descobertas de Pasteur anulem os miasmas, ou reenvie os maus odores a um simples desconforto, dissociando-os do temor da doença.

De maneira exemplar, G. Heller se depara em Lausanne com a publicidade voltada para o asseio e a higiene, capitaneada na virada do século pela burguesia bem-pensante, mas endereçada aos ambientes populares. Não se tratava simplesmente de estar "limpo", mas igualmente "puro", de aceder à dimensão moral desse asseio. "Prova de saúde física (o asseio), é igualmente garantia de saúde moral. A limpeza do corpo convoca a limpidez da alma [...]. A limpeza é guardiã da saúde, salvaguarda da moralidade, fundamento de toda beleza" (apud HELLER, 1979: 221). A saúde, a prevenção das doenças são os álibis de outra busca, a de conjurar a ameaça das classes populares, fazendo-as entrar na ordem visual e olfativa.

Obviamente, essas populações pagam um pesado tributo à doença em razão de suas condições de existência, já que vivem em bairros deteriorados e que são simultaneamente nichos de infecções. A política higiênica é um combate que comporta um duplo aspecto: se ela se empenha em neutralizar a sujeira, os maus odores, a insalubridade, buscando construir infraestruturas mais adaptadas à vida comum, ela simultaneamente visa a reduzir, a eliminar uma zona social do caos (aos seus olhos), tendo o progresso por baluarte. A limpeza é então erigida em instrumento de salvação social, ela oferece uma garantia de pureza, de ordenança tranquila na elaboração do sentido. *Cleanliness is next to godiness* (a limpeza é vizinha da piedade), diz o puritanismo anglo-saxão.

A vontade é de evacuar o lixo, de sanear as classes populares, de arejar os espaços com jardins públicos, de instaurar um sistema de esgoto, ou, ao menos, de melhorar a limpeza da cidade. A desodorização e a limpeza dos ambientes populares são tentativas simbólicas de reconduzir ao bom caminho, de moralizar pela higiene. A imputação de mau odor é motivo de desprezo e exclusão, e a desinfecção da cidade e dos bairros pobres uma forma de desinfecção moral, uma ação civilizatória progressiva dos pobres a fim de torná-los olfativamente transparentes. Não mais sentir seu cheiro será uma via de integração física e moral. Desobstruir as construções, arejar, desodorizar, ensinar às crianças o asseio e a higiene. No início do século XX, a obsessão ao excremento que por longo tempo obcecou os espíritos em matéria de odores nefastos cede ao horror da poluição. A indústria declara guerra aos excrementos e alimenta doravante uma nova sensibilidade biológica (CORBIN, 1982: 266).

7 O ALIMENTO É UM OBJETO SENSORIAL TOTAL

> *Quem saboreia um pêssego imediatamente sente-se agradavelmente tocado por seu odor; ao levá-lo à boca ele experimenta seu frescor, sua acidez, engajando-o a continuar; mas é somente no momento de engoli-lo, quando o bocado passa por sob sua fossa buconasal, que seu perfume lhe é revelado; ato culminante da ação causada pelo pêssego. Enfim, não é senão após engolir e julgar o que acaba de experimentar que o sujeito pode dizer a si mesmo: "Como esse pêssego é delicioso!"*
>
> BRILLAT-SAVARIN. *Physiologie du goût.*

O alimento como constelação sensorial

A cozinha é a arte de elaborar sabores agradáveis ao comensal, ela produz degustação. Entretanto, raramente ela se satisfaz com sabores em que não intervenham igualmente as formas de preparação do prato e os odores por ele emanados. Ambos antecipam a satisfação. Negligenciar esse aspecto pode cortar o apetite ou gerar repugnância. De maneira simultânea ou sucessiva, na avaliação da comida, a boca conjuga modalidades sensoriais diversas: gustativa, tátil, olfativa, proprioceptiva, térmica. O teste final consiste em confrontar o alimento de fora para dentro, que por sua vez desaparece na boca, engendrando assim o sabor.

Num processo indissociável, a boca saboreia os alimentos e o nariz os aspira. Assim, o aroma dos alimentos é percebido pela via retronasal, enquanto que a olfação permanentemente acompanha o paladar. A olfação, dizia Kant, é o "sabor preliminar". Os anglo--saxões denominam *flavour* (do francês arcaico *flaveur*) esta aliança necessária dos sentidos. O nariz trancado torna insípido o alimento. Assim afetado, o *sommelier* sofre na identificação dos vinhos. Ele passa pela sensação de estar bebendo água adocicada. O melhor dos vinhos não se declina senão no interior dos quatro sabores tradicionais, dissolvendo qualquer nuança. Um indivíduo anósmico, isto é, privado do olfato, é incapaz de apreciar os sabores, ele passa pela sensação de mascar algodão. A anosmia é uma deficiência terrível, ela transforma os alimentos em coisas indiferentes. O odor efetivamente dá asas ao sabor, engendrando-lhe valor. A não combinação entre os manjares e seus odores suscita suspeição ou rejeição, assim como os eflúvios agradáveis de um sabonete não incitam a absorvê-lo. O bom odor de uma substância sempre é referido ao fato de ele entrar no regime social do comestível.

Um toque bucal discerne a temperatura dos alimentos e, à sua maneira, participa da modulação do sabor. A sensibilidade térmica se desdobra na boca e oferece um dos critérios de apreciação do sabor. Uma bebida ou um prato se apreciam a uma determinada temperatura, aquém ou além da qual o sabor se degrada. O sorvete não se saboreia nem quente nem morno, um bife gelado ou uma cerveja quente não suscitam senão moderadamente o apetite. A boca aponta igualmente uma sensibilidade álgica. Uma comida pode arder ou gerar calafrios, ou, inclusive, por uma particularidade de sua composição, ferir, como, por exemplo, a espinha de um peixe atravessada na garganta.

As consistências modelam a qualidade da gustação: os alimentos são macios ou duros, viscosos ou crocantes, sumarentos, gordu-

378

rosos, líquidos, empedrados, aveludados, picantes, adstringentes, suaves etc. "Grosso modo, escreve Leroi-Gourhan, o sabor gastronômico aferra-se aos sabores e às consistências, às vezes mais às segundas do que aos primeiros. Alguns povos podem desenvolver tanto uma tendência quanto outra, podendo induzi-los a formas muito particulares de gulodices" (LEROI-GOURHAN, 1973: 171). Junto aos Gbaya'bodoe, da República Centro-Africana, *tam*, saborear, reenvia simultaneamente a um toque bucal enriquecido de treze termos distintos. Somente para a consistência macia, P. Roulon-Doko enumera doze termos reportando-se a apreensões táteis, e treze gustativas (1996). Junto aos Dogons, dois verbos significam "comer", um reportando-se ao consumo de alimentos de consistência macia, notadamente o mingau de cereais, alimento básico deles, outro se avizinhando ao termo francês *mâcher* (em português, mastigar, mascar), significando, obviamente, ingerir alimentos que dependem da mastigação (CALAME-GRIAULE, 1966: 84). Na vida cotidiana, a textura dos alimentos é um dado essencial da apreciação. Às vezes escolhemos uma fruta apalpando-a.

Nem mesmo a sonoridade se ausenta quando um alimento vale por seu teor crocante: saladas, torradas, biscoitos, aperitivos etc., ou, quando um pão é escolhido pela avaliação de seu cozimento, estampando em sua crosta as marcas de uma mão que lhe deu forma.

A apresentação visual dos alimentos também não é indiferente. Uma comida é apetitosa ou desagradável aos olhos, ela incita à desconfiança ou suprime toda reticência. Um frango vermelho ou um salmão branco inquietam os consumidores. Uma água turva não incita ninguém a bebê-la. Indivíduos convidados a comer manjares coloridos de maneira inabitual se queixam durante a refeição de um sabor que eles sentem dificuldade em reconhecê-lo, mesmo que em sua preparação nada tenha sido alterado. No dia seguinte alguns dizem não ter feito uma boa digestão e inclusive ter passado mal. Da mesma forma, o sabor de uma bebida ou de um sorvete coloridos de maneira arbitrária dificultam sua identificação. Os limiares gustativos dos sabores de base são alterados quando sua cor convencional é alterada. A cor verde aumenta a sensibilidade ao adocicado; a amarela e a verde diminuem a sensibilidade à acidez, o vermelho a do amargo e a ausência de cor a do sal (MOSKOWITZ, 1978: 165). O vínculo necessário entre aparência e apetência alimenta uma vasta indústria do corante. Os sucos de frutas, por exemplo, são coloridos segundo a aparência das frutas das quais se originam. Em contrapartida, maçãs, peras, pêssegos etc. dispostos nas prateleiras dos mercados são frequentemente tão magníficos quanto insípidos.

Saborear é uma fruição do olhar, um ínterim de suspensão, ou instante em que os convivas, sorriso aos lábios, comentam a apresentação do prato, já apreciando-o com os olhos. Um manjar saboroso num prato de plástico ou um bom vinho servido num copo de metal perdem uma parte de sua atração. Os festins da Idade Média conhecem os *entremets*[1] encarregados de nutrir os olhos dos convivas: nuvens de pássaros saem dos patês ao serem cortados. Cisnes ou pavões são apresentados revestidos de suas plumas. Retira-se sua pele com precaução antes de assá-los para depois repô-la novamente. Os "*entremets* das gravuras" apresentam cenas do gênero, tal como São Jorge matando um dragão etc. (FLANDIR, 1999: 278). "Como uma página de um manuscrito colorido na mesma época" (WHEATON, 1984: 29), o festim medieval é um espetáculo e ao mesmo tempo uma refeição. Para a nobreza, a dimensão ostentativa do alimento é tão essencial quanto o sabor que dele emana.

---

1. Na refeição à francesa, prato que se serve entre o assado e a sobremesa, ou sobremesas doces que se servem após os queijos [N.T.].

Através da acumulação dos produtos sobre a mesa, a primeira deleitação passa pelo visual e visa à profusão, ela sacia a vista de assados de cabrito-montês, de cervos, de javalis servidos inteiros tendo ao redor deles uma decoração de gansos, de faisões, de codornizes, de rolas, de perdizes etc. A cor dos pratos importa tanto quanto os ingredientes que os compõem. Algumas especiarias favorecem nuanças coloridas segundo a dosagem, como o açafrão ou o girassol, a orcaneta, o cedro-roxo etc., ou ervas como a salsa, a azeda... Ou ainda os corantes sobre os quais Flandrin se questiona sobre a incidência que eles teriam na comestibilidade dos manjares: pó de lápis-lazúli, folhas de ouro, de prata etc. (FLANDRIN, 1999: 282). Na cozinha burguesa, a preocupação com a apresentação está igualmente presente. O *Ménagier de Paris*, impresso em 1393 por um marido idoso e endereçado à sua jovem esposa, é atento a uma ordem de cores que correspondem a cada prato. Ele explica como produzi-las pela adjunção de ingredientes adequados. A aparência do prato parece suplantar a preocupação com o sabor. O autor oferece as "habilidades" que suscitam as cores desejadas, por exemplo, prevenindo o enegrecimento das tripas ou do lagostim-do-rio salgando-os antes do cozimento, e não posteriormente.

A preocupação com uma estética da apresentação deságua em pratos montados impressionantemente ao longo dos séculos XIV e XV, e perdurará até o século XIX. A preparação cuidadosa dos pratos ou do serviço permanece uma constante das mesas privilegiadas nas quais a aparência tem a mesma importância, senão maior, que o conteúdo. Nas sociedades europeias, a partir do século XIV, o poder muda de natureza: ele é menos dominado pelos homens de guerra do que pelos políticos. A nobreza guerreira desaparece em face da nobreza curial. A comida muda de estatuto, as carnes vermelhas e fortes cedem espaço às carnes brancas mais leves. O grande javali desaparece, ou, antes, perde sua supremacia.

A mesa dos poderosos torna-se mais ostentativa, ela expõe sua distância com o povo e outros nobres menos ricos. Montanari evoca um banquete organizado em Bolonha, em 1487, com duração de sete horas. Antes de chegar aos convidados, os pratos são apresentados ao povo aglomerado na praça do palácio a fim de que ele se beneficie visualmente de sua magnificência. A lista dos pratos servidos faz sonhar: pequenos antepastos, com biscoito folhado e vinho doce de diferentes qualidades; pombos assados, fígados de porcos, tordos, perdizes, pão, "um castelo de açúcar com ameias e torres eximiamente elaboradas, cheio de pássaros vivos que esvoaçam desde o momento em que o 'castelo' é introduzido no salão"; em seguida um cabrito-montês e um avestruz com diferentes frituras, cabeças de vitelos etc. A descrição dos ingredientes do banquete prossegue por mais de uma página (MONTANARI, 1995: 128). Obviamente, os convidados não comem tudo. Os pratos são expostos por grupos de sabores, cada conviva escolhendo segundo sua preferência e seu grau de saciedade.

Em seu *Almanach des gourmands*, Grimod descreve ainda espetaculares sobremesas. "M. Dutfoy não limitou-se aos seus recursos arquitetônicos, ele buscou na pirotecnia inúmeros meios de variar nossos prazeres; e os fogos de artifício que ele adapta às suas decorações, e que brotam de seus palácios e templos de confeitaria, produzem um efeito mais fácil de ser imaginado do que descrito. No instante combinado, ateia-se fogo a uma mecha cuidadosamente camuflada, durando alguns minutos. De repente o templo cobre-se de fogos odorantes, de multivariadas cores, e milhares de explosões se elevam até o teto do salão. E os convivas, olhos e olfato atentos, usufruem de tudo ao mesmo tempo [...]. Convenhamos, uma sobremesa assim preparada assemelha-se a um verdadeiro drama, e não imaginaríamos concluir de maneira mais brilhante e mais viva uma refeição suntuosa" (GRIMOD, 1997: 49).

Na primeira metade do século XIX, a arte de um Carême mistura arquitetura e cozinha (ou confeitaria). Sorvendo sua inspiração na biblioteca de gravuras e notadamente nas obras de Tertio, Palladio ou Vignole, ele molda templos, ruínas, castelos, eremitérios, estátuas antigas etc. com gorduras, toucinho, açúcar refinado, marzipã, moldagens em chocolate, e outros, e dispõe uma preparação com colunas que servem tanto para embelezar os olhos quanto para serem saboreadas. Bouvilliers, outro cozinheiro maior da época, retruca-lhe que a arte culinária consiste em afagar o paladar, o resto sendo assessório. Mas, para Carême, a cozinha não se satisfaz com meias-medidas, ela deve cobrir os sentidos à maneira de uma arte total. Esse sabor da montagem culinária subsistiu em algumas mesas até o início do século, ele enfeita ainda a arte dos bolos montados ou algumas guloseimas por ocasião de manifestações festivas excepcionais: casamentos, nascimentos, comunhões, aposentadorias etc.

De maneira usual e, sem dúvida, mais discreta, este princípio de estetização é um dado da apresentação dos pratos não somente nos restaurantes, mas frequentemente também na cozinha doméstica. Mesmo se a preocupação com o formato foi rotineira, o deleite dos olhos precede o do paladar. Sem dúvida a comida chinesa realiza o conceito de Carême à perfeição, mas ela o faz sublimando o prato, e sem fazer da refeição um cenário teatral. Um cozinheiro de Suzhou mostra com orgulho um prato a um conhecedor, que lhe responde: "Vosso cozimento é imperfeito, o pernil não tem sabor. O assaremos novamente em casa, colocando-o sobre uma pequena almofada de brócolis frescos: vermelho vivo sobre verde jade. O serviremos em pratos de porcelana branca como a neve. E então o manjar estará ao ponto: cor, perfume e sabor" (LU, 1996: 120).

Uma refeição é preparada, e antes mesmo de usufruir dos sabores delicadamente dispensados nos pratos os convivas param para um festim dos olhos. "Foi uma ofuscação [...]. Sobre uma toalha de seda fina vazada, totalmente branca, estava disposta uma travessa de porcelana transparente, de bordas azuis sobre um fundo verde pálido incrustado de motivos florais levemente transparentes, fazendo imaginar desenhos côncavos, e suscetíveis de deixar escorrer água... A mesa não oferecia flores, mas doze pratos frios semelhantes a doze flores: era uma explosão de cores vermelhas, amarelas, azuis, brancas..." (LU, 1996: 171).

De cara a alta cozinha chinesa brinca com a multissensorialidade dos pratos. Ela satisfaz a visão, o olfato e o paladar através de uma estética de cores, aromas e sabores. Ela alterna o crocante, o sumarento, o viscoso e o seco. Sua arte consiste em atingir a "perfeição harmoniosa entre sabores, odores, cores e formas", diz F. Sabban (1995: 239). Obviamente, o sabor permanece a essência do aparato culinário. O cozinheiro é primeiramente o mestre do sabor, mas ele simultaneamente dedica-se à arte de afagar os olhos e de dispensar odores apetitosos. Os alimentos são objeto de uma limpeza e de um esquadrinhamento meticulosos. Uma sutil hierarquia sensorial divide as prioridades da arte culinária: o sabor é o primeiro, mas a visão e o odor são complementos necessários à sua valorização. A apresentação dos pratos e sua preparação olfativa não é uma tarefa de segunda ordem.

Alguns produtos são desodorizados a fim de harmonizar os eflúvios com a dominante do prato. As carnes de boi, ovelha ou peixe são marinadas em "vinho", vinagre e outros líquidos saborosos, ou aromatizadas por maceração e misturadas a condimentos, especiarias e edulcorantes, como o gengibre, a pimenta, produtos aliáceos, açúcar etc." (SABBAN, 1995: 241). A tarefa do cozinheiro, subsequentemente, consiste em colocar em evidência os ingredientes através de suas cores, de sua forma e de suas consistências graças ao emprego judicioso do corte, da mistura e de um cozimento apropriado. O corte não é uma fragmentação indiferente dos alimentos em pequenas parcelas, ele participa na composição visual do prato, na impregnação das condimentações, na partição dos sabores, fazendo-os atuar conjuntamente. A cozinha chinesa distingue aproximadamente 200 tipos de corte. Nos banquetes ou nas refeições de prestígio, alguns pratos encantam de cara o olhar, desenhando com os ingredientes motivos animalistas ou paisagistas. A preparação dos manjares responde a uma arquitetura do olhar, a um simbolismo de cores segundo a estação e os alimentos em destaque. O pimentão vermelho ou verde valoriza a brancura do frango, assim como os brotos do bambu realçam o verde da salada. "A maneira mais clássica de apresentar um manjar como ingrediente principal consiste em colocá-lo no centro da travessa ou do prato, da forma mais 'harmoniosa' possível, isto é, numa desordem sábia ou, ao contrário, em arranjos perfeitamente alinhados, enquanto que o ingrediente secundário, se existe, formará um fundo ou uma coroa decorativa destinada a realçar-lhe o valor. O centro ou meio das travessas ou dos pratos é ocupado pelo manjar, no entanto, sem abalroá-los em demasia, as bordas devendo restar visíveis, e o fundo também, e muito frequentemente na transparência do molho" (SABBAN, 1995: 243-244). Para outras travessas ou pratos, outros tipos de decoração são implementados. A prova da verdade, no entanto, reside na última fase, a que cristaliza na travessa ou no prato apresentado aos convivas a forma final de um longo procedimento sensual.

Para Tanizaki, a cozinha japonesa é algo que simultaneamente deve ser olhado, meditado e degustado. Tudo começa pela escolha da louça. "Uma louça de cerâmica certamente não deve ser desprezada, mas às cerâmicas faltam-lhes as qualidades de sombra e profundidade dos laques (charões). Ao tato as cerâmicas são pesadas e frias; permeáveis ao calor, elas convém mal aos alimentos quentes;

com isso, ao menor choque produzem um ruído seco, enquanto que os laques, leves e suaves ao toque, não ofuscam absolutamente o olho [...]. Eis algumas boas razões para explicar por que ainda hoje servimos caldos numa tigela de laque, pois um recipiente de cerâmica está longe de oferecer satisfações da mesma ordem." Nosso autor descreve a satisfação de encontrar os alimentos dessa forma, brincando com a luz e o olhar. "Que fruição nesse instante, quanta diferença provamos diante de uma sopa apresentada num prato raso e esbranquiçado de estilo ocidental!" (TANIZAKI, 1977: 44-45). Tanizaki consagra várias páginas à dimensão moral da apresentação dos pratos. "Coloque agora num prato de laque esta harmonia colorida que é um *yôkan*, mergulhe-o numa sombra tal que mal se consiga discernir sua cor: ele tornar-se-á mais propício à contemplação. E quando enfim você levar à boca esta matéria fresca e adocicada, você a sentirá fundir-se sobre a ponta da língua como uma parcela da obscuridade da obra, solidificada numa massa açucarada, e embora este *yôkan* pareça completamente insípido, você descobrirá nele uma estranha profundidade que realça seu sabor" (p. 47).

O uso do açafrão na cozinha magrebina ou judeu-argelina ilustra a preocupação com a preparação visual do alimento. As considerações estéticas não são secundárias no cuidado culinário. A apresentação visual dos pratos participa da comensalidade (BAHLOUL, 1983: 117). A cor verde, cor do profeta, é portadora de *baraka*. Ela é benéfica. A mesa judia *sefardi*[2] reassume seu simbolismo com legumes ou manjares e difunde sua promessa de prosperidade. Sobretudo no momento do sabá, em que a ausência da cor preta se impõe. Assim, lembra J. Bahloul, "as azeitonas e

---

2. *Sefardi* é um termo que identifica os judeus dos países mediterrâneos, por oposição à *askenaze*, judeus não da região do Mediterrâneo [N.T.].

os alimentos enegrecidos pelo cozimento são excluídos das mesas sabáticas e dos cardápios do Ano-novo e da Páscoa" (p. 100).

O sabor alimentar, a percepção da comida na boca, é uma conjunção sensorial misturando o aroma dos alimentos com sua tatilidade, sua temperatura, sua consistência, sua aparência, seu odor etc. Comer é um ato sensorial total. A boca é uma instância fronteiriça entre o exterior e o interior. Ela cede o espaço da palavra à respiração, mas também ao sabor das coisas. O sabor é indissociável dessa matriz bucal que mistura as sensorialidades.

A cerimônia do chá

Algumas práticas ritualizam de maneira rigorosa a partilha dos sentidos. Na China ou no Japão, o chá é uma arte que solicita uma sensorialidade total. Lu Yu, um dos mestres antigos da tradição chinesa (733-804), descreve três fases sensoriais da degustação do chá: o exame visual, o olfativo e o gustativo, fases ainda hoje respeitadas por seus mais exímios conhecedores. O sabor oscila entre os dois polos do suave (*gan*) e do amargo (*ku*), dois dos cinco sabores chineses (BLOFELD, 1997). Segundo M. Ceresa, se a suavidade é a qualidade maior do chá, seu amargor também pode induzir a uma apreciação positiva, muito embora ele possa sofrer uma reversão entre *Ku* e *gan*, notadamente percebida por seus mais exímios apreciadores. Quanto mais harmoniosa a ambiência da degustação, tanto mais intenso o sabor do chá. A água deve ser pura e o serviço à mesa visualmente agradável, mesmo que sóbrio. Duas ou três pessoas num mesmo ambiente são suficientes, já que, ultrapassado esse número, a atenção se dispersa, e esta se impõe aos muitos detalhes que participam do evento: a ebulição e o sibilo da chaleira, o vapor difusamente perfumado dela emanando, a pulsação sutil das coisas e a culminação do sabor do chá que invade a boca...

Mas a plena sensorialidade do rito implica um espírito e um corpo disponíveis, manifestados pela presença tranquila dos convivas, aí reunidos para conjugar prazer e sensações.

Se na China a cerimônia do chá depende de certa despreocupação própria ao taoismo, no Japão ela é um hino sereno à existência, uma busca de perfeição numa trama de gestos, mas num quadro ritual mais rigoroso. Ela é enclave de beleza no caos da existência. Não se trata de uma estética, mas essencialmente de uma ética inscrita na visão do mundo. Para Kakuzo (1958), a vida cultural japonesa é ainda hoje impregnada de teísmo. Esta incutiu uma determinada arte arquitetural interior e existencial nas diferentes classes sociais, cultivou o respeito à natureza, à arte de bem dispor as flores etc. A justa medida do sabor, aliás, qualifica a melhor atitude diante da existência: do homem insensível aos acontecimentos exteriores diz-se existir nele uma "carência de chá", mas, inversamente, daquele que exagera, diz-se haver nele uma incapacidade de dominar suas emoções, que se excede. Tradicionalmente a sala de chá é um lugar protegido da desordem do mundo, espaço onde os convivas se comunicam cercados de bebida, de flores e sedas coloridas. Harmonia dos gestos, dos sons, do silêncio, das cores, dos sabores, num ambiente desnudado de ornamentos, construído num grande vazio, isto é, segundo o taoismo, um espaço possibilitando todos os movimentos possíveis, aberto ao mundo, sem nada limitando seu uso. Somente o vazio pode conter tudo. A jarra vale pelo espaço aberto nela.

Uma obra clássica da arte do chá na tradição zen descreve a alameda que atravessa o jardim levando à sala de chá. A *roji* (alameda) é um percurso de transição convidando o homem a despir-se de suas preocupações e do tumulto de sua existência, ela prepara o convidado à sacralidade vindoura da sala. "Quem quer que tenha pisado o solo da alameda que atravessa o jardim não pode deixar de se lembrar o quanto seu espírito elevou-se acima dos pensamentos ordinários, ao passar sob a penumbra crepuscular das árvores de folhas sempre-verdes, por sobre as irregularidades ordenadas dos seixos frescamente irrigados, debaixo dos quais estende-se uma camada de grimpas de pinho ressecadas, ou ao passar rente às lanternas de granito cobertas de musgo" (KAKUZO, 1958: 69). Segundo uma ordem previamente determinada, os visitantes se deslizam um a um, em silêncio, para o interior da sala de chá, através de uma pequena porta que lembra a todo visitante a humildade, não importando sua condição. Cada qual saúda a pintura ou o arranjo floral do *tokonoma* e se senta discretamente no local.

Uma vez os visitantes sentados, e o silêncio e a imobilidade estabelecidos, o anfitrião entra e a preparação começa. A música da água fervilhando embala o espaço. Os sons são melodiosamente trabalhados por pedaços de ferro depositados na chaleira. "No momento em que ouço o ruído semelhante a um zumbido de inseto longínquo, esse zunido leve que verruma o ouvido emitido pelo borbulhar da fervura à minha frente, em que saboreio antecipadamente e em segredo o perfume da bebida, não há um único instante em que eu não me sinta transportado pelo êxtase. Os amantes do chá, que por sua vez dizem que o ruído da água fervente evoca-lhes o vento roçando os pinhais, são tomados por um encanto semelhante, imagino, ao meu" (TANIZAKI, 1977: 46). A luz da sala é peneirada, nela reina uma tonalidade sombria, propícia à meditação. As próprias roupas dos convidados possuem cores discretas, para não introduzir discordância.

Os objetos de cerimônia são marcados pelo tempo. Mas sua propriedade é perfeita e sua frágil beleza apela à meditação sobre a brevidade da existência. Na obra *Nuée d'oiseaux blancs* (Nuvem de pássaros brancos) em que a intriga se trama e se desenrola ao redor do chá e de seus utensílios, Kawabata evoca com insistência o esplendor sutil da jarra d'água. "Diz-se que a suave luz, tênue e branca, emanada da superfície delicada da jarra, era como uma luz interior, um raio emanando da própria matéria [...]. Graças a ela, pelo efeito todo-poderoso de sua autoridade magistral, Kawabata via-se transportado num mundo de elevada pureza estética onde toda sombra era dissipada, não restando nenhum traço das negruras tenazes e das angústias do pecado. Toda sombra dissipada"[3]. Os personagens debatem longamente sobre a qualidade de uma pequena xícara de *karatsu*, alta e estreita. "Sem o menor dos desenhos, (ela) tinha a tonalidade de um azul-verde intenso, através do qual, aqui e acolá, entrava em cena o calor de um vermelho-escuro, retumbante como um traço característico, não obstante quase indistinto. O contorno da xícara, sobre sua base ligeiramente alargada, dava-lhe um aspecto de perfeito equilíbrio e força" (p. 195).

O personagem central pensa o quanto a xícara de *shino* convinha perfeitamente a uma mulher que ele amou e a quem ela pertencia; ao inverso, ele sente o quanto a xícara de *karatsu* se assemelha a uma emanação da alma de seu pai falecido. A perfeição das xícaras poda a desordem do mundo, ela responde a um sentimento estético, mas também moral. Ela apazigua os tormentos e purifica as consciências. "Estas duas peças, velhas de três ou quatro séculos, eliminavam do espírito toda ideia mórbida e desviavam o coração de toda imaginação impura. A poderosa vitalidade que elas exprimiam produzia um efeito direto, sensível, que chegava a despertar uma certa emoção sensual" (p. 96).

Se o mestre sabe tudo sobre o chá, ele igualmente sabe acolher, varrer, limpar e lavar. A cerimônia é uma liturgia tranquila onde tudo é essencial, onde todos os sentidos são requisitados: o sabor do chá que invade a boca não é senão um momento na perfeição

---

3. YASUNARI, K. *Nuée d'oiseaux blancs*, 1960 (10-18), p. 149 e 191. Paris.

de um instante. Mas o resultado importa menos que o caminho, a própria busca desses breves períodos em que a desordem do mundo cede a uma serenidade sem mácula. Um poeta Tang descreve dessa forma o deleite que o invade enquanto bebe delicadamente um chá: "A primeira xícara umecta meu lábio e minha garganta, a segunda rompe minha solidão, a terceira penetra minhas entranhas e ali remexe milhares de ideografias estranhas, a quarta me propicia uma ligeira transpiração e toda malvadeza de minha vida vai-se através de meus poros; na quinta xícara estou purificado; a sexta me transporta ao reino dos imortais. A sétima! Ah! A sétima... mas já não posso mais beber [...]. Deixem-me embarcar nesta suave brisa, que ela me arrebate para esse reino!" (KAKUSO, 1958: 33).

8 DO PALADAR NA BOCA AO PRAZER DE VIVER: UMA GUSTAÇÃO DO MUNDO

O paladar, tal como a natureza no-lo concedeu, é um de nossos sentidos que, tudo considerado, nos propicia o maior dos regozijos: o prazer de comer é o único que, quando moderado, não se deixa acompanhar pela fadiga [...]; ele existe em todos os tempos e em todas as condições [...]; ele retorna ao menos uma vez por dia, e pode ser repetido, sem inconveniente, duas ou três vezes nesse espaço de tempo [...]. Ele pode misturar-se a todos os outros sentidos, e inclusive consolar-nos pela ausência de algum deles [...]. As impressões que ele recebe são ao mesmo tempo mais duráveis e mais dependentes de nossa vontade [...]. Enfim, o ato de comer nos fornece uma sensação de bem-estar indefinível e particular, proveniente da consciência instintiva, dizendo-nos que ao alimentar-nos prolongamos nossa existência.

BRILLAT-SAVARIN. *Physiologie du goût.*

O sentido dos sabores

Ao inverso dos outros sentidos, o paladar requer a ingestão de uma parcela do mundo. A degustação de um alimento ou de uma bebida implica uma imersão em si mesmo. Ela emerge na boca no momento da destruição de seu objeto, que por sua vez se mistura à carne, deixando nela seu rastro sensível. Como os outros sentidos, o paladar é uma emanação do corpo todo inteiro, segundo a história pessoal do indivíduo. Uma larga parte do paladar provém das mensagens olfativas. Se a ageusia é a perda da percepção dos sabores, a anosmia, provocada por algum acidente e em razão da destruição do nervo olfativo, impossibilita apreciar o sabor dos alimentos. Dessa forma todo alimento carrega em si a mesma sensaboria. Sem a visão ou a consistência em sua boca, o anósmico não sabe o que come. Mesmo que ele ainda conserve o sentido do adocicado, do salgado, do ácido e do amargo, todo alimento se lhe aparece como insípido. Sem os aromas a alquimia do sabor sucumbe. Come-se tanto pelos olhos quanto pela boca. A apreciação dos sabores não solicita unicamente a olfação, mas igualmente a maneira com a qual os manjares são visualmente preparados, bem como a tatilidade com a qual são consumidos.

"O prazer de estar à mesa concerne a todas as idades, a todas as condições, a todos os países, diariamente; ele pode associar-se aos demais prazeres, mas é o último a nos consolar quando os demais nos faltam" (BRILLAT-SAVARIN, 1965: 23). A culinária é um hino de louvor aos sabores, suas notas são sabores e misturas associando-se a alimentos, a molhos, a condimentos, a dosagens, a cozimentos etc. Ela é uma arte de preparar sabores deliciosos aos convivas, uma arte de acompanhar os elementos para tirar deles harmoniosos sabores, sob inumeráveis e nuançadas formas. A apreciação de um alimento não depende somente de sua categorização como consumível, já que o alimento deve ser igualmente saboroso. Além do mais, a legitimidade alimentar também repousa sobre uma série de avaliações da comida.

O paladar é um produto da história, e principalmente da maneira com a qual os homens se situam na trama simbólica de sua cultura. Ele está no cruzamento entre subjetivo e coletivo, e reenvia à faculdade de reconhecer sabores e avaliar sua qualidade. Contrariamente à visão e à audição, e nesse aspecto próximo ao olfato, o paladar é um sentido da diferenciação. A sensação gustativa reenvia a uma significação, ela é ao mesmo tempo um conhecimento e uma afetividade em ação. Se a visão, o tato ou a audição permanecem frequentemente indiferentes ao que percebem, o mesmo não ocorre com o paladar, sempre engajado em seu ressentir. O paladar é uma apropriação bem-sucedida ou malfadada do mundo através da boca, ele é o mundo inventado pela oralidade.

Apesar de sua discrição na vida cotidiana, fora da ingestão de alimentos, de bebidas ou de guloseimas, a esfera gustativa oferece metáforas essenciais para julgar a qualidade da existência. O paladar qualifica a percepção dos sabores antes de ultrapassar este domínio visando a englobar a preferência por objetos ou por uma atividade. A gustação do mundo empresta seu vocabulário da tradição culinária.

A declinação cultural dos sabores

O paladar é o sentido da percepção dos sabores, mas ele responde a uma sensibilidade particular marcada pela pertença social e cultural e pela maneira com a qual o indivíduo singular a ela se acomoda, segundo os acontecimentos próprios de sua história. Os receptores do paladar estão localizados na boca, e particularmente sobre a língua. É de uso em nossas sociedades distinguir quatro sabores de base sobre os quais se ordena o gosto dos alimentos: o salgado, o açucarado, o ácido e o amargo. Sua determinação, no entanto, não encontra o assentimento de outras tradições culturais. Esta classificação dos sabores é uma convenção ocidental. Os japoneses acrescentam, por exemplo, o *umami*, ligado ao glutamato correntemente usado na cozinha asiática.

Para o homem ordinário, os sabores não se enfileiram exclusivamente atrás de suas próprias particularidades, o que tornaria o alimento demasiadamente monótono. Os sabores vão muito além, conhecendo milhares de formas e valores através de sua mistura. Uma fruta ou um bolo não são apreciados somente por seu sabor adocicado, já que, para tanto, um bocado de açúcar resolveria a questão. "O número de sabores é infinito, diz Brillat-Savarin, já que todo corpo solúvel tem um valor especial, não se assemelhando a nenhum outro" (1965: 53). Aristóteles distingue entre o doce e o amargo, e descreve os outros sabores como intensidades diferentes sobre uma mesma linha, "os sabores derivados, do primeiro, o untuoso, do segundo, o salgado. Os sabores intermediários são o cortante, o acre, o adstringente, o ácido; estas parecem ser aproximativamente as diferenças dos sabores" (ARISTOTE, 1989: 69). Plínio descreve "treze gêneros de sabores": o doce, o adocicado, o graxo, o amargo, o áspero, o acre, o picante, o vivo, o ácido, o salgado; os "sabores misturados", como os vinhos que unem o áspero, o picante, o doce ou açucarado; um sabor particular, e único, o do leite; e, enfim, a água, cuja ausência de sumo e sabor a torna uma categoria à parte (PLINE, 1994: 264). Em 1751, Linné descreve dez sabores: o úmido, o seco, o ácido, o amargo, o graxo, o adstringente, o adocicado, o cortante, o mucoso, o salgado. Os chineses enumeram cinco: o adocicado, o salgado, o amargo, o ácido e o acre. Os indianos, embevecidos da tradição aiurvédica, distinguem seis: o adocicado, o salgado, o amargo, o ácido, o picante e o adstringente. Os Desanas, índios da Amazônia Colombiana, reconhecem cinco: doce, amargo, ácido, adstringente e condimentado (CLASSEN, 1991: 249). Os Thaïs contam oito: (adocicado, salgado, amargo, ácido, apimentado ou picante, insosso, adstringente e graxo – associado à noz de coco), mas descrevem igualmente odores que realçam estes sabores (um manjar que libera um "bom odor de açúcar" ou um "bom odor de salgado"). O mesmo termo, aliás, designa simultaneamente odor e sabor. A pimenta também é um odor (LEVY-WARD, 1995). Os povos da Birmânia repertoriam seis: doce, ácido, picante, salgado, adstringente, amargo, além da mistura adocicado/ácido. Os Sereer Ndut do Senegal classificam o salgado, o amargo e o apimentado em uma única categoria, mesmo percebendo em cada um deles suas nuanças (DUPIRE, 1987).

Segundo as culturas e a maneira com a qual os indivíduos nela se arranjam, eles desenvolvem sensibilidades gustativas ligadas a preferências culinárias, a molhos, a mistura de sabores que lhes são próprios. Nenhum homem consegue conhecer a totalidade dos sabores disponíveis. Cada ecologia ou cada culinária dispõe de ingredientes e tradições gustativas próprias, e nenhum indivíduo consegue percorrer toda a sua extensão. Os alimentos disponíveis num dado momento da história de uma sociedade, ou as maneiras de prepará-los, desaparecem ao longo do tempo, levando consigo os sabores particulares que encerravam. Os vinhos da Antiguidade, por exemplo, eram misturados à água, inclusive água-marinha, ao mel, à pimenta, à especiarias diversas etc. Plínio evoca uns quarenta tipos de peras, mas à época existiam mais de sessenta, uma dúzia de espécies de ameixas, uma dezena de tipos de romãs, uma centena de espécies de maçãs... J. Barreau, reportando-se ao século XIX, fala em oitenta e oito espécies de melões, sendo que hoje só restam cinco. Em 1853, os viveiristas da Provença ofereciam à venda vinte e oito variedades de figueiras (BARREAU, 1979).

Antes da Revolução Francesa, mais de uma centena de peras eram repertoriadas. Incontáveis famílias de maçãs e tipos de trigos não existem mais, deixando um enigma sobre seus sabores. O *garum romano* há muito tempo desapareceu. "Obtido por maceração no sal, misturado aos intestinos de peixes e a outras partes não nobres, este é um produto viscoso que resulta da putrefação dos peixes. O mais delicioso procede dos rios de Cartago [...]. Os habitantes de Forum Jullii fabricam um *garum* de qualidade inferior, o *alex*, com um peixe denominado lobo [...]. Encontramos um *garum* que se assemelha ao vinho velho tão fluido, tão doce, que pode ser bebido. Os judeus, obedecendo às suas superstições, fabricam com peixes escamados um *garum* especial que é reservado aos períodos de continência e nas festas" (PLINE, 1994: 52). O *laser*, uma planta de aroma forte, de sabor que evoca o alho, e de eflúvio fétido obtido da raiz do sílfio, desapareceu dos pratos após ter desaparecido do meio ambiente (CAPATTI & MONTANARI, 2002: 128). Outros produtos dependendo de uma alimentação banal em nossas sociedades são de origem recente, como o tomate, a berinjela, o feijão, as ervilhas, a couve-flor, os brócolis etc. Os glacês, os sorvetes, o café, o chá, o chocolate só passam a ser conhecidos na Europa ao longo do século XVII.

Uma ínfima modificação de preparação de um prato é ressentida pelo apreciador. Os sabores são letras de um alfabeto infinito que declina a multidão de percepções gustativas segundo os grupos sociais e os indivíduos. Brillat-Savarin, na condição de especialista, afirma que "existem séries infinitas de sabores simples que podem se modificar por sua adjunção recíproca em infinitas quantidades e qualidades, e que seria necessária uma nova língua para exprimir todos estes efeitos, e montanhas de *in-folios* para defini-los, e caracteres numéricos desconhecidos para etiquetá-los" (1965: 53). Além disso, ele decompõe a trajetória do sabor distinguindo o momento em que o alimento entra na boca, o momento em que é engolido, e, enfim, o momento do julgamento, isto é, da distância crítica. A percepção gustativa do mesmo alimento varia em qualidade e intensidade ao longo da trajetória alimentar. "O sabor é simples em atividade, diz Brillat-Savarin, ele não pode ser impressionado por dois sabores ao mesmo tempo. Mas ele poder ser duplicado, e até mesmo multiplicado, por sucessão, o que significa dizer que, no mesmo ato de gustação, pode-se experimentar sucessivamente uma segunda e até mesmo uma terceira sensação, que lentamente vão se enfraquecendo, e que as designamos pelos termos ressaibo, perfume ou fragrância" (BRILLAT-SAVARIN, 1965: 57).

Na experiência culinária, o indivíduo conhece ou não os sabores, ele sabe ou não nomeá-los, ele os aprecia ou não. Nenhum sabor, no entanto, existe no absoluto, já que sua percepção depende de uma aprendizagem, e reenvia à interpretação de um indivíduo marcado por uma pertença social e por uma história particular. Uma determinada preparação química é adocicada para 20% dos sujeitos, amarga para 20%, simultaneamente amarga e adocicada para os outros (FAURION, 1993). Uma alegoria oriental descreve três "degustadores" de vinagre. Buda, Confúcio e Lao-tsé reuniram-se diante de uma jarra de vinagre. Cada qual mergulha seu dedo na jarra para fazer a prova do conteúdo: Confúcio o acha ácido, Buda amargo e Lao-tsé suave. Ou seja, o sabor sempre é afetado por um valor e por uma "visão de mundo", ou, antes, por uma gustação do mundo.

A experiência dos homens é dificilmente comparável, visto que os sabores que eles percebem são impregnados de afetividade. O gustativo é uma categoria individual, secretada na intimidade do julgamento, um privilégio fortemente interior. O ato de saborear isola o indivíduo num universo de sabores e prazer que dizem respeito somente à pessoa implicada. *De gustibus non est disputendum* (Gosto não se discute)[1]. O degustador sofre para encontrar

---

1. Esse velho adágio, curiosamente, à origem, não reenviava à individualização do sabor, mas, ao contrário, à evidência social do sabor, dispensando assim qualquer questionamento.

os termos mais adequados para descrever o que ele mesmo ressente. Brillat-Savarin, especialista no assunto, é um exemplo disso.

Quando Alice diz, da substância contida numa pequena garrafa, que ela "tinha ao mesmo tempo um sabor de torta de cereja, de creme, de banana, de peru assado, de delícias de uma refeição de Natal em um único gole", ela traduz a dimensão largamente subjetiva dos sabores que ela associa ao prazer e à raridade.

Se, num dado momento histórico, as experiências relativas aos sabores dos alimentos não apresentam grandes discordâncias no interior de um mesmo grupo social, em outras épocas os sabores à mesa podem ser muito diferentes. As preferências sobre o sabor remetem a uma convenção, e são suscetíveis de transformações radicais. Na cozinha francesa, o adocicado e o salgado atualmente se dissociam radicalmente, mas na Idade Média, e até o início do século XVII, os pratos de carne eram frequentemente acompanhados de açúcar ou mel. "O paladar dos ingleses, escreve J. Goody, nos últimos quatrocentos ou quinhentos anos mudou tanto que hoje eles julgariam intragáveis quase todos os pratos mais apreciados e servidos nos festins de outrora" (GOODY, 1984: 248). A observação de J. Goody vale para o conjunto das populações europeias, sobretudo para a França, a Itália, a Espanha, que romperam radicalmente com as tradições culinárias medievais. O sabor não é um valor matemático, mas discriminativo e simbólico, e está estreitamente submetido às variações do sabor (entendido no sentido moral). A tradução ao pé da letra dos termos designando os diferentes sabores de uma sociedade à outra sempre deixa uma margem de indecisão. Não há nenhuma garantia de que os mesmos sabores sejam "demonstrados", ou que o sejam sem nuanças.

A formação do sabor

Nas primeiras horas de sua existência, a criança reage por uma mímica específica às diferentes substâncias sápidas com as quais sua língua é umectada (CHIVA, 1985). As estimulações salgadas, adocicadas, amargas, ácidas produzem um movimento singular no rosto da criança, traduzível em igual modo por seus pares. Virgem em matéria de percepção gustativa, o lactente já possui uma capacidade de discriminar os sabores, obviamente aquém das palavras e das aprendizagens sociais ainda sem incidência. A substância ácida provoca um breve rubor no rosto, piscadelas dos olhos, pressão nos lábios e aumento de salivação. A substância adocicada relaxa os músculos do rosto e contrai os ângulos da boca, gera sucção vigorosa e o esboço de um sorriso, fazendo com que o rosto da criança expresse um sentimento de satisfação. A substância salgada provoca uma mímica mais flutuante, como franzimentos nasais, movimentos bucais, plissagem dos lábios, manifestando assim, ao que parece, descontentamento. A substância amarga produz caretas, afundamento dos ângulos bucais, contração dos músculos, salivação, fazendo com que a criança coloque a língua para fora e tente cuspir o que está em sua boca. Expressões faciais evocando a aversão.

A careta gerada pelo amargor ou o relaxamento jovial advindo do sabor adocicado se cruzam mais tarde, por volta dos 18 meses, na presença de substâncias sápidas ou por ocasião de outras situações rotineiras da vida. Estas metáforas relativas ao amargor ou à doçura já englobam a tonalidade da relação da criança com o mundo. A percepção tornou-se assim um valor, estendido ao sentimento. "O universo das coisas aversivas, identificáveis pela criança, alargou-se", diz R. Zazzo (CHIVA, 1985: 9)[2]. Esta extensão da mímica junto à criança é contemporânea ao seu *stade du miroir*, isto é, à fase na qual ela consegue identificar-se a si mesma na imagem dos outros[3].

Analisando mais atentamente os fotogramas de seus filmes, M. Chiva descobre em seus estudos que o rosto da mãe acompanha as mímicas da criança que se depara com as diferentes substâncias sápidas. Os comportamentos e os movimentos do rosto da criança são interpretados, reforçados ou redirecionados segundo as modalidades culturais de sua pertença social. Observando tais comportamentos, seus próximos concluem que ela adora ou detesta determinados alimentos. As mímicas fundam o início de uma comunicação, elas se transformam em significações para os outros e para a própria criança que se inicia na arte de exteriorizar suas emoções. Estas posteriormente se tornam específicas à cultura afetiva de sua comunidade de pertença, e só aparecem em circunstâncias muito específicas (LE BRETON, 2004).

M. Chiva sublinha que as mímicas específicas às substâncias sápidas assumem coloridos matizados ao longo do tempo segundo a criança, sua história, sua educação e o clima afetivo no qual ela se desenvolve. Sua sensibilidade gustativa conhece então disparidades sensíveis, mesmo no seio de um mesmo grupo social. A dimensão inata do reflexo gustativo e facial é de curta duração e, poucos meses depois, cede espaço às variações pessoais, sociais e culturais (CHIVA, 1985: 163).

---

2. As crianças entre oito e doze meses, de mesmo nível intelectual, que aceitam o sabor amargo, são igualmente mais autônomas no plano social (CHIVA, 1985: 27-28).

3. O *stade du miroir* (fase do espelho), em psicanálise, sobretudo em Lacan, é a primeira etapa da estruturação do sujeito, que ocorre entre os seis e os dezoito meses, período ao longo do qual a criança vai identificando sua própria imagem [N.T.].

Se o lactente rejeita a mostarda, o sal, as azeitonas ou outros alimentos de sabor amargo, ácido ou salgado, ela aprende a adorá-los ou a rejeitá-los segundo as indicações recebidas de sua comunidade. O amargor que suscita reações defensivas se rompe rapidamente nas culturas mediterrâneas onde a criança come azeitonas e aprende a apreciá-las. Outros alimentos fortes em sabor, inicialmente desdenhados, são pouco a pouco integrados ao prazer de comer: vinagrete, pimenta, pepino em conserva, alho, toranja, cebola etc. (FISCHLER, 1993: 110). Nas sociedades nas quais a comida é apimentada, a criança, sem ser jamais forçada, assimila lentamente os comportamentos dos adultos. A socialização alimentar molda a sensibilidade gustativa e suas referências ou repugnâncias em matéria de alimentação. A criança come e acaba apreciando os manjares da cozinha familiar. A formação do sabor cruza dados biológicos e educacionais, mas a simbólica social dos alimentos e sabores prima sobre uma biologia que se inclina segundo as orientações culturais. A preferência alimentar é marcada por uma afetividade construída na relação com o outro. Em sua própria pesquisa, M. Chiva mostra crianças dotadas de uma forte sensibilidade gustativa, outras que não a manifestam absolutamente e se contentam em comer o que se lhes oferece até saciar-se, outras ainda ficam a meio-caminho entre essas duas tendências (CHIVA, 1979: 116).

Os hábitos culinários familiares iniciam a criança aos diferentes sabores, à sua dosagem, à sua sucessão, que pouco a pouco vão se tornando indispensáveis. Aprender a saborear um manjar consiste primeiramente em entrar num registro cultural e compartilhar de seus valores. O sabor alimentar é um dado social e cultural, uma forma interiorizada de predileção e de evitamento, e na memória em ato da infância, da forma como a história pessoal a nuançou ou a requintou. Ele se define por percepções gustativas e por apetências singulares face aos sabores, aos alimentos, às bebidas, induzindo não somente a uma nutrição, mas também a valores e sentimentos, isto é, ao prazer e ao desprazer, a predileções e repugnâncias. Como para as outras modalidades sensoriais, entre a sensação e a percepção se interpõe um filtro simbólico do mundo. Comer e deliciar-se com o alimento, saber como e com quem compartilhá-lo depende de uma aprendizagem.

A criança ingressa num sistema gustativo através de uma "lógica" culinária própria a uma família inscrita no interior de tradições sociais particulares. A cozinha da mamãe permanece vida afora uma cozinha referencial e reverencial. "Nós ingerimos as nossas mais apaziguantes recordações, temperadas de ternura e ritos que marcaram nossa meninice" (MOULIN, 1975: 10). Recordemos as lembranças que invadiram Proust, no instante em que saboreia o que ele chama de *petite madeleine*[4]. "E logo que reconheci o sabor do pedaço da madeleine mergulhado no chá oferecido por minha tia [...], imediatamente a velha casa cinzenta que dava para a rua, onde estava o quarto dela, veio, como um cenário de teatro, colar--se ao pequeno pavilhão que dava para o jardim, construído nos fundos pela família [...]; e com a casa, a cidade, da manhã à noite e eternamente, a praça para onde me mandavam antes do almoço, as ruas aonde fazia minhas caminhadas, os caminhos por onde se passeava quando fazia tempo bom [...], tudo isso que toma forma e solidez, cidade, casas e jardins, brotava de minha xícara de chá"[5].

A criança aprende a identificar os sabores, a apreciar ou a rejeitar manjares ou alimentos. Ela participa ou não da confecção da comida, e inicia-se então não somente no discernimento dos

---

4. *Petite madeleine*: trata-se de um pequeno biscoito feito à base de uma erva denominada madeleine [N.T.].

5. PROUST. M. *Du côté de chez Swann*. Paris: Livre de Poche, p. 58.

sabores, mas também em sua preparação e valorização. "Afastar a criança da cozinha, diz Bachelard, é condená-la a um exílio que a afastaria de sonhos que ela jamais conheceria. Os valores oníricos dos alimentos se ativam no acompanhamento de sua preparação [...]. Feliz o homem que, na meninice, 'girou ao redor' das panelas" (BACHELARD, 1978: 86). Suas experiências alimentares, no entanto, não se esgotam aí. Os outros membros mais afastados da família, os amigos dos pais ou os pais de seus amigos, o almoço feito na escola, por exemplo, são variações ao redor de uma mesma trama culinária própria a uma sociedade dada. A criança integra uma familiaridade com um repertório de alimentos, com uma determinada ordem dos manjares e modos de preparação particulares. Ela aprende a reconhecer e a hierarquizar os sabores segundo o sabor de cada um. Mesmo se um fundo comum permaneça, inúmeros trabalhos concordam sobre a ausência de continuidade clara entre as preferências gustativas da criança e as de seus pais, sobretudo no mundo contemporâneo do *fast-food*, apaixonadamente assediado pelas jovens gerações. As diferenças das sensibilidades individuais aos diferentes sabores são consideráveis, assim como o limiar sensorial a partir do qual eles são percebidos.

A influência do grupo dos pares é sensível. Nas refeições em comum, por exemplo, na escola, a criança é confrontada com uma cozinha às vezes diferente da habitual. Aí ela ouve comentários e observa comportamentos que não são sem incidência sobre suas atitudes. Ela aceita então de bom grado nutrir-se de alimentos que ainda desconhece. O grupo dos pares alarga e cria nuanças nas preferências e nas proposições alimentares do grupo familiar, ele produz discursos sobre manjares ou alimentos, ele gera comparações que refinam ou descredenciam um determinado sabor, exercendo assim uma influência durável na moldagem da sensibilidade alimentar e gustativa.

A identificação com os mais velhos, notadamente, frequentemente leva a criança um pouco mais crescida a uma interiorização de seus sabores prediletos, mesmo se outrora ela não os apreciasse senão moderadamente. Os trabalhos de Duncker (1938) ou de Birch (1987) ilustram a facilidade da criança em deixar-se guiar em sua opção alimentar pela predileção alimentar dos mais velhos, por imitação ou identificação. Crianças cujas preferências alimentares por determinados sabores eram conhecidas, e que experimentalmente foram confrontadas com outras crianças mais velhas, mudaram seu comportamento e se deixaram tentar por alimentos novos cujos sabores, outrora, numa primeira abordagem, eram rejeitados. É o gosto dos outros, valorizados, que as levam a apreciar os alimentos outrora descartados. O primeiro copo de vinho ou de cerveja raramente é percebido como algo "agradável". O sabor é pouco sedutor. Urge domesticá-lo ao longo do tempo por identificação aos outros para poder apreciá-lo. A aprendizagem traduz o fato de uma nova avaliação. O vinho ou a cerveja não mudam de sabor, é o degustador que transforma suas preferências gustativas. Se a cerveja ou o vinho lhes parecessem conservar o sabor de seu primeiro contato, certamente ele acabaria recusando-se a bebê-los.

A experiência culinária distingue o que é bom e o que não é. Ela constrói um modelo de apreciação para o resto da existência, mesmo se suscetível de pequenas variações. Trata-se de alimentos básicos (arroz, milho, batata, mandioca etc.), e princípios de associação (azeite de oliva de Provença ou manteiga e nata da Normandia, caril em território indiano, limão e orégano na Grécia, lima, pimenta e coriandro no México, molho de soja e gengibre na China...). As combinações são infinitas. Neste particular, P. Rozin fala em *flavor principles*, isto é, em realces culinários identificáveis e capazes de, até certo ponto, definir culturalmente a esfera de uma culinária (ROZIN, 1981; FISCHLER, 1993). Inúmeras sociedades produzem dominantes gustativas e entrelaçamentos privilegiados entre alimentos e sabores, evidenciando assim, culturalmente, uma cozinha típica. Às vezes os qualificativos se aplicam diretamente a um sabor. "A cozinha do Leste é ácida, a do Oeste apimentada; no Sul prefere-se o adocicado, no Norte o salgado": com essas palavras o gastrônomo na narrativa de Lu (1996: 149) resume a cozinha chinesa. O sabor gustativo do indivíduo modela-se e fantasia-se ao redor dessas associações sápidas.

A culinária duplica o corpo dos indivíduos, imprimindo-lhes um sentimento de identidade. Os imigrantes carregam consigo a culinária, e a alimentação é um dos traços sensíveis de sua presença alhures: os restaurantes magrebinos, turcos, portugueses, espanhóis, italianos etc., por exemplo, pululam nas sociedades de acolhida. Sabores particulares são buscados, visando a não relegar ao esquecimento as origens. J. Bahloul descreve dessa forma a mesa judeu-argelina: "Tal família é originária da capital da província argelina de Blida, pois encontramos em seu cardápio pascal este famoso ragu de tripas cozido em fogo brando, temperado com alho e páprica. Na mesma ordem de ideias, ele é um manjar sabático de espinafre e ervilhas-de-cheiro, *selq*, prato verde, que designa por si mesmo a origem constantinopolitana de seus consumidores. Podemos perceber igualmente, em todo o território argelino, várias entidades regionais que sabem perfeitamente diferenciar sua comida" (BAHLOUL, 1983: 26). Os judeus de origem argelina instalados na França continuam destacando-se por suas particularidades culinárias. J. Bahloul evoca uma mulher "procurando pimentas, ervilhas-de-cheiro, trigo triturado, azeitonas e condimentos, cominho e páprica, procurando enfim um mercado argelino num bairro parisiense. Ser-lhe-á necessário, para tanto, perambular muito, e percorrer longas distâncias, para encontrar essas mercadorias costumeiras aos nossos hábitos" (p. 30).

O imigrante desvenda o mercado de seu país originário por entre as barracas e as lojas de sua cidade de destino. O pequeno comércio, com suas referências nacionais ou culturais, fornece alimentos específicos que abastecem e nutrem a nostalgia dos imigrantes. Nesses enclaves identitários eles encontram homens e mulheres da mesma origem cultural, sem esquecer que o leque alimentar da sociedade de acolhida se expande, oferecendo aos nacionais novos sabores. A comida caseira, com seus ingredientes próprios e o intercâmbio dos convites às refeições, é uma forma de retorno às origens, uma espécie de consumo de uma memória comum, um retorno gustativo à terra natal. Aprender a alimentar-se segundo os usos do país de acolhida gera nos imigrantes da primeira geração um sofrimento, um mal-estar durável. Embora seja possível conciliar os costumes culinários do vilarejo de origem com as formas alimentares do país de acolhida, o sentimento de identidade pessoal jamais é destruído: "Esse copo de vinho pálido, fresco, seco, põe em ordem toda minha pregressa vida campesina. Dizem que eu bebo: eu só alimento recordações" (BACHELARD, 1970: 236).

A culinária constitui-se em último recurso fidedigno às raízes, quando outros possíveis sucumbem. Mesmo quando a cozinha do país de acolhida é lentamente domesticada na vida cotidiana, mesmo quando algumas referências às origens se interrompem, os dias festivos (aniversários, festas de família, festas religiosas etc.) se encarregam de reconduzir os manjares tradicionais à mesa comum. Consumo festivo e celebração culinária das origens conjugam-se então! No *Le sourire étrusque* (O sorriso etrusco), um pobre e velho pai, vindo a falecer posteriormente em Milão, e seu filho, totalmente descolado de sua infância, numa bela noite em que a mãe não está presente, celebram clandestinamente uma comunhão inesquecível. Na ocasião, o velho pai tira de seu esconderijo alguns alimentos de sua região de origem, que conseguira comprar num pequeno mercado. O filho, ao reencontrar-se repentinamente com o antigo odor e sabor daquelas *migas*, interpretou-as como "um portal abrindo-se sobre os campos, portal pelo qual entram pastores e abrem-se castanhais, fogos de sarmentos e canções, penúrias infantis e mãos maternais". E assim o velho homem e o jovem filho compartilham velhas lembranças de manjares, transportando-se conjuntamente ao vilarejo de origem. Terminada a refeição, ambos se abraçam, restabelecendo para sempre uma antiga cumplicidade[6].

Os sabores prediletos constituem um vínculo secreto e intemporal que religa o indivíduo às mesas da própria infância, à mãe nutritiva em sua presença ou ausência, em sua vigilância ou indiferença. No fato de nutrir-se sempre existe esta raiz que nos faz encontrar na culinária algo que ultrapassa o nutritivo, um relicário de memória que se reaviva toda vez que comemos. Em outras palavras: não nos saciamos pura e simplesmente do alimento ingerido, mas principalmente do *sentido* que ele propicia. O prazer de comer, a degustação dos sabores é uma condição comum ao conjunto das culturas que não se satisfazem em usufruir dos alimentos da forma como a natureza os disponibiliza, mas segundo elas os selecionam e os preparam. Comer depende de uma sensualidade rotineira. O sabor do mundo se degusta em primeiro lugar na boca, ele é mastigado, na alegria de nutrir-se de manjares associados a uma história, a formas específicas de preparações, a alimentos reconhecidos e compartilhados com os outros. Comer é questão de sabor em todos os sentidos do termo.

---

6. SAMPEDRO, J.L. *Le sourire étrusque*. Paris: Métailié, 1997, p. 124.

O sabor cultural

Assim como toda cultura está convencida de ser a mais requintada e a mais coerente, ela se apercebe que sua cozinha é a melhor de todas e suas escolhas alimentares incontestáveis. Em 1691, Massialot, em seu prefácio à obra *Le cuisinier royal et bourgeois* (O cozinheiro real e burguês), escreve, por exemplo, com certa ingenuidade: "Nem sempre ou em todo lugar o homem é capaz deste discernimento que, aliás, é um esplendor de sua razão e de seu espírito [...]. Isso só ocorre na Europa, onde reinam a limpeza, o bom gosto e a sagacidade na condimentação das carnes [...], e onde faz-se justiça às dádivas maravilhosas da afortunada situação em face de outros climas; e podemos vangloriar-nos, principalmente na França, de sermos melhores do que todas as outras nações, como o somos em termos de polidez e em milhares de outras superioridades bastante conhecidas" (apud FLANDRIN, 1999: 292). A cozinha está de tal forma no coração da identidade cultural e social que cada sociedade se reconhece de maneira privilegiada num manjar predileto (cuscuz, guisado provençal, caldeirada de peixe, bacalhau à couve etc.). "Quantas medidas de arroz você comeu?", perguntam os chineses ou os vietnamitas, a fim de certificar-se se seu hóspede está suficientemente saciado. Para o cambojano, estar saciado é ter comido arroz. Para o Yao da Tailândia, comer é igualmente "comer arroz". Na França, nos ambientes populares, por muito tempo a "sopa" designou refeição, "petiscar" o pão compartilhado.

Às vezes os sabores e sua apreciação se subdividem de acordo com as diferenças de classe, de região, de idade, e até mesmo de sexo, segundo as formas de socialização dos comensais. Segundo os graus de conformidade social, estes gostos impõem-se à totalidade do grupo ou deixam certa margem à iniciativa individual.

410

Que um prato seja "muito" salgado ou condimentado, ou adocicado, é menos uma percepção individual do que um julgamento social interiorizado pelo indivíduo. Não se trata apenas de reconhecer, mas também de gostar ou não dos pratos oferecidos ao consumo. O prisma é ao mesmo tempo durável e jamais adquirido definitivamente, na medida em que o indivíduo descobre ao longo de suas experiências sabores que ele ignorava e dos quais adora ou não a estimulação. Seus encontros, suas experiências pessoais levam às vezes a transformar seus gostos e a deleitar-se com um sabor que outrora tendia a rejeitar.

O leque individual dos sabores não é, pois, uma fatalidade educativa, ele é uma soma de influências que as circunstâncias podem transformar, menos pela supressão dos gostos antigos ligados à infância do que por seu alargamento na direção de outros até então desconhecidos. Um exemplo é dado pelo navegador John Cook a propósito de sua tripulação, num contexto que lembra as experiências de Duncker ou Birch, sobre a influência dos mais velhos: "Quanto ao chucrute, no início, ninguém queria comê-lo; até o momento em que eu consegui introduzir seu uso graças a um método que nunca vi falhar junto aos marinheiros: trata-se de preparar o chucrute todos os dias e servi-lo à mesa, convidando todos os oficiais, sem exceção, a servir-se dele, sempre deixando os demais livres tanto para abster-se dele quanto para comê-lo com discrição; em menos de uma semana todos os homens a bordo pediam uma porção [...]; no momento em que eles percebem seus superiores aferrados ao valor desse alimento, este se torna o melhor do mundo, e seu inventor digno de estima"[7]. O gosto é uma postura provisória em face dos alimentos, e não um sistema imutável.

---

7. COOK, J. *Relations de voyages autour du monde*. Paris: La Découverte, 1998, p. 35.

O requinte do sabor é muito desenvolvido junto aos amantes da boa cozinha. Brillat-Savarin explica que os cozinheiros da Roma antiga sabiam reconhecer o sabor de um peixe pescado entre as pontes da velha cidade e outro que havia sido pescado para além delas. Juvenal (Sátira IV) cita um amigo cujo palato era tão sutil que "desde o primeiro bocado ele conseguia diferenciar uma ostra das Ilhas Circeias das procedentes dos rochedos do Lago Lucrin, ou das plataformas do Porto de Rutupiae, assim como, num piscar de olhos, ele sabia dizer em quais águas havia sido apanhado um ouriço-do-mar" (apud REVEL, 1985: 48). Na tradição chinesa do chá, o sabor da água tem uma importância vital. Mestre Lu Yu, um dos fundadores do rito, é o convidado de honra de um dignitário da alta linhagem, que lhe prepara um chá com uma água deleitável, colhida do centro de um riacho, reputada ser a mais deliciosa de todas. O mestre eleva sua xícara e bebe uma golada. Para a surpresa de seu anfitrião, Lu diz-se decepcionado com a água, parecendo-lhe de pífia qualidade. O anfitrião, perturbado, chama o funcionário responsável pelo aprovisionamento. Este nega qualquer negligência de sua parte: a água procede exatamente desse riacho de alta reputação. Lu Yu, impressionado, degusta novamente o chá. Ele reconhece seu sabor, mas sente igualmente a presença de uma água que não é mais a do centro do riacho, mas de suas margens, aí aonde ela perde suas qualidades. Surpreso, o funcionário confessa então que, em razão dos movimentos da embarcação, um pouco da água coletada derramou-se, e que, para completar a medida, ele acrescentou alguns bocados das águas das margens do riacho.

A qualidade da água, tanto na China quanto no Japão, é um elemento essencial na preparação do chá. Ela não deve prejudicar a beberagem e ser doce, fator que não concerne a todas as águas. Outrora, tão logo um amante do chá encontrasse uma fonte digna de sua arte, imediatamente sentia-se tomado de júbilo. Alguns eremitas, por exemplo, fixavam domicílio perto de uma fonte cujas águas eram reputadas. J. Blofeld resume a classificação oriunda da tradição, em relação às qualidades da água: primeiramente as que vertem de rochedos, ou que escorrem por sobre seixos destituídos de vegetação; em segundo lugar as oriundas das montanhas, e, subsequentemente, as das planícies não contaminadas, e, finalmente, as advindas de um riacho de correntezas rápidas, de poços, relegando as demais a um último recurso. O orvalho sobre as folhas recolhido pela manhã era de reconhecida excelência, mas raramente utilizado em razão da dificuldade de recolhê-lo (BLOFELD, 1997: 177).

Outra história mobiliza o pai adotivo de Lu Yu, outro mestre do chá, monge do mosteiro de Nage du Dragon. À época, Lu Yu estava a algum tempo afastado de seu pai. Após este afastamento, o monge havia renunciado ao chá. O imperador duvidava que o talento de Lu Yu fosse insuperável. Ele convidou então o monge ao seu palácio e lhe propôs um chá confeccionado por uma dama da corte, dotada de inigualável talento. O imperador anuncia ao hóspede que ele vai beber um chá superior ao de seu filho. O monge sorri, eleva a xícara, bebe uma golada e repõe a xícara sobre a mesa. A experiência não é conclusiva. Sem que o monge soubesse, Lu Yu também tinha sido convidado pelo imperador, mas para preparar o chá. Outra xícara foi oferecida ao monge. Ele a leva à boca e sorri novamente. Surpreendido pelo discernimento de seu hóspede, o imperador chama então Lu Yu e simplesmente observa o reencontro dos dois homens (BLOFELD, 1997: 28-29). J. Blofeld descreve uma série de acontecimentos do mesmo gênero, sempre evidenciando a fineza gustativa dos mestres do chá.

Um alimento nunca é absolutamente bom, mas somente para um palato particular. A cozinha dos gastrônomos não é a melhor, mas a que eles apreciam. Para os demais, ela seria intragável ou suscetível de muitas críticas. Ela não desfaz necessariamente a convicção de que a melhor comida é a caseira, ou a do pequeno restaurante onde costumeiramente alguém almoça. Rousseau, em sua obra *Les confessions* (As confissões), lamenta o constrangimento de ter que comer os manjares finamente elaborados por seus anfitriões, e sonha com as modestas omeletes ao cerefólio. "Eu não conheci, e não conheço ainda, uma comida melhor do que a servida numa refeição rústica. Com laticínios, ovos, queijos, ervas, pão de rolão ou vinho, sempre estamos seguros de regalar-nos bem"[8]. O sabor da água é reputado ser neutro, a imagem mesma do insípido. No entanto, ela é objeto de referência identitária em nome de sua excelência. Na Macedônia dos anos 50, Nicolas Bouvier o observa com espanto: "Os habitantes de Prilep, aliás, nem fazem caso da sua. Eles lhe atribuem um sabor pobre e comum. Eu nada percebi, mas quem em nossas ambiências se preocupa com o sabor da água? Aqui, é uma obcecação; eles te fazem andar uma dezena de quilômetros a pé para encontrar uma fonte cuja água é considerada excelente"[9]. Mas, sem dúvida, nenhuma água tem o sabor de outra água, e infinitesimais diferenças se encontram lá também, para induzir a preferências e a repulsões.

Os refugiados afegãos do Paquistão não cessam de dizer que a água de seu vilarejo de origem é melhor do que a que bebem em seu exílio. Esta última, superior no plano sanitário, para eles é insípida, desprovida de qualidades próprias às águas afegãs (CENTLI-VRES-DUMONT, 1996: 251). O conhecimento requintado dos sabores, e o prazer de descobri-los, é um traço da condição humana. "Os Inuits se comportam em *gourmets* e em conhecedores, da mesma forma que nossos apreciadores escolhem num menu suas os-

---

8. ROUSSEAU, J.-J. *Les confessions*. Paris: Livre de Poche, p. 72.

9. BOUVIER, N. *L'Usage du monde*. Paris: Payot, 1992, p. 67.

tras e as aguardam cheios de gulodice. Estes moradores do Ártico estudam texturas e sabores, decidindo comer tal espécie de peixe muito fresco e cru, e não outra, escolhendo o croquete da aorta do coração da foca anelada, ou se presenteando com a pele resistente da baleia, preferindo deixar de lado os pássaros migratórios para comê-los fritos, embora consumam seus 'patos residentes' crus" (ROUÉ, 1996: 179).

O melhor sabor é um prisma projetado sobre o alimento, uma filiação à infância ou a alguns momentos privilegiados da vida. Assim, um manjar conhecido, mas apresentado de maneira inabitual, corre o risco de causar frustração. "É possível preparar excelentemente uma sopa juliana (*lingue*) sem condimentá-la com a azeda, mas os que estão acostumados com esse condimento provavelmente dirão que a juliana fracassou" (apud MENNELL, 1987: 18). Nos anos de 1930, G. Orwell lastima-se ao ver o que ele denomina "bom alimento" ser deixado de lado pelas camadas populares inglesas: "O número de pessoas que, por uma questão de gosto, prefere ervilhas enlatadas e peixes em conserva, substituindo assim as ervilhas e os peixes frescos, de ano a ano deve aumentar; e muitos dos que teriam condições de misturar leite natural em seu chá preferem, por uma questão de gosto, o leite pasteurizado". Em sua indignação, Orwell não percebe seu etnocentrismo ao considerar "boa" apenas a comida com a qual ele costuma alimentar-se. De fato, com frequência as populações privadas da possibilidade de escolher entre um leque mais amplo e coagidas a nutrir-se dos mesmos alimentos, em princípio elas adoram o que habitualmente consomem. Elas transformam a necessidade em virtude, e regalam-se com o que está à mão. O "bom" sabor de um alimento não está vinculado a sua "qualidade", ao seu "custo", a sua "raridade", ao seu lado "saudável" ou "equilibrado", mas justamente ao gosto do comensal, ao seu sistema pessoal de valores, que não permite absolutizar nada.

Assim, o jesuíta Jean-Baptiste Saint-Just percebe na hóstia um "pão dos anjos (que) ultrapassa todos os sabores que satisfazem o gosto, indo muito além de todas as doçuras com as quais os nossos sentidos se deleitariam" (CAMPORESI, 1988: 181).

A alta culinária é primeiramente uma apreciação cultural que toca indivíduos habituados a um distanciamento crítico para com a alimentação. A novela de Karen Blixen, *Le Festin de Babette* (O banquete de Babette) ilustra perfeitamente as diferenças de gostos entre indivíduos de culturas diferentes. Aí aonde os bravos puritanos se satisfazem em nutrir-se do banquete arquitetado por Babette sem atrelar-lhe um prazer particular, o General Löwenhielm, habituado à boa comida, não se cansa de maravilhar-se, muito embora suas tentativas de compartilhar seu júbilo sempre se deparem com a indiferença gustativa dos comensais. "Ele lança então um olhar sobre os outros convivas: eles comiam passivamente seus *blinis Demidoff* sem qualquer estupefação ou aprovação, como se, todos os dias, ao longo de trinta anos, sempre tivessem feito aquilo." Aí aonde o general se extasia ao reconhecer o sabor de uma garrafa de vinho *Veuve Clicquot 1860*, seus companheiros de mesa não percebem senão uma "espécie de limonada". O puritanismo alimentar dos convivas, não obstante tudo, e sem que eles o percebam, é subvertido: suas palavras vão se soltando, e a sensação de prazer de uns eleva o espírito decaído dos demais. A comensalidade torna-se então uma espécie de milagre local que marcará a todos os presentes. Mas o prazer que os puritanos sentem em comer permanece inconsciente: em momento algum eles adotam um distanciamento estético daquilo que comem a fim de saborear mais requintadamente um manjar, contrariamente ao general que se maravilha ao menor bocado engolido e que exterioriza mil emoções a cada golada de vinho, reavivando em si as velhas e saudosas lembranças de antigos manjares culinários. Entre o general e os demais convivas existe uma diferença de gustação do mundo, uma divergência estética marcada por suas respectivas histórias e culturas. Não se trata do certo ou do errado. O uso cultural dos sentidos fala por si mesmo, inclusive à revelia do conviva.

Falar de "alta culinária", de "boa comida", portanto, remete a um juízo de valor sobre a cozinha, requer erigir em modelo o que depende em primeiro lugar da apreciação de uma categoria social que, por experiência própria, adquiriu os modos de comparar e julgar. Para desfrutar da "alta" culinária, o que mais importa é ter diversificado sua alimentação, é ter tomado uma distância moral em seus confrontos, a fim de sempre estar em condições de escolher entre os diferentes manjares. Dessa forma a preocupação recai menos sobre o nutrir-se (consequência subalterna) e mais sobre a degustação dos sabores desejados. A gastronomia testemunha uma distância lúdica do alimento, uma vontade deliberada de afagar o paladar dos comensais por preparações passíveis de serem julgadas por eles. Ela faz das refeições uma arte prática da deleitação, ela impõe aos conhecedores um discernimento e uma propensão aos discursos sobre a alimentação. Neste sentido, a gastronomia, entendida como busca de júbilo culinário em que a "alta" culinária é uma das variantes, é um fato antigo, indo de par com as estratificações sociais e associada mais às camadas sociais mais abastadas.

Gulodice e puritanismo

Segundo o Evangelista Mateus, aquele cujos olhos se voltam para o céu não alimenta absolutamente a preocupação de abandonar-se aos alimentos terrestres. "Por isso vos digo: não vos preocupeis com vossa vida, com o que comereis, nem com o corpo, com o que vestireis. Não será a vida mais do que o alimento e o corpo mais do que as vestes? Olhai os pássaros do céu: não semeiam, nem colhem, nem guardam em celeiros, mas o Pai celeste os alimenta. E vós não valeis muito mais do que eles?" (Mt 6,25-27). Para Santo Agostinho, os alimentos não dispensam nenhum sabor, eles são neutros: "Tu me ensinaste a somente tomar os alimentos como remédio. Mas, enquanto passo da impaciência da fome à calma da saciedade, a armadilha da cobiça espreita-me de soslaio"[10]. Ele ironiza dizendo que Adão perdeu o paraíso por causa de uma maçã. Por desconfiar das armadilhas das delícias! A comida gera sentimentos ambivalentes segundo as sociedades e de acordo com as visões do mundo em disputa. Os sistemas religiosos podem estabelecer jejuns ou festins, assim como valorizar ou desprezar os alimentos.

Sabidamente o mundo islâmico é hospitaleiro ao sabor da comida. As narrativas das *Mil e uma noites* abundam em descrições de manjares deliciosos aos olhos ou ao paladar dos protagonistas. A arte oriental das confeitarias, dos xaropes, dos méis, das frutas, das especiarias etc., é bastante conhecida. Ela farta as mesas, e sempre se faz presente nas festas ou nas visitas costumeiras entre vizinhos e parentes. Mas a glutonaria, em contrapartida, é condenada, da mesma forma que no cristianismo. O prazer por guloseimas é admissível, mas o excesso de comida jamais, mesmo a mais deliciosa. O homem deve saber controlar-se.

Gandhi, não obstante a riqueza e os sabores da culinária indiana, diz sua indiferença em relação ao hedonismo dos manjares: "Urge servir-se da comida da forma como se ingere um medicamento, isto é, sem questionar se ao paladar ela é agradável ou não; a quantidade suficiente às necessidades do corpo é a regra [...]. Comer seja lá o que for, ou simplesmente em razão de um sabor agradável, é infringir a regra [...]. Adicionar sal aos alimentos para aumentar-lhes ou transformar-lhes o sabor, ou para suprimir-lhes

---

10. AUGUSTIN. *Confessions*. Paris: Livre de Poche, 1947, p. 294.

a insipidez, é igualmente uma infração à regra"[11]. O alimento é um remédio meramente indispensável à sobrevivência, e seu excesso um erro a ser combatido; ele é estritamente utilitário, desvinculado de qualquer intenção outra, inclusive a vinculada ao seu sabor. O protestantismo, em sua versão puritana, condenou festas e banquetes, e igualmente rebaixou a comida a uma formalidade psicológica a ser saciada. Erasmo (mesmo não sendo um reformado) formula de maneira brutal este sentimento de que a comida é indigna das festividades da criatura predileta de Deus: "Desde minha juventude sempre considerei a comida e a bebida um remédio [...], e por diversas vezes lamentei a impossibilidade de viver sem comer ou beber".

Flandrin informa que, na língua francesa, a significação maior do termo *gastronomia* data de 1800, mesmo que esse termo já apareça em 1623, mas sem qualquer significação particular. Portanto, é a partir de 1800 que a culinária torna-se "objeto de um discurso" (ARON, 1973: 15). Obviamente essa arte discursiva relativa à culinária não deve ser de imediato atribuída a uma invenção europeia, visto que os glutões não esperaram a invenção do termo. "Os termos 'saboroso', 'guloseima', 'manjar fino' expressavam já na Idade Média o amor requintado à comida e à delicadeza do sabor" (FLANDRIN, 1992: 93). Para os romanos da Antiguidade, a glutonaria era uma paixão primeira: "Cozinhar é aliás tanto estimar quanto degustar; os grandes homens de Roma não desdenham associar seu nome a uma receita nova" (DUPONT, 1999).

Toussaint-Samat (1987: 377) lembra que na Antiguidade romana havia, à imagem dos lagares de vinhos reputados, criadouros de peixes. "Assim o atum podia proceder de Bizâncio ou não, e, além disso, ele devia ser pescado entre a aurora das Plêiades e o ocaso do

---

11. GANDHI. *Lettres à l'ashram*. Paris: Albin Michel, 1971, p. 47-48.

Arcturus. Neste particular um gastrônomo não podia enganar-se." A anila devia ser pescada no Lago de Garde ou no Estreito de Messina, onde ela era considerada a melhor. A merluza era reputada quando procedente de Pessiononte, e a dourada do Lago Lucrin. A história testemunha que um salmonete de aproximadamente dois quilos (*quatre livres*), leiloado por Tibério, foi vendido por uma fortuna a um gastrônomo, desbancando assim a oferta de Apicius, que pretendia comprá-lo. Plínio sublinha que as ostras do Lago Lucrin eram as mais saborosas, que os melhores lobos-do-mar eram os pescados entre as duas pontes do Tibre, que o melhor rodovalho procedia de Ravena e a moreia da Sicília etc. (PLINE, 1994: 143). "Comamos, bebamos e alegremo-nos, diz o Apóstolo Paulo, pois amanhã morreremos" (1Cor 15,32). Jesus participava dos banquetes e não fez nenhum discurso que desprezasse a comida. A imagem do monge que adora as boas coisas da vida, amante dos prazeres da boa mesa, tornou-se um lugar-comum. Se Santo Agostinho condena as delícias da boa mesa, sua reprovação tem pouca incidência sobre os fiéis. Obviamente, os ascetas, os místicos levam ao extremo o desprezo pela comida assim como condenam os vícios da carne. Algumas ordens monásticas dão prova de puritanismo alimentar, se esforçam em reduzir o prazer, transformando a comida em pura utilidade. Comer apenas para sobreviver. Hugo de São Vítor, no século XIII, admoesta os gastrônomos que buscam um alimento "muito precioso e delicado" ou "muito raro e inabitual" e jamais se sentem satisfeitos com os pratos ordinários. Ele denuncia os que não "conseguem deglutir senão coisas gordurosas e deliciosas", ou que "dedicam vão estudo preparando as carnes", que inventam "infinitos gêneros de decocções, frituras e condimentações" (FLANDRIN, 1992: 100). O propósito de Hugo não gera grandes efeitos. O protagonista de uma novela de Gentile Sermini, um padre, dissimula seu livro de cozinha sob a forma de um breviário: "Ele estava cheio de receitas de cozinheiros e enumerava todos os pratos e todas as guloseimas que se podia fazer, de qual maneira se devia cozinhá-las e com quais aromas e em qual estação, e não falava em outra coisa" (apud MONTANARI, 1995: 93). Quando a Igreja inventa os pecados capitais, após 1270, ela coloca a gulodice em quinto lugar: ela só é mortal em seus excessos, menos na degustação do que na gula. A embriaguez é nitidamente mais condenável, levando a desordens, a conflitos com os outros, à luxúria etc. O gastrônomo é uma figura da intemperança, e esta representa um remendo na ordem regida por Deus, que atribui a cada indivíduo um lugar rigoroso na hierarquia social. O glutão é antes o guloso, ele usa a comida para além do que convém ao seu *status* social. Os grandes burgueses excedem sua função ao oferecer mesas suntuosas, que deveriam continuar sendo um privilégio da nobreza ou dos notáveis da Igreja. A gulodice é um pecado de egoísmo, os burgueses dispensam ao seu uso uma comida que deveria ser mais equitativamente repartida. Seu excesso priva as classes pobres, mas muito rapidamente os burgueses aparecem como um fundamento essencial na hierarquia natural do mundo segundo Deus, e seus usos alimentares passam a ser legítimos aos olhos da Igreja. M. Vincent-Cassy sublinha então que a busca por sabores requintados é legítima nos lares nos quais o dever das mulheres é o de refazer a força dos esposos ao redor de pratos deliciosos.

No século XV, são os nobres que passam a ser acusados de glutões, sempre em nome de seus excessos, ao passo que o povo em geral vive na miséria. A suntuosidade das refeições da corte, por exemplo, contrasta terrivelmente com os milhões de esfomeados que vagam pelas estradas por causa da guerra. "A gulodice torna-se assim um meio de acusar os nobres e os séquitos do rei, um meio de responsabilizá-los pela fome e por exercerem uma função pública interessada apenas na produção de alimentos para os funcionários

cionários da guerra. Estamos no seio da Guerra dos Cem Anos, cujos fracassos da cavalaria francesa são estrondosos" (VINCENT-CASSY: 30). A Igreja critica os que comem em excesso e os acusa de se esquecerem dos esfomeados. A questão dos sabores é uma preocupação menor diante do desperdício no consumo de uns poucos cujo apetite não justifica absolutamente a função que exercem na sociedade.

Na sociedade francesa, não obstante tudo, considera-se que a revolução foi um momento essencial na história da culinária local, justamente pelo fato de ela devolver à sociedade civil um número considerável de cozinheiros que só prodigavam seus talentos junto aos nobres ou aos burgueses que pagavam por seus serviços. Mennell lembra, no entanto, que os primeiros restaurantes precedem de alguns anos a revolução, traduzindo assim uma mudança de sensibilidade culinária. A revolução, levando ao desemprego inúmeros cozinheiros, acelera esse momento (MENNELL, 1987: 197). O restaurante, diferentemente do albergue, da taverna, do restaurante popular, do café ou do *coffee-house*, da confeitaria ou de outros comércios alimentares, pretende impor-se através de um requinte culinário que não existe necessariamente em outros locais de comensalidades públicas, justamente por valer-se da qualidade de seus cozinheiros[12]. Os restaurantes abertos por estes homens rapidamente se transformam em paraísos da degustação. A função de "cozinheiro de restaurante" aos poucos foi expondo seus tentáculos, similarmente aos da classe dos gastrônomos, isto é, dos mestres na arte dos manjares. Assim, no século XIX, a cozinha francesa conheceu um prestígio considerável. Cozinheiros

---

12. Todos estes lugares são abertos ao povo, às discussões, aos encontros ou aos reencontros fora da esfera privada, uma espécie de atalho via alimentação ou beberagem que favorece a sociabilidade e a descontração comum. Habermas mostrou sua importância com pesquisas de opinião pública.

como Carême, ou gastrônomos como Grimod ou Brillat-Savarin, são seus símbolos. *Le manuel des amphitryons* (O manual dos anfitriões) de Grimod (1808), é sua primeira obra gastronômica.

Posteriormente à revolução, Grimod teve a ideia de criar um júri de especialistas que se reunia semanalmente para avaliar o teor dos pratos apresentados. "Um júri composto de maxilares respeitáveis, já envelhecidos na arte de degustar, e cujo palato, versado nas nuanças dessa arte, sabia como apreciar eximiamente o teor a ser julgado; indiscutivelmente, conclui Grimod, trata-se de um tribunal tão perfeito quanto qualquer instituição humana deveria sê-lo" (GRIMOD, 1997: 18). O *Almanach des Gourmands*, publicado anualmente, entre 1803 e 1812, acompanha essa iniciativa. A primeira edição oferece um "calendário nutritivo" detalhado, mês a mês, sobre os recursos culinários disponíveis, de acordo com as estações. Ele contém igualmente um "itinerário nutritivo", a trajetória de um *gourmand*, Grimod, que passeia por diversos bairros de Paris anotando a qualidade das cozinhas dos diferentes restaurantes ou mercados alimentícios. Grimod faz da cozinha uma arte.

Uma distinção se emoldura entre a cozinha doméstica (que pode ser igualmente deliciosa) e a cozinha profissional, esta dependendo das satisfações dadas à sua clientela, em segredo justamente, e submetida à concorrência. Os cozinheiros são coagidos à qualidade e à inovação, seu "sucesso dependerá do julgamento do primeiro que chegar, do dinheiro de seus clientes, e também, doravante, de uma nova corporação, que coloca sob vigilância a arte gastronômica: a corporação dos críticos" (REVEL, 1985: 244). O restaurante é hoje um lugar cômodo para se comer fora de casa por razões práticas obviamente, mas também para provar guloseimas e renovar o próprio prazer culinário, para sair da cozinha doméstica e ampliar as opções alimentícias sem ter que prepará-las na própria casa. O restaurante tornou-se o lugar memorável de uma festa gustativa e convivial.

Visão ou gustação do mundo

Para definir uma cultura, fala-se correntemente em visão do mundo, fazendo assim da visão um primado sensorial, mas poder-se-ia ao mesmo tempo evocar uma gustação do mundo, já que as categorias alimentares ordenam o mundo à sua maneira e comandam justamente o prazer de viver. O homem não se nutre de alimentos indiferentes, ele alimenta-se primeiramente de sentido. Comer é participar da própria cultura, compartilhar com os outros sabores e repugnâncias, preferências e indiferenças, molhos, cozimentos etc. Para serem consumidos, lembra Lévi-Strauss, os alimentos devem ser agradáveis à mente. A cozinha de uma comunidade humana é arbitrária e convencional. Na infinidade de substâncias comestíveis de um meio ambiente, ela não extrai senão uma ínfima parte para seus usos culinários particulares. O homem, dividido entre natureza e cultura, retira uma parte dos alimentos de seu meio ambiente, mas o faz segundo categorias de sentido e valores. Muitas sociedades desenvolvem uma gustação do mundo que depende de uma cosmologia.

Os Hausas distinguem facilmente os indivíduos através dos sabores. Uma criança é sem sal, ao passo que um homem maduro tem o sabor quente e condimentado. A comida quente e picante possui virtudes eróticas para o homem. As mulheres conhecem sabores diferentes segundo seu ciclo de vida. Uma jovem mulher apenas deflorada é ainda impregnada de doçura. Ela recebe uma comida adocicada, quente e condimentada. Ao inverso, uma mulher grávida não deve comer coisas muito doces e se lhe oferece uma comida especial, sem condimentos. "As disparidades da doçura refletem as normas de conduta inerentes aos indivíduos: a jovem mulher deve estar plena de desejo (metaforicamente equivalendo ao açúcar), a mãe deve evitar as relações sexuais senão o leite torna-se 'muito doce', suscitando a doença de seu filho. Assim, uma acumulação de doçura significa uma 'extensão do desejo' requerida da iniciada para um novo estatuto respectivamente de nova esposa" (RITCHIE, 1991: 200). Os Hausas possuem assim qualidades gustativas e térmicas que correspondem a seu estatuto e a sua progressão etária. A metáfora gustativa mede assim a dimensão moral da palavra dada. Uma pessoa que não come sal é tida por mentirosa, ao contrário daquela que o consome. Uma pessoa jura que comeu sal para confirmar que ela diz a verdade (RITCHIE, 1991: 201).

Na concepção aiurvédica da Índia, o corpo humano, como tudo o que existe no universo, é composto de uma proporção variada de cinco elementos: terra, água, fogo, vento e vazio. Os seis sabores dos aiurvedas solicitam este simbolismo, eles nascem da combinação variada dos elementos. Por exemplo: o sabor adocicado mistura de maneira dominante "terra" e "água". "Ao sabor ácido estaria associada uma combinação rica em elementos 'terra' e 'fogo'. O salgado corresponderia a uma combinação 'água' e 'fogo', o picante à combinação 'vento' e 'fogo', o amargo à dupla 'vento--vazio' e o adstringente à predominância dos elementos 'vento' e 'terra'" (MAZARS, 1995: 122). Os sabores complexos se deduzem da conjugação de dois ou mais sabores de base. Mazars soma assim quinze combinações de dois sabores, vinte de três, quinze de quatro, seis de cinco e um de seis, num total de sessenta e três sabores diferentes, acrescentando-lhes os seis sabores principais (p. 122). Estes sabores entram numa dietética relativamente às suas virtudes simbólicas. "A medicina aiurvédica ensina que as substâncias com sabor adocicado, ácido ou salgado acalmam o 'vento', mas irritam o 'fleuma', já que elas passam a conter principalmente terra e água. Ao contrário, as substâncias que são picantes, amargas ou adstringentes combatem os efeitos nocivos do 'fleuma', mas excitam o 'vento', já que são julgadas conter muito vento." Para além dos alimentos, o sabor do mundo é posto à prova.

Se a visão é um princípio essencial da espiritualidade hindu, através notadamente do *darsana* (infra) ou do tato (infra), como vias de contato com o divino, S. Pinard mostra que o sabor é um princípio de organização do mundo, e o hinduísmo igualmente uma gustação do mundo. Os deuses favorecem as chuvas, as condições propícias às boas colheitas; em troca os homens os alimentam. Eles são considerados glutões e apreciadores de seus alimentos específicos. Os homens mesmos são classificados gustativamente através de sua pertença à casta. Quando se apressam em conquistar o *darsana* de um santo ou de um renunciante, os hindus não estão somente em busca de um intercâmbio de olhares com o divino, mas também de uma troca de comida ao mesmo tempo recíproca e hierarquizada. Se os deuses consomem a oferenda à sua maneira, os restos são compartilhados pelos homens. Intercâmbio gustativo que recoloca em circulação uma comida santificada.

Os Tamuls consideram as terras como matrizes reais de cada um dos seis sabores. Cada casta vivia outrora sobre seu próprio domínio e intercambiava com a terra os sabores que a definia. Assim os sacerdotes residiam no cume das montanhas sobre terras adocicadas, ou os guerreiros sobre terras adstringentes etc. (PINARD, 1990: 90; DANIEL, 1987: 84). Aos poucos as castas foram se misturando em razão das relações sexuais, dos casamentos, dos deslocamentos, e dessa forma os solos e seus habitantes interromperam sua mútua correspondência. Nenhum solo e nenhuma casta já não são mais puros.

Entretanto, a casta anfitriã "imprime aos manjares sua marca, seu sabor". Os cozinheiros dessa casa, manipulando ou cozinhando o alimento, apropriam-se desse último, "comunicando-lhe o estatuto de seu *jati*". E "dessa forma eles fazem um corte ritual, uma reorganização específica dos ingredientes alimentares a fim de criar um determinado sabor, purificando os alimentos de todos os contatos anteriores com as castas produtoras ou comerciais" (PI-NARD, 1990: 91). Simbolização social daquilo que posteriormente é absorvido. Um dos deveres do brâmane é o "cozimento do mundo" (MALAMOUD, 1975).

Efetivamente, os alimentos que os homens dividem entre si são os restos dos manjares com os quais os deuses já se serviram. A hierarquia das castas é uma hierarquia gustativa, ela se traduz por aquilo que se come, pelas camadas sociais sentadas à mesa, e pela maneira com a qual os alimentos são preparados. Miríades de divisões sociais se multiplicam, e em razão diretamente proporcional às modalidades alimentares. Dessa forma, um indivíduo aceito à mesa de um anfitrião sente-se habilitado a um eventual casamento. O intercâmbio à mesa entre as famílias dos esposos traduz simbolicamente a aliança, reforçando inclusive a organização religiosa da sociedade. Que o hinduísmo seja um privilégio atribuído a uma gustação do mundo vincula-se ao fato "que uma pessoa só alcança sua libertação fazendo-se, ele ou ela ao mesmo tempo, deglutir e ser deglutida. Para realizar-se o *moksa*, "alma" individual ou *âtman*, que nos *upanishads* é denominada 'alimento', o *Brama* deve ser sacrificado, ele mesmo concebido como alimento" (PINARD, 1991: 226).

Para o pensamento chinês clássico, cuja origem é indiscutivelmente anterior ao século V de nossa era, o mundo e seus elementos se inscrevem no interior de um rigoroso sistema de correspondências. O corpo humano, no pensamento chinês, reverbera as pulsações do universo. Assim, carne humana e carne do mundo mutuamente se correspondem, e seus cinco elementos são orientados segundo o espaço e o tempo. No centro de seus pontos cardiais situa-se a terra, de onde emergem os cinco elementos (madeira, fogo, terra, metal, água), que correspondem às cinco estações (pri-

mavera, verão, fim do verão, outono, inverno), às cinco cores (azul-
-esverdeada, vermelha, amarela, branca e preta), às cinco direções
(este, sul, centro, oeste, norte), às cinco vísceras (baço, pulmões,
coração, fígado e rins), e aos cinco sabores (ácido, amargo, doce,
acre, salgado). A rotatividade do mundo sensível ou invisível se ordena segundo esta trama em que cada elemento encontra seu sentido provisório na dependência eterna do universo. A água é vetor
da energia invernal, ela marca a germinação, o desenvolvimento da
vida da qual ela é uma condição necessária, e reenvia à cor preta e
ao sabor salgado. A madeira representa a energia do renascimento,
o da primavera. Ela se entorta e se endireita. A cor verde e o sabor
ácido lhe são atribuídos. O fogo traduz a vitalidade do verão. Sua
natureza é queimar e elevar-se. A cor vermelha e o sabor amargo
lhe correspondem. O metal é a energia própria ao outono, ele é
duro e maleável. A cor branca e o sabor acre lhe são associados. A
terra é a energia do centro. Aí aonde vivem os homens. Princípio
vital, ela amadurece as sementes e produz a colheita. A cor amarela
e o sabor adocicado a acompanham.

Se a culinária chinesa é uma ética e uma gustação do mundo,
ela é igualmente uma dietética, isto é, uma reflexão simultânea sobre o alimentar-se e o cuidar-se. A comida é uma absorção racional
do sabor do mundo. Ao mesmo tempo, uma fruição gustativa e
uma ação terapêutica preventiva, ou, se quisermos, um remédio. A
escolha dos alimentos e a maneira de prepará-los obedecem a uma
rede de correspondências. "Falar em sabores é colocar em corre-
lação o que se come, o quando, a faixa etária, a ambiência, as circunstâncias da vida (casamento, luto, encontros, separações etc.),
as energias corporais, as vísceras, e tantos outros fatores determinados em função do sistema de correspondências fundado em cinco fases, bem como na alternância entre Yin e Yang" (KAMENA-
ROVIC, 1995: 112). À medida que comer responde à preocupação

428

de manter a harmonia do corpo no âmago do mundo, todo excesso de um sabor sobre o outro paga-se por um déficit em termos de saúde: ingerir sal em excesso expõe ao congelamento da "rede de animação corpórea"; muito amargo, ao enrugamento da pele; muito acre, à contração dos músculos e à dessecação das unhas; muito ácido, ao rachamento da pele; muito doce, à dor óssea e à perda de cabelos. Através de uma adequação própria a cada estação, o princípio da harmonia vela pelo equilíbrio dos sabores a fim de que a transparência ditosa do corpo no universo reine.

Nossas sociedades veem na insipidez o grau zero do sabor, a insignificância mesma daquilo que, à imagem dos hebreus nutridos com o maná no deserto, nenhum palato exigente saberia nutrir-se. Foge-se dos manjares ou das elaborações insípidas, busca-se antes o apogeu de uma sensação que oferece sem entraves seus melhores recursos e no instante desejado. No pensamento chinês, entretanto, a insipidez é o "valor neutro", ela está no âmago das coisas, sem, de imediato, ser impregnada de uma significação precisa. Ela é um poder de transformação infinito. Lao-tsé diz que o sábio "saboreia o não sabor". A poesia, a música, a comida se esforçam para desdobrar uma insipidez essencial, não por negligência ou indiferença, mas por vontade deliberada. No limite do retraimento do sensível, a insipidez abre à sensação de plenitude. Valor do neutro, ela não está aprisionada a um sabor; inesgotável, ela deve ser saboreada lentamente, dando sua inteira força à sensação. Os outros sabores cumulam o instante, mas desaparecem tão logo sentidos.

Elogio à pachorra, à imersão no mundo em si, a insipidez nega-se à exaltação imediata que em última análise deixa insatisfeito. Ela abre portas que ultrapassam os sabores. É assim que um poema é lido e relido, que um desenho paisagístico é visitado e revisitado pelos olhos, da mesma forma que uma música, uma caligrafia ou um prato são "degustados" para além das sensações imediatas suscitadas. Neles sempre há algo a mais. A força do neutro vincula-se à sua disponibilidade ao sentido, ela se aprofunda sem jamais esgotar-se, sua eficácia faz sua discrição. "O sabor nos vincula, a insipidez nos desvincula", escreve F. Julien (1991: 37). Ele rememora a distância que reúne as componentes do mundo sem deixar-se cativar por uma delas. Ele não brinca de seduzir, mas encoraja a iniciativa. "Deixe evoluir teu coração na insipidez-desvinculação, una teu sopro vital à indiferenciação geral. Se tu desposas o movimento espontâneo das coisas, sem permitir-te preferência individual, o mundo inteiro estará em paz", diz um sábio maoista (p. 38). A neutralidade da insipidez coloca em relação a infinita pluralidade do mundo. "O sabor opõe e separa, a insipidez religa entre si os diversos aspectos do real, os abre uns aos outros, os faz comunicar" (p. 47). O salgado não é o ácido, nem o doce o amargo, são sabores que se estancam em si mesmos, sem além. A insipidez somente faz coexistir os cinco sabores. Sua virtude de equilíbrio deixa atuar todas as combinações possíveis, ela as faz circular entre si. A emergência do sabor marca uma ruptura, a insipidez permanece no centro, ela autoriza o homem a corresponder sem esforços às transformações de seu universo. Não dispondo de nenhuma qualidade saliente, o homem de bem é insípido e modula sua atitude segundo as situações, sem encontrar obstáculos. Sua abertura ao mundo é uma medida de sua insipidez, de sua capacidade de manter-se no centro, no âmago secreto das coisas. Como o sugere F. Julien, o sábio participa de todas as virtudes sem se identificar com nenhuma, e ele permanece assim em contato direto num mundo em eterna transformação. A preponderância de uma virtude sobre outra o enfraqueceria. A insipidez é um princípio de harmonia. Ela abre ao desprendimento interior.

A gustação do mundo como caracterologia

O sabor das relações com os membros de outros grupos às vezes se exprime em termos culinários. O outro é um estereótipo daquilo que ele ingere, impressionando a imaginação da vizinhança. Frequentemente a representação se reveste de uma conotação pejorativa. No pior dos casos, diz-se do outro que ele cheira a "vômito", que ele é "nojento". Diante dele, todo sabor da relação interrompe-se na aversão. A cozinha do outro é aversiva como o é a sua pessoa, de alguma maneira simbolicamente contaminada por aquilo que a nutre. O conteúdo e a forma de consumir são delimitadores identitários poderosos, eles favorecem a estigmatização de outrem através do sentimento de que somente os comensais são dignos de confiança; quanto aos demais, os que se nutrem em outras mesas, de imediato são vistos com desconfiança e temor. O termo "esquimó", para designar os Inuits, reenvia ao termo *eskimantsik*, usado por seus vizinhos ameríndios e designando sob uma forma irônica os que "comem carne crua"[13]. Nas conversas de bar, os ingleses e os americanos chamam os franceses de "consumidores de rãs" (*froggies*). Os franceses replicam tratando-os de *rosbifs*. Os italianos, para os franceses, são *macarroni*, os belgas, para os mesmos franceses, "batatas fritas" etc. Os americanos chamam

---

13. Para M. Roué, esta etimologia é falsa, o termo significaria de fato, em montagnais*, "aquele que trança palmilhas para revestir calçados que servem para andar sobre a neve", e teria antes designado os índios do Norte (do Canadá). Por um mal-entendido, os baleeiros bascos teriam acreditado que este termo designava os Inuits. Esta falsa etimologia não é menos significativa, já que ela marca exatamente um julgamento de valor: "Se os índios não denegriram os Inuits ao chamá-los de 'comedores de carne crua', os observadores ocidentais, ao contrário, viram nesta observação tamanha graça que a repetiram à saciedade. Esta oposição fantasmagórica entre uns que comem alimentos cozidos e outros cru é interpretada como o equivalente entre civilizados, selvagens" (ROUÉ, 1996: 174) [*montagnais: povos habitando entre o subártico e o boreal do Quebec [N.T.]].

os alemães de *krauts* (chucrutes); os alsacianos são eles mesmos, para as outras regiões da França, "consumidores de chucrute".

Os Gilâni, população iraniana que mora na região de Gilaks, numa mistura de gozação e desprezo chamam seus vizinhos de "arâqi" (do Iraque); aos seus olhos os arâqi não passam de pobres "consumidores de pão de cevada". Outrora, um homem enraivecido contra sua mulher lhe dizia maldosamente: "Vá comer pão e morra!" Por volta de 1830, um viajante observa que os pais "gilaks" advertem seus filhos ameaçando-os de enviá-los para o Iraque (Arâq), aonde teriam o infortúnio de ter que consumir pão. Os iraquianos não são os únicos a ter profunda repulsa por azeitonas, carne bovina e principalmente peixe. Os Gilâni, aos seus olhos, são "consumidores de cabeças de peixes", algo para eles simplesmente repugnante (BROMBERGER, 1984: 12-13).

No Afeganistão do Norte, uma história circula sobre as principais comunidades que vivem por lá: "um uzbek, um tajik, um afegão e um árabe se reúnem, sentando-se diretamente sobre o solo ao redor de uma toalha estendida e repleta de alimentos. Cada qual se serve daquilo que mais gosta. O árabe serve-se de leite coalhado, o afegão de uma alface com cebola, o tajik de pilafe e o uzbek de tudo um pouco" (CENTLIVRES, 1984: 37). "Ventre de uzbek, bazar militar", dizem as más línguas. Na mesma área geográfica, os Jats, nômades mascates, marginais, são denominados "consumidores de porco-espinho"; os Hazaras, xiítas num país de maioria sunita, são acusados de comer animais mortos, o que simbolicamente os exclui da comunidade ortodoxa.

Incontáveis apelidos reportando-se ao registro alimentar visam a ridicularizar os outros. A comida comporta um valor identitário, ela serve para diferenciar-se do vizinho e para considerá-lo suspeito em razão daquilo que ele consome. "As pessoas de teu vilarejo são infelizes *socochileros* (consumidores de molhos apimentados)", diz um homem a sua esposa em Mixteca, no México. A uma mulher de um vilarejo nahua, que devia casar-se com um homem de um vilarejo vizinho, diz-se: "Mas como você vai sobreviver por lá, se eles só comem *pepetos* (uma espécie de sopa feita com sementes e flores de abóbora)?" (GOLOUBINOFF, 1996: 211).

O alimento que o homem ingere condiciona sua natureza. Ele é o que consome. Em muitas sociedades circulam caracterologias fundadas sobre as preferências culinárias. Para a medicina aiurvédica, por exemplo, a "pessoa cujo *manas* (mental) é dominado pela inércia de *tamas* adora alimentos ranços, odorantes, semicozidos ou desidratados. Preguiça, embrutecimento, instabilidade mental caracterizam sua personalidade. Um *manas* ativo, um rajá (rei de uma região da Índia), prefere alimentos condimentados, picantes ou amargos, e teria por traços característicos o orgulho, a impaciência, a sensualidade e a cólera. A pessoa dominada pela pureza de *sattva* tem pendor para alimentos adocicados e de sabor agradável que 'iluminam o intelecto e o espírito'" (KAKAR, 1997: 303).

O homem é assemelhado às qualidades emprestadas aos alimentos. Sua carne corresponde à matéria simbólica revestindo sua identidade. Ele tornou-se o que consumiu. Incorporando o alimento, ele incorpora-se nele. A magia simpática, isto é, a transição da qualidade de um objeto para outro por semelhança (a aparência das coisas condiciona sua substância, elas são o que parecem ser) ou por contágio (o que uma vez esteve em contato, assim permanecerá), produz solidariedades inesperadas entre a pessoa que consome e o objeto consumido. No registro alimentar, Frazer toma o exemplo dos Cherokees que "tomam o cuidado de não comerem rãs por desconfiarem que os ossos frágeis desses anfíbios venham a afetar os próprios ossos do consumidor. Eles não comem a carne de um animal indolente por medo de perder a agilidade, nem a carne de coelhos por medo de vaguear de um canto ao outro". Os que sofrem de dores na coluna jamais se alimentam de carne de esquilo, já que este, alimentando-se numa posição em que enverga ligeiramente as costas, agravaria o estado do consumidor. Uma mulher grávida jamais se nutriria de um tetraz, visto que a fêmea desse pássaro choca tamanha quantidade de ovos que poucos chegam à maturidade (FRAZER, 1981: 102). Em nossas sociedades, quem extrapola em energia geralmente é perguntado se, por acaso, ele consumiu carne de leão.

Um estudo de Nemeroff e Rozin (1989) é exemplar. Solicitou-se a um grupo de estudantes que avaliasse uma cultura exótica cuja existência fictícia não lhe fora revelada. Descreveu-se assim um determinado número de traços culturais e, numa primeira versão, explicou-se que os Chandorans caçam tartarugas marinhas para alimentar-se, e javalis pelo valor de suas presas. Numa segunda versão, informou-se que eles caçam as tartarugas somente em razão de sua carapaça, embora se nutram da carne dos javalis caçados. Cada estudante só conhece uma versão da história. Uma vez reunidos novamente em grupo, solicitou-se que cada pesquisado resumisse com uma série de adjetivos seu próprio parecer. Resultado: os que se alimentam de javalis são percebidos como portadores de qualidades mais próprias aos javalis do que os que se alimentam de tartarugas, e vice-versa. Uma segunda cultura fictícia, dos Hagis, reforça ainda mais a assimilação simbólica entre o consumidor e o tipo de alimento que ele consome. Trata-se dessa vez de uma população vegetariana que caça os elefantes somente por seu marfim, ou que come sua carne e somente planta legumes para vendê-los em outro vilarejo. Os resultados são igualmente claros: os que se alimentam dos elefantes se veem atribuídos de qualidades próprias aos elefantes, os outros, portadores de qualidades próprias aos vegetarianos.

C. Nemeroff mostra que estas crenças são gerais, que elas atravessam o inconsciente das culturas, alimentando julgamentos peremptórios sobre os outros. Uma pesquisa americana parte de um punhado de retratos imaginários, tomando o cuidado para que os únicos critérios discriminatórios realcem as condições alimentares. Alguns desses sujeitos fictícios são reputados comer alimentos conotativamente positivos (frutas, saladas, frango, batata etc.), e outros consumidores de alimentos reputados menos saudáveis (bife, hambúrguer, batata frita, frituras...). Os participantes da experiência devem atribuir uma série de adjetivos que qualifiquem os diferentes retratos. De maneira coerente, os consumidores de alimentos considerados "saudáveis" aparecem como indivíduos mais "morais" do que os que se alimentam com produtos tidos como "maléficos". "Em resumo, conclui Nemeroff, os americanos veem determinados alimentos como moralmente bons, outros como maus, e fazem julgamentos morais sobre os indivíduos em função do que eles consomem" (1994: 44).

Somos tão "bons quanto um pão", tão "doces quanto o mel" etc. O alimento ingerido contamina a identidade do consumidor. Rousseau o diz sem rodeios na *La nouvelle Héloïse* (A nova Heloísa): "Em geral, penso que frequentemente se poderia encontrar algum indício do caráter das pessoas na escolha de seus alimentos preferidos. Os italianos que comem muita verdura são efeminados e frouxos. E vós, ingleses, grandes consumidores de carne, tendes em vós inflexíveis virtudes um tanto quanto duras, com ranço de barbárie [...]. O francês, flexível e cambiante, alimenta-se de todos os manjares e se inclina a todas as características. Julie, ela mesma, poderia me servir de exemplo: pois, embora sensual e glutona em suas refeições, ela não adora nem carne, nem ragus, nem sal, e nunca saboreou um vinho puro"[14]. Brillat-Savarin está convencido de que os povos que se alimentam de peixes "são menos corajosos dos que consomem carne; eles são pálidos, o que não é nada espantoso, pois, de acordo com os elementos dos quais o peixe é composto, ele deve aumentar mais a linfa do que corrigir o sangue" (BRILLAT-SAVARIN, 1965: 104).

O sabor de viver

Na língua francesa notadamente, para além da aptidão de discriminar os paladares, o gosto/sabor reenvia a apetência pelos alimentos, a uma inclinação para determinados objetos, a uma capacidade de julgar as qualidades estéticas de uma obra, a um requinte particular, ao prazer envolvido numa atividade. Os trabalhos de Flandrin mostram, a partir do século XVII, a metamorforização do sabor alargando-se do culinário à vida em sociedade, à literatura, à pintura etc. O sabor presta-se ao debate, ele não é mais o refúgio da intimidade. Ele substitui as boas maneiras do século XII, ou a eloquência do século XVI. "O bom gosto, escreve Flandrin, é igualmente a primeira virtude social que, no quadro da vida mundana, se refere tanto à interioridade dos indivíduos quanto à sua aparência. A polidez ou a eloquência *vis-à-vis* de outrem. O próprio sabor, por sua vez, se refere também ao que os indivíduos são e ao que eles sentem na relação com as coisas" (FLANDRIN, 1986: 308-309). Uma distinção social pelo gosto/sabor surge então. Vincular-se a bons manjares atesta um requinte que deve encontrar seu prolongamento nas preferências literárias ou artísticas. O bom gosto é uma arte do discernimento dos sabores na relação com os

---

14. ROUSSEAU, J.-J. "La nouvelle Héloïse". *Oeuvres complètes*. Paris: La Pléiade, 1961, p. 452.

alimentos, e por extensão ele designa a qualidade de um olhar sobre o mundo, a apreciação do belo que exige fineza, discriminação, prazer. O sabor como estilo de uma relação com o objeto persegue em outra cena o sabor como trabalho da boca na determinação do sápido. Em seu *Dictionnaire Philosophique*, Voltaire escreve em 1764: "O sabor, este sentido, este dom de discernir nossos alimentos, produziu em todas as línguas conhecidas a metáfora que, pelo termo sabor, exprime o sentimento de magnificência das belezas e os defeitos de todas as artes: é um discernimento pronto, como o da língua e do palato, e que, como eles, precede a reflexão; como a língua e o palato, ele é sensível e voluptuoso aos olhos do bom; como eles, ele rejeita a falta de gosto com sublevação". O sabor é sempre uma significação através de um jogo de comparações visando a apreciar ou não um alimento ou um objeto.

Mas, se o sabor é uma qualidade do discernimento, compreende-se igualmente que a Palavra de Deus seja degustada como um manjar supremo. "Ele me disse: 'Filho de homem, come o que tens diante de ti! Come este rolo e vai falar à casa de Israel'. Eu abri a boca e ele me fez comer o rolo, dizendo: 'Filho de homem, alimenta teu ventre e sacia as entranhas com este rolo que te dou'. Eu o comi, e era doce como mel em minha boca. Ele me disse: 'Filho de homem, vai! Dirige-te à casa de Israel e fala-lhes com minhas palavras'" (Ez 3,1-4). A Palavra divina se mastiga, se degusta, se absorve na suavidade para ser transmitida alhures. A Bíblia evoca uma Palavra de Deus "mais doce que o mel" (Sl 19,11), "fruto deleitável" para os que a conhecem (Ct 2,3). São Boaventura, no século XIII, eleva a metáfora ao seu auge: "A doçura das criaturas enganou meu paladar, e eu não percebi que Tu és mais doce do que o mel. Pois foste Tu que conferiste ao mel e às criaturas sua doçura, ou, antes, tua própria doçura. Toda doçura, todo deleite não é outra coisa senão uma manifestação limitada de tua doçura [...]".

Oh, Jesus, fonte de toda doçura e de toda ternura, perdoa-me por não ter reconhecido em tua criatura nem degustado o amor interior de minha alma tua própria doçura inestimável e tua ternura doce como o mel" (GRANDJEAN, 1996: 518). A hóstia suscita igualmente uma gula rara, como junto a Felipe Néri: "Recebendo o Corpo do Senhor, ele experimentou uma extraordinária doçura, agindo exatamente como o fazem habitualmente os que degustam determinados manjares requintados; e pela mesma razão ele tinha o cuidado de servir-se de hóstias mais grossas, a fim de que estas espécies sagradas durassem mais tempo em sua boca e para que ele pudesse degustar mais desse levíssimo alimento [...]. Quando bebia o Sangue, ele lambia e sugava o cálice com tal ardor que parecia não querer largá-lo jamais" (apud CAMPORESI, 1989: 159-160).

Os alimentos espirituais não são menos saborosos ao crente do que os alimentos terrestres. Querendo definir os diferentes graus da fé, o Profeta recorre a uma metáfora gustativa: "O fiel que recita o Alcorão é como a laranja perfumada ao olfato e ao paladar. O fiel que não recita o Alcorão é semelhante à tâmara que não tem odor, mas que ao paladar é adocicada. O hipócrita que recita o Alcorão é como o buxo (arbusto sempre verde) cujo perfume é sempre agradável, mas seu fruto é de um sabor amargo. O hipócrita que não lê o Alcorão é semelhante à coloquíntida, cujo fruto é inodoro e amargo" (CHEBEL, 1995: 284).

O termo inglês *taste* procede do inglês medieval *tasten*, que traduz um exame pelo tato. A raiz latina do termo reenvia à *taxare*: tocar com precisão (ACKERMAN, 1991: 159). *Sapio*, para os latinos, tinha a significação metafórica de sentir com retidão. O dicionário *Le Robert* lembra que *savor* e *sapor* são termos que em latim guardam parentesco. O primeiro é oriundo do segundo. *Sapor* reenvia ao "paladar, ao sabor característico de uma coisa". *Sapor* é igualmente empregado figurativamente, por exemplo, ao se falar de um homem sem personalidade (*homo sine sapor*). É um derivado de *sapere*: "ter sabor". Da mesma forma, ligado à *sapere* (saber), sabor é utilizado no francês medieval (1440-1475) no sentido de "conhecimento de alguma coisa". Em outros termos: "Nada existe na sapiência que não tenha passado pela boca e pelo paladar, na sapidez" (SERRES, 1985: 177). Ter sabor ultrapassa a simples aptidão sensorial, mas testemunha uma capacidade notável de ordenar seu interior, de emitir um julgamento sobre as coisas, de apreciá-las. O sápido qualifica uma maneira de incorporar o mundo em si, de apropriar-se de sua substância. "No exato instante em que esse gole misturado com os farelos do biscoito tocou meu paladar, diz Proust, estremeci, atento ao que se passava de extraordinário em mim. Invadira-me um prazer delicioso, isolado, sem a noção de sua causa. Rapidamente se me tornaram indiferentes as vicissitudes da minha vida, inofensivos os seus desastres, ilusória a sua brevidade, da mesma forma como opera o amor, enchendo-me de uma essência preciosa; ou, antes, essa essência não estava em mim, ela era eu"[15].

O sentido do sabor é um qualificativo do prazer de viver. Degustamos a existência ou um prazer físico, o saboreamos, ou, ao inverso, julgamos a vida sem graça, sem sabor, insípida. Corrompemos um condimento assim como podemos arruinar uma situação promissora. Corremos então o risco de fazer-nos temperar. Degustamos a beleza de uma paisagem como o sabor de um manjar. Apimentamos uma ação como um prato cujo sabor convém ser realçado. Colocamos uma pitada de sal num acontecimento para realçar-lhe o sabor. Uma história é picante, salgada, apimentada, condimentada, crua etc. Um prazer acre, uma pena amarga[16], uma

---

15. PROUST, M. *Du côté de chez Swann*. Paris: Livre de Poche, p. 55.

16. "Numa língua algonquina, como em outras línguas de alhures, a noção de amargor ou amargura não se aplica somente ao sabor, mas também à 'dor e ao

brincadeira de gosto duvidoso, conversas ou cores mordazes, azedar-se com o clima, um negócio avinagrado, uma beleza cáustica, um caráter acerbo. Não se ignora a "salada" dos políticos que não preveem nada de "bom" senão "a própria sopa" que nos fazem engolir. Em muitas línguas a ambiguidade do discurso ou do caráter apela para uma metáfora culinária.

O vocabulário gustativo é particularmente adotado para frisar a tonalidade das relações sociais, a maneira com a qual elas são julgadas. No entanto, segundo os simbolismos próprios às sociedades, a qualificação metafórica cede espaço à materialidade dos manjares cujo sabor diz explicitamente um estado de espírito. Assim, na África Central, junto aos Gbayas, a palavra deslavada é sem sabor, ela não é "moída" juntamente com os ingredientes suscetíveis de condimentá-la, ela é fastidiosa ao ouvinte. Junto aos Dogons, a palavra é também um alimento. Se uma "boa palavra" assemelha-se a um banquete, um discurso descortês tira o apetite do ouvinte. A palavra contém água, óleo e grãos que germinam e crescem na pessoa do ouvinte, se ela é fecunda; mas perde seu efeito se ela é desprezível, vazia, "infrutífera", "desencarnada" ou "destituída de grãos". Como na culinária, a palavra é fruto de uma sábia e saborosa dosagem dos ingredientes que a compõem. Ela igualmente possui odor e sabor, é uma forma de alimento. E o sabor se transforma segundo o conteúdo da palavra: é "amarga como o fel" (a verdade, difícil de engolir), "doce como o mel" (a bajulação, não isenta de armadilhas), ou "agradavelmente salgada como a do griô"[17] recheada de humor (a melhor das palavras, um alimento cujo sal é bem dosado), ao passo que a palavra maldosa "tormenta

---

sofrimento', a acuidade da dor, às 'intempéries' do clima, a 'rouquidão' da voz, às cores 'berrantes', à sensibilidade da pele etc." (CHAMBERLAIN, 1903: 149).

17. Poeta e músico ambulante na África Negra [N.T.].

o fígado" (órgão sede dos sentimentos, da afetividade) (CALAME-
-GRIAULE, 1965: 56).

O prazer ou o azedume dos convivas pode igualmente ser
consequência da qualidade dos manjares, como o ilustra P. Stoller, junto aos Songhays, para os quais o sabor traduz uma moral
do mundo, uma maneira de dizer aos outros o sentimento que
os identificam. Os condimentos alimentares são um termômetro
sensível da qualidade das relações sociais, de sua proximidade ou
distância. "Urge servir comida com molhos encorpados e apimentados aos convidados socialmente afastados; quanto aos nossos
convivas costumeiros, basta servir-lhes molhos ralos e insípidos.
Entretanto, as cozinheiras geralmente 'queimam' estas regras (ao
servirem molhos ralos a novos convidados e molhos encorpados
aos que costumam frequentar a casa do anfitrião)" (STOLLER &
OLKES, 1990: 57). Junto aos Songhays, nosso autor sublinha a importância dos "molhos encorpados", fortemente condimentados
com pimentas de sabor acre, que eles particularmente apreciam,
não obstante seus efeitos levemente anestesiantes da língua e dos
lábios. Os molhos encorpados compõem-se de vários ingredientes,
diferentemente dos molhos ralos, cotidianamente servidos. "Para
os Songhays, o molho ralo é uma espécie de água adicionada ao feijão" (p. 59). Um belo dia, no entanto, Stoller e uma colega, convidados para uma refeição, se deparam com um jantar condimentado
com "um dos molhos mais intragável em terras africanas". Djebo,
a jovem cozinheira, de personalidade forte, mostra-se insatisfeita
com sua situação matrimonial e com as obrigações impostas pela
presença regular de convivas europeus, sempre convidados por seu
marido, que a obriga a preparar-lhes manjares suntuosos. Seu fracasso, após tentar fazer-se pagar sem o conhecimento do marido,
a leva a sinalizar sua cólera através da preparação de um tempero
simplesmente intragável. A rebelião de Djebo começara momentos

antes, quando ela preparava temperos encorpados, mas incorretos, não obstante os bons ingredientes, neutralizando assim possíveis críticas. O tempero ralo geralmente servido em lugar do tempero encorpado é uma linguagem precisa: os membros da família não podem mais ignorar sua insatisfação. O filho mais velho do anfitrião me diz: "Ela vos trata como nos trata, agora você é parte de nossa família" (p. 71). O sabor ou o azedume das relações sociais se duplica naquele dos manjares e de seus condimentos. Cuidado com aquele cuja presença não for apreciável. O sabor das relações sociais, junto aos Songhays, se traduz diretamente na culinária. Muitas sociedades qualificam gustativamente a qualidade do vínculo social. J.C. Kuipers (1991) o mostra igualmente junto aos Weyéwas do leste indonesiano. Nesta sociedade, um encontro entre amigos do mesmo sexo e da mesma geração, se ele durar por mais de algum instante, culmina numa troca de bétele e de nozes de arequeira que são mascadas. O intercâmbio dá-se sob uma varanda onde o anfitrião possui sua reserva oficial destinada aos convidados, juntamente com seu lote de frutas de bétele, um pequeno recipiente de limão para matar a sede e nozes de arequeira dispostas sobre uma esteira de pandâneas. No entanto, dissimuladas mais no interior da casa, destinadas aos convidados mais caros, encontra-se outra esteira com produtos mais gratificantes. A escolha de uma ou de outra esteira depende da qualidade da relação com o convidado. Os melhores alimentos vão para os melhores amigos, os outros para as pessoas menos conhecidas. Kuispers lembra-se de um jovem homem um pouco presunçoso que foi repelido impetuosamente pelo pai da filha que ele cobiçava. Num esforço prematuro para reatar um vínculo de intimidade com a família, o jovem mergulha sua mão na parte interior da cesta de bétele e joga o ingrediente encontrado em sua boca, mas era uma noz estragada. As diferentes maneiras de servir as nozes de arequeira ou outros ingredientes enviam, portanto, uma mensagem sobre o sabor da relação com o convidado.

Nesta sociedade, são igualmente as metáforas gustativas que dizem o sabor das mulheres, das plantações de arroz ou dos animais destinados a ser consumidos. Uma oposição radical distingue efetivamente o amargo do doce e qualifica a proibição ou a permissão social. Uma menina designada pelo termo *poddu* está impedida de casar-se, e ninguém ousa desrespeitar tal interdito. Ela é indigesta. Por exemplo, se seu pai no momento de seu nascimento prometeu uma festa para agradecer aos ancestrais, mas se esqueceu do engajamento. Enquanto não houver a festa prometida, a menina continuará *poddu*. Da mesma forma, se um homem quer sacrificar um animal, ele realiza uma pequena cerimônia para declará-lo *poddu*. Chegado o momento do sacrifício, outra cerimônia o requalifica de *koba*, isto é, "doce". Os campos de arroz são proibidos ou autorizados segundo as estações. "O alimento de sabor amargo é impróprio para o consumo, diz Kuispers (p. 123), e se ele é consumido por inadvertência, ele formula uma mensagem antissocial por ocasião de uma visita da pessoa; de forma idêntica uma mulher, um búfalo ou um campo de arroz são etiquetados amargos para torná-los inaptos ao consumo".

O sabor de viver comanda o gosto alimentar. A fome e a saciedade, ou o apetite que regula sua elação, jamais são fisiologia pura, objetivável em termos calóricos. A sensação de fome é uma tela de projeção em que se mede o "apetite" de viver. Podemos empanturrarmo-nos até morrer. Ou morrer jejuando. Perder o apetite após uma prova duríssima. Devorar o alimento ou lamber a ponta dos lábios. Em dias de depressão, todo alimento é insosso e nem um pouco atraente. Em dias jubilosos, ao contrário, qualquer comida presta-se ao deleite. Os dias ordinários oscilam entre a rotina dos manjares e a busca de um suplemento gustativo "para propiciar-se um pequeno prazer". A escolha do alimento, a disponibilidade a prepará-lo reflete o humor e as circunstâncias. A qualidade gustativa de uma refeição dá o tom à festa, uma vontade de outorgar-se uma guloseima para realçar a ambiência do dia. A qualidade do alimento, sempre subjetiva, é um barômetro do humor. A fortuna e os infortúnios do apetite são os da vida mesma de cada indivíduo. Para uma grande maioria, eles são igualmente uma consequência das relações antigas com a mãe.

A sensação de fome e a adequação da resposta a esta estimulação fisiológica são disposições inatas, como a linguagem, mas elas, como a língua, não existem senão recapturadas no interior de um sistema de sentido e de valores, isto é, no interior de uma cultura e de uma sociedade dada, da forma como elas se encarnam num indivíduo singular. Ter fome e comer não é tão evidente assim, como o ilustram os anoréxicos (DE TONNAC, 2005) ou os bulímicos. O apetite é uma afetividade em ato. Se a percepção das sensações proprioceptivas da fome é um dado inerente ao nascimento, uma disposição que não demanda senão desabrochar-se, como o fato de caminhar ou de falar, a educação e o clima afetivo em que a criança se banha determina sua orientação. A qualidade de presença da mãe é o fator que mais imprime sua marca na decifração pelo sujeito de seu sentimento de fome e na maneira de responder a esta sensação. As pessoas que passaram por importantes desordens alimentares foram confrontadas em sua primeira infância com respostas inapropriadas da mãe às suas necessidades alimentares. Às vezes a mãe empanturra a criança de comida, valorizando-a em demasia, em detrimento da ternura necessária. Ela pode, ao inverso, instaurar um ritmo de alimentação rígido, sem levar suficientemente em conta as demandas da criança. Ela pode igualmente ser desorganizada, marrenta, em suas maneiras de responder a essas demandas. Nestes diferentes casos, o resultado é estruturalmente o mesmo: a criança se sente confusa no reconhecimento de sua fome ou de sua saciedade (BRUCH, 1984).

A formação da criança exige efetivamente que ela receba da parte de seus próximos uma resposta adaptada, coerente, em termos de sinais repassados pelo adulto. Quando as demandas da criança, à origem um tanto quanto indiferenciadas, não são descodificadas e reforçadas por um código reconhecível e aceito, mas, ao contrário, recebidas de forma imprevisível, rigorista ou indiferente, sua função alimentar traduz suas dificuldades afetivas. Privada de referências apropriadas e afetuosas, a criança não distingue mais entre fome e saciedade. Nem a repleção nem a refeição são saboreadas de maneira propícia. Comer torna-se então uma fadiga ou um reflexo, destituído de qualquer parâmetro. A percepção dos sabores e o júbilo dos sentidos assumem assim um plano secundário, ou inexistem.

Daí o paradoxo da pessoa anoréxica que neutraliza a sensação de fome que ela experimenta não obstante sua infinita magreza e o risco de morrer de inanição, do obeso atormentado pelo temor de morrer de fome, ou do bulímico capaz de esvaziar um *freezer* em poucos minutos pela exigência imperiosa de satisfazer-se. A função alimentar torna-se uma tela de projeção das tensões psicológicas que rondam o sujeito. Quer se trate de um desejo de comer que nada o detenha, nem mesmo a saciedade, do nojo em face do alimento ou de uma recusa de alimentar-se que aniquila e compromete a sobrevivência, o sujeito faz uso dessas dissimulações como forma de resolver problemas existenciais e identitários. As desordens alimentares traduzem claramente uma desordem na vida do sujeito.

Estudos experimentais confirmam junto aos anoréxicos ou aos obesos uma ausência de decifração das estimulações orgânicas. Uma pesquisa de Silverstone e Russel comparando uma população-modelo de pacientes anoréxicos relativa à motilidade gástrica mostra que a atividade visceral é a mesma, mas, quando convidados a descrever suas sensações, os anoréxicos declaram não sentir nenhuma vontade de comer e não associam estes sinais de desprazer à fome. Outro estudo de Strukard observa o mesmo fenômeno em mulheres obesas submetidas ao jejum, e que não associam suas contrações estomacais à fome, contrariamente à população-modelo. O sujeito obeso reage particularmente aos estímulos externos, notadamente ao alimento ou à sua disponibilidade, ao passo que o sujeito sem alteração de seu comportamento alimentar é sensível principalmente aos estímulos internos. Outra experiência submete duas populações a uma solução de glicose. O sujeito que não sofre de nenhuma desordem alimentar descreve esta experiência como "agradável", mas, após ter-se saturado, ao longo de uma hora, ele confessa sua repugnância. O sujeito obeso não apresentou nenhuma transformação em seu habitual comportamento: a saciedade não inibiu sua imperiosa necessidade de ingerir glicose (BRUCH, 1984: 69). O sabor é absorvido no interior de um jogo de variações: seu valor é modificado, e inclusive transformado em dissabor, no caso de anorexia ou perda de apetite. Ele não tem um valor matemático ou químico, mas, antes, um valor afetivo que ronda a existência. Trata-se de uma potencialidade particularmente desenvolvida pelas circunstâncias.

Sabor e saciedade

A saciedade não depende exclusivamente do vocabulário alimentício, ela se estende à qualidade da existência. Segundo os textos bíblicos, "Jó morreu na velhice e apaziguado", a exemplo de Abraão, de Isaac e Davi. O prazer de viver não se limita a uma visão do mundo, ele é essencialmente uma degustação do mundo. O sabor dos alimentos é uma modulação entre sua qualidade intrínseca, a sensibilidade do indivíduo, mas também seu grau de saciedade. A sensação gustativa diminui ao longo da absorção do alimento e tende a saturar-se. Um bombom que fica um momento na boca e no mesmo lugar deve ser deslocado para produzir novas impressões. A adaptação ao sabor é proporcional à sua intensidade e ela difere segundo os sabores solicitados, sendo mais rápida para o adocicado e o salgado. Entretanto, a saturação de um sabor não impede que outros sejam ressentidos.

O grau de saciedade modula o apetite, mas também o sabor dos alimentos. Se o indivíduo continua a comer apesar de sentir-se saciado, o sabor e o prazer se atenuam, mesmo se ele estiver diante de um manjar ordinariamente apreciado. Comer sem apetite não leva absolutamente a apreciar um manjar. Ao inverso, a fome desperta uma sensibilidade aguda aos sabores. Ela proporciona um intenso prazer sensorial. Todo alimento parece delicioso ao homem esfomeado, ele degusta com admiração o mais simples prato. "O homem é um curioso animal, escreve Lu. Quando ele tem o que comer, seu gosto é particularmente requintado: que um prato seja salgado, leve, perfumado, adocicado, cozido ao ponto ou muito cozido, ele sabe perceber suas menores nuanças. Mas quando ele não tem nada para mastigar, a fome torna-se sua única preocupação: bastam-lhe três bolinhos de arroz (e não precisam ser da melhor qualidade), para que ele experimente uma alegria e uma satisfação indescritível" (LU, 1996: 104).

A fome, quando prolongada, desperta de maneira acentuada o sabor dos alimentos ausentes, ela aguça a memória, ao ponto de às vezes provocar uma definição nova da história passada. O homem esfomeado se pergunta como outrora ele pôde deixar um resto de sopa no prato ou ter recusado um segundo pedaço de bolo. Nos campos de extermínio, os deportados eram dominados pela ideia do alimento, eles reviviam incansavelmente de antigas refeições, imaginavam o que cozinhariam se um dia eles fossem libertados.

Primo Levi lembra uma dessas cenas: "Ele começou falando de sua casa em Viena e de sua mãe, depois desviou o discurso para o capítulo da culinária, e ei-lo agora extraviado numa recitação sem fim de não sei qual refeição de casamento ao longo da qual [...] ele não havia terminado sua terceira "pratada" de sopa de feijão. Todos o mandavam calar-se, mas dez minutos depois é Béla que começa a nos falar de seus campos húngaros, dos campos de milho, e de uma receita de polenta doce, com milho grelhado, e dos toucinhos, e de temperos, e... e os insultos e as maldições choviam sobre ele... e um terceiro começa então a desfiar seu próprio 'rosário'"[18]. Nos sonhos, nas discussões, a comida retorna de maneira lancinante. Para além de suas qualidades específicas, o sabor dos alimentos torna-se um símbolo da antiga perfeição do mundo, do qual o indivíduo foi expulso. "De minha deportação para os campos de concentração da Alemanha nazista carrego a lembrança de camaradas esfomeados sonhando com fabulosas receitas e impossíveis banquetes... E a primeira edição, excelente e inovadora, do *Maître de maison de sa cave à sa table* (Chefe de cozinha de sua cantina à sua mesa), de Roger Ribaud (1945), não foi ela concebida enquanto seu autor era prisioneiro de guerra na Alemanha, muito longe dos manjares e vinhos descritos, e com os quais sonhava para, em seus termos, 'apagar da lembrança os tempos de privações'?" (BARREAU, 1983: 320). As lendas sobre o país da fartura abundam, aliás, justamente aí aonde a comida é escassa; elas compensam no imaginário os sabores negados à vida real.

O sabor, no sentido de busca da melhor gustação para o indivíduo, só intervém se a saciedade é satisfeita, se a mesa não se sente ameaçada pela penúria. Se o alimento é raro, o hedonismo da preferência se ameniza, mas o prazer, apesar de tudo, intervém

---

18. LEVI, P. *Si c'est un home.* Paris: Pocket, 1987, p. 80.

de forma indireta, já que todo alimento ingerido com fome é digerido com júbilo, como se ele fosse o melhor do mundo. A fome e o prazer se intercomunicam. Em tempos de penúria, o alimento ordinário e banal é deliciosamente saboroso.

Não nos alimentamos somente de sabores, mas sua ausência engendra sensaboria e contrariedade. Para nossas sociedades, diferentemente da China, o insípido é o inimigo absoluto da culinária. Quando, no tempo de Moisés, os israelitas atravessam o Sinai, o alimento lhes cai do céu, sob a forma de um maná. Mesmo alimentando-se à saciedade, eles reclamam contra Moisés por tê-los tirado da escravidão do Egito, saudosos, sobretudo, de seus antigos alimentos. "Lembramo-nos dos peixes que comíamos no Egito, dos pepinos, melões, verduras, cebolas e alhos! Agora estamos definhando à míngua de tudo. Aqui não há outra coisa senão maná" (Nm 11,5-6). As circunstâncias, a penúria, por exemplo, obrigam a alimentar-se de qualquer coisa, mesmo que insossa. Comer para nutrir-se, não por prazer! "Os camponeses que por séculos consumiram pão escuro feito de centeio, sopas de trigo de segunda mão, panquecas de sorgo e polenta de milho moído, certamente desenvolveram uma adequação fisiológica a este tipo de alimento [...]. É evidente que eles teriam adorado alimentar-se de pão branco de farinha de trigo, mas este era um privilégio longamente reservado às elites e aos cidadãos" (CAPATTI & MONTANARI, 2002: 125).

Modernidade

Se, para inúmeras sociedades, a alimentação continua largamente sazonal, ligada ao acaso das estações e das colheitas, para uma larga parcela populacional do mundo atual ela vive uma "mestiçagem" generalizada: em nossos dias o consumidor é confrontado com possibilidades de optar por sabores advindos de todas as partes do planeta. "O país da fartura existe", diz ironicamente Montanari (1995: 210), ao menos para uma parcela economicamente privilegiada do mundo. Os imperativos de concorrência e a globalização afastam o que é próximo, tornando-o ultrapassado, anárquico, e aproximam o que é distante, tornando-o consumível e transformando-o em símbolo, em novidade. As quitandas ou supermercados estão hoje abalroados de produtos alimentícios exóticos. Caminhar por entre suas prateleiras é um desfile culinário imaginando pratos suscetíveis de serem preparados, é uma espécie de balada identitária para o imigrante ou exilado que ali busca os sabores de sua cultura, deixando-se invadir pela nostalgia.

Os *fast-foods* conhecem uma formidável paixão, não somente nas sociedades europeias onde eles contribuem na transformação da cultura gustativa, mas também no resto do mundo. A redução frequente da refeição a uma espécie de reflexo alimentar para satisfazer na urgência favorece sua frequentação e o lambiscar ao longo do dia. Os membros da família quase não comem mais juntos, cada qual se alimentando à sua hora ou ao seu retorno do trabalho ou da escola, preparando seu próprio prato em parte pré-cozido, bastando aquecê-lo. A comensalidade frequentemente não é mais conveniente. Em geral o alimentar-se moderno é solidário e apressado. O flanar regozijante do sabor não é mais seu horizonte. Ele encarna o pior da globalização, não a conjugação dos sabores, mas a redução a um mínimo permitindo sua difusão generalizada. Em qualquer parte do mundo, o mesmo produto tem o mesmo sabor e a mesma consistência, é barato e acessível.

Nesta culinária em que as opções são reduzidas, toda surpresa é excluída: "Se o teor amargo aumentou nos produtos transformados (licor amargo, chocolate, citrinos de confeitarias, de laticínios etc.), em parte ele é compensado por um escalonamento de sabor adocicado destes mesmos produtos", escreve J.-P. Corbeau (2000: 70).

Trata-se, por outro lado, de um alimento pego diretamente com a mão, de uma sensualidade mais imediata, mais regressiva que a refeição feita ao redor de uma mesa. O alimento é levado à boca sem nenhuma mediação, a estimulação olfativa é aguçada e se conjuga à tatilidade. Os imperativos de eficácia que dizem respeito a todos os aspectos da sociedade, a luta feroz contra todo flanar suscitaram o sucesso do *fast-food* ou do lanchar. Em nome da rapidez, da eficácia, come-se no escritório ou no *fast-food* local, não em busca de novos sabores, mas para alimentar-se, saciar-se por algumas horas. Ninguém senta para comer: come-se em pé mesmo, ao volante, ou anda-se com um sanduíche nas mãos. A comensalidade é menor, e os sabores secundários em relação à preocupação mais utilitária de alimentar-se obedecem ao imperativo de saciar-se o mais rapidamente possível.

Os sushis japoneses, ao contrário do que se esperava, tomaram conta das cidades ocidentais, propondo seus sortimentos de pedaços de peixes crus vindos diretamente do mar, sem outra preparação senão a de seu corte e a de sua disposição direta no prato. Mercados indianos, magrebinos, turcos, africanos e outros oferecem seus produtos nas cidades europeias. Os restaurantes chineses, japoneses, tailandeses, libaneses, italianos, gregos, espanhóis, portugueses, haitianos, mexicanos, brasileiros etc. drenam uma clientela em busca de uma refeição exótica. Come-se pizza em Nova Déli ou em plena capital carioca, hambúrgueres em Pequim e tacos mexicanos em Estrasburgo. Os mercados abundam de kiwis, de inhames, de mangas, de lechias etc., frutos ainda há pouco raros nos mercados mundiais. As condutas alimentares dependem sempre menos de normas culturais; elas tendem a descolar-se dos hábitos regionais da infância e colocam o indivíduo diante de uma ampla possibilidade de escolha de matérias-primas ou de produtos pré-preparados, geralmente exigindo apenas seu aquecimento. Esta profusão alimentar nem sempre é fonte de júbilo. Às vezes ela pode inclusive ser fonte de tragédias sociais (doença da vaca louca, gripe aviária, salmonelas etc.), em razão das condições sanitárias de produção, de armazenamento, de conservantes agregados etc. O consumidor estoca em sua geladeira produtos cuja origem nem sempre conhece, tampouco sua composição real ou sua procedência.

A simbólica da mesa se transforma. As jovens gerações, principalmente, imitam os hábitos alimentares de suas homólogas americanas. Não sem orgulhar-se, não obstante criando uma nova cultura do sabor, já que preferentemente consomem produtos de sabores com limiares gustativos suavizados e padronizados. Essas gerações desaprendem a sutileza do sabor. "A mostarda, suavizada, perde seu sabor; a cerveja, quase destituída de álcool, segue o mesmo caminho; especiarias picantes destituídas de seu sabor, café aguado, legumes fervilhados: eis alguns componentes dessa indiferenciação. O alimento, indiscernível, não se diferencia senão no rótulo, no nome ou no preço. É o vinho transformando-se em água. A América come insossamente", arremata M. Serres (1985: 202). Saturados de gordura e açúcar, estes alimentos satisfazem os jovens não educados a diferenciar os sabores ou a equilibrar suas refeições. Inúmeros observadores temem o enfraquecimento das miríades de nuanças gustativas para estas gerações acostumadas aos *fast-foods* ou aos pré-preparados. O sabor é oferecido antes por temperos que devem "suavizar" o "picante" (ketchup), e por bebidas com um forte sabor adocicado (coca-cola, sodas etc.).

Quanto aos produtos industrializados, sua difusão exige uma redefinição sensorial ao termo de uma série de análises de seu sabor, de seu odor, de seu aroma, de sua textura, de sua apresentação final etc. Todo lançamento de um novo produto é precedido de inúmeros estudos sobre sua recepção pelo consumidor. A reconfiguração do produto cria, por exemplo, um sabor de síntese mais "verdadeiro" que o da fruta que ele tenta "imitar". O produto aromatizado de morango ou de maçã supera o da fruta real, tornado no comércio cada vez mais insípido, mas, em contrapartida, cada vez mais gostoso, colorido, brilhante, artificializado. Sabor sintético de trufas, de morangos, de baunilhas etc., ou sabor mantido graças à adição de uma série de conservantes. "O prazer gustativo, escreve J.-P. Corbeau, passa pela emoção instantânea, simples, exagerada, violenta, efêmera. Tudo o que não for nem muito adocicado, nem muito salgado, nem muito condimentado, tudo o que não 'belisca', nem 'arranha', terá enorme dificuldade de impor sua sutileza" (1996: 323). A elevação dos limiares gustativos é corrente nos pré-cozidos, já que, aí ainda, o que importa é produzir um hipersabor de morangos ou de maçãs que acaba tornando insípido um morango ou uma maçã do quintal da casa para as papilas das crianças ou dos adolescentes. A refeição torna-se desde então uma mecânico-química e não mais uma culinária no sentido tradicional. As transformações sofridas hoje pelos alimentos os tornam inapreensíveis: é difícil imaginar como eles eram antes, após seu processamento, seu condicionamento e sua distribuição nos mercados. Eles se tornam, na expressão de C. Fishler, Ocni (objetos comestíveis não identificados).

As maçãs ou as peras, os pêssegos e muitas outras frutas dos supermercados não passam de um punhado de espécies selecionadas. Elas são verdadeiras obras de arte: belas, brilhantes, acompanhadas de um engenhoso *design*. Na ótica dos mercados, o que define a escolha dos consumidores é a bela aparência da fruta, convicta de que tal aparência faz-se acompanhar de um sabor incomparável. Mas estas frutas frequentemente só têm um sabor, e às vezes sua insipidez as leva à lixeira. O prazer de vê-las ou de apalpá-las não se dissolve em seu sabor. Ao inverso, a calibragem e a moldagem exclusivamente a partir das virtudes de sua aparência consequentemente provoca o desaparecimento do sabor. "O feijão, diz Serres, passou a ter o mesmo sabor que o da palavra que sai da boca para dizê-lo" (SERRES, 1985: 252).

Saborear a presença dos outros

Se o sabor aparece como um sentido que remete aos arcanos do sujeito, solidário em seu exercício, o recurso à palavra autoriza, no entanto, a compartilhar as experiências. A refeição implica uma comensalidade, um compartilhamento que remete as sensações à apreciação coletiva. "Não basta olhar o que se come, mas com quem se come [...], e não há nada mais saboroso e apetecível do que o sabor advindo da vida em sociedade"[19]. Saboreamos a presença de alguns com a mesma intensidade com a qual o convívio com outros nos corta o apetite. O sabor da refeição é então uma questão de qualidade relacional, ela é um tempero saboroso que transforma um prato simples num manjar estupendo. "Nada melhor à mesa do que um bom papo-furado", diz o adágio popular.

O casal descrito por I. Calvino na obra *Sous le soleil jaguar* (Sob o sol felino) substitui a intensidade perdida do desejo amoroso por uma busca de aliança através das impressões gustativas. Com certa ansiedade a mulher pergunta ao companheiro: "Percebestes como nossos incisivos simultaneamente trituraram uma bocada de composição idêntica, e que a mesma gota de aroma foi captada pelos receptores da minha e da tua língua?" (p. 35). Tentativa de conjurar uma perda por um compartilhamento do inapreensível, busca de restabelecer uma intimidade mútua através dos sabores!

A reciprocidade do ato de saborear implica a palavra. Grimod parece estar tão seguro disto que, não obstante a comida saborosa,

---

19. MONTAIGNE. *Essais*. T. 3. Paris: Garnier-Flammarion, 1969, p. 13.

a lei mais pesada para a ordem religiosa dos cartuxos parece ser a do silêncio à mesa. "Uma conversação animada nas refeições é tão salutar quando agradável. Ela favorece e acelera a digestão, bem como eleva o espírito e a serenidade da alma. Portanto, tanto moral quanto fisicamente, ela oferece um duplo benefício. E as melhores refeições, regidas pelo silêncio, sem sombra de dúvidas beneficiariam tanto o corpo quanto o espírito" (GRIMOD, 1997: 263). Daí a inclinação dos gastrônomos em congratular o cozinheiro, em expressar o prazer ou a decepção de um manjar ao rememorar circunstâncias precedentes em que experimentaram o mesmo prato, em lastimar ou louvar seu cozimento, a dosagem dos ingredientes, do tempero etc. Numa festa da oralidade o gustativo divide seu lugar de honra com a palavra. "Está provado, escreve Grimod, que só à mesa nos reconciliamos bem, e que as nuvens da indiferença e da desavença só são dissipadas pelo esplendor de uma boa comida" (GRIMOD, 1997: 83).

À mesa comum, o prazer de um sabor torna-se mais acentuado quando alguém a ele se refere de forma a despertar nos outros um sentimento de proximidade. A narração de uma refeição a prolonga por outras vias, ela faz renascer no imaginário os sabores. Lu conta as peripécias culinárias de um grupo de amigos cuja condição social ainda lhes autoriza serem gastrônomos na China dos anos de 1950. "Eles começaram evocando os manjares da cidade, trocando suas boas e desafortunadas impressões. Esta primeira parte da discussão se desenvolveu muito livremente. Mas urgia-lhes em seguida entrar no cerne da questão. Com muita seriedade, eles discutiram longamente o lugar aonde iriam tomar a refeição" (LU, 1996: 34). O sabor suscita outra forma de oralidade: a palavra. "Dois esposos amantes da boa mesa têm a ocasião agradável de ao menos uma vez por dia reunir-se, pois mesmo os que dormem separados podem partilhar da mesma mesa; eles sempre têm um tema de conversação reavivado; falam não somente daquilo que comem, mas, ainda, daquilo que comeram, daquilo que comerão, daquilo que observaram junto aos outros, dos pratos na moda, das novas invenções etc." (BRILLAT-SAVARIN, 1965: 159).

A refeição é uma celebração comum, uma culminação festiva do vínculo social. Cozinhar é um prazer apaziguante, uma dádiva de sabor e de sociabilidade com os outros, para os quais consagra-se tempo e engenhosidade na preparação dos manjares. Em contrapartida ele desperta regozijo gustativo nos convidados e sua saciedade. A partilha dos sabores responde ao prazer do estar juntos. Ele solicita o grupo familiar, os amigos, a comunidade, os hóspedes de passagem, os colegas, os vizinhos, os membros do clã etc. O comensal, o companheiro e a companheira reenviam etimologicamente àqueles com os quais se compartilha o pão. O alimento reúne os indivíduos ao redor de simbolismos comuns, mas também ao redor de pratos conhecidos ou descobertos para a ocasião, manjares estupendos ou fracassados. Em muitas sociedades humanas, um acontecimento notável da vida individual ou coletiva se traduz por uma celebração dos sabores através de comidas ou bebidas prodigadas pela circunstância. Ao inverso, nas abadias beneditinas onde come-se em silêncio, a punição imposta pelo abade ao irmão faltoso é fazê-lo comer sal, separadamente da mesa comunitária. Este movimento íntimo e solitário que é a gustação constrói uma comensalidade que dá toda a sua dimensão à culinária.

As refeições particulares, com seus manjares específicos ao mesmo tempo sazonais e também tradicionais, escandem o andamento do ano: natal e suas *bûches de Noël* (confeitarias) ou seus *fois gras* (fígado de pato cevado) na França; ganso assado nos Estados Unidos; *tortillas de patatas, besugo al horno* (dourada ao forno), *ternasco asado* (cordeiro assado) e seu cortejo de bolos (*torrones, mazapanes, guirlaches* etc.) na Espanha. Páscoa e seus ovos de chocolate, incluindo as festas nacionais como no dia 4 de julho nos Estados Unidos com seus tradicionais *hot-dogs* e grelhados; ou festas locais nas quais as comunidades expõem suas especialidades culinárias ou vinícolas etc. Os acontecimentos pessoais associando a família, os amigos ou os colegas são motivos de festividades culinárias: aniversários, sucesso num concurso, festas, promoções, aposentadoria, noivados, casamentos, e até mesmo por ocasião de sepultamentos. O convite visa a reaproximar os convivas, a cristalizar um vínculo ainda frágil ou a solidificá-lo, se ele já existia. Pelo fato de gostarmos da presença dos convivas, saboreamos os mesmos alimentos, distanciando-nos do ordinário à mesa. A condivisão dos sabores e a alegria comum de degustar bons pratos liberam a palavra e solidificam a amizade.

A comida compartilhada é sinal de coesão, símbolo tangível dos vínculos entre os indivíduos do mesmo grupo. O *vomitorium* dos romanos, acessório indispensável dos festins, marca a diferença radical entre o prazer de saborear, a partilha com os outros e a necessidade, finalmente secundária, de nutrir-se. F. Dupont é da opinião de que este uso é uma invenção, e que o termo *vomitorium* simplesmente designa as portas do anfiteatro. Mesmo que se trate de uma imaginação, a deriva é significativa. Antes da guerra, no Líbano, os produtos de confeitaria das festas xiitas e maronitas eram os mesmos: fritos ou assados ao forno, recheados ou não, eles eram feitos por ocasião de circunstâncias religiosas diferentes, mas testemunhava uma raiz cultural comum. Estas confeitarias são obviamente intercambiadas na mesma comunidade religiosa, mas os demais nunca eram esquecidos, e eram beneficiados graças aos vínculos de vizinhança ou de amizade (KANAFANI-ZAHAR, 1996). A refeição reafirma a aliança entre os homens. Os anglo--saxões falam de *clanship of porridge,* cujo objetivo é aperfeiçoar os laços de sangue.

Algumas populações conferem um direito particular aos comensais. Junto aos beduínos, as leis de hospitalidade protegem o viajante convidado a compartilhar a refeição sob a tenda. Investido de privilégios, mas igualmente de obrigações, o hóspede torna-se "ao mesmo tempo um sujeito de direito e um ser quase sagrado". As leis proíbem entregá-lo aos inimigos, abandoná-lo, tampouco vingar-se a despeito de um crime anteriormente cometido por ele. A responsabilidade do anfitrião permanece em vigor mesmo quando o hóspede se afasta do acampamento. "Enquanto o pão e o sal permanecem em seu ventre, sua proteção vigora, a não ser que outro anfitrião já o tenha acolhido em sua tenda" (CHELHOD, 1990: 19). O "direito do sal" confere ao viajante uma proteção radical sob toda a superfície "submetida à jurisdição do clã que o acolheu, ou que lhe deve lealdade, ou em vista da amizade para com ele" (p. 19). Obviamente, o hóspede consequentemente deve sentir-se comprometido, aceitando benevolamente o alimento que lhe é oferecido. A etiqueta exige, por exemplo, "que o convidado, a partir do momento em que se senta à mesa, e antes mesmo de começar a comer, que escolha um pedaço vistoso de carne e o ofereça ao chefe do alojamento, rogando-o que o faça chegar à sua esposa" (p. 20). Ele deve igualmente demonstrar deferência e respeito à tenda familiar que o acolhe. A desonra recai sobre quem desrespeitar suas obrigações de hóspede. Espera-se que este, ao deixar a tenda, mostre-se agradecido pela hospitalidade recebida. No entanto, as modalidades da comensalidade implicam às vezes manter-se a distância de um convidado, sem deixar de enviar-lhe um presente em forma de alimento ou bebida, que consumirá na solidão. Convidá-lo para uma refeição em comum significaria precisamente uma falta de hospitalidade, como, por exemplo, reza o costume junto aos Bambas.

Junto aos árabes do deserto, diz ainda Chelhod, o anfitrião "é ao mesmo tempo senhor, prisioneiro e poeta". A hospitalidade depende da lógica da dádiva ou da mesquinhez, ela contém seu sabor e suas exigências, dependendo dos dissabores ou não da personalidade do anfitrião. Um poeta árabe escreve: "Prefiro eng∩lir um punhado de terra a submeter-me à hospitalidade de um homem arrogante que se acredita meu credor pelo simples fato de ter-me oferecido um prato de comida" (p. 19). Em outro contexto social completamente diferente, na Grécia, encontramos esse mesmo vínculo entre "sal e pão" onde a mesa da hospitalidade foi pródiga, e a estadia parcialmente. "Nunca me esqueço do fato de me terem acolhido à mesa, e compartilhado comigo do mesmo pão. Mas não quero desejar-lhes nenhum mal" (LOUKATOS, 1990: 73). A refeição hospitaleira une os indivíduos numa reciprocidade amigável. Durkheim observou que outrora, "em diversas sociedades, as refeições comunitárias criavam entre os convivas um vínculo de parentesco artificial. Os parentes, efetivamente, são seres constituídos naturalmente da mesma carne e do mesmo sangue. Mas a alimentação refaz incessantemente a substância do organismo. Uma refeição comunitária, portanto, pode produzir o mesmo efeito de uma origem comum" (DURKHEIM, 1968: 481)[20].

Saborear o outro

Definindo o sentido que ele denomina "genésico", Brillat-Savarin explica que "a sensação deste sentido não tem nada em comum com

---

20. A presença das mulheres à mesa dos homens não é ainda um denominador comum. Ela frequentemente o é quando a função de cozinhar lhes permite uma folga. Alhures, elas preparam igualmente a comida, mas comem sozinhas, à parte, ou com outras mulheres, para não misturar-se aos homens. O estatuto social da mulher condiciona o compartilhamento ou não da refeição com o homem.

a do tato; ele reside num aparelho tão completo quanto a boca ou os olhos; e o que ele tem de particular é que cada sexo, tendo tudo o que é necessário para experimentar esta sensação, no entanto é necessário que os dois se unam para alcançar o objetivo que a natureza se propôs. E se o sabor, que tem por objetivo a conservação do indivíduo, é incontestavelmente um sentido, por mais razão ainda deve-se acordar este título aos órgãos destinados à conservação da espécie" (BRILLAT-SAVARIN, 1965: 40). Efetivamente as metáforas culinárias ou gustativas impregnam a linguagem da sexualidade.

"Nada mais agradável que observar uma bela mulher cheia de apetite em vias de alimentar-se, diz sem rodeios Brillat-Savarin: ela prepara seu prato com apreço; uma de suas mãos é pousada sobre a mesa; a outra leva à sua boca pequenas porções elegantemente cortadas, ou uma asa de perdiz a ser mastigada; seus olhos são brilhantes, seus lábios envernizados, sua conversação agradável, os movimentos todos graciosos; não falta nela aquela leve pitada de graça sedutora que todas as mulheres colocam em tudo o que fazem" (BRILLAT-SAVARIN, 1965: 157). Amar o outro é nutrir-se dele, saboreá-lo, devorá-lo, mastigá-lo, ter "fome" dele. O sexo é uma forma figurada da refeição, e vice-versa. Aliás, pode-se salivar, sentir água na boca, ter uma "fome sexual canina", ou "perda de apetite". Conversas giriescas ou metáforas correntes ilustram ainda este vínculo estreito entre consumir o alimento e desfrutar do corpo do outro. Na língua francesa diz-se que a mulher é "um filé", que é "apetecível", "crocante", "deliciosa", "carnuda", "deleitável", "comestível". Ou que ainda "está ao ponto", "tragável" e "bem-conservada". Ela pode ser "devorada com os olhos". Papos do gênero não são transferíveis ao sexo masculino. O amante diz à sua amada: "Tenho fome de ti", ou "quero devorar-te". "Meu chuchu", responde-lhe ternamente a companheira, se for um amor "devorador", que assim o seja. Nos Estados Unidos ela seria um *cookie*.

Os novos amantes vivem uma "lua de mel". Dizer "é maravilhoso", responde ao regozijo.

A paquera consiste em "preparar o prato". E quando a mulher "está ao ponto", "madura", depois de um "bom rescaldo", o sedutor pode "fartar-se" dela, sobretudo se ela responde ao conceito giriesco de "galinha", "franguinha". Os seios são comparados a maçãs, peras, melões e laranjas. Já os testículos se tornam nozes, o pênis uma banana, uma salsicha etc. A face feminina é assemelhada a um pomar: ela tem "olhos cor de amêndoa", "boca de cereja", "lábios polpudos", "pele de ameixa". Grimod de la Reynière explica sabiamente que "não resta dúvida de que cada coisa deste baixo mundo quer ser servida, colhida ou devorada em seu devido tempo; desde a jovem filha que não tem senão um instante para mostrar sua beleza em todo o seu frescor e sua virgindade explodindo, até a omelete que demanda ser consumida ao sair da frigideira" (1997: 41). Alhures ele se pergunta: "Qual é o glutão suficientemente depravado para preferir uma beleza magra e definhada a estes enormes e suculentos lombos carnudos das vacas da Limagne ou do Cotentin, que tiram do sério qualquer açougueiro e geram frissons em seus consumidores?" (p. 35). Sem sombra de dúvida Grimod é um dos autores que mais naturalmente assemelha a mulher a um alimento, beneficiando-a das propriedades deste último[21]. "Se a equivalência, para nós a mais familiar e sem dúvida a mais difundida no mundo, coloca o macho como consumidor, e a mulher como consumível, não podemos esquecer que a

---

21. Para Grimod, no entanto, uma refeição de qualidade não é questão de mulher, e ele a afasta da cozinha e da mesa, e no melhor dos casos ele a compara à sobremesa (como sobremesa?): "Já que a mulher não aprecia absolutamente um prato consistente, ela prefere as doçarias, já que ela mesma é um confeite consumido de várias formas"; ou ainda: "Em ocasiões especiais (gastronômicas), o ganso mais insosso supera a mulher mais amável. Mas depois do café o sexo reassume todos os seus direitos" (GRIMOD, 1997: 34).

formulação inversa é frequentemente dada no plano mítico no tema da *vagina dentata* que, de maneira significativa, é codificada em termos de alimentação" (LÉVI-STRAUSS, 1964: 131).

O festim do amor é um empanturramento de alimentos carnais. "Eu entro em meu jardim, minha irmã, minha noiva / para colher mirra e bálsamo / para comer o favo de mel / e beber meu vinho e meu leite", diz o bem-amado do Cântico dos Cânticos (5,1). O prazer à mesa e o prazer do amor são cúmplices, notadamente sob a égide da oralidade e da boca. "Os lábios, feitos para levar ao palato o sabor, devem contentar-se [...] com as ondas à superfície e com o chocar-se contra o fechamento da bochecha impenetrável e desejada", escreve Proust[22]. Curnonsky, para confundir os mesmos prazeres, acrescenta: "A boca nos é dada não somente para comer, mas também para acariciar... Todas as verdadeiras apaixonadas que tivemos a oportunidade de observar eram verdadeiras glutonas. O amor é uma guloseima. Perto do sofá que acolhe os apaixonados deveria sempre haver sorvetes, frutas e confeitarias delicadas. Determinados licores acompanham as carícias do flertar: rosólio (licor de pétalas de rosa maceradas), cremes de baunilha, marasquino (licor de cereja), mas, para reconfortar os amantes cansados, nada melhor que uma champanhe resfriada"[23] (apud CHATELET, 1977: 145).

Às vezes é a uma metáfora culinária que alguns grupos recorrem para nomear a situação sexual de um homem ou de uma mulher que retardam o casamento. Lévi-Strauss evoca ritos descritos por Van Gennep ao longo dos quais, na região de Saint-Omer, por exemplo, se uma irmã se casa antes de sua irmã mais velha, esta

---

22. PROUST, M. *Le côté de guermantes*. Paris: La Pléiade, p. 364.

23. Na utopia fourierista, os falansterianos são simultaneamente amantes e cozinheiros, eles conjugam os prazeres.

última é, ao longo da festa, pega à força e colocada na abóboda de um forno para que ela se aqueça e se torne mais sensível ao amor. Em outras regiões diz-se que "a irmã mais velha deve dançar sobre a abóboda do forno". Alhures exige-se que ela dance descalça, se não quiser incorrer no risco de comer uma salada de cebolas, de urtigas, de raízes, ou de trevo e aveia. Lévi-Strauss interpreta estes rituais como uma forma de oposição simbólica entre cozido (o forno) e cru (a salada). Trata-se de ritos visando os celibatários que ainda não entraram no mundo da "cultura", próximos ainda da "natureza". Por permanecerem longamente distantes da sexualidade, a mulher e o homem correm o risco de passar do cru ao pútrido, ou seja, correm o risco de perder a apetência. A referência ao forno é uma manobra simbólica para acelerar o 'cozimento', isto é, para apressar o ingresso nos intercâmbios sociais (LÉVI-STRAUSS, 1964: 344). Inúmeras línguas ou gírias empregam o mesmo termo para designar o ato sexual e o alimentar-se. "No ioruba, diz Lévi-Strauss, 'comer' e 'casar-se' remetem ao mesmo verbo, cujo sentido geral é o de 'conquistar', 'adquirir': uma espécie de uso simétrico do francês que aplica o verbo 'consumir' ao casamento e à refeição" (LÉVI-STRAUSS, 1962: 129).

Evocando diversas sociedades africanas, Lévi-Strauss insiste na similaridade entre sexualidade e culinária: "Na África, a arte culinária é comparada ao coito entre os esposos: 'Jogar lenha na fogueira significa copular. As pedras da lareira são as nádegas; a panela, a vagina: a concha, o pênis'" (1964: 301). Para os brasileiros, *comer*, na gíria, reenvia ao ato sexual, bem como ao próprio ato de alimentar-se. Um aborígene da Austrália central que coloca a questão "*Utna ilkukabaka?*" pergunta, segundo o contexto, se seu interlocutor se alimentou bem ou se fez amor (BARB & AMELAGOS, 1985). "Língua gulosa, rabo guloso", diz a esposa de Bath, no conto de Chaucer. O apetite sexual e o apetite bocal andam juntos, assim como a *abstinentia* implica a *continentia*.

Para os insulares de Tikopia, os mesmos termos se aplicam à sexualidade e à alimentação. E quando estes povos evocam a copulação, dizem que o sexo da mulher "come" o do homem. Tal é a conduta da mulher adúltera na Bíblia. Ela come, e em seguida se enxuga a boca dizendo: "Eu nada fiz de mal" (p. 30ss.). E Francisco de Sales, por ocasião da Contrarreforma, insiste com horror sobre as semelhanças entre o gozo sexual e o da glutonaria. Um necessariamente regendo o outro. Junto aos Fipas da Tanzânia, os humores sexuais são implicados no crescimento das plantas comestíveis. Na noite que precede o dia da semeadura, marido e mulher costumam ter relações sexuais. E o homem passa a noite tocando os órgãos genitais de sua companheira e os seus. Na manhã seguinte ele se levanta, e sem lavar-se esfrega as mãos impregnadas de sinais genitais na peneira de grãos que serão plantados na horta. Depois, com o recipiente entre as pernas, senta-se e repousa seu pênis sobre os grãos selecionados. E massageia então seu sexo com um cozido de painço misturado a uma substância destinada a favorecer o crescimento das plantas até ficar ereto. Ele espera assim que a colheita futura seja tão fecunda quanto à prefigurada por seu sexo ereto (FARB & AMELAGOS, 1985: 104).

O tema do coração e do fígado consumidos pelo(a) amante que muitas vezes retorna na literatura europeia antiga, aliás, em certa medida enraíza-se nesta ambiguidade entre gozar e comer. A estrutura da narrativa implica a vingança de uma mulher seduzida e abandonada ou a de um marido enganado que mata a(o) amante e a(o) faz consumir o coração ou o fígado daquela ou daquele que traiu. A infração às regras sociais do casamento e da sexualidade responde à do interdito alimentar que definitivamente anula a condição anterior do sujeito. Se ele podia trapacear em matéria de relação sexual ilícita, ele não pode desfazer-se da transgressão simbólica da linha de humanidade que constitui no imaginário social o canibalismo. O(a) culpável cometeu uma ação carnal, e deve ir simbolicamente até o fim, consumindo a carne do (ou da) parceira.

9 A CULINÁRIA DA REPUGNÂNCIA

> *Uma colherzinha de água vinda de um esgoto*
> *contaminará um barril de vinho, mas uma*
> *colherzinha de vinho não significará nada*
> *num barril de água de esgoto.*
>
> Rozin e Fallon (1987).

O horror do outro

A repugnância é essencialmente uma ameaça real ou simbólica ao sentimento de identidade. Perigo *para si*, para o *entre si*, ela instaura as fronteiras simbólicas que permitem situar-se de maneira coerente no interior da ambiguidade essencial do mundo. Inassimilável para si, princípio de destruição de uma identidade pessoal ou coletiva sempre precária, ela é irreversível, alteridade absoluta, inapelável. Por esta razão a repugnância é também um sentimento moral que provoca a repulsa de um indivíduo, de um grupo ou de uma situação. O divino Tirésias, confrontado com Édipo, que ignora ainda ter matado seu pai e desposado sua mãe, lhe diz: "Diria que és o assassino que procuras [...], já que és tu o impuro que manchas este país". A repugnância é uma "reação de defesa", o afastamento sem remissão de um perigo (KOLNAI, 1997: 27). Seu paradoxo, se compartilhado pelos membros de um mesmo grupo, é fundar o vínculo social sobre uma separação radical, assemelhar-se contra a abjeção, e simultaneamente diferenciar-se dos outros que apreciam seu objeto ou que não lhe dão muita atenção. Ela não é uma anomalia no seio do sistema cultural, e inscreve-se numa ordem global onde tudo se encaixa mais ou menos bem; não é uma fantasia individual ou coletiva, mas um princípio cultural aplicado a um objeto ou a uma situação. O repugnante recobre o além-fronteiras do pensável.

A repugnância não depende mais do gosto, mas daquilo que o torna insuportável. A oralidade é particularmente forte no sentimento que induz ao vômito, ao enojamento, à náusea etc., ou seja, nas metáforas de rejeição e não mais de absorção. Comer concerne menos ao alimento do que ao sentido que lhe é atribuído. Consumimos menos um manjar do que os valores que lhe são associados. Os gostos alimentares variam ao longo da história. Hoje ninguém mais frequenta os abatedouros para tomar um copo de sangue fresco para reconstituir-se. Se o queijo é o anfitrião obrigatório da maioria das nossas refeições, o mesmo não se dá em todas as culinárias, e outrora ele era objeto de forte reprovação. Entre a Idade Média e a Renascença, a fermentação é ressentida como uma mistura que desencadeia a magia e a ameaça. P. Camporesi evoca a inquietação experimentada diante do queijo após sua passagem do estado líquido ao sólido. A fermentação é vista como uma forma de putrefação. Sua malignidade é anunciada por seu odor nauseabundo, "sinal 'de matéria defunta' (Campanella), de resíduo em decomposição, de um corpo que começa a entrar em estado de decomposição e deletério, de substância putrescente nociva à saúde, que corrompeu terrivelmente os humores" (CAMPORESI, 1989: 13). Sua fetidez é um alerta, uma denúncia. Suas exalações são emissores de seu sabor e de sua natureza.

A repugnância ao queijo é tamanha que Marguerite-Marie Alacoque, mesmo inclinada à mortificação do corpo e seus sentidos, sofre duramente para superar seu horror. Ao entrar no convento, aliás, seu irmão curiosamente pediu às suas superioras que jamais a forçassem a comer queijo. No entanto ela teve que submeter-se à prova. "E para introduzir-me nesta prática, fui de tal forma assediada que eu não sabia mais o que deveria fazer, e parecia-me ser mais fácil entregar-me à morte do que submeter-me à tamanha violência. E certamente, se eu não tivesse apreciado mais minha vocação do que minha própria vida, eu teria abandonado a religião antes de submeter-me à prova imposta. Mas recalcitrei em vão, já que meu Senhor Supremo o exigia em sacrifício de mim mesma, do qual muitos outros dependiam" (CAMPORESI, 1986: 36). Ela se resigna violentando-se e torna-se mais maleável. Como a prova do queijo é um obstáculo temível no caminho da santidade!

Para um médico alemão cuja obra surge em 1643, o queijo, escória nociva, resulta dos excrementos do leite, ao contrário da manteiga, que encarna a parte mais nobre e boa. O queijo, indigno das pessoas distintas, é aos seus olhos uma "coisa grotesca e imunda" a ser abandonada aos miseráveis. Tal abjeção desonra o comensal, além de colocar em risco sua existência. Os amantes dos queijos são "degenerados", degustadores de substâncias putrefatas e perigosas para o movimento dos humores que regem a harmonia do corpo. A única diferença entre o queijo e o excremento, diz P. Lotichio numa obra de 1643, é a cor. Resumindo suas proposições hostis, Camporesi escreve: "o queijo engendra nos obscuros meandros esplâncnicos, nas dobras das entranhas humanas, pequenos monstros repugnantes, aumentando assim a podridão preexistente. Engolir queijo era o melhor meio de fazer do estômago um viveiro de lombrigas, terreno predileto de engorda de nojentos ascárides vermículos que, por sua vez, se empanturravam da carne de criadores idiotas" (CAMPORESI, 1989: 15). Só os bárbaros podiam alimentar-se destes elementos em estado de putrefação. Isto não impedia os laticínios de circular em todas as classes da sociedade, mas suscitando vivas polêmicas entre seus detratores e seus amantes.

Remédios estercorários

Angyal (1941) faz do excremento o cúmulo da repugnância, reenviando a condição humana à derrisão, lembrando-lhe sem escapatória sua cumplicidade com o animal. Matéria orgânica em decomposição, rastro abjeto do outro, a visão do excremento é muitas vezes citada como motivo de repugnância, notadamente quando a descarga de um vaso sanitário não é feita. A apresentação da repugnância de outrem pela linguagem convida a uma qualificação excrementícia: "É um merda", uma "borradela", um "esterco" etc. Trata-se de uma forma de rebaixamento extremo do outro.

No entanto, de longa data, nossas sociedades ocidentais viram no excremento animal ou humano um remédio propício à cura de muitas afecções. Os textos de Plínio abundam em receitas médicas desta sorte: a bosta de ovelha ou os excrementos do crocodilo ou do hipopótamo são eficazes contra as dores nos olhos; as titicas de galinha curam os envenenamentos por cogumelos ou flatulências; o esterco de cavalo cura as dores de ouvido. Os excrementos de hipopótamo utilizados em fumigações tratam as febres catarrais. Trata-se de anotações esparsas, mas as longas listas de Plínio invocam um bestiário enorme rendendo glória às bostas, aos estercos, às fezes e aos excrementos. Parece que todas as matérias fecais animais encobrem tesouros terapêuticos, da febre às queimaduras, da gota à icterícia, dos problemas oculares aos da audição, das picadas de cobras às doenças hereditárias; poucos males são esquecidos.

Outros autores prolongam a mesma veia estercorária. Galeano, fazendo apenas algumas reservas quanto ao odor, não desdenha o emprego dos excrementos do bestiário ou dos animais domésticos. Seguramente, os excrementos humanos são homenageados. A aplicação de uma compressa feita de fezes de uma criança recém-nascida cura a esterilidade, os excrementos humanos frescos acalmam as feridas inflamadas; emplastros de matérias fecais curam as anginas. Galeano cita o exemplo de fezes de uma criança secas e misturadas ao mel para o tratamento da tísica. Lutero louva a Deus em seus *Propos de table* (Conversas à mesa) por Ele ter colocado "no excremento dos animais remédios tão importantes e tão úteis. Sabemos por experiência que as fezes de porca estancam o sangue e as do cavalo servem para a pleurisia. As fezes do homem curam as feridas e as pústulas negras. As fezes do burro, misturadas a outras, são usadas em caso de disenteria; a bosta de vaca misturada com rosas é um grande remédio para a epilepsia que ataca as crianças".

Jerônimo, conselheiro das damas de 382 a 385, se insurge contra a propensão destas mulheres de se borrar o rosto de excrementos para conservar o frescor da pele. Não exatamente em razão deste uso, mas por suas preocupações com a aparência e com as frivolidades da existência em detrimento da alma. Tal recurso é sublimado alguns séculos mais tarde. A destilação dos excrementos propicia às mulheres preocupadas com sua beleza uma maravilhosa água rejuvenescedora para passar em seus corpos. Desde então, a destilação da urina "faz crescer os cabelos, embeleza a pele, oferece uma cor firme, apaga as cicatrizes e a aspereza das mãos" (LAPORTE, 1978: 90). O imaginário estercoral de fato une "substância igualando o mito da água rejuvenescedora em suas qualidades de embelezar o corpo" (LAPORTE, 1978: 90). As matérias fecais, destiladas ou brutas, constituem por longo tempo um cosmético de escolha que as mulheres de mal com sua juventude ou preocupadas em jamais envelhecer utilizam abundantemente. Um médico conta ter conhecido uma mulher distinta que, graças ao uso cotidiano da água estercoral havia conservado até a sua idade avançada uma sedução intacta. Mas ela velava ciosamente para ter sempre um produto da melhor qualidade, recorrendo para tanto a um jovem doméstico em plena saúde "cujo cuidado era satisfazer as necessidades da natureza numa bacia de cobre estanhado [...]. Uma vez o serviço feito, a bacia era imediatamente tampada, de medo que seu conteúdo se perdesse, e logo que o jovem percebesse que o todo estava resfriado, recolhia cuidadosamente a água que se encontrava grudada na tampa; ele a colocava num frasco para ser conservada como um perfume precioso para a toalete de sua patroa. Esta dama não deixava de lavar-se o rosto e as mãos todos os dias, e, por este farto odorante, ela havia encontrado o segredo de conservar-se bela durante toda a sua vida" (p. 90).

O óleo de excrementos humanos (*oleum ex stercore distillatum*) é ainda correntemente usado no século XVIII para aliviar os cancros e as fístulas, diminuir a queda de cabelos, apagar as cicatrizes ou acalmar os epiléticos. Os tratados da época insistem no fato de que, para a fabricação deste óleo, somente os excrementos de um homem jovem são utilizáveis, e não os de uma criança ou os de um idoso. Em 1696, em Frankfurt, Paullini publica uma farmacopeia excrementícia em que enumera os incontáveis remédios estercorários, indicando seu uso terapêutico. Também neste caso, há vários séculos de Plínio, ficamos estarrecidos com a abrangência dos males assim tratados: perda de virilidade, cálculo, calos, piolhos, obstrução do fígado, pleurisia, vermes, deslocamento do útero, indisposições menstruais, envenenamentos etc. Também aprendemos que os excrementos do asno, usados externamente, são eficazes contra a demência, os do bufo contra a melancolia, mas os do homem, de uso interno, são apropriados às manias. Os excrementos do pavão ou do cavalo, de uso interno, são recomendados contra a paralisia.

Alguns anos mais tarde, Schurig aborda em sua *Chylologia* (1725) os empregos terapêuticos da urina, do esperma, do húmus extraído dos cadáveres etc. e, sobretudo, por sua vez propõe o mesmo inventário edificante dos males e dos remédios estercorários. Assim, contra a angina peitoral informa a existência de um remédio poderoso, de uso interno: as fezes de uma criança, após ela ter se alimentado de carne de coelho. Contra toda uma série de doenças dermatológicas, cataplasmas quentes de excrementos humanos são bálsamos reputados. A água de *millefleurs*, produto da destilação do esterco de vaca, é um remédio corrente. Bachelard lembra que sob este vocábulo se dissimulava de fato a urina de vaca que se levava quente a um doente mantido em jejum[1]. O redator da *Enciclopédia* fala nestes termos destas cacas (*album graecum*): "Vários autores, como Ettmuller e outros, deram muitas propriedades ao *album graecum*; eles o celebraram como sendo sudorífico, atenuante, febrífugo, vulnerário, emoliente, hidragogo, específico nas escrófulas, na angina e em todas as doenças da garganta". Este emprego dos *stercora* conheceu uma real paixão que continuou viva até meados do século XIX.

Numa obra antiga, Bourke faz referência à atenção particular da qual outrora eram objeto os produtos das defecações do Grande Lama do Tibet. Estas eram recolhidas com cuidado e serviam na confecção de amuletos após sua secagem, ao passo que sua urina era ingerida como um remédio eficaz. Os excrementos do Grande Lama, explica Bourke, citando o testemunho de inúmeros viajantes, eram carregados notadamente em forma de pó em pequenos saquinhos e aplicados no pescoço (BOURKE, 1981: 83).

---

1. BACHELARD, G. *La formation de l'esprit scientifique*. Paris: Vrin, 1993, p. 179.

A carne humana, remédio universal

Se os europeus assumem uma pose indignada para denunciar o horror do canibalismo, eles esquecem que os remédios à base de matérias humanas continuam sendo uma prática corrente na Renascença. A medicina ocidental foi longamente hospitaleira ao adágio *homo homini salus*, princípio segundo o qual o homem é o melhor remédio do homem. Por longo tempo em nossas sociedades o corpo humano é consumido sob a forma de preparações medicinais, longe de qualquer preocupação gastronômica, sendo que o horror de tal ato realçava no imaginário popular o poder terapêutico do produto. Obviamente não se degusta uma carne suculenta enriquecida por molhos raros, mas faz-se violência para cuidar de um ferimento, acalmar uma dor, fortificar-se etc. A carne é um remédio, não é um alimento. O homem contém nas substâncias que o compõem medicamentos essenciais; ele encerra, sem sabê-lo, a salvação dos doentes que não poderiam curar-se outramente. O corpo humano não é ainda um sinal da individuação. O individualismo ainda não fez do corpo uma propriedade fechada em si mesma, enunciando a singularidade de um homem. No regime comunitário, o corpo é o da espécie, do grupo. O cosmos está no homem, como o homem está no cosmos. Carne do homem e carne do mundo se entrelaçam. Assim, não há nenhum vestígio da carne que não seja precioso e favorável a quem sabe transformá-lo em remédio (ou maléfico, tratando-se de práticas de bruxaria). Muitos destes medicamentos são de uso externo (pomadas, unguentos, pele preparada em correias contra a histeria ou espasmos, pedaços de corpos secados aplicados a um doente sobre as mesmas partes que o fazem sofrer, fragmentos ósseos provenientes de acidentes etc.). Mas são também de uso interno (elixir, xaropes, pílulas, comprimidos, electuários, pó seco etc.).

Ter atravessado a morte é para estes medicamentos paradoxais o penhor de uma memória implícita e como homeopática, dando ao homem em luta contra a doença a melhor resistência. O caráter sagrado do corpo e o desvio operado de sua destinação ritual para a terra conferem a este uso terapêutico um poder maior. Os ossos reduzidos a cinzas misturados à sopa ou ao vinho são ornados de mil virtudes. O suor dos mortos é benéfico contra as hemorroidas. O licor ou o óleo do cérebro humano e o pó do crânio dessecado são utilizados contra a epilepsia. A acme, uma espécie de creme recolhido das velhas cabeças de mortos, é um remédio reputado. O creme deveria proceder do crânio de um enforcado? A opinião comum pretendia que as virtudes deste maná eram afinadas junto a um homem que nunca tivesse sido enterrado, e particularmente junto aos brutalmente assassinados[2].

A gordura humana conhece uma utilização fervorosa. P. Ariès dá uma receita de uma "água divina" propícia a aliviar inúmeras doenças, segundo Garman (1640-1708), um médico de Dresde: "Tomamos o cadáver de um homem outrora em boa saúde, escreve Ariès, mas morto violentamente, o esquartejamos em pequeníssimos pedaços, carne, ossos e vísceras, misturamos o todo direitinho e em seguida o reduzimos em líquido num alambique"[3]. Numa de suas obras, Bérangario gaba a maravilhosa eficácia de seu cerato humano: "Eu sempre vi e aprendi a observar isto dos mais velhos de minha família, escreve Bérangario: que a múmia que deve fazer parte deste cerato deve ser de uma porção de cabeça humana, e esta múmia da qual falo é de carne humana dessecada..." E em seguida ele dá a descrição deste remédio em que o leite de mulher e a múmia

---

2. MURRAY, D. *Museums* – Their history and their use. Glasgow, 1904, p. 55.

3. ARIÈS, P. *L'Homme devant la mort*. T. 2. Paris: Points Seuil, 1840 [1977], p. 68.

humana se conjugam a uma dezena de outras substâncias[4]. Marsile Ficin preconiza beber o sangue tirado das veias juvenis para lutar contra a senescência: "Com sangue humano destilado e sublimado ao fogo, os bons médicos se esforçam para recriar e restabelecer os que a febre tísica da velhice campeia e consome pouco a pouco. Por que nossos idosos, que não recebem mais nenhum socorro, não sugam o sangue de um jovem em plena forma, sadio, jovial, moderado, e provido de um sangue excelente e acidentalmente abundante? Que o sugue, pois, como uma sanguessuga, após ter aberto a veia do braço esquerdo..." (CAMPORESI, 1981: 32).

O corpo humano é matéria de consumo à qual se lhe empresta inúmeras virtudes terapêuticas. A múmia da qual Bérangario celebra seu uso é, durante séculos, um remédio miraculoso para uma série de males. François I sempre carrega consigo saquinhos em que ela é reduzida a um pó fino misturado ao ruibarbo pulverizado, a fim de premunir-se em caso de quedas ou ferimentos. Para Cardan, a múmia é o remédio eficaz para a cura de fraturas e contusões, e para fortificar o sangue. Uma espécie de comprimido contra a doença do "anthrax" é preparada com ingredientes de múmia e sangue de um homem ainda jovem, recém-falecido. Camporesi oferece uma receita de um licor de múmia, da forma como ela é produzida por Oswaldo Crollio: "Ele apanha o cadáver de um homem ruivo, com a idade de vinte e cinco anos, que foi enforcado, o asperge com um pó de mirra e aloés, em seguida o faz macerar no álcool por alguns dias, desseca os pedaços pendurados num varal ao ar livre, e finalmente extrai uma tintura de um vermelho cintilante" (CAMPORESI, 1986: 19).

---

4. MALGAIGNE, J.F. *Oeuvres complètes d'Ambroise Paré*. T. 1. Paris, 1840, p. CLXXXVIII.

Um texto famoso de Ambroise Paré: *Le discours de la mumie et de la licorne* (O discurso da múmia e do unicórnio) (1582), é um testemunho das expectativas que rondam estas preparações à base de cadáveres. A Christophe des Ursains, vítima de uma queda de cavalo, mas curado eficazmente, e que se impressiona em seguida com as reticências do cirurgião em usar a múmia, Paré explica: "Ela poderia causar muito mais danos do que benefícios, em razão de tratar-se da carne de corpos mortos, fétidos e cadavéricos, e jamais vi quem a tivesse ingerido sem provocar-lhe imediatamente vômitos e dores estomacais"[5]. O cirurgião está de fato indignado com este uso que sua experiência reprova. Se ele denuncia este recurso, não é porque nem Hipócrates nem Galeano o evoquem, como habitualmente costuma sublinhar, mas porque "esta medíocre droga não somente é ineficaz aos doentes, como várias vezes pude comprová-lo ao observar os que foram obrigados a ingeri-la, mas também porque ela lhes causa horríveis dores de estômago, mau hálito, vômitos intensos, que ao invés de estancar o sangue o pressionam mais a evadir-se dos vasos sanguíneos". O estilo de Paré é decididamente zombador, e chega a duvidar que "os antigos judeus, árabes, caldeus, egípcios nunca tivessem pensado em fazer embalsamar seus corpos para serem consumidos pelos cristãos". Ele, além disso, sublinha o formidável contrabando de corpos que preside a confecção das múmias (LE BRETON, 1993, cap. 3).

Seu texto irônico termina de maneira cintilante: "Ora, por este discurso, vemos como nos fazem engolir indiscreta e brutalmente a carniça fedorenta e infecta dos enforcados, ou da mais vil e canalha populaça do Egito, ou dos acometidos de varíolas, ou empesteados, ou lazarentos: como se não houvesse meio de salvar um homem estatelado no chão, contuso e pisado, senão inserindo-lhe

---

5. Ibid. T. 3, p. 482.

outro homem no corpo: e se não houvesse outro meio de recobrar a saúde, exceto que por uma mais brutal inumanidade". No entanto, a fala incisiva de Paré não extingue um uso de longa data enraizado nos costumes. Ao menos até o século XVIII, a múmia é consumida em pós, em unguentos, em emplastros, em tinturas, em electuários, à maneira de um remédio universal. A *Pharmacopoiea universalis*, editada em 1747, descreve ainda o gosto pela múmia: "*somewhat acrid and bitterish*" (GORDON-GRUBE, 1988: 406).

Dado seu sublimado uso, a medicação à base de carne humana quase não provoca controvérsias. As representações do homem e do mundo se acordam, um imaginário da morte e da saúde dissolve todo sentimento de horror. Somente o passar do tempo e a mudança das mentalidades provocaram a repulsa para com estes medicamentos, que, sutilmente, nas tradições eruditas deixaram de "se fisgar pela boca" para dedicar-se de maneira menos ambígua a outras vias corporais (transfusão sanguínea, transplante de órgãos, uso de cosméticos à base de ingredientes retirados de placentas etc.). O mesmo não ocorre com o canibalismo, ou seja, com o fato de alimentar-se da carne humana do outro após esquartejar as partes mais cobiçadas de seu corpo. Nossas sociedades ocidentais sempre associaram esta prática ao opróbrio.

A antropologia de penúria alimentar

A repugnância é uma emoção, não uma natureza; ela é uma relação cultural e socialmente determinada, e não um instinto ou uma biologia (LE BRETON, 2004). Ela participa da esfera do simbólico. "Aí não há nenhuma razão de exclusão das coisas abjetas", diz B. Bataille[6]. As lógicas de classificação, e, portanto, de separa-

---

6. BATAILLE, G. *Oeuvres completes*. T. 2. Paris: Gallimard, p. 437.

ção, são mais poderosas, elas se enraízam num imaginário individual ou coletivo, nutrem-se da afetividade. Elas são um sistema de valor em ato.

"Uma criança sadia, bem-nutrida, é, com a idade de um ano, um alimento delicioso, muito nutritivo e muito sadio, fervido, assado, no vapor ou ao forno, e não duvido que ela não possa igualmente ser servida em fricassê ou guisado"[7]. Em 1729, Jonathan Swift põe os pés pelas mãos com o humor que caracteriza sua obra numa espécie de polidez do desespero, e escreve sua *Modeste proposition pour empêcher les enfants des pauvres en Irlande d'être à charge à leurs parents ou à leur pays et pour les rendre utiles au public* (Modesta proposição para impedir as crianças dos pobres na Irlanda de estar sob a tutela de seus pais ou de seu país e para torná-las úteis ao público). Constatando a infinita miséria das ruas de Dublin, a coorte dos mendigos e das crianças esfarrapadas das ruas, a miséria da população irlandesa, as penúrias regulares, ele sugere "fazer destas crianças membros sadios e úteis à comunidade" (p. 167). Após um raciocínio irônico, Swift mostra o quanto seria benéfico o uso culinário destas crianças dos pobres que pesam terrivelmente sobre a economia. Para além da guloseima propiciada por suas carnes, é evidente que "o custo de manutenção de cem mil crianças com menos de dois anos de idade não seria inferior a dez shillings per capita e por ano, mas o ingresso da nação cresceria mais de cinquenta mil libras anualmente, sem falar das vantagens de um novo prato introduzido à mesa de todas as pessoas ricas do reino, que dispõem de alguma fineza gustativa" (p. 175).

Swift prevê que a mesa dos ricos seria bem-provida deste alimento opcional, uma criança satisfazendo ao menos dois pratos,

---

7. SWIFT, J. *Instructions aux domestiques*. Paris: Livre de Poche, 1959, p. 170 [acompanhadas dos *Opuscules aux domestiques*].

condicionados por uma pitada de pimenta e sal, deliciosos nos dias de inverno, particularmente se fervidos. Swift conhece sem dúvida o preço elevado destas crianças postas em leilão, mas vê nisto uma lógica social igualmente bem moderna. "Os proprietários, tendo já devorado a maioria de seus pais, parecem ter mais direitos sobre as crianças" (p. 170-171). Sua carne será disponível o ano todo, particularmente no mês de março, "pois, diz um sério autor, um eminente médico francês, assim como o peixe é um alimento prolífico, nove meses aproximadamente após a Quaresma nascem mais crianças nos países católicos romanos do que em qualquer outra época: é por isso que, contando um ano após a Quaresma, os mercados serão mais abastecidos do que habitualmente, pois o número de crianças papistas é ao menos de três vezes contra uma neste reino; isso teria outra vantagem, a de diminuir o número de papistas entre nós" (p. 171). Os pobres receberão assim um pequeno maná financeiro que será útil à paz do reino.

Abatedouros apropriados serão construídos nos diferentes bairros, permitindo aos açougueiros realizar seu ofício, mesmo que Swift recomende, para satisfazer a gulodice, "que se compre preferentemente crianças vivas, preparando-as tão logo são mortas, como se faz com os porcos assados" (p. 172). Swift, à medida que sugere que os pobres vendam suas crianças aos ricos, preserva o tabu do incesto: nenhuma criança servirá assim de alimento para a sua própria família.

A manducação da carne humana parece inconveniente para nossas sociedades[8]. Os crimes macabros acompanhados do consu-

---

8. Uma forma moderna da incorporação canibalesca é dada pelo transplante, onde se trata de apropriar-se, graças ao órgão de outro homem, de uma capacidade de viver melhor ou de prolongar a existência. Mas a manducação da carne aqui não existe. Encontramos, no entanto, junto aos transplantados o mesmo sentimento de absorção da força ou das qualidades pessoais do outro, cf. Le Breton (1993).

mo de partes do cadáver da vítima, como no caso da morte de uma jovem mulher pelo estudante Sagawa, são tão insuportáveis de se imaginar que são debitados na conta da loucura. A arte culinária não se presta a saborosas composições de manjares oriundos de fragmentos humanos. O interdito da antropofagia parece de fato, aos olhos de Freud, por exemplo, fundador da civilização. Entretanto, nossas sociedades não são isentas destas práticas por ocasião de circunstâncias em que a carestia e o isolamento constrangem o homem a alimentar-se do único alimento então disponível: seu semelhante. Mas, neste caso, a determinação das tarefas respectivas dos diferentes protagonistas da morte da vítima, de seu esquartejamento, de seu cozimento, da distribuição das partes ou de seu consumo nunca obedece ao acaso ou unicamente à gulodice. Não se consome não importa quem, não importa aonde, não importa em qual condição.

A antropofagia de penúria é frequentemente atestada em nossas sociedades. O imperativo de sobreviver apaga qualquer regra social e metamorfoseia o outro em alimento, dessacralizando seu despojo mortal, inclusive sua existência. Por ocasião de penúrias severas, numerosos são os casos em que os sobreviventes se alimentam da carne dos mortos, chega-se até a matar os vizinhos ou os estrangeiros de passagem para deles saciar-se. Os sobreviventes de *La Meduse* tiveram que alimentar-se de seus companheiros mortos. Muitos outros casos concernindo nossas sociedades por ocasião de cercos, de epidemias ou de penúria são atestados por historiadores ou cronistas. A Guerra dos Trinta Anos e a Fronde abundam em exemplos desta sorte.

Camporesi (1981: 26) evoca uma "controvérsia" dos teólogos dos séculos XVI e XVII, pesando a liceidade ou não de alimentar--se de carne humana quando os homens são impelidos pela fome e cuja vida depende deste alimento. Uma das questões levantadas pela ressurreição da carne na tradição cristã é a de saber o que será da carne do homem que foi consumido por um de seus semelhantes ou daqueles que desgraçadamente tiveram que alimentar-se de alguma de suas partes. Não haveria confusão de corpos no momento da ressurreição? Na mesma obra, Camporesi lembra-se de um vilarejo situado perto de Rimini. "Ao longo do terrível ano de 1944, uma patrulha de soldados alemães foi surpreendida e dizimada. Suas carnes, em parte frescas e em parte salgadas, ajudaram a resolver a crise de subsistência da pequena comunidade indígena e lhe forneceram uma ração providencial de um alimento de alto teor proteico" (p. 4)[9].

As situações de guerra engendram a penúria alimentar e são propícias aos atos de canibalismo junto aos homens para os quais o interdito continua forte. Mas a questão dos limites da condição humana é suscitada, o horror da transgressão superando mal o jogo da sobrevivência. A prova é que convém convocar Deus à mesa comum para os que se legitimam de uma herança cristã. A evocação religiosa em alguns casos consente a passagem ao ato. Por ocasião do cerco de Antioquia em 1098, os Tafurs, "espécie de bandidos cruzados", no dizer de M. Rouche[10], são tentados pela fome. Eles solicitam o conselho de Pierre o Eremita, e este lhes sugere que se alimentem dos turcos mortos ao longo do combate e cujos cadáveres jazem espalhados na relva. Os peregrinos indigentes maltratam então os corpos de seus inimigos e os levam até eles para que os

---

9. A presença de ogros nos contos e lendas de nossas sociedades ilustra provavelmente este imaginário da fome e da antropofagia possível dos mais fortes sobre os mais fracos.

10. ROUCHE, M. "Cannibalisme sacré chez les croisés populaires". In: HILAIRE, Y.-M. *La religion populaire* – Aspects du christianisme populaire à travers l'história. [s.l.]: Université de Lille, 1981, p. 29.

consumam. Eles se nutrem destes corpos "sem pão nem sal", por opção, mesmo dispondo destes ingredientes. Os homens que combatem por sua fé inscrevem seus gestos sob o *exemplum* do maná providencial dado por Deus aos hebreus após sua longa passagem pelo deserto. "Lembra-te de todos os caminhos que o Senhor teu Deus te fez andar nestes quarenta anos pelo deserto, para te humilhar e te provar, para conhecer tuas intenções e saber se observarias ou não os mandamentos. Ele te humilhou, fazendo-te sentir fome e, depois, alimentou-te com o maná que nem tu, nem teus pais conheciam, para te mostrar que nem só de pão vive o ser humano, mas de tudo o que procede da boca do Senhor" (Dt 8,2-3). À imagem do Povo eleito, os Tafurs passam fome no limiar da Terra Prometida. Como este povo, eles se beneficiam da generosidade divina após um longo período de sofrimento. Além disso, ainda, como para sublinhar tal ato, esta carne abundante é percebida como uma nova eucaristia. Ela é consumida sem sal nem pão. Nesta narrativa em que o legendário vive os fatos reais do cerco de Antioquia, a referência bíblica e evangélica neutraliza o inimaginável ato antropofágico, mas é necessária a autoridade de Deus para dissolver o horror que ele encerra. Já não são mais os corpos que os peregrinos guerreiros consomem, mas o maná concedido por Deus para uma eucaristia nova que precede a conquista da cidade em nome do mesmo Deus. Uma astúcia simbólica legitima o impensável, fazendo-o entrar num paradigma que lhe tira toda virulência e lhe atribui inclusive uma significação enaltecida. Além disso, eles não se consomem entre si, mas consomem o outro (Le Turc).

Uma narrativa japonesa de S. Ooka, tendo ele mesmo vivido a guerra como soldado nas Filipinas, ilustra a fratura identitária suscitada pela antropofagia de circunstância. Em 1944, os americanos surpreendem as tropas japonesas desembarcando na Ilha de

Leyte, no arquipélago filipino. Milhares de soldados são isolados e não podem entregar-se, pois pretendem regressar ao seu país, mas são abandonados a si mesmos na floresta, presos entre a guerrilha filipina e as tropas americanas, a maioria morrendo de fome. Os outros lhe devem a própria salvação recorrendo ao canibalismo. Ooka é um dos soldados abandonados, ele se esconde nas montanhas e erra por uma quarentena de dias pela floresta antes de ser capturado e enviado para um campo de prisioneiros. Profundamente marcado por sua experiência, em sua obra romanceada *Les feux*[11] (Os defuntos), ele narra a divagação insular de vários soldados, incluindo a de Tamura, que pouco a pouco cede à loucura após ter matado "por nada" uma mulher, e principalmente por ter consumido à sua revelia carne humana apresentada por seus dois companheiros de infortúnio como simples carne de macaco.

Ao longo de sua deriva solitária, após separar-se dos outros e alimentar-se de ervas e sanguessugas, em sua divagação Tamura cruza regularmente com cadáveres de soldados japoneses despidos e cujas nádegas são despojadas de sua carne. Ele apresenta a razão deste esquartejamento, lembrando-se dos náufragos da jangada da *La Meduse* e dos soldados de Guadalcanal. Se ele repele com horror a ideia de alimentar-se enfim de outro homem, também começa a acreditar-se observado cada vez que se cruza com um dos cadáveres. Mais que o fato de ter matado a jovem filipina, é a tentação de comer esta carne oferecida que o leva a espreitar no hipotético rosto do outro o sinal de sua indignidade. E para afastar este sentimento, justifica-se pensando que, embora tivesse matado esta jovem mulher, mesmo assim não a consumiu.

Finalmente ele encontra dois companheiros arrasados como ele, mas que para alimentar-se recorrem aos macacos da floresta.

---

11. OOKA, S. *Les Feux*. Paris: Autrement, 1995.

Tamura compartilha a refeição. Pouco depois, percebendo que um deles dispara a sangue-frio num soldado errante, compreende que a suposta carne de macaco com a qual se nutria há vários dias era a destes soldados abatidos. O atirador, ao ver a presa fugir, limita-se a dizer que errou o alvo: "O macaco fugiu!" A animalização do homem exorciza o horror da situação. Para crer no impensável, o soldado metaforiza a carne que cobiça numa outra carne imunda, a de um macaco, lícita nestas condições extremas, já que nada de indigno macula o consumo de uma carne animal. Todavia, os três homens se espreitam com medo de serem suprimidos uns pelos outros, para servir de alimento aos sobreviventes. E acabam matando-se entre si. Tamura foge e afunda-se na loucura. A antropofagia da qual se sente culpado, embora a sua revelia, lhe suprime a condição humana.

No hospital militar para onde foi recolhido, depois num hospital psiquiátrico em Tóquio, ele não come mais sem antes fazer uma cerimônia ao redor de seu prato e ter apresentado suas desculpas aos diversos alimentos dos quais vai se nutrir. Liberado, ele é incapaz de retomar a vida comum ao lado de sua mulher. A transgressão de dois interditos maiores, matar e alimentar-se de carne humana, o leva a não mais considerar-se um homem, ele sente-se, pois, um enviado de Deus. "Eu sentia a cólera crescer em mim. Se os homens impelidos pela fome eram obrigados a devorar-se entre si, então este mundo não seria senão o rastro da cólera de Deus" (p. 184). Pesadelos e alucinações visitavam frequentemente Tamura. Tendo tocado os limites da condição humana, ele se agarra por um fio à existência, afogado entre a barbárie e a humanidade, sem pertencer nem a uma nem a outra. A obra termina numa visão eucarística: Tamura vê um soldado que lhe oferece sua própria carne para comer; trata-se de uma reencarnação de Cristo. Só a religião cristã podia aportar-lhe os elementos simbólicos para pensar o impensável, transpor o vau e aceder a uma forma de apaziguamento, dando assim a meia-volta contra o sofrimento e o horror, e continuar vivendo.

Esta imagem-força que associa canibalismo e eucaristia, e proporciona *in extremis* uma poderosa legitimidade à passagem ao ato, encontramo-la nos Andes, com os sobreviventes da catástrofe aérea de 1972[12]. O Corpo de Cristo se oferecendo simbolicamente como alimento aos fiéis é erigido em paradigma do canibalismo real, em modelo a seguir, suscetível de apagar toda culpabilidade, todo sentimento de horror. O primeiro argumento destinado a favorecer esta ideia é antecipado por um jovem estudante de medicina que explica que os corpos jazendo de seus amigos não passam de "carne comum. As almas deixaram seus corpos e estão agora no seio de Deus. Tudo o que permanece aqui são carcaças que já não são mais seres humanos, como a carne sem vida dos animais que consumimos". Animalizar o corpo humano é uma maneira de desumanizar-lhe a aparência e de tornar lícito um empreendimento abominável em qualquer outra circunstância. Fazer do corpo humano um simples resto de carne é uma dessacralização absoluta do despojo mortal classificado em simples "carcaça". Considerar o outro como um puro corpo e não mais como um homem subtrai o obstáculo moral: os anatomistas da Renascença abriram a via (LE BRETON, 1993). E os sobreviventes dos Andes a seguiram. Logo que os cadáveres começam a ser cortados pelas facas, os sobreviventes, aliás, lhes fecham os olhos. O argumento religioso é igualmente solicitado: "Era uma obrigação moral viver para si mesmos como para suas famílias. Deus não quis que eles vivessem e Ele deu-lhes os meios de fazê-lo: os corpos mortos de seus amigos. Se Deus não quis que eles vivessem, Ele os teria matado no momento

---

12. READ, P.P. *Les survivants*. Paris: Grasset, 1974.

do acidente. Seria um pecado rejeitar agora o dom de vida que Deus lhes acordou, sendo excessivamente delicados" (p. 79). Encontramos aqui, como no caso dos Tafurs, a imagem de um maná oferecido por Deus aos eleitos. Um dos sobreviventes evoca a imagem da eucaristia para aperfeiçoar a justificação teológica. A carne e o sangue não são mais aqui uma metáfora, a comunhão torna-se canibalismo real. Mas a bênção habilmente trasvasada de Deus torna lícita a postura antropofágica. Para conjurar o sentimento de horror e culpabilidade que pesa sobre eles, os 27 sobreviventes fazem um juramento: se um dentre eles vier a morrer, sua carne servirá de alimento para os outros. Alguns membros, solidários à opção moral do grupo, se declaram não obstante incapazes por si mesmos de transpor esta barreira.

O momento iniciático em que é necessário cortar o primeiro corpo para compartilhá-lo e consumi-lo em comum marca a dificuldade de ultrapassar o interdito. Ele não se inicia senão após uma longa deliberação moral. Os pedaços de carne são ingeridos com repugnância, misturados a outras coisas. Alguns decidem não comê-los crus e começam a cozinhá-los, não obstante as exortações do estudante de medicina explicando que o cozimento iria destruir as proteínas e que era necessário consumir a "carne" crua a fim de aproveitá-la ao máximo. Por fim, todos se subordinam ao imperativo de sobreviver e os corpos são cuidadosamente consumidos uns após os outros.

A evocação ritual que "Deus o quer" é regularmente antecipada para desfazer qualquer reticência. A ritualização da conduta, outra maneira de conjurar a angústia da transgressão, os leva a rejeitar inicialmente alguns órgãos humanamente muito marcados: a língua, o cérebro, os pulmões, os órgãos sexuais. Da mesma forma são inicialmente poupados os mais próximos dos sobreviventes. A redução do outro ao seu corpo ("à carne") é mais fácil para o "estrangeiro", mesmo que ele seja um amigo. Os sobreviventes se alinham simbolicamente ao tabu do incesto. As condutas à mesa respondem às condutas na cama. Relações sexuais e relações alimentares se inscrevem num mesmo registro simbólico. A permissão de comer o outro na relação antropofágica (ter uma relação sexual com ele) exige que ele se situe fora dos interditos sexuais. Nestes poucos exemplos, a transgressão absoluta seria a de consumir a carne humana por prazer, por gulodice. A conjuração do horror encontra precisamente o argumento de nutrir-se para não morrer e transforma o outro em carne, e não em alimento aprazível[13]. O recurso a um vocabulário neutro (carne, proteínas etc.) metaforiza a carne em alimento indiferente. Ali não é mais questão de degustação, mas de sobrevivência.

O consumo de carne humana vira do avesso o estatuto ontológico, passa uma borracha na antiga individualidade, suprime o retorno possível à inocência. O discurso social fecha-se numa categoria moral inelutável, brutalmente formulada por T. Schneebaum. Imerso numa comunidade indígena peruana da Floresta Amazônica, ele participa não sem repugnância de um massacre de inimigos. Sua vontade de fundir-se no seio do grupo o leva a participar da festa ao longo da qual as carnes fatiadas das vítimas são assadas e compartilhadas. Mas na manhã seguinte ele acorda apavorado, e faz a constatação de sua mutação pessoal. "Eu sou um canibal. Estas quatro palavras ressoam na minha cabeça e, por mais obscuro que seja o recanto de meu espírito para onde tento relegá-las, elas sempre fogem e se espalham nas menores mani-

---

13. Daí os esforços teóricos desdobrados por Jean de Lery ou André Thevet, p. ex., para arrancar o canibalismo do opróbrio, explicando que ele é associado junto aos Tupinambás à vingança e em nenhum caso ao prazer de alimentar-se da carne humana. O tema eucarístico retorna igualmente sob a pluma de vários contemporâneos com a mesma preocupação de reabilitar os costumes dos índios.

festações de meu pensamento"[14]. Schneebaum não tem o álibi do *exemplum* cristão, sua vontade de desaparecer no outro por repulsa de sua sociedade de origem é a única justificação de seu ato. Comunhão não mais eucarística, mas selvagem, a fim de despojar-se de si e confundir-se com o outro, ultrapassando a linha sombria. Mas a ambivalência vence; momentos depois ele é golpeado em cheio pela culpabilidade de seu ato. E este gesto que deveria ser o sinal de sua pertença definitiva ao outro, sua assimilação sem retorno aos índios, o projeta para fora do mundo, por um choque simbólico que ilustra o poder que sua sociedade de origem ainda exerce sobre ele. E Schneebaum redireciona seus passos rumo à "civilização" execrada, sendo finalmente um homem sem pátria, homem de entremeio que fracassa em ritualizar a passagem, já que a metáfora crística é sem efeito simbólico para ele e, em seu desejo de assemelhar-se à comunidade ameríndia, esbarra no impensável que continua sendo para ele um ato canibal.

O gosto do cachorro

De maneira irônica, P. Farb e B. Amegalos (1985: 192) se perguntam se "ao invés de imaginar que as diversas tribos indígenas, um pouco em toda parte no mundo, são vítimas de suas escolhas alimentares irracionais", os ocidentais não agiriam melhor examinando seus preconceitos na questão e notadamente quanto à proibição de comer carne de cachorro (menos cachorros latindo à noite, a congestionar as calçadas e ali semear suas dejeções). Com humor eles examinam as inúmeras vantagens sociais desta mudança nos costumes alimentares. Se, para nossas sociedades, consumir conscientemente animais domésticos seria uma forma dissimula-

---

14. SCHNEEBAUM, T. *Au pays des hommes nus*. Paris: J'ai lu, 1971, p. 116.

da de endocanibalismo, o cão e o gato são consumidos de longa data em muitas sociedades humanas. Sem falar das maneiras fraudulentas com que açougueiros, charcuteiros ou bodegueiros tendem a aumentar seus lucros sem grandes custos com estes animais (MILLIET, 1995: 81-82).

Fora de situações de penúria onde tudo se torna propício a consumir para não morrer[15], o cachorro é regularmente consumido em certas regiões da África, da Ásia ou do Pacífico. Longe da repugnância da qual ele é objeto em nossas sociedades[16], o cachorro é apreciado ao mesmo tempo por sua carne e por suas propriedades simbólicas. O consumo de cães na Ásia não se reduz a um princípio culinário. Segundo a classificação chinesa dos cinco elementos, o cachorro é associado ao metal, isto é, à força, à resistência (DE GARINE, 1990: 1.530)[17]. Os chineses enaltecem estes animais por razões gastronômicas e selecionam assim algumas de suas espécies como o chow-chow. J. Milliet observa que nestas sociedades não é qualquer tipo de cachorro que é consumido, mas somente alguns deles (p. 88). Uma perspectiva de simbolização que se inspira em vertentes culturais diversas torna o cão consumível e saboroso, deixando de ser repugnante.

---

15. Nestes momentos excepcionais, cães, gatos e roedores etc. são consumidos mesmo na Europa. Assim, p. ex., em Paris, por ocasião da Guerra Franco-alemã de 1870. Açougues de cães, de gatos ou de ratos são então banalizados. Os Irmãos Goncourt percebem no jornal que um trapeiro compra "para sua bodega gatos por seis francos, ratos por um franco e carne de cachorro a um franco e cinquenta por libra" (24/11/1870). Os exemplos abundam sobre a supressão do interdito ou da repugnância em razão dos imperativos de sobrevivência.

16. Repugnância sem dúvida recente, já que os gauleses às vezes os consumiam (MÉNIEL, 1989: 96).

17. Confúcio, diz-se, consumia cachorros. Textos chineses clássicos explicam que os oficiais também se alimentavam deles, pois, assim como os cachorros, os oficiais deviam dar provas de discernimento em suas relações com os homens (ORANGE, 1995: 375).

Alhures coloca-se a difícil questão da passagem do estatuto da não comestibilidade do "próximo" à dissolução desta barreira, a fim de poder alimentar-se dele. Causa mal-estar sacrificar um animal que se tornou companheiro. O animal doméstico, nomeado, inscrito nos laços afetivos do grupo é dificilmente comestível. O porco das regiões interioranas francesas de outrora é inicialmente, à imagem de um porquinho de estimação, nomeado, bajulado, antes que ele cresça e não se aproxime do momento fatídico de seu sacrifício. Neste momento ele é percebido de maneira afetivamente distanciada como "gordo", "sujo", "insuportável" etc. Para torná-lo digerível, para transformá-lo em um mundo de sabores e não de favores, convém modificar seu estatuto simbólico afastando-o de si, reenviando-o a uma alteridade desprezível. "A precariedade de seu estatuto repousa aparentemente sobre a sua evolução biológica. Quanto à duração de seu estatuto inicial, ela parece depender primeiramente da existência de raças especializadas, em seguida do lugar reservado a um favorito único que, selecionado das ninhadas, conservará sua posição até a idade adulta. Na ausência destes dois últimos elementos, parece que ao crescer todos os animais perdem as suas prerrogativas de companheiro" (MILLIET, 1995: 84).

No Vietnã, diferentes receitas preparam o cão para o consumo. Após uma pesquisa nesta matéria, J.-P. Poulain, acompanhado de um geógrafo, de um etnólogo e de dois amigos vietnamitas, deseja submeter-se à experiência. Busca de sensações, sobressalto racionalista diante dos "preconceitos" a fim de considerar a alimentação sob uma forma estritamente dietética independentemente de sua proveniência, preocupação moral de não esquivar-se de uma prova de verdade tocando a prática do ofício ou outras razões, eles se encontram ao redor de uma mesa, um pouco ansiosos com o desdobramento da noitada. Um fígado e um quadril de cachorro em banho-maria abrem as festividades, além dos camarões fermentados e as panquecas de arroz ao gergelim. Imediatamente os rostos se crispam e os estômagos se embrulham no momento de levar à boca filamentos bastante evocativos. O sabor suave evoca o cabrito, diz, ainda impassível, Poulain, colocando habilmente a distância a substância da qual se alimenta, e após assemelhá-la a outra que já pertence a suas categorias alimentares. Diante da "tripa de cachorro ao amendoim torrado", as reticências começam a emergir: "Eu mobilizo meus conhecimentos culinários diante desta tripa que lembra a tripa antilhana, dissecando-a como para distanciar-me. Eu não a olho como um objeto culinário, procurando as cebolas, a gordura, o couro... Ela é feita com sangue de cachorro, e eu não posso comê-la. E, no entanto, nós utilizamos sangue na culinária francesa para, por exemplo, tornar homogêneos os molhos; sangue de porco, de aves, de coelho, de lampreia. E em breve, no guisado, temos que saborear sangue de cachorro. Mas sob a forma de tripa, impossível" (POULAIN, 1997: 123).

O "guisado de pescoço com arroz fermentado, misturado com sangue", parece menos suspeito na aparência, e até gostoso, diz Poulain, que o comeria de bom grado se não fosse feito de carne de cachorro. Outros pratos se sucedem: "pernil de cachorro cozido ao vapor", "sopa clara com cebolinha", "espetinhos de cachorro temperados com *rieng*", "pés de cachorro cozidos". O jantar termina, e um dos amigos vietnamitas se faz embrulhar os restos dos alimentos, generosos, para presenteá-los a alguns amigos amantes desta carne.

De volta ao hotel, o narrador precipita-se ao bar, pede uma torta de amêndoas e um *whisky* duplo, e demonstra satisfação com a presença fortuita do conselheiro cultural da embaixada e sua esposa, que lhes permitem "intelectualizar" sua experiência. Pretexto feliz de um distanciamento e recuperação dos sabores ambíguos por outros cuja legitimidade é incontestável (torta europeia e álcool). No dia seguinte, ele se cruza com seu colega geógrafo que lhe confessa ter-se bruscamente despertado durante a noite. Enojado pelo odor de sua urina, não conseguiu mais dormir.

Os marinheiros, à imagem de Cook e seus homens, são menos complicados. Numa enseada onde folgam, os insulares lhes propõem experimentar carne de cachorro. Eles inicialmente se recusam com horror antes de aceitar a sugestão. Depois confessam: "Todos aqueles que nunca haviam experimentado carne de cachorro declaram jamais ter comido carne mais saborosa, e que, doravante, jamais desprezariam este manjar"[18].

O consumo do alimento definido como "repugnante" pela cultura de pertença parece ser um rito de passagem do etnólogo, uma maneira simbólica de afirmar seu desapego e sua lucidez sobre a relatividade do mundo, e de mostrar lealdade à comunidade estudada. N. Ishige participa de uma festa na Ilha de Ponape, na Micronésia. Frutos de artocarpo, tubérculos de colocásia, um porco apenas abatido estão à disposição dos convidados que se regalam. Um homem chega com um saco nas costas contendo um grande cachorro que imediatamente é desancado, esvaziado de suas entranhas e preparado num forno de barro. Uma hora depois, o cachorro é partilhado entre os convivas. O etnólogo lembra que o animal "não tinha um gosto tão ruim quanto seu cheiro podia supor, mas ele era um pouco duro, e era necessário mastigá-lo longamente, como uma goma de mascar. Mas o fato de mascar fazia aflorar o suco perfumado de sua carne. Comparativamente, um porco seria quase insosso" (ISHIGE, 1981: 229).

C. Lévi-Strauss manifesta a mesma elegante desenvoltura na Floresta Amazônica. Falaram-lhe de *koros*, tipos de larvas que se

---

18. COOK, J. *Relations de voyages autour du monde*. Paris: La Découverte, 1990, p. 49.

refugiam em troncos de árvores em decomposição. Os índios nunca as mencionam, magoados pelas reprimendas dos brancos neste assunto. Não sem dificuldade, Lévi-Strauss consegue convencer um dos homens a acompanhá-lo floresta adentro. "Um golpe de machado racha ao meio um pedaço de madeira meio-podre. Dentro dele havia grossas larvas de cor creme, bastante parecidas com o bicho-da-seda. Era o momento da verdade. Sob o olhar impassível do índio, decapito minha presa; de seu corpo sai uma gosma esbranquiçada, que degusto não sem hesitação: ela tem a consistência e a finura da manteiga, e o sabor do leite de nozes de coqueiro" (LÉVI-STRAUSS, 1955: 183). Junto a Lévi-Strauss, como em outros etnólogos transgressores de interditos de sua cultura, paira um mesmo procedimento de eufemização que consiste em reenviar o gosto do alimento proibido a outros totalmente convencionais. Magia simpática depositada sobre uma contaminação positiva: alimentos bem conhecidos vindo a englobar em seu orbe os alimentos repugnantes. As conivências de sabores permitem ir além da repugnância.

As incompatibilidades de alimentos de uma cultura à outra são às vezes radicais. Alguns pratos, excessivamente evocativos, permanecem resolutamente indigestos mesmo com a melhor das boas vontades. G. Haldas compartilha de um banquete de fim de Ramadan na Argélia quando seu anfitrião, convencido de estar lhe dispensando uma insigne homenagem, lhe oferece solenemente a "melhor parte do carneiro". O homem lhe agradece a delícia oferecida, aguardando-a sob o olhar invejoso dos demais convivas. Era um olho do carneiro. Haldas contempla com horror a bola acinzentada, viscosa e sinistra imperando em seu prato, sem dissimular sua natureza de olho, e intimamente se pergunta se ele não estaria em vias de fitá-lo. Diante do rosto radiante, e um pouco ciumento, dos outros comensais, ele corta o primeiro pedaço da substância

494

apesar da resistência física e moral que ela lhe opõe. Ele desvencilha com dificuldade alguns filamentos que mastiga incansavelmente, passando-os de um lado ao outro da boca. O que confirma nos anfitriões o prazer que ele experimenta, já que dispensa tanto tempo degustando o manjar. Ele, habitualmente tão amante de bons pratos, não faz nenhuma menção do menor sabor, a repugnância, de resto, consumindo-o por inteiro. Finalmente, Haldas conjuga uma dupla estratégia: beber boas goladas de vinho para conseguir engolir alguns fragmentos do olho quando as atenções se voltam para ele, e deslizar sorrateiramente no bolso de sua camisa os outros pedaços, livrando assim a sua cara e a de seus anfitriões. Em contrapartida, lutando contra uma náusea crescente, ele encontra um pretexto para esquivar-se e precipitar-se num estabelecimento vizinho onde engole vários copos de uma bebida alcoólica (HALDAS, 1987: 151). À imagem da experiência de Poulain, o álcool parece ser um formidável detergente para desfazer a repugnância que resta na boca e na imaginação.

Desconfiança diante da carne

Num texto fundador, Angyal (1941) analisa a repugnância como essencialmente ligada à confrontação do homem com as sobras provenientes de um corpo humano ou animal. Os dejetos ou os traços orgânicos, a própria forma de certos animais, reenviam o homem a sua insustentável fragilidade, a uma esquiva de sentido que o conclama brutalmente à humildade de sua condição, a uma animalidade que ele busca esconder de todas as sutilezas de sua cultura. Rozin prolonga as intuições de Angyal e considera que a aversão a produtos de origem animal ou corporal, num contexto alimentar, é o primeiro agente da repugnância (ROZIN, 1997). A fronteira da humanidade e da animalidade é sempre ameaçada, sempre a ser conquistada. Uma parte dos vegetarianos justifica sua escolha alimentar pela repugnância experimentada ao consumir um animal, uma carne finalmente tão próxima da sua. Os animais são objeto de uma profunda ambivalência alimentar. Seu consumo lembra ao homem sua própria organicidade, a fragilidade infinita de sua carne, sua contingência. Se ela é largamente difundida, também é estreitamente regulamentada. Ela faz vacilar as frágeis pretensões do homem de içar-se acima de sua condição, esquecendo sua precariedade e a morte que não cessa de ameaçá-lo. Somente uma parte ínfima do reino animal presente na ecologia de uma sociedade é considerada comestível. Determinadas partes do animal às vezes são proibidas ou reservadas estritamente às crianças ou às mulheres.

A Bíblia traduz a ambiguidade da relação com o alimento cárneo. O paraíso é um mundo estritamente fadado a uma alimentação vegetal: "Eis que vos dou todas as plantas que produzem semente e que existem sobre toda a terra, e todas as árvores que produzem fruto com semente, para vos servir de alimento" (Gn 1,29). Inicialmente Deus proíbe toda matança, o alimento cárneo é impossível, mesmo para os animais. Após o Dilúvio, que recoloca os homens uma segunda vez na criação, Deus autoriza o consumo animal: "Tudo que vive e se move vos servirá de alimento. Entrego-vos tudo, como já vos dei os vegetais" (Gn 9,3). Todos os animais, portanto, à exceção absoluta de seu sangue que contém a alma. Esta licença parece ser uma concessão ao mal inerente ao homem[19]: "Nunca mais tornarei a amaldiçoar a terra por causa do gênero humano, pois a tendência do coração humano é má desde a infância" (Gn 8,21). Moisés introduz depois os termos da aliança com o povo hebreu através notadamente de uma categorização ri-

---

19. Cf. a análise de J. Soler, 1973.

gorosa dos animais dos quais o homem pode se servir. Uma parte do mundo animal recai então no interdito. A Bíblia caminha com hesitação na relação com o alimento cárneo, ela não o aceita de cara, depois cede, antes de voltar atrás para poupar um determinado número de animais.

Os devoradores de carne não estão necessariamente à vontade diante de um alimento de proveniência animal. N. Vialles distingue os "zoófagos", que adoram e comem todas as formas de carne, mesmo as partes mais sujeitas a rejeição (cérebros, tripas, olhos etc.), não sentindo nenhuma repugnância e nenhum constrangimento em manipulá-las, prepará-las ou consumi-las. E os "sarcófagos", que restringem seu consumo à "carne", ou seja, às partes "neutras", menos identificáveis, as que nuançam a ideia de um consumo animal (VIALLES, 1987). A "sarcofagia" tende, aliás, a ganhar o conjunto da sociedade. Os sinais de animalidade desaparecem dos açougues, os animais maltratados somem dos balcões. Na lista das aversões cárneas contemporâneas na França encontramos em primeiro lugar os miúdos (fígado, cérebro etc.) e a banha (FISCHLER, 1991).

O alimento cárneo tende a dissimular-se sob aspectos neutros que eliminam os estados da alma. A industrialização da produção alimentar afasta o animal do cenário social. Em sua dimensão real, ele se afasta infinitamente ao mesmo tempo em que se aproxima nos imaginários (documentário, cinema, desenhos animados etc.). Os animais de companhia invadem os lares e sua presença contribui na transformação das sensibilidades. A criação e o abate dos animais são "esquecidos" pelos consumidores, desfazendo-se o caráter do real de seus produtos através da esterilização de sua origem. As crianças notadamente repugnam alimentar-se de um animal com o qual elas se familiarizaram. Personaliza-se o animal assim como se animaliza o homem, eliminando-se as fronteiras. Remanejada, sob

497

celofane, em parte já condimentada ou pré-cozida, a carne torna-se assim um manjar dentre outros graças a um hábil trabalho social de redefinição. Um verniz cultural a converte em alimento lícito e tende inclusive a apagar a noção de carne. As anedotas de crianças a quem se solicita desenhar um frango ou um peixe, e que reproduzem um frango assado ou peixes empanados, são perfeitamente lógicas. Este rechaço da animalidade se acelera ultimamente e aperfeiçoa um processo iniciado de longa data em nossas sociedades (ELIAS, 1973; THOMAS, 1985; MENNELL, 1987).

A repugnância como moral

Para muitos autores (ANGYAL, 1941; ROZIN & FALLON, 1987; FISCHLER, 1991), a repugnância encontra seu enraizamento ao redor da incorporação oral. A reação inata de rejeitar o amargor junto aos lactentes seria sua matriz (CHIVA, 1985). O sabor alimentar é visado prioritariamente, e a boca é o seu lugar privilegiado. Um alimento inteiramente legítimo é rejeitado se ele parece amargo, desagradável, e se sua consistência ou cor for inabitual. A defasagem inesperada entre o alimento na boca e seu gosto tradicional sinaliza uma anomalia. As papilas exercem uma função de defesa do organismo face à ingestão de alimentos avariados ou sujos, suscetíveis de produzir um efeito tóxico. A maioria das toxinas naturais tem um sabor amargo.

O indivíduo incorpora o alimento, a transposição das fronteiras da boca o integra à sua carne. O "de fora" e o "de dentro" desfazem seu limite, e assim o homem é simbolicamente o que ele come, não somente em nível de uma equivalência moral entre o alimento e ele mesmo frequentemente afirmada pelas representações sociais, mas ele se modifica em sua substância mesma. Se ele ingere um alimento proibido, ou percebido como nojento, intragável, ele perde seu estatuto de humanidade e participa de um mundo da margem ou da exterioridade absoluta, tornando-se outro, bestializando-se. A partir do instante em que ele consome um alimento nojento, ele mesmo se contamina por seu ato, transformando-se em motivo de repulsa. Rozin é o primeiro a pôr estreitamente em relação o sentimento de repugnância com as leis da magia simpática evidenciadas por Frazer: a contaminação (o que esteve em contato sempre permanece em contato). Mesmo após ter sido retirado, um inseto caído num copo provoca frequentemente uma rejeição de toda a bebida, como se ela tivesse sido inteiramente contaminada. Não se consome um alimento abandonado sobre a mesa de um restaurante, mesmo que ele seja apetitoso, por medo de ter sido tocado ou cortado por outra pessoa. O alimento não sai ileso do contato com um objeto, com um animal ou com um indivíduo suscetível de transmitir-lhe parcelas de seu caráter nefasto. Os estudantes americanos que participaram de uma experiência de Rozin e Nemeroff não são absolutamente inclinados a beber o conteúdo banal de uma garrafa que eles mesmos encheram de água adocicada após etiquetar nela a palavra "cianeto". O contágio do sentido, mesmo que ele passe apenas pela evocação de um nome, altera a imagem positiva da bebida e a torna perigosa.

A lei da semelhança (o que se assemelha em aparência é da mesma natureza) torna dificilmente comestíveis alimentos em formato de excrementos. Um pedaço de borracha imitando a forma de um vômito não é facilmente colocado na boca, ao passo que se ele tiver uma forma anódina a hesitação praticamente desaparece (ROZIN, 1994). O medo das consequências da ingestão, mesmo se ela é percebida como fantasmagórica pelo indivíduo, não desperta desconfiança. Por ocasião de outra experiência, os estudantes mencionados acima recebem bifes picados no restaurante do campus. O alimento é sadio, mas eles são advertidos que a carne é "duvidosa" e que não devem temer dirigir-se à enfermaria que permanecerá aberta. Vários deles a ela recorreram durante a noite, com sintomas desagradáveis (ROZIN, 1994).

A boca é o lugar manifesto do intercâmbio com o mundo e da interiorização do universo em si; nele o gosto de viver do homem pode evadir-se ou restaurar-se, seu sentimento de identidade vacilar e corromper-se. A boca é uma das zonas mais investidas do corpo, não só por sua localização no centro da face, mas também porque ela encarna a palavra e a via essencial de passagem à interioridade do indivíduo. O que ele respira ou come a penetra, para o melhor ou para o pior. A boca é o limiar da intimidade invisível, mas essencial do foro íntimo. Ilustrando a repugnância, Darwin apresenta uma anedota pessoal em que a boca e o alimento exercem um papel primordial: "Na Terra do Fogo, um indígena, tendo tocado com o dedo um pedaço de carne fria conservada que eu estava em vias de comer em nosso bivaque, manifesta a mais profunda repugnância ao constatar que ela era mole; quanto a mim, senti uma grande repugnância ao ver um selvagem nu colocar seu dedo sobre a minha comida, embora suas mãos não me parecessem sujas. Um fio de barba nos restos de uma sopa nos parece nojento, embora não haja nada de nojento na sopa em si mesma" (DARWIN, 1981: 276). Darwin, de cara, situa a repugnância na esfera alimentar: ela deriva, segundo ele, "primitivamente do ato de comer ou de saborear" (p. 276).

Qualquer um que ingira à sua revelia um alimento proibido, ou considerado não comestível, é tomado de náusea ao aperceber-se do fato, ou tão logo é advertido. Num restaurante de empresa, uma mulher é tomada de incoercíveis vômitos ao descobrir um inseto nos legumes que acabava de comer. A ideia de ter absorvido um inseto lhe é insuportável, mesmo se outras sociedades o transformem num manjar preferencial. O desagradável não é tanto o que não tem sabor, mas o que é sobrecarregado de uma representação nefasta. O inseto possui grandes virtudes calóricas, e sem dúvida um sabor incomparável, mas ele é culturalmente intragável. A carga de enojamento que ele veicula é ligada ao seu estatuto simbólico. Se a mesma mulher tivesse descoberto um pedaço de papel misturado à sua comida certamente ficaria constrangida pela falta de higiene do restaurante, mas ela não teria sentido nenhuma náusea, ao passo que, contrariamente ao inseto, o rendimento do papel no plano alimentar é nulo. O Levítico recomenda o consumo de insetos: "Dentre os insetos alados que têm quatro pernas podeis comer somente os que têm duas pernas mais longas para saltar sobre a terra. Dentre estes podeis comer os seguintes: toda espécie de gafanhotos, acrídeos e grilos" (Lv 11,21-23). Mesmo os ortodoxos infringem hoje a Palavra de Deus, negando-se a consumi-los. É verdade que o Deuteronômio volta atrás sobre esta exceção e proíbe finalmente todos os insetos. O comestível não se impõe como uma lei biológica, como uma espécie de necessidade natural que o homem aprovaria de bom grado com uma série de arranjos culinários. As regras de comestibilidade são culturais, elas não têm nada a ver com qualquer rendimento calórico nem mesmo com a busca tortuosa do melhor sabor. "Tudo o que é biologicamente comestível não é culturalmente comestível", diz C. Fischler (1993: 31).

Onívoro, o homem é suscetível de alimentar-se de uma multidão de vegetais ou animais disponíveis em seu meio ambiente. A formidável diversidade dos regimes alimentares segundo as sociedades humanas não se limita somente à multidão das ecologias através das regiões do mundo, mas também à sua variedade em relação às escolhas culturais, aos valores e aos gostos associados às formas de alimento possível (FISCHLER, 1993: 62). O homem sobrevive às mudanças climáticas, às migrações, ao ritmo das estações, já que ele encontra ao seu redor uma profusão alimentar suficiente para mantê-lo vivo e nutrir sua busca de sabores apreciados. No limite, o homem come até mesmo o cadáver de outros homens.

O canibalismo é uma instituição para algumas sociedades humanas que fazem de seu corpo a tumba do defunto ao comer a sua carne preparada ritualmente, ou para aquelas que devoram seus inimigos a fim de incorporar suas virtudes guerreiras. "Os seres humanos são capazes de ingerir quase tudo aquilo que outrora não teriam conseguido engolir" (FARB & AMELAGOS, 1985: 189).

A determinação dos sabores legítimos e agradáveis num grupo humano corresponde simultaneamente ao estabelecimento das normas alimentares. O que é "bom" ou "repugnante" para se consumir não reenvia a uma natureza, mas a uma construção social e cultural e à maneira com a qual o indivíduo a ela se acomoda. As repugnâncias, como os sabores, são resultados de um processo de socialização. São menos os medos de intoxicação que regem as preferências ou as abjeções alimentares do que as significações que o indivíduo, em vínculo com a sociedade, lhes atribui. A partilha dos manjares é efeito de uma estética, de uma moral, antes que de uma dietética. Algumas substâncias são rejeitadas de cara, independentemente de seus sabores reais jamais sentidos pelo indivíduo que as reprova *a priori*. A representação que ele se faz delas determina a maneira com a qual são percebidas, sem qualquer vínculo com sua composição orgânica.

A comestibilidade não é uma noção biológica, mas simbólica. Se o alimento é imaginado ruim, ele não se presta a ser consumido. O amante de *escargots* (caracóis) não come lesmas. Não em razão do sabor que ele ignora, mas por causa de sua imaginação que os transforma em animais nojentos. Aquele que adora coelho sente náusea ante a ideia de ter em seu prato uma coxa de gato. Em 1808, Grimod escreve com deleite a maneira de servir olhos de vitelo ou de boi, pratos ainda apreciados em seu tempo, que hoje transtor-

502

nariam duravelmente o amante mais incondicional destas carnes (1983: 15). O mesmo Grimod explica alhures que as dejeções de galinhola "são preciosamente passadas sobre torradas molhadas com um bom suco de limão, mas comidas com respeito por seus fervorosos amantes" (1997: 98). A mesa do século XIV ou XV tinha pouca carne de gado, mas os ricos consumiam regularmente carne de pavão, de cisne, garça, grou, cegonha, melro, cotovia, cormorão, arganaz, raposa etc.

Nossas sociedades ocidentais sentem aversão ao consumo de insetos, ao passo que elas são loucas por camarões, ostras, moluscos ou amêijoas, cuja consistência se aproxima e que, além disso, geralmente são consumidos crus. Mas trata-se lá de elementos marinhos, "frutos do mar", como elegantemente diz a língua francesa (e portuguesa), sublimando-os. Alguns grupos humanos consomem alimentos num estado de putrefação avançada, outros elaboram refeições cruas. Como vimos, os chineses ou os vietnamitas comem carne de cachorro. A raposa foi longamente degustada na Rússia como um manjar de qualidade. Os mexicanos preparam uma mixórdia com larva da mosca varejeira. Os insetos compõem os pratos preferidos de inúmeras sociedades humanas.

O leite não é percebido unicamente como uma bebida consumível pelos humanos. Nos anos de 1960, os agentes americanos de assistência alimentar enviavam leite em pó para as regiões do mundo assoladas pela penúria. Na Guatemala ou na Colômbia ele servia como detergente. Alhures era jogado fora. Farb e Amelagos, que narram estes fatos, explicam que para algumas culturas é inconveniente privar os animais de mamar, e o leite, se não é nutritivo para os animais, também não participa dos modos alimentares (1985: 212). Poucos alimentos poderiam satisfazer sem aversão o conjunto das sociedades humanas reunidas ao redor de uma grande refeição. A aversão de uns pode ser o prazer de outros.

"Se superássemos conscientemente nossa aversão ao ponto de consumir insetos, este esforço poderia levar-nos a tratar os alimentos como tratamos os medicamentos, a higiene íntima, a escovação dos dentes, a defecação" (DOUGLAS, 1979: 165). A alimentação não dependeria mais de um prazer, mas de uma simples necessidade de nutrir-se.

O sentimento de repugnância é um limite de sentido que permite uma elaboração da identidade individual ou coletiva, uma fronteira que delimita uma atitude reservada, oposta à alteridade circunstante. A mácula distingue os outros, colocando interditos fundadores, justificando-os pelo horror que eles suscitam se os transgredimos. O desrespeito aos limites, das fronteiras, das regras abre uma brecha suscetível de ampliar a mácula ao sentimento de identidade.

O corpo como fator de repugnância

De maneira imediata, nós o vimos, a repugnância é associada à esfera alimentar. W.I. Miller suspeita o enraizamento deste interesse na etimologia do termo em inglês ou em francês ou em várias línguas europeias. Em contrapartida, não estando o termo alemão *Ekel* em relação direta com o sabor, Miller se pergunta se a associação freudiana da repugnância com a zona anal e genital, e o esquecimento de seu vínculo possível com a oralidade, não teria a ver com esta origem. Um inconsciente da língua suscitaria então uma atenção particular sobre os domínios da repugnância de origem corporal diferente. A repugnância solicita seguramente o paladar, mas também o tato, o olfato, a audição e a visão, e, além disso, o sentido moral do indivíduo. A observação do "selvagem" da Terra do Fogo autorizou Darwin a sublinhar a eminência da relação com o alimento na emergência da sensação de repugnância.

Entretanto, outras percepções sensoriais entram manifestamente em jogo. Darwin não suporta que um "selvagem" coloque sua mão na comida. O contato físico lhe repugna mais que sua nudez. A dimensão moral soma-se à repulsa.

Por outro lado, o próprio "selvagem", no dizer de Darwin, sente--se enojado pela temperatura e pela maciez da carne; dois caracteres antes táteis. A mácula não altera somente a gustação; a montante ela está no contato corporal de uma mão percebida como poluente (mesmo se Darwin nos diga que ela não estava suja). Outra associação de Darwin se refere ao fio de barba nos restos da sopa. Nem a barba nem a sopa não são em si motivos de repugnância: é seu encontro incongruente que provoca o mal-estar, já que nem uma nem outra deveriam em princípio estar em contato. Como o sublinha M. Douglas, alguma coisa não está simbolicamente em seu devido lugar. Mas a perturbação afeta menos a esfera oral do que a visão. O que repugna é ver aquela barba nos restos da sopa, ou seja, num lugar onde ela não deveria estar. A anedota descrita pelo próprio Darwin, em consequência de um efeito de linguagem, como afetando "o ato de comer e de saborear", diz respeito a muitos outros domínios sensoriais.

Os limites do corpo humano, enquanto são um pensamento e uma pesagem do mundo, são os lugares em que o interior é confrontado com as ameaças e os riscos de intrusão do exterior, limites guarnecidos pelas regras morais. A repugnância é um modo simbólico de defesa. Os orifícios do corpo são vulneráveis em razão de sua interface. Excrementos, urina, saliva, vômitos, sangue, leite, esperma, pus etc. transpõem as fronteiras cutâneas e se "exteriorizam" conservando as propriedades ligadas à sua antiga pertença. Em igual medida com que os dejetos corporais como as unhas, os pedaços de pele, os cabelos etc. participam ainda da substância do homem, do qual se desvincularam. E a bruxaria sabe o que fazer com isso para impressionar a pessoas pouco afeitas a estes detalhes.

O corpo não é somente uma matéria de sentido, mas o instrumento primeiro para apreender o mundo (LE BRETON, 1990). Símbolo da sociedade, o corpo "reproduz em pequena escala os poderes e os perigos que atribuímos à estrutura social, diz M. Douglas [...]. Toda estrutura de ideias é vulnerável aos seus confins. É lógico que os orifícios do corpo simbolizem os pontos mais vulneráveis [...]. O erro consistiria em considerar os confins do corpo como diferentes das outras margens" (DOUGLAS, 1971: 137). Se o corpo metaforiza a sociedade, seus limites manifestam sua fragilidade. Assim, segundo as sociedades humanas, as menstruações, os excrementos, as secreções são percebidas com repugnância, constrangimento, indiferença. "Para compreender a poluição corporal nos é necessário tentar remontar os perigos reconhecidos em tal ou tal sociedade, e ver a quais temas corporais cada um deles corresponde" (p. 137).

O corpo, em primeiro lugar, manifesta uma moral do mundo. Agindo sobre o corpo físico, a sociedade elabora um discurso sobre seu funcionamento global, ela nomeia seus temores e suas forças. Se as representações da pessoa engajam uma representação do corpo, então em nossas sociedades individualistas o corpo é o bastião do indivíduo, o lugar de sua encarnação e de sua soberania (LE BRETON, 1990). Os limites cutâneos são os limites do sujeito, e tudo aquilo que vem infringi-los acarreta consequências para o próprio indivíduo. As fronteiras do eu, para nossas sociedades, são as fronteiras orgânicas. Com certeza, elas as ultrapassam moralmente através de um orbe simpático que leva a desconfiar daquilo que foi tocado pelo corpo do outro e a defender seu território corporal para além da carne nas substâncias que dele se desprendem.

A repugnância surge quando os limites de sentido relativos ao corpo ou à sua moral estão em perigo.

A proximidade com o outro é constrangedora em si, ela torna-se um motivo de aversão se o outro tem um hálito insuportável ou libera um odor desagradável, ou seja, se ele impõe sua essência corporal de maneira excessiva. O fato de ver um excremento no *hall* do imóvel ou no elevador, de ter que deitar-se na cama de um hotel onde os lençóis não foram trocados após a passagem do último cliente, ou que ainda conservam o calor do ocupante precedente, provoca irrupções repugnantes de outrem num espaço mais ou menos pessoal. Ser tocado por um desconhecido pode ser igualmente desagradável, e este fato pode tornar-se objeto de aversão se a pessoa é suja, cheia de mucosidades, se ela assusta em razão de suas deformidades ou feiura, ou se ela é considerada ignóbil em razão de seus atos passados ou presentes. Sua mácula moral corre o risco então de estender-se através de um contato físico. Da mesma forma que vestir-se com roupas de outras, se elas não foram devidamente lavadas.

A pessoa que trabalha numa padaria, que espirra em suas mãos, ou que assoa sua secreção nasal antes de apanhar o pão, torna este alimento inconsumível. Aqui, o outro deve permanecer outro, fora de si, seus eflúvios simbólicos são insuportáveis quando ameaçam alterar a identidade pessoal sempre instável e precária. O homem faminto perde toda prevenção, o sofrimento da fome tornando a sensação de repugnância negligenciável. Para quem não passa por esta premência, restos de carne num prato deixados por outro, um pedaço de pão cortado etc. não são aceitáveis senão vindos de uma pessoa próxima (a não ser que seja a última esperança de alimentar-se). A imposição de substâncias ou de emanações do corpo de outrem é uma violência, uma ofensa, se as matérias corporais não estão em seus devidos lugares no corpo. Elas produzem o contágio da aversão.

A atração da repugnância

O repugnante, o abjeto e o desonrado são, entretanto, objetos de uma forte atração. A suspensão da repressão leva a um desejo de transgressão e a um motivo de regozijo, como no cinema ou na literatura "sanguinolenta" que colocam complacentemente em cena imagens de evisceração, de dissecação, de canibalismo e mutilação (LE BRETON, 1993). A ruptura de aversão é uma forma de transgressão que produz prazer, ela leva a viver ao excesso o momento da dissolução do interdito. Evocando a busca deliberada de obscenidade nas relações sexuais, G. Bataille a analisa como a busca de um "condimento" suplementar à perda de si, uma ampliação das possibilidades da transgressão para exacerbar o prazer: "Esta sexualidade repulsiva não passa em definitivo de uma maneira paradoxal de tornar mais agudo o sentido de uma atividade cuja essência leva ao aniquilamento; se exceptuarmos aqueles cujo fracasso social engendra esta atividade, o prazer pela obscenidade não é senão junto a eles um transtorno vindo de fora, nada que responda necessariamente à sua indignidade: quantos homens (e mulheres) altruístas e de uma elevação de espírito inegável viram aí o segredo de perder profundamente seu norte" (BATAILLE, 1965: 269).

Na história cristã, a mortificação encontra na busca deliberada da repulsa uma via privilegiada de comunhão com Deus. Abstraindo-se de suas aversões, transformando-as em ações de caridade, o fiel se eleva acima do quinhão ordinário no testemunho de sua fé. A hagiografia abunda destes homens ou destas mulheres desejosos de repugnâncias. Catarina de Sena, queixando-se de sua aversão contra as feridas dos doentes que ela cuida com devoção, se constrange a beber uma tigela de pus. Inácio de Loyola e seus companheiros percorrem a Itália. Eles chegam num hospital de Vicenza onde um doente, com o corpo recoberto de crostas por uma doença contagiosa, lhes pede para que aliviem uma irritação insuportável em suas costas. Um deles põe a própria mão na ferida e "insinua um movimento de recuo, já que sua natureza repugna suas infecções. No entanto, ele recolhe em seus dedos filetes de podridão e os deposita na boca ao preço de uma vitória heroica sobre si mesmo. Francisco Xavier vai mais longe, colocando sua própria boca e sua língua na ferida cheia de vermes de um doente incurável, sugando toda a sua podridão" (apud CAMPORESI, 1995: 169).

Camporesi narra igualmente nesta matéria as proezas de Pierre Claver, ao longo de seus quarenta anos de devotamento de corpo e alma a suas ovelhas na África. O Apóstolo dos Etíopes, como é cognominado, "manuseia os doentes nauseabundos, mergulha sua boca em suas chagas mais verminosas, suga e extrai suas putrefações mais imundas, livra-os com sua língua de toda putrefação; além disso, ele divide o mesmo prato com os doentes, os abraça estreitamente, os acaricia e os beija" (1989: 138). A repugnância cede diante da caridade, e vencer a náusea é uma prova de fé para quem o faz por um amor devotado ao próximo.

O sentimento de repugnância protege dos outros, das margens, daquilo que perturba a ordem simbólica e que ameaça destruir a coerência. Ele nasce do híbrido, da perturbação dos limites simbólicos: os incestuosos, os que batem ou abusam sexualmente de uma criança, as mães que matam o próprio filho, os criminosos, os violadores, os torturadores etc., derrogam uma humanidade regrada, codificada por um princípio de reciprocidade, de responsabilidade. Eles jogam em vários times, sendo ao mesmo tempo inscritos no coração da mesma sociedade, mas violando sub-repticiamente seus dados fundadores, oferecendo de si mesmos uma dupla imagem.

Simultaneamente "fora" (sua ação) e "dentro" (sua humanidade), fora da lei, mesmo vivendo no interior da comunidade, eles rejeitam gravemente o sentido. Ao transgredirem os interditos sem os quais o vínculo social é impensável, eles passam a ser contagiosos. A falsidade, a hipocrisia, a deslealdade, a impostura de uma ação induzem por outro lado à vontade de agravar mais essa mácula cuspindo sobre o culpável, injuriando-o. O sentimento de repugnância às vezes aplica-se à própria pessoa ao lastimar uma ação antiga ou uma palavra outrora pronunciada, uma embriaguez etc. "Nós atribuímos à repugnância uma função moral e cognitiva insubstituível e legítima que não pode ser assumida só pelo desprezo [...]. É bem verdade que a repugnância é desprovida desta garantia normativa que pertence ao desprezo; a ética ali se mistura aos movimentos de inclinação ou de aversão extraéticos de uma forma incomparavelmente mais profunda, e a repugnância não pode de fato senão indicar a via do julgamento ético definitivo, mas ela não saberia determiná-lo imediatamente" (KOLNAI, 1997: 92). A repugnância moral é efetivamente ainda uma reação visceral, uma falta de distanciamento, ela está próxima da náusea.

510

ABERTURA

*Depois, eu voltava para diante dos espinheiros-
-alvares como diante dessas obras-primas
que a gente pensa que verá melhor após ter
deixado de contemplá-las por um momento;
mas, por mais que fizesse uma tela com as
mãos para não ter senão eles diante dos olhos,
permanecia obscuro e vago o sentimento que
despertavam em mim, em vão procurando se
desprender e vir aderir a suas flores.*

PROUST, M. *Du côté de chez Swann.*

O mundo é feito da qualidade de nossos sentidos, mas ele se dá através das significações que modulam suas percepções. A tarefa de compreender é infinita. Tanto quanto o pintor ou o músico, o antropólogo não tem a pretensão de esgotar o seu tema. Ele o aflora levantando questões, e é ali que reside sua ambição. Uma primeira implicação do caminho traçado é a alegria de tê-lo percorrido, simultaneamente à melancolia de dever virar a página para remeter o manuscrito ao editor, e o livro aos leitores. Jubilação de ter assim caminhado, lido, interrogado, encontrado, viajado, e finalmente vivido alguns anos com esta permanente preocupação e com esta jubilação dos sentidos. Escalamos montanhas para posteriormente descobrir que elas estão sempre no mesmo lugar, e para descobrir que os esforços são inúteis, que o trabalho deu-se no efêmero.

Mas o que seria da existência sem este gosto da inutilidade, que não obstante faz sentido, que encanta a relação com os outros e com o mundo? A busca vale por si mesma, por aquilo que ela trabalho sobre si. Aproximamo-nos da realidade com uma emoção à flor da pele, como Proust dirigindo-se à moita de espinheiros-alvares. Ainda estamos nesta busca, e gostaríamos de agarrar o mundo e carregá-lo debaixo do braço para que ele cesse de fugir-nos, mas ele continua se esquivando: "Por mais que eu ficasse respirando diante dos espinheiros-alvares, mostrando a meu pensamento que não sabia o que fazer com ele, a perder e a reencontrar, seu aroma fixo e invisível, unindo-me ao ritmo que suas flores lançavam aqui e ali com uma alegria juvenil e a intervalos imprevistos como certos intervalos musicais, eles ofertavam-me indefinidamente o mesmo charme com uma profusão inesgotável, mas sem me deixar todavia aprofundá-los mais, como as melodias que tocamos cem vezes seguidas sem escavar mais a fundo o seu segredo"[1].

---

1. PROUST, M. *Du côté de chez Swann*. Op. cit., p. 166.

Referências

ACKERMAN, D. *Le livre des sens*. Paris: Livre de Poche, 1991.

ADORNO, T. *Minima moralia*. Paris: Payot, 1980.

ALBERONI, F. *L'Érotisme*. Paris: Pocket, 1987.

ALBERT, J.-P. *Odeurs de sainteté* – La mythologie chrétienne des aromates. Paris: L'Ehess, 1990.

ALMAGOR, U. "The cycle and stagnation of smells". *RES*, 14, 1987.

ANDERSON, E. "'Heating' and 'cooling' foods re-examined". *Social Science Information*, 23 (4-5), 1984.

ANGYAL, A. "Disgust and related aversion". *Journal of Abnormal and Social Psychology*, 36, 1941.

ANZIEU, D. *Une peau pour les pensées*. Paris: Clancier-Guénaud, 1986.

_____. *Le moi-peau*. Paris: Dunod, 1985.

ARISTOTE. *Histoire des animaux*. Paris: Folio, 1994.

_____. *De l'âme*. Paris: Gallimard, 1989.

_____. *Métaphysique*. Paris: Vrin, 1986.

_____. *Les parties des animaux*. Paris: Les Belles Lettres, 1956.

ARNHEIM, R. *La pensée visuelle*. Paris: Flammarion, 1976.

ARON, J.-P. *Le mangeur du XIX siècle*. Paris: Denoël, 1973.

AUBAILE-SALLENAVE, F. "Le souffle des parfums – Essai de classification des odeurs chez les arabo-musulmans". In: MUSSET, D. & FABRE-VASSAS, C. (dir.). *Odeur et parfum*. Paris: CTHS, 1999.

_____. "Le monde traditionnel des odeurs et des saveurs chez le petit enfant maghrébin". *Enfance*, 1, 1997.

BACHELARD, G. *La poétique de l'espace*. Paris: PUF, 1992.

_____. *La Terre et les rêveries de la volonté*. Paris: Corti, 1978.

_____. *Le droit de rêuer*. Paris: PUF, 1970.

BAEKE, V. "De l'incapacité de voir, de l'interdiction de regarder – L'invisible et les interdits visuels chez les Mfumte-Wuli du Cameroun Occidental". *Voir Barré*, 3, 1991.

BAHLOUL, J. *Le culte de ia table dressée* – Rites et traditions de la table juive algérienne. Paris: Métailié, 1983.

BAKHTINE, M. *L'Œuvre de François Rabelais et la culture populaire au Moyen Âge et sous la Renaissance*. Paris: Gallimard, 1970.

BARNARD, K.E. & BRAZELTON, T.B. *Touch*: the foundation of experience. Madison: International Universities Press, 1990.

BARREAU, J. *Les hommes et leurs aliments*. Paris: Temps Actuel, 1983.

_____. "Essai d' écologie des métamorphoses de l'alimentation et des fantasmes du goût". *Informations sur les Sciences Sociales*, 18 (3), 1979.

BARTOSHUK, L. "History of taste research". In: CARTERETTE, E. & FRIEDMAN, M. *Handbook of perception*. Vol. IV. Nova York: Hearing, 1978.

BASTIDE, R. *Psychanalyse du cafuné*. Bastidiana: St Paul de Fourques, 1996.

BATAILLE, G. *L'Érotisme*. Paris: [s.e.], 1967.

BATAILLE-BENGUIGUI, M.C. & COUSIN, F. (eds.). *Cuisines, reflets des sociétés*. Paris: Sepia, 1996.

BATCHELOR, D. *La peur de la couleur*. Paris: Autrement, 2001.

BATESON, G. & MEAD, M. *Balinese character*: a photographic analysis. Nova York: Academy of Sciences, 1942.

BAUDRILLARD, J. *Simulacres et simulation*. Paris: Galilée, 1981.

BAVCAR, E. *Le voyeur absolu*. Paris: Seuil, 1992.

BEACH, F. (ed.). *Sex and behavior*. Nova York: Wiley, 1965.

BECKER, H. *Outsiders, étude de sociologie de la déoiance*. Paris: Métailié, 1985.

BENTHIEN, C. *Skin* – On the cultural border between self and the world. Nova York: Columbia University Press, 2002.

BERGER, J. *The sense of sight*. Nova York: Pantheon, 1980.

_____. *Ways of seeing*. Harmondworth: Penguin, 1972.

BÉRILLON, E. *Les caractères nationaux*. Paris: A. Legrand, 1920.

BERLIN, J. & KAY, P. *Basic colors terms*. Berkeley: University of California Press, 1969.

BERNOT, D. & MYINT, Y.Y. "Sensibilité birmane aux odeurs". In: CREOPS. *Asie*: savourer, goûter. Paris: Presses de l'Université Paris-Sorbonne, 1995.

BIRCH, L.L. "The acquisition of food acceptance patterns in children". In: BOAKES, R.A.; POPPLEWELL, D.A. & BURTON, M.J. *Eatings habits* – Food, physiology and learned behavior. Chichester: John Wiley and sons, 1987.

BLACKING, J. *Le sens musical*. Paris: Minuit, 1980.

BLANC-MOUCHET, *Odeurs* – L'essence d'un sens. Paris: Autrement, 1987.

BLOFELD, J. *Thé et tão* – L'art chinois du thé. Paris: Albin Michel, 1997.

BONNIOL, J.-L. "La couleur des hommes, principe d' organisation sociale". *Ethnologie Française*, XX, 1990.

BORELLI, B. "A l'Ouest sommes-nous tous des pue-le-beurre". Apud "Odeurs: Lessence d'un sens". *Autrement*, 92, 1987.

BOUCHART-GODARD, A. "Une peau sensible". *Les Cahiers du Nouveau-né*, 5, 1981.

BOUDHIBA, A. "Les arabes et la couleur". In: VV.AA. *L'Autre et l'ailleurs* – Hommage à Roger Bastide. Paris: Berger-Levrault, 1976.

_____. *La sexualité en Islam.* Paris: PUF, 1975.

BOURKE, J.G. *Les rites scatologiques.* Paris: PUF, 1981.

BOUVET, D. *La parole de l'enfant sourd.* Paris: PUF, 1982.

BRASSEUR, P. "Le mot 'nègre' dans les Dictionnaires Encyclopédiques Français du XIXᵉ siecle". *Cultures et Développement*, 8, 1976.

BRILL, A. "The sense of smell in the neuroses and psychoses". *The Psychoanalytic Quarterly*, 1, 1932.

BRILLAT-SAVARIN, A. *Physiologie du goût.* [s.l.]: Julliard, 1965.

BROMBERGER, C. "Identité alimentaire et altérité culturelle dans le nord de l'Iran: le froid, le chaud, le sexe et le reste". *Recherches et Travaux de l'Institut d'Ethnologie de Neuchâtel*, 6, 1985.

BROSSE, J. *Inventaire des sens.* Paris: Grasset, 1965.

BRUCH, H. *Les yeux et le ventre.* Paris: Payot, 1984.

BRUN, J. *La main et l'esprit.* Genebra: Labor et Fides, 1986.

_____. *La main.* Paris: Delpire, 1967.

BRUSATIN, M. *Histoire des couleurs.* Paris: Flammarion, 1986.

BRYSON, N. *Word and image* – French painting of the ancient regime. Cambridge: Cambridge University Press, 1983.

BUCI-GIUCKSMANN, C. *La folie du voir* – De l'esthétique baroque. Paris: Galilée, 1986.

BYL, S. "Le toucher chez Aristote". *Revue de Philosophie Ancienne*, 9 (2), 1991.

BYNUM, W.F. & PORTER, R. (eds.). *Medicine and the five senses*. Cambridge: Cambridge University Press, 1993.

CAIN, W.S. "History of research on smell". In: CARTERETTE, E. & FRIEDMAN, M. *Handbook of perception*. Vol. IV. Nova York: Hearing, 1978.

CALAME-GRIAULE, G. *Ethnologie et langage* – La parole chez les dogons. Paris: Gallimard, 1965.

CAMPORESI, P. *Les effluves du temps jadis*. Paris: Plon, 1995.

_____. *Le goût du chocolat*. Paris: Grasset, 1992.

_____. *L'Officine des sens* – Une anthropologie du baroque. Paris: Hachette, 1989.

_____. *L'Enfer et le fantasme de l'hostie* – Une théologie baroque. Paris: Hachette, 1988.

_____. *La chair impassible*. Paris: Flammarion, 1986.

_____. *Le pain sauvage*. Paris: Le Chemin Vert, 1981.

CANDAU, J. "Le partage des savoir-faire olfactifs – Entre 'bonnes' et 'mauvaises' odeurs". In: LARDELLIER, P. (dir.). *A fleur de peau* – Corps, odeurs et parfums. Paris: Belin, 2003.

_____. "De la ténacité des souvenirs olfactifs". *La Recherche*, 344, 2001.

_____. *Mémoires et expériences olfactives* – Anthropologie d'um savoir-faire sensoriel. Paris: PUF, 2000.

CANETTI, E. *Masse et puissance*. Paris: Gallimard, 1966.

CAPATTI, A. & MONTANARI, M. *La cuisine italienne* – Histoire d'une culture. Paris: Seuil, 2002.

CARPENTER, E. *Eskimo realities*. Nova York: Holt, Rinehart and Winston, 1973.

CASAJUS, D. "Le poète et le silence". In: VV.AA. *Graines de paroles* – Puissance du verbe et traditions orales. Paris: CNRS, 1989.

CASATI, R. & DOKIC, J. *La philosophie du son*. Paris: Jacqueline Chambon, 1994.

CASSIRER, E. *Individu et cosmos dans ta philosophie de la Renaissance*. Paris: Minuit, 1983.

_____. *Essai sur l'homme*. Paris: Minuit, 1975.

CASTARÈDE, M.F. *La voix et ses sortilèges*. Paris: Belles Lettres, 1987.

CENTLIVRES, P. *Hippocrate dans la cuisine*: le chaud et le froid en Afghanistan du Nord". Neuchâtel: Institut d'Ethnologie, 1984.

CENTLIVRES-DUMONT, M. "Les réfugiés afghans au Pakistan". In: BATAILLE-BENGUIGUI, M.C. & COUSIN, F. (eds.). *Cuisines, reflets des sociétés*. Paris: Sepia, 1996.

CHALIER, C. *Sagesse des sens* – Le regard et l'écoute dans la tradition hébraique. Paris: Albin Michel, 1995.

CHAMBERLAIN, A. "Primitive hearing and hearing words". *American Journal of Psychology*, 16, 1905.

_____. "Primitive taste-words". *American Journal of Psychology*, 4 (3-4), 1903, p. 146-153.

CHARBONNEAU. *Un festin pour Tantale* – Nourriture et société industrielle. Paris: Sang de la Terre, 1997.

CHARUTY, G. "Le fil de la parole". *Ethnologie Française*, 15 (2), 1985.

CHATELAIN-COURTOIS, M. *Les mots du vin et de l'ivresse*. Paris: Belin, 1984.

CHATELET, N. *Le corps à corps culinaire*. Paris: Seuil, 1977.

CHATWIN, B. *Le chant des pistes*. Paris: Livre de Poche, 1988.

CHEBEL, M. *Encyclopédie de l'Amour en Islam*. Paris: Payot, 1995.

CHELHOD, J. "Commensalité, don et sacrifice chez les Arabes". *Eurasie*, 1, 1990.

CHIVA, M. *Le doux et l'amer*. Paris: [s.e.], 1985.

_____.. "Comment la personne se construit en mangeam". *Communications*, 31, 1979.

CLASSEN, C. *The colour of angels* – Cosmology, gender and the aesthetic imagination. Londres: Routledge, 1998.

_____. *Inca cosmology and the human body*. Salt Lake City: University of Utah Press, 1993a.

_____. *Worlds of sense*: exploring the senses in history and across cultures. Londres: Routledge, 1993b.

_____. "Creation by sound, creation by light: a sensory analysis of two South American cosmologies". In: HOWES, D. *The varieties of sensory experience* – A sourcebook in the anthropology of the senses. Toronto: University of Toronto Press, 1991.

CLASSEN, C. (ed.). *The book of touch*. Montreal: Berg, 2005.

CLASSEN, C. & HOWES, D. "L'arôme de la merchandise – La commercialisation de l'olfactif". *Anthropologie et Sociétés*, 18 (3), 1994.

CLASSEN, C.; HOWES, D. & SYNNOTT, A. *Aroma* – The cultural history of smell. Londres: Routledge, 1994.

CLERGET, J. *La main de l'autre*. Tolouse: Eres, 1997.

COBI, J. & DULAU, R. *Pour une anthropologie des odeurs*. Paris: L'Harmattan, 2004.

COHEN, W.B. *Français et africains* – Les noirs dans le regard des blancs (1530-1880). Paris: Gallimard, 1981.

"Commensalités". *Eurasie*, 1, 1980.

CONDILLAC. *Traité des sensations*. Paris: PUF, 1947.

CONKLIN, H.C. "Color categorization". *American Anthropologist*, 75, 1973.

_____. "Hanunôo color categories". In: HYMES, D. (ed.). *Language in culture and society*. Nova York: Harper, 1966.

CONSOLI, S. *La tendresse*. Paris: Odile Jacob, 2003.

CORBEAU, J.-P. "Cuisiner, pâtisser, métisser". *Revue des Sciences Sociales*, 27, 2000.

_____. "Trois scenari de mutation des goûts alimentaires". *Le goût*. Dijon: Actes du Colloque, 1996.

_____. "Goûts des sages, sages dégoûts, métissage des goûts". *Internationale de l'Imaginaire*, 2, 1995.

_____. "Rituels alimentaires et mutations sociales". *Cahiers Internationaux de Sociologie*, XCII, 1992.

CORBIN, A. *Les cloches de la terre* – Paysage sonore et culture sensible. Paris: Albin Michel, 1994.

_____. *Le temps, le désir et l'horreur*. Paris: Aubier, 1991.

_____. *Le territoire du vide* – L'Occident et le désir du rivage. Paris: Aubier, 1988.

_____. *Le miasme et la jonquille* – L'odorat et l'imaginaire social XVIII et XIX siècles. Paris: Aubier, 1982.

CRARY, J. *L'Art de l'observateur* – Vision et modernité au XIX siècle. Nimes: Jacqueline Chambon, 1994.

CREOPS. *Asie*: savourer, goûter. Paris: Presses de l'Université Paris-Sorbonne, 1995.

CROSSMAN, S. & BAROU, J.-P. *Enquête sur les savoirs indigènes*. Paris: Gallimard, 2005.

_____. *Peintures de sable des Indiens Navajo* – La voie de la beauté. Arles: Actes Sud, 1996.

DANDNER, D. *Rituels de guérison chez les Navajos*. Paris: Le Rocher, 1996.

DANIEL, E.V. *Fluid signs* – Being a person in the tamil way. Berkeley: University of California Press, 1987.

DARWIN, C. *L'Expression des émotions chez l'homme et les animaux*. Bruxelas: Complexe, 1981.

DEBORD, G. *La société du spectacle*. Paris: Gallimard, 1992.

DEBRAY, R. *Vie et mort de l'image*. Paris: Folio, 1992.

DELCOURT, M. *Héphaistos ou la légende du magicien*. Paris: [s.e.], 1957.

DE MARTINO, E. *La terre du remords*. Paris: Gallimard, 1966.

DEONNA, W. *Le symbolisme de l'oeil*. Paris: Boccard, 1965.

_____. *Croyances antiques et modernes*: l'odeur suave des dieux et des élus. Genebra: [s.e.], 1939.

DÉTIENNE, M. *Les jardins d'Adonis* – La mythologie des aromates en Grèce. Paris: Gallimard, 1972.

DE TONNAC, J.-P. *Anorexia* – Enquête sur l'expérience de terrain. Paris: Albin Michel, 2005.

DEVEREUX, G. "Ethnological aspects of the terms 'deaf' and 'dumb'". In: HOWES, D. *The varieties of sensory experience* – A sourcebook in the anthropology of the senses. Toronto: University of Toronto Press, 1991.

DEVISCH, R. *Weaving the threads of life* – The Khita gyn-eco-logical healing cult among the yaka. Chicago: The University of Chicago Press, 1993.

_____. "Modalités de contact sensoriel dans une société d'Afrique Centrale". In: SCHOTTE, J. (ed.). *Le contact*. Bruxelas: De Boeck, 1990.

DE VORAGINE, J. *La légende dorée*. Vol. 1 e 2. Paris: Garnier--Flammarion, 1967.

DIAS, N. *La mesure des sens* – Les anthropologues et le corps humain au XIX siècle. Paris: Aubier, 2004.

DIBIE, P. *La passion du regard*. Paris: Métailié, 1998.

DIDEROT, D. *Le rêve de D'Alembert et autres écrits philosophiques*. Paris: Livre de Poche, 1984.

DIDI-HUBERMAN, G. *Ce que nous voyons, ce qui nous regarde*. Paris: Minuit, 1992.

_____. *Devant l'image* – Question posée aux fins d'une histoire de l'art. Paris: Minuit, 1990.

DOLLARD, J. *Cast and class in a southern town*. Nova York: Doubleday-Anchor Books, 1949.

DOUGLAS, M. "Les structures du culinaire". *Communications*, 31, 1979.

_____. *De la souillure*. Paris: Maspero, 1971.

DUFRENNE, M. *L'Œil et l'oreille*. Paris: Jean-Michel Placé, 1991.

DULAU, R. & PITTE, J.-R. *Géographie des odeurs*. Paris: L'Harmattan, 1998.

DUMONT, L. *Homo hierarchicus*. Paris: Gallimard, 1966.

DUNCKER, K. "Experimental modification of children's food through social suggestion". *Journal of Abnormal Social Psychology*, 33, 1938.

DUPIRE, M. "Des goûts et des odeurs: classifications et universaux". *L'Homme*, 27 (4), 1987.

DUPONT, E. "De l'oeuf à la pomme – La cena romaine". In: FLANDRIN J.-L. & COBBI, J. (dir.). *Tables d'hier, tables d'ailleurs*. Paris: Odile Jacob, 1999.

DURKHEIM, É. *Les formes élémentaires de la vie religieuse*. Paris: PUF, 1968.

EDGERTON, S. *The heritage of Giotto's geometry*: art and science on the eve of the scientific revolution. Ithaca: Cornell University Press, 1991.

_____. *The Renaissance discovery of linear perspective*. Nova York: Harper, 1976.

EHRENZWEIG, A. *L'Ordre caché de l'art*. Paris: Gallimard, 1974.

ELIAS, N. *La civilisation des moeurs*. Paris: Pluriel, 1973.

ELLIS, H. *La sélection sexuelle chez l'homme*. Paris: Mercure de France, 1934a.

_____. *Précis de psychologie sexuelle*. Paris: Payot, 1934b.

ELLUL, J. *La parole humiliée*. Paris: Seuil, 1981.

FALK, P. *The consuming body*. Londres: Sage, 1994.

FARB, P. & AMELAGOS, G. *Anthropologie des coutumes alimentaires*. Paris: Denoël, 1985.

FAURE, P. *Parfums et aromates de l'Antiquité*. Paris: Fayard, 1987.

FAVRET-SAADA, J. *Les mots, la mort, les sorts*. Paris: Gallimard, 1977.

FEBVRE, L. *Le problème de l'incroyance au XVI siècle*. Paris: Albin Michel, 1968.

FELD, S. *Sound and sentiment* – Birds, weeping, poetics, and song in kaluli expression, Filadélfia: University of Pennsylvania Press, 1982.

FERDENZI, C.; HOLLEY, A. & SCHAAL, B. "Impacts de la déficience visuelle sur le traitement des odeurs". *Voir Barré*, 28-29, 2004.

FISCHLER, C. *L'Homnivore*. Paris: Odile Jacob, 1993.

_____. "Le dégoût, un phénomène bio-culturel". *Cahiers de Nutrition et de Diététique*, XXIV/5, 1989.

_____. "Les aventures de la douceur". *Autrement*, 108, 1989.

FLANDRIN, J.-L. "La distinction par le goût". In: ARIÈS, P. & DUBY, G. (eds.). *Histoire de la vie privée*. T. 3. Paris: Seuil, 1999.

_____. *Chronique de Platine* – Pour une histoire gastronomique. Paris: [s.e.], 1992.

_____. "Le goût à son histoire". *Autrement*, 108, 1989.

_____. "Pour une histoire du goût". In: FERNIOT, J. & LE GOFF, J. *La cuisine et la table*. Paris: Seuil, 1986.

_____. "La diversité des goûts et des pratiques alimentaires en Europe du XVIe au XVIIIe siecle". *Revue d'Histoire Moderne et Contemporaine*, XXX, 1983, p. 66-83.

FLANDRIN J.-L. & COBBI, J. (dir.). *Tables d'hier, tables d'ailleurs*. Paris: Odile Jacob, 1999.

FLANDRIN, J.-L. & MONTANARI, M. (dir.). *Histoire de l'alimentation*. Paris: Fayard, 1996.

FOUCAULT, M. *Surveiller et punir* – Naissance de la prison. Paris: Gallimard, 1975 [em portugués: *Vigiar e punir* – Nascimento da prisão. Petrópolis: Vozes].

_____. *Naissance de la clinique*. Paris: PUF, 1963.

FRANK, L.-K. "Tactile communication". In: McLUHAN, M. & CARPENTER, E. *Explorations in communication*: an anthology. Londres: Jonathan Cape, 1970.

FRANKLIN, A. *La vie privée d'autrefois* – Arts et métiers, modes, moeurs, usages des parisiens du XII au XVII siècle. Marselha: Laffitte, 1980.

FRAZER, J.G. "Tabou ou les périls de l'âme". *Le Rameau d'or*. Paris: Laffont, 1981.

FREUD, S. *Inhibition, symptôme et angoisse*. Paris: PUF, 1978.

_____. *Malaise dans la civilisation*. Paris: PUF, 1971.

_____. *Trois essais sur la Théorie de la Sexualité*. Paris: Gallimard, 1962.

GAGE, J. *Colour and culture*. Londres: Thames and Hudson, 1993.

GAIGNEBET, C. *Le folklore obscène des enfants*. Paris: Maisonneuve et Larose, 1980.

GAIGNEBET, C. & PÉRIER, M.-C. "Lhomme et l'excretum". In: POIRIER, J. (ed.). "Histoire des moeurs". *Encycopédie de la Pléiade*. T. 1. Paris: Gallimard, 1990.

GAÏTA, L. "Pâques en Roumanie". In: BATAILLE-BENGUIGUI, M.C. & COUSIN, F. (eds.). *Cuisines, reflets des sociétés*. Paris: Sepia, 1996.

GARB, J.-L. & STUNKARD, A.J. "Taste Aversions in Man". *American Journal of Psychiatry*, 131 (11), 1974.

GARINE, I. "Les modes alimentaires – Histoire de l'alimentation et des manières de table". In: POIRIER, J. *Histoire des moeurs*. T. 1. Paris: La Pléiade, 1990.

GAULIER, M. & ESNEAULT, M.-T. *Odeurs prisonnières*. Paris: Quintessence, 2002.

GELL, A. "Magic, perfume, dream". In: LEWIS, I.M. *Symbols and sentiment*: cross-cultural studies in symbolism. Londres: Academic Press, 1977.

GERNET, L. "Nomination de la couleur chez les grecs". In: MEYERSON, I. *Problèmes de la couleur*. Paris: Sevpen, 1957.

GERVEREAU, L. *Histoire du visuel au XX siècle*. Paris: Point, 2003.

GIARD, L. & MAYOL, P. *L'Invention du quotidien* – T. 2: Habiter, cuisine. Paris: Gallimard, 1980, p. 10-18.

GIBBONS, B. "The intimate sense of smell". *National Geographic*, 170, 1986.

GIBSON, J.J. "Observations on active touch". *Psychological Review*, 69 (6), 1962.

GILLET, P. *Le goût et les mots*. Paris: Payot, 1999.

GILMAN, S.L. *L'Autre et le moi* – Stéréotypes occidentaux de la race, de la sexualité et de la maladie. Paris: PUF, 1996.

GODARD, M. *Le goût de l'aigre*. Paris: Voltaire, 1991.

GOLOUBINOFF, M. "Coca et sauterelles grillées". In: BATAILLE-BENGUIGUI, M.C. & COUSIN, F. (eds.). *Cuisines, reflets des sociétés*. Paris: Sepia, 1996.

GOMBRICH, E.H. *L'Art et l'illusion*. Paris: Gallimard, 1996.

GONZALÈS-CRUSSI, F. *The five senses*. Nova York: Harcourt Brace Jovanovitch, 1989.

GOODMAN, N. *Langages de l'art*. Nimes: Jacqueline Chambon, 1990.

GOODY, J. *La culture des fleurs*. Paris: Seuil, 1994.

_____. *Cuisines, cuisine et classes*. Paris: CCI, 1984.

GORDON-GRUBE, K. "Anthropophagy in Post-Renaissance Europe: the tradition of medicinal cannibalism". *American Anthropologist*, 90, 1988.

GRANDJEAN, M. "Goûter Dieu". *Le Goût*. Dijon: Actes du Colloque, 1996.

GREEN, A. *Le travail du negative*. Paris: Minuit, 1993.

GRÉMION, J. *La planète des sourds*. Paris: Sylvie Messinger, 1990.

GRIMOD DE LA REYNIÈRE. *Écrits gastronomiques*. Paris: UGE, 1997, p. 10-18.

_____. *Manuel des amphitryons*. Paris: Métailié, 1983.

GUICHARD-ANGUIS, S. "A 'l'écoute' de l'encens: ses usages aux Japon". In: DULAU, R. & PITTE, J.-R. *Géographie des odeurs*. Paris: L'Harmattan, 1998.

GUILLAUMONT, A. "La désignation des couleurs en hébreu et en araméen". In: MEYERSON, I. *Problèmes de la couleur*. Paris: Sevpen, 1957.

GUILLET, G. *L'Âme à fleur de peau*. Paris: Albin Michel, 1995.

GUTTON, J.-P. *Bruits et sons dans notre histoire*: essai sur la reconstitution du paysage sonore. Paris: PUF, 2000.

HADDAD, G. *Manger le livre* – Rites alimentaires et fonction paternelle. Paris: Pluriel, 1984.

HALDAS, G. *La légende des repas*. Paris: Julliard, 1987.

HALL, E.T. *La danse de la vie*. Paris: Seuil, 1984.

_____. *La dimension cache*. Paris: Seuil, 1971.

HALLOWELL, A.L. *Culture and experience*. Filadélfia: University of Pennsylvania Press, 1955.

HAMLYN, D.W. *Sensation and perception* – A history of the philosophy of perception. Nova York: Humanities, 1961.

HANS, M.-F. & LAPOUGE, G. *Les femmes, la pornographie, l'érotisme*. Paris: Seuil, 1978.

HARRUS-RÉVIDI, G. *Psychanalyse de la gourmandize*. Paris: Payot, 1997.

_____. *La vague et la digue* – Du sensoriel au sensuel en psychanalyse. Paris: Payot, 1987.

HATWELL, Y. *Toucher l'espace*. Lille: Presses Universitaires de Lille, 1986.

HATWELL, Y.; STRERI, A. & GENTAZ, E. *Toucher pour connaître* – Psychologie cognitive de la perception tactile manuelle. Paris: PUF, 2000.

HAVELANGE, C. *De l'oeil et du monde* – Une histoire du regard au seuil de la Modernité. Paris: Fayard, 1998.

HELLER, G. *Propre en ordre* – Habitation et vie domestique 1850-1930: l'exemple vaudois. Lausane: d'En Bas, 1979.

HEMMET, C. "Festins des vivants et des morts en Thailande du Sud". *Eurasie*, 1990.

HENRI, P. *Les aveugles et la société*. Paris: PUF, 1958.

HÉRITIER-AUGÉ, F. "La mauvaise odeur l'a saisi". *Le Genre Humain*, 15, 1987.

HERMANN, L. *L'Instinct filial*. Paris: Denoël, 1973.

HÉRODOTE. *L'Enquête*. Livros I a IV. Paris: Folio, 1985.

HERTZ, R. *Mélange de sociologie religieuse et de folklore*. Paris: PUF, 1928.

HIGGINS, P.C. *Outsider in a hearing world* – A phenomenology of sound. Beverly Hill: Sage, 1980.

HOLLEY, A. *Éloge de l'odorat*. Paris: Odile Jacob, 1999.

HOWES, D. *Sensual relations* – Engaging the senses in culture and social theory. Ann Arbor: The University of Michigan Press, 2003.

_____. "Le sens sans parole: vers une anthropologie de l'odorat". *Anthropologie et Sociétés*, 10 (3), 1986.

HOWES, D. (ed.). *Empire of the senses* – The sensual culture reader. Oxford: Berg, 2005.

_____. *The varieties of sensory experience* – A sourcebook in the anthropology of the senses. Toronto: University of Toronto Press, 1991.

HOWES, D. & LALONDE, M. "The history of sensibilities: of the standard of taste in mid-eighteenth century England and the circulation of smells in post-revolutionary in France". *Dialectical Anthropology*, 16, 1991.

HUDSON, W. "The study of the problem of pictorial perception among un acculturated groups". *Journal International de Psychologie*, 2 (2), 1967.

HUIZINGA, J. *L'Automne du Moyen Age*. Paris: Payot, 1980.

HULL, J. *Touching the rock*: an experience of blindness. Londres: SPCK, 1990.

IHDE, D. *Listening and voice* – A phenomenology of sound. Atenas/Ohio: Ohio University Press, 1976.

ILLICH, I. *La perte des sens*. Paris: Fayard, 2004.

IRIGARAY, L. "Un autre art de jouir". In: HANS, M.-F. & LAPOUGE, G. *Les femmes, la pornographie, l'érotisme*. Paris: Seuil, 1978.

_____. *Ce sexe qui n'en est pas un*. Paris: Minuit, 1977.

ISHIGE, N. "Comment rôtir un chien dans un four de terre". In: KUPER, J. (ed.). *La cuisine des ethnologues*. Paris: Berger-Levrault, 1981.

JACKSON, A. "Sound and ritual". *Man*, 3 (1), 1968.

JAHODA, G. "La culture et la perception visuelle". In: MOSCOVICI, S. (dir.). *Introduction à la Psychologie Sociale*. Paris: Larousse, 1973.

JARDEL, J.-P. "De la couleur et de l'odeur de l'autre dans la littérature para-anthropologique". In: MUSSET, D. & FABRE-VASSAS, C. (dir.). *Odeur et parfum*. Paris: CTHS, 1999.

JAY, M. "Les régimes scopiques de la Modernité". *Réseaux*, 61, 1993.

_____. *Downcast eyes* – The denigration of vision in twentieth century French thought. Berkeley: University of California Press, 1993.

JONAS, H. *Le phénomèe de la vie* – Vérs une biologie philosophique. Bruxelas: De Boeck Université, 200l.

JOURARD, S.M. "An exploratory study of body accessibility". *British Journal of Social and Clinical Psychology*, 5, 1966.

JULIEN, F. *Éloge de la fadeur*. Paris: Picquier, 1991.

KAKAR, S. *Chamans, mystiques et médecins*. Paris: Seuil, 1997.

KAKUZO, O. *Le livre du thé*. Lion: Derain, 1958.

KAMENAROVIC, I.P. "Les saveurs dans le système des correspondances". In: CREOPS. *Asie*: savourer, goûter. Paris: Presses de l'Université Paris-Sorbonne, 1995.

KANAFANI-ZAHAR, A. "Fêter en douceur: les pâtisseries calendaires maronites et chiites à Hsoun (Liban)". In: BATAILLE-BEN-GUIGUI, M.C. & COUSIN, F. (eds.). *Cuisines, reflets des sociétés*. Paris: Sepia, 1996.

KANT, E. *Anthropologie du point de vue pragmatique*. Paris: Garnier-Flammarion, 1993.

KELLER, H. *Sourde, muette, aveugle*. Paris: Payot, 1996.

_____. *Mon univers*. Paris: [s.e.], 1914.

KERN, S. *Anatomy and destiny*: a cultural history of the human body. Indianápolis: Bobbs-Merill Company, 1975.

_____. "Olfactory ontology and scented harmonies: on the history of smell". *Journal of Popular Culture*, 4, 1974.

KLINEBERG, O. *Psychologie Sociale*. Paris: PUF, 1967.

KOECHLIN, B. "La réalité gestuelle des sociétés humaines". *Histoire des moeurs*. T. 2. Paris: La Pléiade, 1991.

KOLNAI, A. *Le dégoût*. Paris: Agalma, 1997.

KORSEMEYER, C. (ed.). *The taste culture reader* – Experiencing food and drink. [s.l.]: Berg, 2005.

KRISTEVA, J. *Pouvoirs de l'horreur* – Essai sur l'abjection. Paris: Seuil, 1980.

KUIPERS, J.C. "Matters of taste in Weyéwa". In: HOWES, D. *The varieties of sensory experience* – A sourcebook in the anthropology of the senses. Toronto: University of Toronto Press, 1991.

LANE, H. *When the mind hears*: a history of the deaf. Nova York: Ramdom House, 1984.

LANGE, F. *Manger ou les jeux et les creux du plat*. Paris: Seuil, 1975.

LAPORTE, D. *Histoire de la merde*. Paris: Bourgois, 1978.

LARDELLIER, P. (dir.). *A fleur de peau* – Corps, odeurs et parfums. Paris: Belin, 2003.

LARGEY, G.P. & WATSON, D.R. "The sociology of odors". *American Journal of Sociology*, 77, 1972.

LAVALLÉE, G. *L'Enveloppe visuelle du moi*. Paris: Dunod, 1999.

LAVELLE, L. *La dialectique du monde sensible*. Estrasburgo: Faculté des Lettres, 1921.

LAZORTTHES, G. *L'Ouvrage des sens*. Paris: Flammarion, 1986.

LE BRETON, D. *Les passions ordinaires* – Anthropologie des émotions. Paris: Petite Bibliotheque Payot, 2004.

_____. *Du silence*. Paris: Métailié, 1997.

_____. *Anthropologie de la douleur*. Paris: Métailié, 1995.

_____. "Sur le statut gastronomique du corps humain". *Prévenir*, 26, 1994.

_____. *La chair à vif usages médicaux et mondains du corps humain*. Paris: Métailié, 1993.

_____. *Anthropologie du corps et Modernité*. Paris: PUF, 1990 [Quadrige, 2005].

LEENHARDT, M. *Do kamo* – La personne et le mythe dans le monde mélanésien. Paris: Gallimard, 1947.

LE GOFF, J.-P. & SCHMIDT, J.-C. (eds.). *Le Charivari*. Paris: Ehess, 1977.

LE GUERER, A. *Pouvoirs de l'odeur*. Paris: Odile Jacob, 1998.

LE MAGNEN, J. *Le goût et les saveurs*. Paris: PUF, 1951.

LENNEBERG, E. "Cognition in ethnolinguistics". *Langage*, 29 (4), 1953.

LENNEBERG, E. & ROBERTS, J. "The langage of experience – A study in methodology". *International Journal of American Linguistics*, 22 (2), 1956 [suplemento].

_____. *The denotata of color terms*. Bloomington: Linguistic Society of America, 1953.

LENOBLE, R. *Histoire de l'idée de nature*. Paris: Albin Michel, 1969.

LE RIDER, J. *Les couleurs et les mots*. Paris: PUF, 1997.

LEROI-GOURHAN, A. *Le geste et la parole* – La mémoire et les rythmes. Paris: Albin Michel, 1985.

_____. *Les racines du monde*. Paris: Belfond, 1982.

LEROY LADURIE, E. *Montaillou, village occitan de 1294 à 1324.* Paris: Folio, 1982.

"Les 'cinq sens'". *Anthropologie et Sociétés*, 14 (2), 1990.

LÉVINAS, E. *De l'existence à l'existant.* Paris: Vrin, 1990.

_____. *Autrement qu'être ou au-delà de l'essence.* La Haye: Martinus Nijihoff, 1974.

LÉVI-STRAUSS, C. "Le triangle alimentaire". *L'Arc.* Paris: [s.e.], 1965.

_____. *Le cru et le cuit.* Paris: Plon, 1964.

_____. *La pensée sauvage.* Paris: Plon, 1962.

_____. *Tristes tropiques.* Paris: Plon, 1955.

LEVY-WARD, A. "Goûts et saveurs de Thaïlande". In: CREOPS. *Asie*: savourer, goûter. Paris: Presses de l'Université Paris-Sorbonne, 1995.

LICHTENSTEIN, J. *La couleur éloquente.* Paris: Flammarion, 1999.

LOPEZ, B. *Rêves arctiques.* Paris: [s.e.], 1987.

LOUDON. "On body products". In: BLACKING, J. *Anthropology of the body.* Londres: Academic Press, 1977.

LOUKATOS, D. "Liens de commensalités et expressions relatives en Crèce". *Eurasie*, 1, 1990.

LOUX, F. & RICHARD, P. *La sagesse du corps* – La santé et la maladie dans les proverbes français. Paris: Maisonneuve et Larose, 1978.

LU, W. *Vie et passion d'un gastronome chinois.* Paris: Picquier Poche, 1996.

LUCRÈCE. *De la nature.* Paris: Garnier-Flammarion, 1964.

LUPIEN, J. "Limage: percevoir et savoir". *Visio*, 5 (4), 2000-2001.

LYONS, J. *Color*: art and science. Cambridge: Lamb and Bourriau, 1995.

MacBETH, H. (ed.). *Food preferences and change*. Providence: Berghahn, 1997.

McLUHAN, M. *Pour comprendre les médias*. Paris: Seuil, 1968.

_____. *La Galaxie Gutenberg*. Paris: Mame, 1967.

MAIN, M. "Parental aversion to instant contact". In: BARNARD, K.E. & BRAZELTON, T.B. *Touch*: the foundation of experience. Madson: International Universities Press, 1990.

MALAMOUD, C. *Cuire le monde* – Rite et pensée dans l'Inde ancienne. Paris: La Découverte, 1989.

MALHERBE, M. *Trois essais sur le sensible*. Paris: Vrin, 1991.

MALSON, L. *Les enfants sauvages*. Paris: [s.e.], 1964.

MANDROU, R. *Introduction à la France moderne (1500-1640)*. Paris: Albin Michel, 1974.

MARGULIES, A. "On listening to a dream: the sensory dimension". *Psychiatry*, 48, 1985.

MARION, J.-L. *Le phénomène érotique*. Paris: Grasset, 2003.

_____. *La croisée du visible*. Paris: La Différence, 1991.

MARKS, L. *The unity of the senses*. Nova York: Academic Press, 1982.

MARRIOTT, M. "Cast ranking and food transactions: a matrix analysis". In: SINGER, M. & COHN, B.S. (eds.). *Structure and change in indian society*. Chicago: Adline, 1968.

MARTINKUS-ZEMP, A. *Le blanc et le noir* – Essai d'une description de la vision du noir par le blanc dans la littérature française de l'entre-deux guerres. Paris: Nizet, 1975.

MARZANO, M. *La pornographie ou l'épuisement du désir*. Paris: Buchet-Castel, 2003.

_____. *Penser le corps*. Paris: PUF, 2002.

MAZARS, G. "Le goût et les saveurs selon l'Ayurveda". In: CREOPS. *Asie*: savourer, goûter. Paris: Presses de l'Université Paris-Sorbonne, 1995.

MAZIÈRE, F. "Coutumes de l'ile de Pâques et d'ailleurs". Apud "L'aube des sens". *Les Cahiers du Nouveau Né*, 1981.

McANARNEY, E. "Adolescents and touch". In: BARNARD, K.E. & BRAZELTON, T.B. *Touch*: the foundation of experience. Madson: International Universities Press, 1990.

McCORKLE, R. & HOLLENBACH. "Touch and the acutely ill". In: BARNARD, K.E. & BRAZELTON, T.B. *Touch*: the foundation of experience. Madson: International Universities Press, 1990.

MEAD, M. & MÉTRAUX, R. (ed.). *The study of culture at a distance*. Chicago: University of Chicago Press, 1962.

MÉCHIN, C. *Bêtes à manger* – Usages alimentaires des Français. Nanci: PUN, 1992.

MÉCHIN, C.; BIANQUIS, I. & LE BRETON, D. *Anthropologie du sensoriel*. Paris: L'Harmattan, 1998.

MENNELL, S. *Français et anglais à table du Moyen Âge à nos jours*. Paris: Flammarion, 1987.

MENNINGHAUS, W. *Disgust* – Theory and history of a strong sensation. Nova York: State University of New York, 2003.

MERLEAU-PONTY, M. *L'Oeil et l'esprit*. Paris: Gallimard, 1964a.

_____. *Le visible et l'invisible*. Paris: Gallimard, 1964b.

_____. *Phénoménologie de la perception*. Paris: Gallimard, 1945 [Tel].

MÉTAIS, P. "Vocabulaire et symbolisme des couleurs en Nouvelle-Calédonie". In: MEYERSON, I. *Problèmes de la couleur*. Paris: Sevpen, 1957.

MEYER, J. *Histoire du sucre*. Paris: Desjonquères, 1989.

MEYERSON, I. *Problèmes de la couleur*. Paris: Sevpen, 1957.

MILLER, G. & JOHNSON-LAIRD, P.N. *Language and perception*. Cambridge: Harvard University Press, 1976.

MILLER, J.D. "Effects of noise on people". In: CARTERETTE, E. & FRIEDMAN, M. *Handbook of perception*. Vol. IV. Nova York: Hearing, 1978.

MILLER, W.I. *The anatomy of disgust*. Cambridge: Harvard University Press, 1997.

MILLIET, J. "Manger du chien? – C'est bon pour les sauvages!" *L'Homme*, 136, 1995.

MONDZAIN, M.-J. *Le commerce des regards*. Paris: Seuil, 2003.

MONTAGNER, H. *L'Enfant et la communication*. Paris: Stock, 1978.

MONTAGU, A. *La peau et le toucher* – Un premier langage. Paris: Seuil, 1979.

MONTAIGNE. *Les essais*. Paris: Garnier-Flammarion, 1969.

MONTANARI, M. *La faim et l'abondance* – Histoire de l'alimentation en Europe. Paris: Seuil, 1995.

MORIARTY, M. *Taste and ideology in the XVII century in France*. Cambridge: Cambridge University Press, 1989.

MOSKOWITZ, H. "Taste and food technology: acceptability, aesthetics and preference". In: CARTERETTE, E. & FRIEDMAN, M. *Handbook of perception*. Vol. IV. Nova York: Hearing, 1978.

MOTTEZ, B. *La surdité dans la vie de tous les jours*. Paris: Ctnerhi, 1981.

MOUÉLÉ, M. "Lapprentissage des odeurs chez les Waanzi: note de recherche". *Enfance*, 1, 1997.

MOULIN, L. *L'Europe à table* – Introduction à une psychosociologie des pratiques alimentaires. Bruxelas: Elsevier Séquoia, 1975.

MOUREY, J.-P. *Le vif de la sensation*. Saint-Étienne: Cierec, 1993.

MURRAY SCHAFER, R. *Le paysage sonore*. Paris: Lattès, 1979.

MUSSET, D. & FABRE-VASSAS, C. (dir.). *Odeur et parfum*. Paris: CTHS, 1999.

NEEDHAM, R. "Percussion and transition". *Man*, 2, 1967.

NEMEROFF, C. "Tabous américains". *Autrement*, 149, 1994.

NEMEROFF, C. & ROZIN, P. "You are what you eat: applying the demand-free 'impressions' technique to unacknowledged belief". *Ethos*, 17, 1989.

NEWCOMB, F.J. *Hosteen Klah, homme-médecine et peintre sur sable navajo*. Paris: Le Mail, 1992.

NIKHILANANDA, S. "Aum: the word of the words". In: ANSHEN, N. (ed.). *Language*: an inquiry into its meaning and function. Nova York: Harper, 1957.

NOGUÉ, J. "Essai d'une description du monde olfactif". *Journal de Psychologie*, 1936.

O'ROURKE BOYLE, M. *Senses of touch* – Human dignity and deformity from Michelangelo to Calvin. Leiden: Brill, 1998.

ONFRAY, M. *La raison gourmande*. Paris: Grasset, 1995.

ONG, W. *Retrouver la parole*. Paris: HMH, 1971.

_____. "World as view and world as event". *American Anthropologist*, 71, 1969.

ORANGE, M. "En Corée le chien se mange surtout en été". In: CREOPS. *Asie*: savourer, goûter. Paris: Presses de l'Université Paris-Sorbonne, 1995.

OSSIPOW, L. *La cuisine du corps et de l'âme*. Neuchâtel: Institut d'Ethnologie, 1997.

PANOFSKY, E. *La perspective comme forme symbolique*. Paris: Minuit, 1975.

PAPETTI-TISSERON, Y. *Des étoffes à la peau*. Paris: Séguier, 1996.

PAQUOT, T. *Demeure terrestre* – Enquête vagabonde sur l'habiter. Paris: L'Imprimeur, 2005.

PARIS, J. *L'Espace et le regard*. Paris: Seuil, 1965.

PASTOUREAU, M. *Bleu* – Histoire d'une couleur. Paris: Seuil, 2002.

_____. *Dictionnaire des Couleurs de Notre Temps*. Paris: Bonneton, 1992.

_____. "Une histoire des couleurs est-elle possible?" *Ethnologie Française*, XIX (4), 1990.

_____. *Couleurs, images, symbols* – Études d'histoire et d'anthropologie. Paris: Le Léopard d'Or, 1989.

PELRAS, C. "Des commensaux humains aux commensaux spirituels: menus et étiquettes des repas Bugis". *Eurasie*, 1990.

PERRIN, E. *La parfomerie à Grasse ou l'exemplaire histoire de Chiris*. Aix en Provence: Édisud, 1987.

PERRY, J. "Sacrificial death and the necrophagous ascetics". In: BLOCH, M. & PERRY, J. *Death and the regeneration of death*. [s.l.]: Cambridge University Press, 1982, p. 74-110.

PFEFFER, L. "De l'olfaction à l'expression – D'odeur et de mots". *Voir Barré*, 28-29, 2004.

_____. "L'imaginaire olfactif: les fantasmes d'une odeur pénétrante". In: MÉCHIN, C.; BIANQUIS, I. & LE BRETON, D. *Anthropologie du sensoriel*. Paris: L'Harmattan, 1998.

PFIRSCH, J.-V. *La saveur des societies* – Sociologie des goûts alimentaires en France et en Allemagne. Rennes: PUR, 1997.

PINARD, S. "A taste of India: on the role of gustation in the Hindu sensorium". In: HOWES, D. *The varieties of sensory experience* – A sourcebook in the anthropology of the senses. Toronto: University of Toronto Press, 1991.

_____. "L'économie des sens en Inde". *Anthropologica*, XXXII, 1990.

PLATON. *Timée*. Paris: Garnier-Flammarion, 1996.

PLINE L'ANCIEN. *Histoires de la nature*. Paris: Millon, 1994.

POIZAT, M. *La voix soured*. Paris: Métailié, 1996.

PORTEUS, J.D. *Landscapes of the mind* – Worlds of sens and metaphore. Toronto: University of Toronto Press, 1990.

POUCHELLE, M.-C. "Paradoxes de la couleur". *Ethnologie Française*, XX (4), 1990.

POULAIN, J.-P. "La nourriture de l'autre: entre délices et dégoûts". *Internationale de l'Imaginaire*, 1997.

PRAYEZ, P. *Le toucher en psychothérapie*. Paris: Hommes et perspectives, 1994.

PUISAIS, J. "Le goût, sens des sens". *Autrement*, 108, 1989.

RABAIN, J. *L'Enfant du lignage* – Du sevrage à la classe d'âge. Paris: Payot, 1979.

RAHNER, K. "Le début d'une doctrine des cinq sens chez Origène". *Revue d'Ascétisme et de Mystique*, 13, 1932.

REVEL, J.-F. *Un festin de paroles*. Paris: Pauvert, 1979.

RÉVÈSZ, G. *Psychology and the art of the blind*. Nova York: Longmens, 1950.

_____. "La fonction sociologique de la main humaine et de la main animale". *Journal de Psychologie Normale et Pathologique*, 1938.

RICHARD, J.-P. *Proust et le monde sensible*. Paris: Seuil, 1974.

RITCHIE, I. "Fusion of the faculties: a study of the language of the senses in Hausaland". In: HOWES, D. *The varieties of sensory experience – A sourcebook in the anthropology of the senses*. Toronto: University of Toronto Press, 1991.

RIVLIN, R. & GRAVELLE, K. *Deciphering the senses – The expanding world of human perception*. Nova York: Simon and Schuster, 1984.

ROUBIN, L. *Le monde des odeurs*. Paris: Méridiens-Klincksieck, 1989.

ROUDNITSKA, E. *Le parfum*. Paris: PUF, 1980.

_____. *L'Esthétique en question*. Paris: PUF, 1977.

ROUÉ, M. "La viande dans tous ses états: cuisine crue chez les inuits". In: BATAILLE-BENGUIGUI, M.C. & COUSIN, F. (eds.). *Cuisines, reflets des sociétés*. Paris: Sepia, 1996.

ROUGET, G. *La musique et la transe*. Paris: Gallimard, 1980.

ROULON-DOKO, P. "Saveurs et consistance, le goût gastronomique chez les Gbaya'bodoe de Centrafrique". *Journal des Africanistes*, 66, 1996, p. 1-2.

ROUSSEAU, J.-J. *Émile ou de l'éducation*. Paris: Garnier-Flammarion, 1966.

ROUSSET, J. *Les yeux se rencontrèrent*: la scène de première vue dans le roman. Paris: José Corti, 1984.

ROUSTANG, F. *La fin de la plainte*. Paris: Odile Jacob, 2000.

ROZIN, P. "La magie sympathique". *Autrement*, 149, 1994.

ROZIN, P. & FALLON, A.E. "Perspective on disgust". *Psychological Review*, 94, 1987.

ROZIN, P. & ROZIN, E. "Culinary themes and variations". *Natural History*, 90 (2), 1981.

ROZIN, P. et al. "Disgust – Preadaptation and the cultural evolution of a food-based emotion". In: MacBETH, H. (ed.). *Food preferences and change*. Providence: Berghahn, 1997.

SABBAN, F. "Esthétique et technique dans la haute cuisine chinoise". In: CREOPS. *Asie*: savourer, goûter. Paris: Presses de l'Université Paris-Sorbonne, 1995.

SACKS, O. *Un anthropologue sur Mars*. Paris: Seuil, 1996.

_____. *Des yeux pour entendre* – Voyage au pays des sourds. Paris: Seuil, 1990.

SAHLINS, M. "Colors and cultures". *Semiotica*, 16 (1), 1976.

SANDNER, D. *Rituels de guérison chez les Navajos*. Paris: Le Rocher, 1996.

SARTRE, J.-P. *L'Être et le néant*. Paris: Gallimard, 1943 [em português: *O ser e o nada*. Petrópolis: Vozes].

SAUVAGEOT, A. *L'Épreuve des sens*. Paris: PUF, 2003.

_____. *Voirs et savoirs* – Esquisse d'une sociologie du regard. Paris: PUF, 1994.

SAVATOFSKI, J. *Le toucher massage*. Paris: Lamarre, 2001.

SCARAFFIA, L. "Au commencement était le verbe". *Autrement*, 154, 1995.

SCHAAL, B. "Les phéromones humaines". In: LARDELLIER, P. (dir.). *A fleur de peau* – Corps, odeurs et parfums. Paris: Belin, 2003.

_____. "De quelques fonctions de l'olfaction au cours du développement précoce". *Anae*, 33, 1995.

SCHAAL, B. et al. "Existe-t-il une communication olfactive entre la mère et son enfant nouveau-né?" *Cahiers du nouveau-né*, 5, 1981.

SCHIFF, W. & FOUIKE, E. (eds.). *Tactual perception*: a sourcebook. Cambridge: Cambridge University Press, 1982.

SCHIVELBUSH, W. *Histoire des stimulants*. Paris: Gallimard, 1991.

SCHNEIDER, M. "Le rôle de la musique dans la mythologie et les rites des civilisations non européennes". *Histoire de la musique*. Paris: Gallimard, 1960.

SCHUHI, J.-P. *Le merveilleux* – De la pensée à l'action. Paris: Flammarion, 1952.

SEEGER, A. "The meaning of body ornaments". *Ethnology*, 14 (3), 1975.

SEGALL, M.H.; CAMPBELL, D.T. & HERSKOVITS, M.J. *The influence of culture on visual perception*. Indianápolis: Bobbs-Merrill Company, 1966.

SERAZIN, M.J. "Corporéité-gestualité et développement humain". *Geste et Image*, 3, 1983.

SERRES, M. *Statues*. Paris: Bourrin, 1987.

_____. *Les cinq sens*. Paris: Grasset, 1985.

_____. *Le parasite*. Paris: Grasset, 1980.

SHARON, D. "Le cactus de San Pedro". In: FURST, P. *La chair des dieux*. Paris: Seuil, 1974.

SIEGEL, J.T. "Images and odours in Javanese practices surrounding death". *Indonesia*, 36, 1983.

SIMMEL, G. "Essai sur la sociologie des sens". *Sociologie et épistémologie*. Paris: PUF, 1981.

SIMON, G. *Archéologie de la vision*. Paris: Seuil, 2003.

_____. *Le regard, l'être et l'apparence dans l'optique de l'Antiquité*. Paris: Seuil, 1986.

SINGH, J.A.L. & ZINGG, R. *L'Homme en friche* – De l'enfant-loup à Kaspar Hauser. Bruxelas: Complexe, 1980.

SOLER, J. "Sémiotique de la nourriture dans la Bible". *Annales*, jul.-ago./1973.

SPITZ, R. *De la naissance à la parole*. Paris: PUF, 1968.

STAROBINSKI, J. *L'Oeil vivant*. Vol. 1. Paris: Gallimard, 1961.

STOLLER, P. *Sensuous scholarship*. Filadélfia: University of Pennsylvania Press, 1997.

_____. *The taste of ethnographic things* – The senses in anthropology. Filadélfia: University of Pennsylvania Press, 1989.

_____. "Sound in Songhay cultural experience". *American Ethnologist*, 1984.

STOLLER, P. & OLKES, C. "La sauce épaisse – Remarques sur les relations sociales songhaïs". *Anthropologie et Sociétés*, 14 (2), 1990.

STRAUS, E. *Du sens des sens*. Grenoble: Jérome Millon, 1989.

STRERI, A. *Voir, atteindre, toucher*: les relations entre vision et toucher chez le bébé. Paris: PUF, 1991.

STURTEVANT, W.C. "Categories, percussion and physiology". *Man*, 3, 1968.

"Substances symboliques". *Cahiers de Littérature Orale*, 18, 1985.

SUK-KI, H. "La gastronomie funéraire en Corée". In: CREOPS. *Asie*: savourer, goûter. Paris: Presses de l'Université Paris-Sorbonne, 1995.

SYNNOTT, A. *The body social Symbolism, self and society*. Londres: Routledge, 1993.

SZENDY, P. *Ecoute* – Une histoire de nos oreilles. Paris: Minuit, 2001.

TAMBIAH, S. "The magical power of words". *Man*, 3, 1968.

TANIZAKI, J. *Éloge de l'ombre*. Paris: Orientalistes, 1977.

TAYLOR, J.C. *Learning to look* – A Handbook of Visual Art. Chicago: University of Chicago Press, 1957.

TELLENBACH, H. *Goût et atmosphère*. Paris: PUF, 1983.

THAYER, S. "Social touching". SCHIFF, W. & FOUIKE, E. (eds.). *Tactual perception*: a sourcebook. Cambridge: Cambridge University Press, 1982.

THIERRY, S. "Festins des vivants et des morts en Asie du Sud-Est". *Eurasie*, 1990.

THIS, B. *Le père, acte de naissance*. Paris: Seuil, 1980.

THOMAS, J.M.C. "Des noms et des couleurs". In: VV.AA. *Graines de paroles* – Écrits pour Geneviève Calame-Griaule. [s.l.]: CNRS, 1989.

THOMAS, K. *Dans te jardin de la nature* – La mutation des sensibilités en Angleterre à l'époque moderne (1500-1800). Paris: Gallimard, 1985.

THOMAS, L.-V. *La mort africaine*. Paris: Payot, 1982.

THUILLIER, G. *L'imaginaire et le quotidien au XIX siècle*. Paris: Economica, 1985.

_____. *Pour une histoire du quotidien au XIX siècle en Nivernais*. Mouton: La Haye: 1977.

TINOCO, C. *La sensation*. Paris: Garnier-Flammarion, 1997.

TISSERON, S. *Psychanalyse de l'image*. Paris: Dunod, 1997.

TISSERON, Y. & TISSERON, S. *L'Érotisme du toucher et des étoffes*. Paris: Séguier, 1987.

TORNAY, S. "Langage et perception – La dénomination des couleurs chez les Nyangatoms du Sud-Ouest éthiopien". *L'Homme*, 4, 1973.

TORNAY, S. (ed.). *Voir et nommer les couleurs*. Nanterre: Laboratoire d'Ethnologie et de Sociologie Comparative, 1978.

TOUILLIER-FEYARABEND, H. "Odeur de séduction". *Ethnologie Française*, XIX, 2, 1989.

TOUSSAINT-SAMAT, M. *Histoire naturelle et morale de la nourriture*. Paris: Bordas, 1987.

TURNER, V. "La classification des couleurs dans le rituel ndernbu". In: BRADBURY, R.E. et al. *Essai d'anthropologie religieuse*. Paris: Gallimard, 1972.

TYLER, S. "The vision quest in the west or what the mind's eye sees". *Journal of Anthropological Research*, 40, 1986.

VASCHIDE, N. *Essai sur ta psychologie de la main*. Paris: [s.e.], 1909.

VEITH, I. *Histoire de l'hystérie*. Paris: Segers, 1973.

VIALLES, N. *Le sang et la chair – Les abattoirs du pays de l'Adour*. Paris: Maisons des Sciences de l'Homme, 1987.

VIGARELLO, G. *Histoire de la beauté*. Paris: Seuil, 2005.

_____. *Le propre et le sale – L'hygiene du corps depuis le Moyen Âge*. Paris: Seuil, 1985.

VIGNAUD, J. *Sentir*. Paris: Universitaires, 1982.

VILLEY, P. *Le monde des aveugles*. Paris: Flammarion, 1914.

VINGE, L. *The five senses – Studies in a literary tradition*. Lund: [s.e.], 1975.

VINIT, F. "Le 'toucher' en milieu de soin, entre exigence technique et contact humain". *Histoire et Anthropologie*, 23, 2001.

_____. "Isolement et contact dans la maladie – Esquisse phénoménologique autour du sida". In: BORDELEAU, L.-P. & CHAR-

LES, S. *Corps et science* – Enjeux culturels et philosophiques. Montreal: Liber, 1999.

VON SENDEN, M. *Space and sight* – The perception of space and shape in the congenitally blind before and after operation. Glencoe: Free Press, 1960.

WEBER, M. "Commentaire à l'exposé du Dr. Ploetz sur 'Les notions de races et de sociétés' (1910)". *Cahiers Internationaux de Sociologie*, LVI, 1974.

WEINREICH, H. "Petite xénologie des langues étrangères". *Communications*, 43, 1986.

WHEATON, B.K. *L'Office et la bouche* – Histoire des moeurs de table en France (1300-1589). Paris: Calmann-Lévy, 1984.

WINTER, R. *Le livre des odeurs*. Paris: Seuil, 1978.

WITTGENSTEIN, L. *Remarques sur les couleurs*. Paris: TER, 1983.

_____. *Notes sur l'expérience priceé et les sens data*. Paris: TER, 1982.

WRIGHT, D. *Deafness*: a personal account. Londres: Allen Lane, 1980.

WUIF, C. (dir.). *Traité d'anthropologie historique*. Paris: L'Hamattan, 2002.

ZAHAN, D. "L'homme et la couleur". In: POIRIER, J. (ed.). *Histoire des moeurs*. T. 1. Paris: Gallimard/La Pléiade, 1990.

ZERDOUMI, N. *Enfants d'hier* – L'éducation traditionnelle de l'enfant en milieu traditionnel algérien. Paris: Maspero, 1982.

ZONABEND, F. *La mémoire longue* – Temps et histoire au village. Paris: PUF, 1980.

ZUKERKANDL, V. *Sound and symbol* – Music and the external world. Princeton: Princeton University Press, 1958.

Conecte-se conosco:

f facebook.com/editoravozes

⌾ @editoravozes

✕ @editora_vozes

▶ youtube.com/editoravozes

☎ +55 24 2233-9033

www.vozes.com.br

Conheça nossas lojas:
www.livrariavozes.com.br

Belo Horizonte – Brasília – Campinas – Cuiabá – Curitiba
Fortaleza – Juiz de Fora – Petrópolis – Recife – São Paulo

EDITORA VOZES LTDA.
Rua Frei Luís, 100 – Centro – Cep 25689-900 – Petrópolis, RJ
Tel.: (24) 2233-9000 – E-mail: vendas@vozes.com.br